U0910308

2020
中国经济预测与展望

中国科学院预测科学研究中心

China Economic Forecast and Outlook in 2020

科学出版社
北京

内 容 简 介

本书是中国科学院预测科学研究中心推出的系列年度经济预测报告。本书根据截至2019年12月的各种数据，并及时考虑了2020年初新型冠状病毒肺炎疫情的影响，运用计量经济模型、经济先行指数、投入产出技术等对2019年我国经济的不同层面进行了全面系统的总结和回顾，对2020年我国的经济发展趋势和主要经济变量进行了预测，并提出了相应的政策建议。全书由宏观经济、行业经济两个部分组成，共收录了16个报告。内容涉及经济增长、固定资产投资、进出口、最终消费、物价、财政政策、货币政策、国际收支等我国宏观经济指标和政策的分析与预测，以及农业、工业、房地产市场、物流业、国际大宗商品价格、农民收入、粮食需求、行业用水及需水量等经济发展的重要行业和重点指标的走势分析与预测。本书期望对2020年我国经济进行一个立体透视，以帮助读者全面地了解2020年我国经济及其未来走向，并对未来若干年我国经济增长的态势有一个初步的认识。

本书适合国家各级政府部门，特别是中央级政府部门的分析与决策人员，国内外企业的经营管理人员，宏观经济和行业经济的研究人员，关注中国和世界经济形势的各界人士及广大中小投资者参阅。

图书在版编目（CIP）数据

2020中国经济预测与展望 / 中国科学院预测科学研究中心编. —北京：科学出版社，2020.7

ISBN 978-7-03-065523-3

Ⅰ. ①2… Ⅱ. ①中… Ⅲ. ①中国经济-经济预测-2020 ②中国经济-经济发展趋势-2020 Ⅳ. ①F123.22

中国版本图书馆CIP数据核字（2020）第102500号

责任编辑：陈会迎 郝 悦 / 责任校对：贾娜娜
责任印制：张 伟 / 封面设计：无极书装

科学出版社 出版
北京东黄城根北街16号
邮政编码：100717
http://www.sciencep.com

北京盛通商印快线网络科技有限公司 印刷
科学出版社发行 各地新华书店经销

*

2020年7月第 一 版 开本：787×1092 1/16
2020年7月第一次印刷 印张：16 1/2
字数：385 000

定价：98.00元

（如有印装质量问题，我社负责调换）

撰稿人名单

主编

汪寿阳　　中国科学院预测科学研究中心

杨翠红　　中国科学院预测科学研究中心

编委

白　云　　中国科学院预测科学研究中心

包皓文　　中国科学院预测科学研究中心

鲍　勤　　中国科学院预测科学研究中心

陈　磊　　东北财经大学经济学院、东北财经大学经济计量分析与预测研究中心

陈全润　　对外经济贸易大学统计学院

陈锡康　　中国科学院预测科学研究中心

池文豪　　中国科学院预测科学研究中心

崔如鸿　　中国科学院预测科学研究中心

董　志　　中国科学院大学经济与管理学院

董纪昌　　中国科学院大学经济与管理学院

窦羽星　　西北大学

冯耕中　　西安交通大学管理学院

高　翔　　中国科学院预测科学研究中心

郭婧一　　中央财经大学统计与数学学院

胡美婷　　中国科学院大学经济与管理学院

姜福鑫　　中国科学院预测科学研究中心

姜青言　　中国科学院预测科学研究中心

金若莹　　天津大学管理与经济学部

李盛国　　中国科学院大学经济与管理学院

李鑫茹　　首都经济贸易大学

李秀婷　　中国科学院大学经济与管理学院

刘　晗　　中国科学院预测科学研究中心

刘顺通　　中国科学院大学经济与管理学院

刘伟华　　天津大学管理与经济学部

刘晓亭	中国科学院大学经济与管理学院
刘馨允	天津大学管理与经济学部
刘秀丽	中国科学院预测科学研究中心
陆凤彬	中国科学院预测科学研究中心
骆晓强	财政部综合司
孟勇刚	东北财经大学经济学院、东北财经大学经济计量分析与预测研究中心
秦明慧	中国科学院预测科学研究中心
孙玉莹	中国科学院预测科学研究中心
唐爱星	中国科学院预测科学研究中心
陶　睿	中国科学院预测科学研究中心
王　珏	中国科学院预测科学研究中心
王　震	中国科学院预测科学研究中心
王会娟	中央财经大学统计与数学学院
王婧锟	天津大学管理与经济学部
汪寿阳	中国科学院预测科学研究中心
魏云捷	中国科学院预测科学研究中心
相　鑫	中国科学院预测科学研究中心
徐　鹏	中国科学院预测科学研究中心
杨翠红	中国科学院预测科学研究中心
尹利君	中国科学院大学经济与管理学院
张　珣	中国科学院预测科学研究中心
张　瑜	中国科学院预测科学研究中心
张逸飞	中国科学院预测科学研究中心
郑　杉	中国科学院预测科学研究中心
郑嘉俐	中国科学院预测科学研究中心
周　浩	中国科学院预测科学研究中心
朱文洁	东北财经大学经济学院
祝坤福	对外经济贸易大学全球价值链研究院

序　一

路甬祥

经济和社会发展方面的预测研究在经济和社会的重大问题决策中占有重要的战略地位。当前，不论是中国还是世界的经济发展速度都很快，特别是20世纪80年代以后，由于IT技术的发展，特别是信息网络、交通网络及航空运输业的发展，全球连接成为一个整体。人流、物流、信息流从未有过如此海量，经济进入了全球化时代。我国现在正处在一个高速发展的时期。成功应对国际金融危机之后，我国的经济总量已经上升到世界第2位，并且正在向更高的目标发展。然而，我国有13亿人口，虽然经济发展的总量已经到了一定的水平，但是从人均质量和标准来看还不尽如人意，从经济增长的方式和质量来看也存在着不少问题，面临着很多挑战。我国的经济能否得到稳定、健康的发展，就一些重大问题进行科学准确的预测显得特别重要，要依靠科学的决策、民主的决策来保证我国经济在发展过程中不受到内部或者外界因素太大的干扰。如果我们能够预先看到或估计到可能出现的各种问题，就有可能采取一定的防范措施减少波动，使不利因素始终控制在可以承受的范围之内，保证经济健康、稳定地发展。

中国科学院预测科学研究中心是由中国科学院数支在预测科学领域屡创佳绩的研究队伍组成的研究单元，他们在发展预测科学、服务国民经济宏观决策方面取得了一批可喜的成果，为中央领导和政府决策部门进行重大决策提供了有科学依据的建议和资料，同时在解决这些实际的重要预测问题中发展出了新的预测科学理论、方法和技术，做出了原创性的重要成果。2006年以来，预测科学研究中心每年岁末出版一本下年度的中国经济预测报告，迄今为止已经出版了五部年度预测报告。这些年的实际情况证明，预测科学研究中心这几年的预测报告，能够较为准确地把握我国经济发展趋势，对国民经济重要指标给出相当接近的预测值，能够发现下一年度经济发展中的潜在问题并给出相应对策建议。这些报告对政府有关部门和企业贯彻落实科学发展观，加强和改善政府对经济工作的指导，引导各经济部门配合政府实现宏观经济目标，有着重要的参考价值。这些报告也在国内外形成了广泛的影响。2010年预测报告的发布就受到国际新闻媒体的强烈关注，其中，路透社、法新社等都发布了相关消息。

预测科学研究中心是中国科学院在体制创新方面的一次尝试。它打破体制上的壁垒，打破学科间的壁垒，是一个为了共同的目标组建成的跨学科的中心。我希望中心的体制与管理要有所突破，有所创新，通过优势互补，在服务国家战略决策方面，在攻克预测科学科技难关方面成为一个先行者，为院内外、国内外科学界树立一个榜样，创造一个典范。同时，我也希望这个年度预测报告系列越办越好，以更好的质量服务于政府、企业和社会公众，服务于我国按照科学发展观建设社会主义的光辉事业。

2010 年 12 月

序　二

成思危

（2006年4月26日下午在中国科学院预测科学研究中心第一次学术委员会会议上的讲话）

我作为中心的学术委员会主任，想从学术观点和运行机制两个方面来谈谈我的意见。

预测、评价、优化是系统工程的三大支柱。因为未来世界的不确定性和人们认知能力的有限，预测不可能做到绝对准确，只能达到相对准确或近似准确，但预测是必不可少的。没有预测，人们将无法确定未来的行动和方向，所以预测的重要性显而易见。

简单地说，预测方法分为两类：一类是根据现有数据去推测，另一类是根据专家已有的经验去推测。从现有的数据去推测，最简单的办法就是外推，前提是客观世界没有太大变化。这种方法只适用于短期预测。在此之上的方法就是把外界可变因素按照一定的规律加入进来，如投入产出方法、马尔可夫链、数据挖掘等。再高级一点的方法就是从数据中发现知识，即所谓数据库中的知识发现（knowledge discovery in database，KDD）、统计推断等。这是目前在预测技术中比较占主流的方法，即由过去的数据去推断未来。当然，数据的数量和质量保障是使用这种方法的前提。根据专家的知识和经验去推测，实际上就是根据经验预测未来，如Delphi法等群决策方法。我把群决策方法分为协调型决策和协同型决策，前者是指参加决策的人们有利益冲突，但又都希望达成一个妥协的结果；后者则是指参加决策的人们没有利益冲突。虽然后者已经达到了很高的协同性，但是专家的意见还是会有分歧，专家的知识背景还是会有差异，当然也难免存在权威的干涉。

要想把预测工作做好，就要把主观的专家经验和客观的数据结合起来。一般有两种方法：一种是数学方法，另一种是仿真的方法。数学方法是建立以数学为基础的模型，由专家检审后反馈意见，再进行修改与计算，再返回到专家，也就是人机系统集成方法。这种方法的缺点是设备复杂、变量多、回路多，因而在计算上操作困难较大。仿真的方法，即以智能体为基础（agent-based）的仿真技术。我在国家自然科学基金委员会兼任管理科学部主任的时候曾支持过戴汝为、于景元、顾基发三人牵头的支持宏观经济决策的人机交互综合集成系统研究，投入了500多万元，但效果还是与理想有些差距。所以，预测科学研究中心也不能期望自己能够解决所有的预测问题，问题的解决要一步一步地去做，如中心现在的农业产量预测和外贸预测就做得比较好，预测的精度较高。

从实际情况来看，中心目前只能以任务为主，以完成任务为考核的主要指标。在任务完成的同时，去进行理论、方法的提炼和升华，逐步地归纳、总结，以提高学术水平。实际情况决定了预测科学研究中心有大量的工作要去做，而且大多数的工作都是属于中短期的。造成这样的原因有两点：一点是中国科学院需要中心出一批有影响的预测报告，另一点就是经费的压力。经费全靠“化缘”是不行的，中国科学院支持中心 40% 的经费，另外的 60% 要用两种办法取得：一种是四处申请课题，另一种是找几个主要的用户给予固定支持，如商务部等。如果没有一个成型的机制，既不稳定，也会牵扯太多的精力。对于经费的来源，我建议采用 4∶3∶3 机制，即 40% 由中国科学院支持，30% 由固定用户支持，30% 机动。这样的话，就有 70% 的经费是稳定的，其余 30% 的波动对中心的影响可能不太大。

还有一点，目前预测科学研究中心由 4 个研究部组成，但事实上有 6 家单位参与，还是像一个“拼盘”。中心要想真正发挥优势，必须要加强集成。从理想状态来说，我认为要由中心确定课题，并从各单位抽出人员与中心招聘的人员共同组成课题组，一起完成课题，待课题结束后抽调人员再返回原单位，这样能达到统一组织，集成优势的目的。

最后一点，是激励机制的设立。对于在中心工作的科研人员，中心应当给予一定的补贴，这样才能使科研人员精力更加集中。目前，中国科学院总体来说还是处于所、院相对独立的状态，不进行制度上的创新，就很难出现真正意义上的学术创新。

我到这里来担任学术委员会的主任，就是希望能够推动预测科学的发展。发展预测科学一定要不断创新。建立中国的预测学派可能需要十年、二十年的努力，所以，现在提这个目标还为时过早，但可以作为一个远期目标。我希望大家一同来支持这个中心，三五年之后，预测科学有可能更受重视，我们要努力争取做出最好的成果。

前 言

经过40余年的快速发展，我国经济发展的要素和约束条件发生了很大变化。资本系数快速增大、投资率波动下降，人口红利和资源红利不断减弱，要素驱动型的经济增长模式面临着诸多瓶颈约束，结构性问题凸显，经济面临着持续的下行压力。2012年以来，我国经济进入了“新常态”，经济由高速增长转向中高速增长，经济发展方式也正从规模速度型粗放增长向质量效率型集约增长转变。经过几年努力，尽管经济增速有所放缓，但正朝着更多立足内需和创新拉动的方向发展，我国经济的韧性正在增强，经济发展质量得到了提高。

2019年，我国经济增速继续下降，其中第一至第四季度国内生产总值（gross domestic product，GDP）增速分别为6.4%、6.2%、6.0%和6.0%，增速下降幅度大于2015~2018年同期的增速下降幅度。其原因既有如上所述的我国经济的结构性、体制性、周期性问题相互交织的中长期因素，也有短期的国际和国内因素。一方面，2019年世界经济仍处于国际金融危机后的深度调整期，国外主要经济体经济疲软，动荡源和风险点增多。我国的外需不足，特别地，美国对中国挑起大规模贸易摩擦，造成我国2019年货物进出口总额增速、出口增速和对美国出口增速大幅度下降。另一方面，国内经济发展长期积累的深层次结构性矛盾尚未得到根本性缓解，经济增长内生动力不足，新旧动能转换尚未完成。此外，受经济下行压力的影响，我国内需疲软，消费和投资的增速均出现了下降，但与此同时，受猪肉价格大幅上涨拉动，2019年消费者物价指数（consumer price index，CPI）较快上涨，全年CPI上涨2.9%，其中12月CPI涨幅更是达到4.5%，创下2012年以来的高点。进入2020年，我国经济将面临哪些问题和挑战？突如其来的新型冠状病毒肺炎疫情（简称新冠肺炎疫情）又将对我国经济造成多大的冲击？我国物价水平是否会继续大幅上涨？这是中央及地方各级政府和全国人民都非常关心的议题。

2020年对我国来说是极其重要和关键的年份。不仅是高质量完成全面建成小康社会和“十三五”规划任务、历史上少见的“双收官”之年，也是为实现第一个百年奋斗目标、为“十四五”开局和实现第二个百年奋斗目标打好基础的承上启下之年。2020年，也将是近年来我国经济发展最为困难的一年。国际经济形势变化、我国经济和我国外需增长均面临着诸多挑战，其增长有着很大的不确定性。新冠肺炎疫情这一“黑天鹅”事件的出现，使得短期内我国餐饮、零售、运输、旅游等经济活动大幅下降，经济系统受到明显冲击，物价短期走势也受到明显影响。2020年1月下旬以来，由于疫情防控要求，多个城市封城封路、物流停止、企业停工，新冠肺炎疫情对我国第一季度的经济增长造成了严重影响。此外，我国是全球产业链中最重要的世界生产基地，中国企业停工或复工延迟短期内造成日本、韩国等需要大量来自中国的中间投入品的下游产业（如电子设备制造和汽车制造等）供应链出现问题，鉴于此，已有一些企业考虑将部分产能转移到其他国家和地区，这对我国产业链来说增大了加速外移的风险。

目前，虽然我国新冠肺炎疫情得到了初步控制，但海外疫情迅速扩散且未来发展存在着很大的不确定性，对全球及我国的经济影响的不确定性仍然很大，经济合作与发展组织（Organization for Economic Co-operation and Development，OECD）等机构已经大幅调低了 2020 年世界经济增速和包括我国在内的主要经济体经济增速的预测。考虑到全球政治经济形势变化的高度不确定性和新冠肺炎疫情防控给我国经济发展带来的诸多困难，预期我国 2020 年经济增速将呈现较大幅度的下降。与此同时，这对各项经济指标的预测也带来了更大的难度。在我国新冠肺炎疫情在第一季度得到基本控制，以及中国政府将继续贯彻“稳中求进”总方针，中美在政治、军事和经济上不发生全面对抗，周边地区地缘政治基本稳定等的前提条件下，中国科学院预测科学研究中心预计 2020 年全年 GDP 增速为 3.5%左右，比 2019 年增速下降 2.6 个百分点。根据国家统计局已公布的数据，第一季度我国 GDP 增速下降 6.8%，第二季度会出现恢复性增长，第二季度、第三季度将较快增长。预计 2020 年第二季度、第三季度和第四季度我国 GDP 增速分别为 4.5%、7.5%和 7.3%。预测 2020 年全年 CPI 将上涨 3.9%，比 2019 年高出 1.0 个百分点，其中上半年各月份 CPI 涨幅均在 4.5%以上，此后保持逐步回落趋势，预测第四季度有望回落到 3%以内。

除了对中国经济增速的分析和预测外，本报告还对中国经济的十余个重要指标进行分析和预测。本报告共分为两部分，由 16 个分报告组成。第一部分为宏观经济形势分析与预测，包括 8 个分报告，即 2020 年中国 GDP 增长速度预测与分析、2020 年中国固定资产投资态势分析与走势展望、2020 年中国进出口形势分析与预测、2020 年中国最终消费形势分析与预测、2020 年中国物价形势分析与预测、2020 年中国财政形势展望、2020 年中国货币政策展望、2020 年中国国际收支形势展望。第二部分为行业经济景气分析与预测，共有 8 个分报告，包括 2020 年中国农业生产形势分析与展望、2020 年中国工业行业景气分析与展望、2020 年中国房地产市场预测与政策展望、2020 年中国物流业发展分析与展望、2020 年国际大宗商品价格走势分析与预测、2020 年中国农村居民收入分析与预测、2020 年中国粮食消费形势分析与预测，以及 2020 年中国行业用水分析与需水量预测。

本报告是中国科学院预测科学研究中心自 2005 年以来开始的一项持续性工作，至今已经有 15 个年头。15 年来，这个系列报告较好地把握了中国经济的发展趋势，对当年度经济发展中可能遇到的重大问题进行了系统、深入的讨论。15 年来，这一工作为中国各级政府的宏观决策，以及对企业、投资人及民众的经济形势判断和决策提供了前瞻性的信息和依据，得到了政府部门、企业界及新闻媒体的广泛关注和赞誉。

本报告的撰写人员主要是中国科学院预测科学研究中心的部分成员及与中国科学院预测科学研究中心有密切合作的部分同行。报告的研究和撰写耗费了所有作者大量的心血和精力。作为本报告的主编，我们对所有作者表示最衷心的感谢！本报告的出版也得到了科学出版社的领导和编辑同志的大力支持与帮助，我们对他们也表示最诚挚的感谢！

汪寿阳　杨翠红

2020 年 2 月

目　录

宏观经济形势分析与预测

行业经济景气分析与预测

宏观经济形势分析与预测

2020年中国GDP增长速度预测与分析[①]

陈锡康　杨翠红　祝坤福　王会娟　李鑫茹　姜青言

报告摘要：本报告的内容分为四个部分。

第一部分研究中国中长期经济增长速度的发展趋势和变化规律，并对中国中长期经济增速进行预测。本报告认为从中长期角度看，随着人均GDP[或人均国民总收入(gross national income，GNI)]的提高，经济增长速度将呈波浪形缓慢下降态势，但经济总量将逐年上升。预测“十三五”期间中国经济将保持平稳较快增长态势，年平均增速为6.0%左右，预计2020年底中国能够基本上完成中共十八届五中全会提出的在2020年GDP和城乡居民人均收入都比2010年翻一番的宏伟目标；预计21世纪20年代，中国经济增速将进入“5时代”，年平均增速为5.5%左右，预计在2030年前后，按现行汇率法计算的中国经济总量将达到美国水平；预计21世纪30年代，即2031~2040年中国经济增速将进入“4时代”，年平均增速为4.5%左右；预计21世纪40年代，即2041~2050年中国经济增速将进入“3时代”，年平均增速为3.8%左右。

第二部分对2019年中国经济增长进行简要回顾与分析。本报告指出，2019年我国经济增速较2018年为低，这与国外主要经济体经济疲软密切相关，中国经济发展的外需不足，特别是美国对中国挑起大规模贸易战，造成我国2019年出口增速大幅度下降，也与最近几年我国经济处于下行周期，内需增速特别是投资需求趋缓有密切关系。

第三部分对2020年中国GDP增长速度进行预测。2020年世界经济和中国经济增长态势都有很大不确定性。受新冠肺炎疫情的影响，预测2020年中国GDP增速为3.5%左右，比2019年降低2.6个百分点。预测全年经济走势为前降后升，稳中有进。新冠肺炎疫情对第一季度影响很大，第一季度经济增速为−6.8%，第二季度、第三季度、第四季度经济增速将快速反弹，分别为4.5%、7.5%和7.3%。预计2020年第一产业增加值增速约为2.8%，第二产业增加值增速约为3.3%，第三产业增加值增速约为3.8%。预计2020年最终消费的贡献率为62.3%，拉动经济增长2.2个百分点；资本形成总额的贡献率为54.9%，拉动经济增长1.9个百分点；净出口的贡献率为−17.2%，拉动经济下滑0.6个百分点。

第四部分对当前的经济发展提出若干建议和分析。

① 本报告得到国家自然科学基金（项目编号：61873261，71673269，71988101）的资助，特此致谢！

一、中国经济增长速度中长期走势分析与预测

（一）从中长期看中国经济增长速度将呈波浪形下降趋势

经济预测按照预测时间的长短，可分为长期预测、中期预测和短期预测。本部分我们主要讨论中国经济增长速度的中长期预测，重点是讨论中长期经济发展趋势和规律。我们认为，随着中国经济以较快速度增长，中国人均 GDP 和人均 GNI 不断提高，中国经济增长速度将呈波浪形下降趋势。主要理由如下。

1. 世界各国经济发展规律表明，当经济发展到达一定阶段以后，随着人均 GDP（或人均 GNI）的提高，经济增长速度呈现下降趋势

根据国际货币基金组织（International Monetary Fund，IMF）公布的 2018 年世界各经济体 GDP 增长率资料，我们可以得出 2018 年世界各经济体 GDP 增长率与人均 GDP 的关系（图 1）。

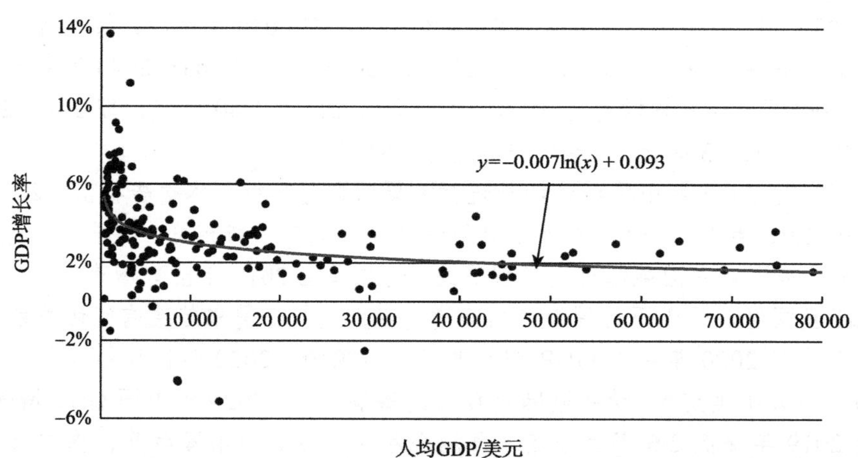

图 1　2018 年世界各经济体 GDP 增长率与人均 GDP 的关系

资料来源：IMF 公布的 187 个经济体的数据。IMF 发布了 192 个经济体的经济数据，其中埃及（Egypt）、巴基斯坦（Pakistan）、叙利亚（Syria）和科索沃（Kosovo）的人均 GDP 数据缺失，本报告在计算时将其剔除；2018 年卢森堡（Luxembourg）人均 GDP 超过 100 000 美元，考虑作图美观性，本图未展示该经济体

图 1 是根据 IMF 公布的 2018 年世界上 187 个经济体的 GDP 增长率与人均 GDP 数据绘制而得。其中，纵坐标表示各个经济体 2018 年的 GDP 增长率，横坐标表示各个经济体 2018 年的人均 GDP。从图 1 中可以看出，随着人均 GDP 提高，经济增速有下降的趋势。

世界银行从 1987 年开始把所有经济体按人均 GNI 高低分为四大类，即低收入经济体、中下等收入经济体、中上等收入经济体和高收入经济体。2018 年的界定标准为：第一类，低收入经济体，人均 GNI 少于或等于 1025 美元；第二类，中下等收入经济体，

人均 GNI 为 1026~3995 美元；第三类，中上等收入经济体，人均 GNI 在 3996~12 375 美元；第四类，高收入经济体，人均 GNI 多于或等于 12 376 美元。2018 年这四大类经济体 GDP 平均增长率见图 2。

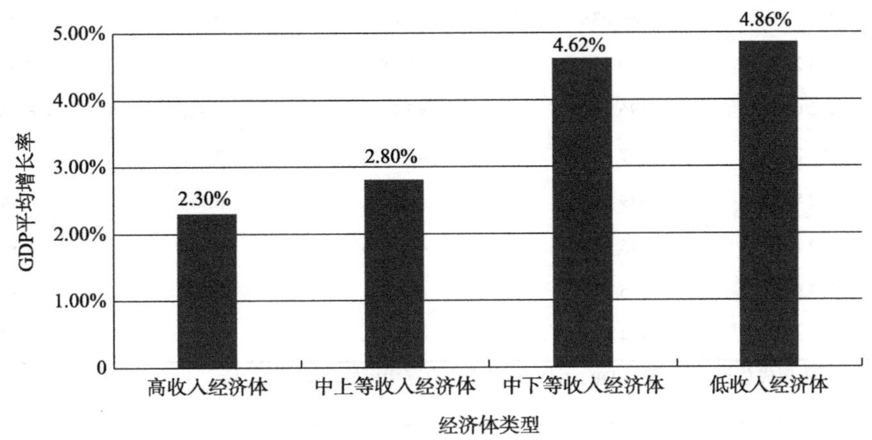

图 2　2018 年世界四大类经济体 GDP 平均增长率

资料来源：IMF 公布的 188 个经济体（即图 1 中展示的 187 个经济体和卢森堡）的数据，以及世界银行公布的收入划分标准

从图 2 可以看出，2018 年低收入经济体 GDP 平均增长率为 4.86%，中下等收入经济体 GDP 平均增长率为 4.62%，中上等收入经济体 GDP 平均增长率为 2.80%，高收入经济体 GDP 平均增长率为 2.30%。低收入经济体 GDP 平均增长率比中下等收入经济体 GDP 平均增长率高 0.24 个百分点，中下等收入经济体 GDP 平均增长率比中上等收入经济体 GDP 平均增长率高 1.82 个百分点，中上等收入经济体 GDP 平均增长率比高收入经济体 GDP 平均增长率高 0.5 个百分点。总的趋势体现为：人均收入越高，经济增速越低。

2. 中国经济增速呈波浪形下降的主要依据

第一，资本系数快速增大，促使经济增速下降。

资本系数的定义为新增单位产出（GDP）所需要增加的资本[①]，即 $\Delta I/\Delta \mathrm{GDP}$ 。这里 ΔI 表示新增资本。资本系数又称为资本产出率，即增加单位产出所需要增加的资本。在其他条件相同的情况下，资本系数越高，经济增速越低。本报告中我们通过资本形成总额占 GDP 比重与 GDP 增长率之比来近似地计算资本系数，即

$$\text{资本系数}=\text{资本形成总额占GDP比重}/\text{GDP增长率}$$
$$=\frac{\Delta I}{\Delta \mathrm{GDP}}=\frac{\Delta I/\mathrm{GDP}}{\Delta \mathrm{GDP}/\mathrm{GDP}}$$

由表 1 和图 3 可知，中国资本系数整体呈较快增大趋势。2010 年资本系数为 4.52，2012 年为 5.97，2014 年为 6.41，2016 年为 6.59，2018 年为 6.80。技术进步及投资效率降低，增加单位产出所需新增资本数额增加，从而使得经济增速趋缓。

① 本报告中的资本系数和资本产出率均定义为增量资本系数和增量资本产出率，而非平均资本系数和平均资本产出率。

表 1　中国 2010~2018 年的资本系数

年份	资本形成总额/亿元	支出法 GDP/亿元	资本形成总额占 GDP 比重	GDP 增长率	资本系数（资本产出率）
2010	196 653	410 708	47.88%	10.6%	4.52
2011	233 327	486 038	48.01%	9.6%	5.00
2012	255 240	540 989	47.18%	7.9%	5.97
2013	282 073	596 963	47.25%	7.8%	6.06
2014	302 717	647 182	46.77%	7.3%	6.41
2015	312 836	699 109	44.75%	6.9%	6.49
2016	329 138	745 632	44.14%	6.7%	6.59
2017	363 955	815 260	44.64%	6.8%	6.57
2018	396 645	884 426	44.85%	6.6%	6.80

资料来源：资本形成总额、支出法 GDP、GDP 增长率来自《中国统计年鉴 2019》

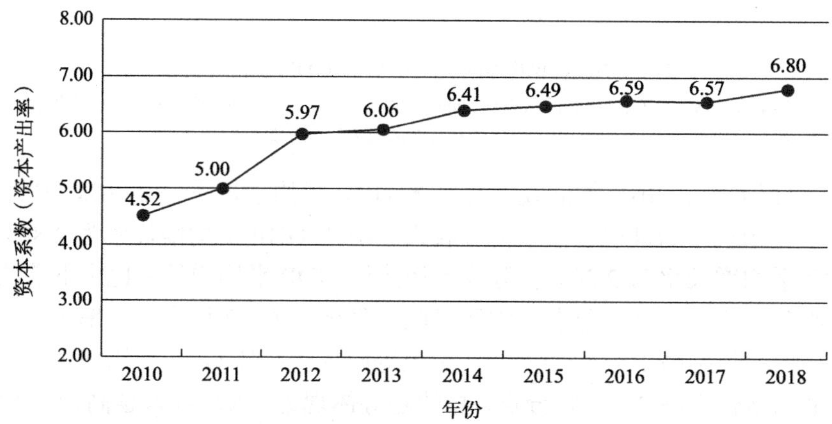

图 3　中国 2010~2018 年的资本系数

第二，投资率和储蓄率呈下降趋势，使得经济增速减慢。

从表 2 可见，中国 2010 年储蓄率为 51.5%，投资率为 47.9%，以后年度基本呈下降趋势，如图 4 所示，2018 年储蓄率为 45.7%，投资率为 44.8%。

表 2　中国 2010~2018 年的储蓄率和投资率

年份	支出法 GDP/亿元	资本形成总额/亿元	净出口/亿元	储蓄率	投资率
2010	410 708	196 653	15 057	51.5%	47.9%
2011	486 038	233 327	11 688	50.4%	48.0%
2012	540 989	255 240	14 636	49.9%	47.2%
2013	596 963	282 073	14 552	49.7%	47.3%
2014	647 182	302 717	16 152	49.3%	46.8%
2015	699 109	312 836	24 007	48.2%	44.7%
2016	745 632	329 138	16 585	46.4%	44.1%

续表

年份	支出法 GDP/亿元	资本形成总额/亿元	净出口/亿元	储蓄率	投资率
2017	815 260	363 955	14 154	46.4%	44.6%
2018	884 426	396 645	7 440	45.7%	44.8%

资料来源：《中国统计年鉴 2019》

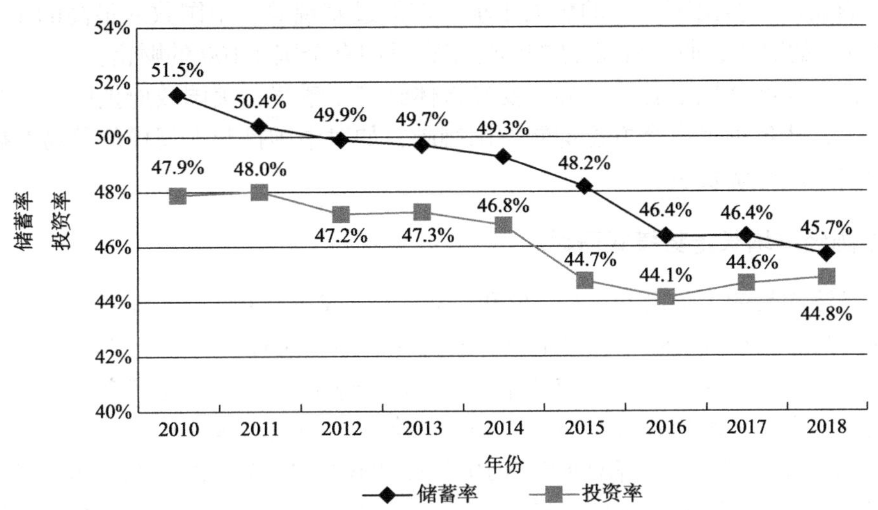

图 4　中国 2010~2018 年的储蓄率和投资率

根据发展经济学中著名的哈罗德–多马模型（Harrod-Domar model），经济增长率的最终计算公式如下：

GDP 增长率=储蓄率/资本产出率

在哈罗德–多马模型中假定净出口为零，即假定储蓄额等于投资额，则储蓄率等于投资率，上式可写为

GDP 增长率=投资率/资本产出率

由此可见，经济增长速度与投资率成正比而与资本产出率成反比。预计中国今后储蓄率和投资率仍将继续下降，资本产出率将继续提高，因而，根据哈罗德–多马模型，中国经济增长率有下降趋势。

第三，随着中国人口增速的放缓和人口的老龄化，人口红利正在快速消失。预计 21 世纪 20 年代开始，生育率过低和老龄化将日益制约中国经济发展。特别是随着人口快速老龄化，退休金等社会福利支出将挤占储蓄额和投资额空间，使得储蓄率和投资率出现进一步下降趋势。

第四，国民收入分配不公，贫富差距过大，多年来居民收入增长没有与 GDP 增长同步，以致内需增长过慢，产能严重过剩，使得中国经济增长速度降低。

基尼系数是用来反映社会财富分配悬殊程度的指标，其数值在 0~1，数值越大，说明财富分配悬殊越大，也就是贫富差距越大。通常把 0.4 作为“警戒线”，发达国家的基尼系数一般在 0.24~0.36。欧洲没有一个国家的基尼系数在 2018 年超过 0.38，而瑞典是

全球贫富差距最小的国家。根据国家统计局公布的数据，中国的基尼系数从 20 世纪 80 年代的 0.3 左右，暴涨到 2017 年的 0.467，为世界上收入差距最大的国家之一。美国是居民收入差距非常大的国家，2017 年美国的基尼系数为 0.482。中国的基尼系数已经接近于美国。

当经济社会的贫富差距较大时，广大低收入居民受收入水平限制而没有足够的能力购买所需商品，将会出现严重的供大于求、产能过剩现象。中国收入最高的 1% 的家庭拥有全国 1/3 的财富，收入最低的 25%的家庭只拥有全国 1/100 的财富。

第五，从外部环境来看，世界主要经济体经济不景气，美国政府把中国作为主要战略竞争对手，从各种渠道全方位抑制中国崛起，如对中国挑起大规模的贸易摩擦等，将会严重影响中国经济发展。

3. 中国经济增长走势模式研讨

中国经济增长的走势既非“U”形和“V”形，又非“L”形和雁形，而是呈波浪形缓慢下降。在已有经济文献中，关于经济增长的走势模式有“U”形、“V”形、“W”形、“L”形、倒“U”形和雁形等。前几年国内有部分学者认为中国经济增长的模式为“L”形，即认为中国经济增速在降至一定水平后就会长期企稳。这几年的实践表明，中国经济“L”形触底没有到来，经济增速由 2010 年的 10.6%，2013 年的 7.8%，2015 年的 6.9%，2018 年的 6.6%，降至 2019 年的 6.1%。我们认为从中长期角度看，中国经济增长速度既非“U”形、“V”形，又非“L”形、倒“U”形，而是呈波浪形缓慢下降，即波浪形下降模式。相应地，经济总量呈波浪形逐步上升。从中长期来看，不能认为我国经济增速由 10% 左右降到 7% 左右或 6% 左右就到底了，以后就平稳发展了。在 2050 年以前，中国经济将呈波浪形逐步下降。中国经济增长模式至少有以下三个特点。

第一，增长速度呈下降趋势，但增长速度远较同等发展水平国家为高。

第二，下降速度较为平稳，由于中国经济体量大，政策连贯性强，一般情况下变动幅度较世界上大部分国家为小。

第三，短时期内由于各种有利因素作用，增速可能上升，但从中长期看仍呈下降趋势。

（二）中国经济增长速度的中长期预测

在对中国经济增长速度进行中长期预测之前，我们应对中国经济发展现状有一个清晰的认识。中国经济的现状如下所示。

第一，从经济总量看中国目前仅次于美国，居世界第二位。根据 IMF 公布的资料[①]，2018 年中国 GDP 为 136 082 亿美元，美国 GDP 为 205 443 亿美元。中国为美国的 66.2%，但远较其他国家为高。

第二，从经济增长速度看，中国 2018 年 GDP 增速为 6.6%，美国为 2.9%。中国 GDP

① https://knoema.com/mhrzolg/historical-gdp-by-country-statistics-from-the-world-bank-1960-2018?country=China[2020-06-30]。

增速比美国快一倍以上。

第三，从人均 GDP 看，2018 年中国人均 GDP 为 9771 美元，美国人均 GDP 为 62 887 美元，中国人均 GDP 为美国的 15.5%。2018 年全世界人均 GDP 为 11 305 美元，中国人均 GDP 仅为世界平均水平的 85.0%[①]。

依据经济增速随人均 GDP 提高呈波浪形下降理论和中国经济增速将比同等发展水平经济体为高的结论，我们对 21 世纪上半期中国经济增速作如下预测。

预测"十三五"期间中国经济将保持平稳较快增长态势，年平均增速为 6.0%左右。预计 21 世纪 10 年代，即 2011~2020 年中国经济的年平均增速为 7.0%左右，增速较 21 世纪最初 10 年，即 2001~2010 年的年平均增速（10.5%）降低 3.5 个百分点左右。预计 2020 年底中国能够基本上完成中共十八届五中全会提出的在 2020 年 GDP 和城乡居民人均收入都比 2010 年翻一番的宏伟目标。

预计 21 世纪 20 年代，即 2021~2030 年中国经济增速将进入"5 时代"，年平均增速为 5.5%左右，增速较 21 世纪 10 年代，即 2011~2020 年的年平均增速降低 1.5 个百分点左右。

预计 21 世纪 30 年代，即 2031~2040 年中国经济增速将进入"4 时代"，年平均增速为 4.5% 左右，增速较 21 世纪 20 年代，即 2021~2030 年的年平均增速降低 1 个百分点左右。

预计 21 世纪 40 年代，即 2041~2050 年中国经济增速将进入"3 时代"，年平均增速为 3.8% 左右，增速较 21 世纪 30 年代，即 2031~2040 年的年平均增速降低 0.7 个百分点左右。

预计在 2030 年前后，按现行汇率法计算的中国经济总量将达到美国水平。鉴于中国人口为美国的 4 倍左右，按经济发展水平衡量，2018 年中国的人均 GDP 只有美国的 15.3%。预计 2030 年中国的人均 GDP 为美国的 1/4 左右。预计在 21 世纪中叶，即 2050 年前后，中国经济总量将为美国的两倍左右，但人均 GDP 与美国相比仍有将近一倍的差距，在科技创新能力和一系列人文指标上差距也较大，中国要达到世界发达国家水平尚需长期努力。

由于人口出生率持续下降，人口总量不断减少和老龄化将严重影响中国经济增速。如果不能采取有效措施，如及时全面放开生育限制和采取大力鼓励生育政策，把创新和发展高新技术作为基本国策等，美国和印度有可能在 21 世纪下半期在经济总量上超过中国。

（三）预计中国能够在 2020 年底基本上实现 2010~2020 年 GDP 翻一番的宏伟目标

中共十八届五中全会提出到 2020 年实现 GDP 比 2010 年翻一番的宏伟目标。2011~

① https://knoema.com/jesoqmb/historical-gdp-per-capita-by-country-statistics-from-the-world-bank-1960-2018?country=China [2020-06-30]；https://knoema.com/jesoqmb/historical-gdp-per-capita-by-country-statistics-from-the-world-bank-1960-2018?country=United%20States[2020-06-30]。

2015 年中国经济中高速增长，根据国家统计局网站公布的资料，按 2010 年不变价格计算，2015 年中国的 GDP 等于 2010 年的 146.43%，2019 年 GDP 等于 2015 年的 129.44%。由此得出，2019 年中国的 GDP 等于 2010 年的 189.54%。由于新冠肺炎疫情对经济的严重影响，中国 2020 年经济增速下降，我们预测 2020 年经济增速将为 3.5%。如果 2020 年增速为 3.5%，按不变价格计算，2020 年 GDP 将等于 2010 年的 1.96 倍，基本上实现了 2020 年 GDP 比 2010 年翻一番的宏伟目标。

二、2019 年中国经济增长的简要回顾与分析

如前文所述，从中长期看中国经济增速的走势呈波浪形缓慢下降。波浪形表现为经济增长速度高低不同，但经济总量逐年上升。

2011~2019 年中国各季度（下文以 Q 表示季度）GDP 增速见表 3。

表 3　中国 2011~2019 年各季度 GDP 增速

时间	当季增速	年度累计增速	时间	当季增速	年度累计增速
2011Q1	10.2%	10.2%	2015Q3	6.9%	6.9%
2011Q2	10.0%	10.1%	2015Q4	6.8%	6.9%
2011Q3	9.4%	9.9%	2016Q1	6.7%	6.7%
2011Q4	8.8%	9.6%	2016Q2	6.7%	6.7%
2012Q1	8.1%	8.1%	2016Q3	6.7%	6.7%
2012Q2	7.7%	7.9%	2016Q4	6.8%	6.7%
2012Q3	7.5%	7.8%	2017Q1	6.8%	6.8%
2012Q4	8.1%	7.9%	2017Q2	6.8%	6.8%
2013Q1	7.9%	7.9%	2017Q3	6.7%	6.8%
2013Q2	7.6%	7.7%	2017Q4	6.7%	6.8%
2013Q3	7.9%	7.8%	2018Q1	6.8%	6.8%
2013Q4	7.7%	7.8%	2018Q2	6.7%	6.8%
2014Q1	7.4%	7.4%	2018Q3	6.5%	6.7%
2014Q2	7.5%	7.4%	2018Q4	6.4%	6.6%
2014Q3	7.1%	7.3%	2019Q1	6.4%	6.4%
2014Q4	7.2%	7.3%	2019Q2	6.2%	6.3%
2015Q1	7.0%	7.0%	2019Q3	6.0%	6.2%
2015Q2	7.0%	7.0%	2019Q4	6.0%	6.1%

资料来源：国家统计局网站（http://www.stats.gov.cn/）

由表 3 及图 5 可见，2018 年第一季度（增速 6.8%）到 2019 年第四季度（增速 6.0%）

经济增速下降，为波浪形的下降段，下降速度较 2015~2017 年为快。根据国家统计局公布的资料，2019 年第一季度、第二季度、第三季度和第四季度 GDP 分别增长 6.4%、6.2%、6.0%和 6.0%，增速下降幅度较 2015~2018 年年增速下降幅度为大。其原因如下。

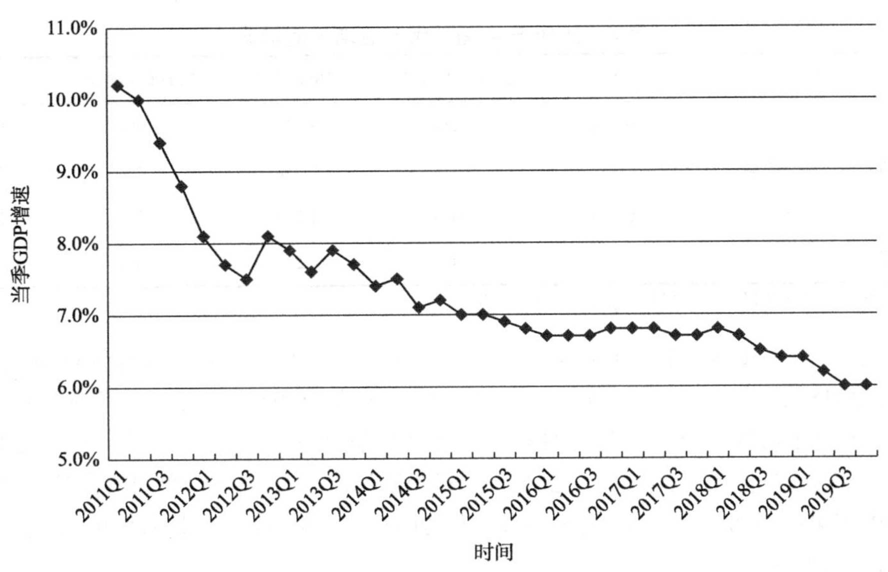

图 5　中国 2011~2019 年各季度 GDP 增速

一是全球经济回落压力加大，国外主要经济体经济疲软，中国经济发展的外需不足，特别是美国对中国挑起大规模贸易战，造成我国 2019 年货物进出口总额增速、出口增速和对美国出口增速大幅度下降。根据海关总署公布的资料，2019 年全年货物进出口总额为 45 761 亿美元，同比减少 1.0%，而 2018 年全年货物进出口总额为 46 224 亿美元，同比增幅为 12.5%。2019 年全年出口总额为 24 990 亿美元，同比仅增加 0.5%，而 2018 年全年出口总额为 24 867 亿美元，同比增幅为 9.9%。从国别和地区来看，2019 年全年对美出口总额为 4187 亿美元，同比降幅为 12.5%，而 2018 年全年对美出口总额为 4784 亿美元，同比增幅为 11.3%。出口增速大幅度下降促使我国经济增速回落。

二是最近几年经济处于下行周期，内需增速趋缓。房地产业是中国经济的重要支柱产业，其特点是产业链特别长，对财政收入，特别是对地方财政收入的影响很大。据统计 2010~2018 年来自房地产和土地的销售收入和税费收入占地方财政收入的比例达到 34%以上。2019 年 1~12 月商品房销售面积由增转降，比 2018 年同期下降 0.1%。房地产业土地成交价款为 14 709 亿元，比 2018 年同期减少 8.7%。地方财政收入下降，造成 2019 年固定资产投资增速快速下降，对经济增速下降有重要影响。

（一）生产法维度下三大产业增加值增速回顾与分析

2019 年全年 GDP 增长率为 6.1%。分三大产业来看，第一产业增加值增长 3.1%，第二产业增加值增长 5.7%，第三产业增加值增长率为 6.9%，如表 4 所示。2019 年第二产业增加值增速比 2018 年下降 0.1 个百分点，其中工业增加值增速为 5.7%，建筑业增加值增速为 5.6%；第三产业增加值比 2018 年增长 6.9%，增速较 2018 年下降 0.7 个百分点。

表 4　2019 年中国三大产业增加值增速

项目	2018 年增速	2019Q1 增速	2019Q2 增速	2019Q3 增速	2019Q4 增速	2019 年增速
GDP	6.6%	6.4%	6.2%	6.0%	6.0%	6.1%
第一产业	3.5%	2.7%	3.3%	2.7%	3.4%	3.1%
第二产业	5.8%	6.1%	5.6%	5.2%	5.8%	5.7%
第三产业	7.6%	7.0%	7.0%	7.2%	6.6%	6.9%

资料来源：国家统计局公布数据及本报告项目组预测

从三大产业占 GDP 比重（名义结构）看，2019 年第一产业增加值在 GDP 中占比为 7.1%，较 2018 年上升 0.1 个百分点；第二产业比重为 39.0%，较 2018 年降低 0.7 个百分点；第三产业比重为 53.9%，较 2018 年提高 0.6 个百分点。第一产业比重自 2004 年持续下降，第三产业比重持续上升，2019 年分季度来看，第三产业增加值占比呈现下降趋势，2019 年第四季度已经下降到 50.8%，但 2019 年全年第三产业增加值占比仍较 2018 年有所提高（图 6）。

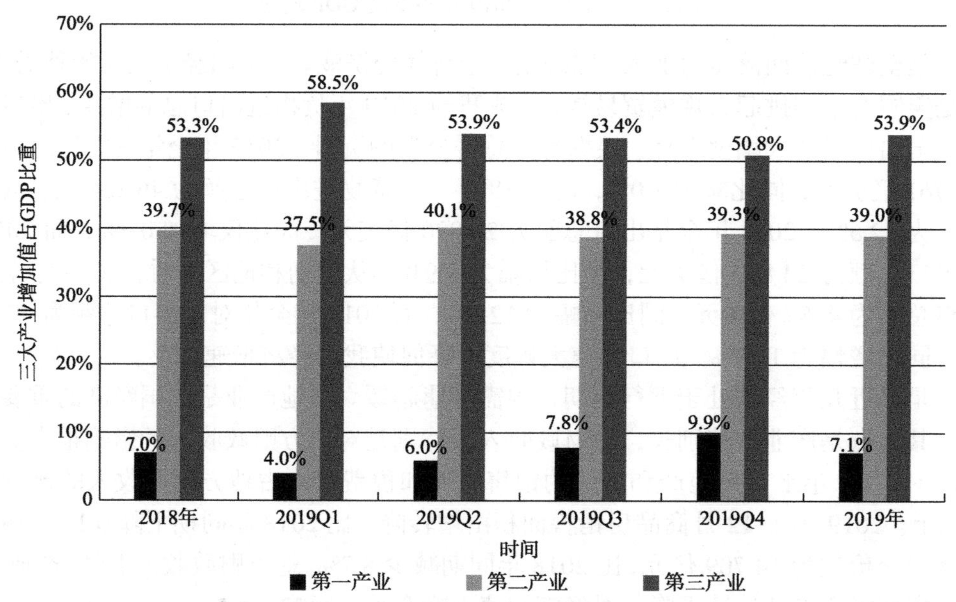

图 6　中国 2018 年和 2019 年各季度三大产业增加值占 GDP 比重（名义结构）

从三大产业来看，农业、工业和服务业运行良好。

1. 粮食种植结构进一步优化，农业生产平稳发展

在保障粮食生产能力不降低的同时，粮食种植结构进一步优化。据国家统计局信息，

2019 年全国粮食总产量为 66 384 万吨，较 2018 年增长 0.9%，在国家实施的大豆振兴计划下，2019 年大豆种植面积增加了 1000 万亩[①]以上。

畜牧业方面，2019 年我国猪牛羊肉、禽肉产量较 2018 年同比下降 10.2%，主要原因是猪肉产量同比下降 21.3%，受非洲猪瘟的影响，我国生猪出栏量、存栏量都较 2018 年同期有所下降，生猪生产者价格有大幅度上涨。牛羊禽肉、禽蛋、牛奶及水产品生产势头良好，产量同比增长，且牛羊禽存量同比增加。

2. 工业结构持续优化，生产下行压力较大

2019 年我国规模以上工业增加值同比实际增速为 5.7%，较 2018 年同比实际增速下降了 0.5 个百分点。受国内外市场需求不足，尤其是国际形势不确定因素较多等影响，部分行业和产品生产出现下滑，出口交货值降幅有所扩大，工业生产下行压力较大，但总体运行平稳，仍然保持了增长态势，新动能产业持续壮大，经济结构持续优化。

2019 年多数工业行业继续保持增长趋势，12 月时 80% 的行业实现了增加值的同比正增长，其中高技术制造业增加值的同比增速较全部规模以上工业高 3.1 个百分点。如图 7 所示，传统工业行业如农副食品加工业、纺织业、汽车制造业等，2019 年全年的累计增速较 2017 年、2018 年下降幅度较大，汽车制造业甚至在 2019 年增加值增速仅为 1.8%。同时黑色金属冶炼和压延加工业，电气机械和器材制造业，计算机、通信和其他电子设备制造业等高技术制造业则呈现出 10%左右的增速，维持了 2017~2019 年的高速增长态势，工业结构持续优化。

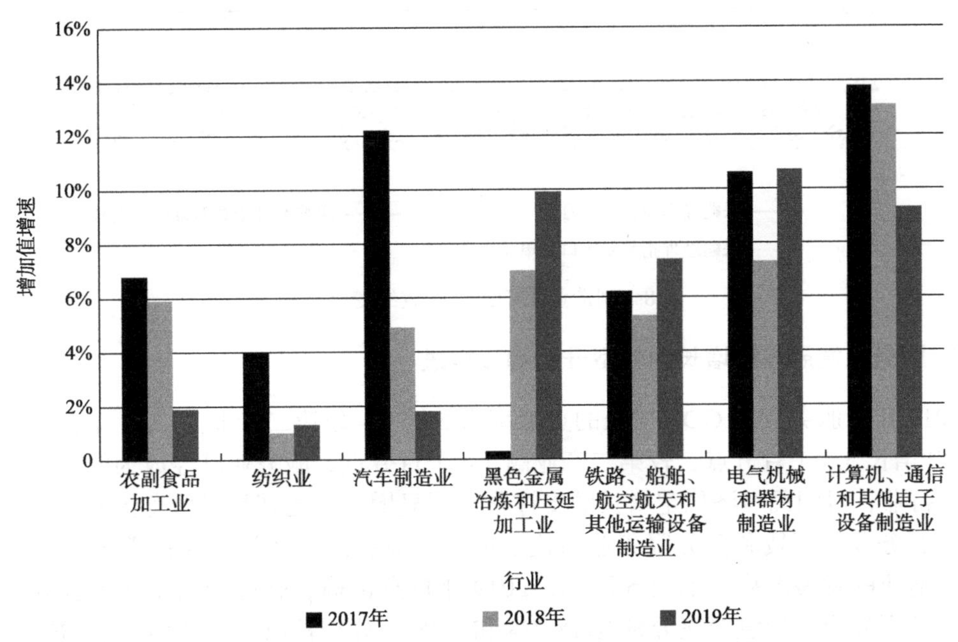

图 7　我国部分规模以上工业行业的同比实际增加值增速

① 1 亩≈666.67 平方米。

采购经理指数（purchasing managers' index，PMI）是国际上通用的监测宏观经济走势的先行性指数之一，通常以 50%作为经济强弱的分界点，采购经理指数高于 50%反映制造业经济扩张，低于 50% 则反映制造业经济收缩。2019 年 11 月，中国制造业采购经理指数为 50.2%，结束了连续 6 个月低于 50%的情况，制造业景气略有回升（图 8）。从新订单指数来看，2019 年 12 月新订单指数为 51.2%，比上月下降了 0.1 个百分点，表明制造业市场需求增速有小幅回升；新出口订单终于结束了连续 18 个月低于 50%的低迷，12 月为 50.3%，外贸形势的不稳定使得制造业企业的出口情况不容乐观。

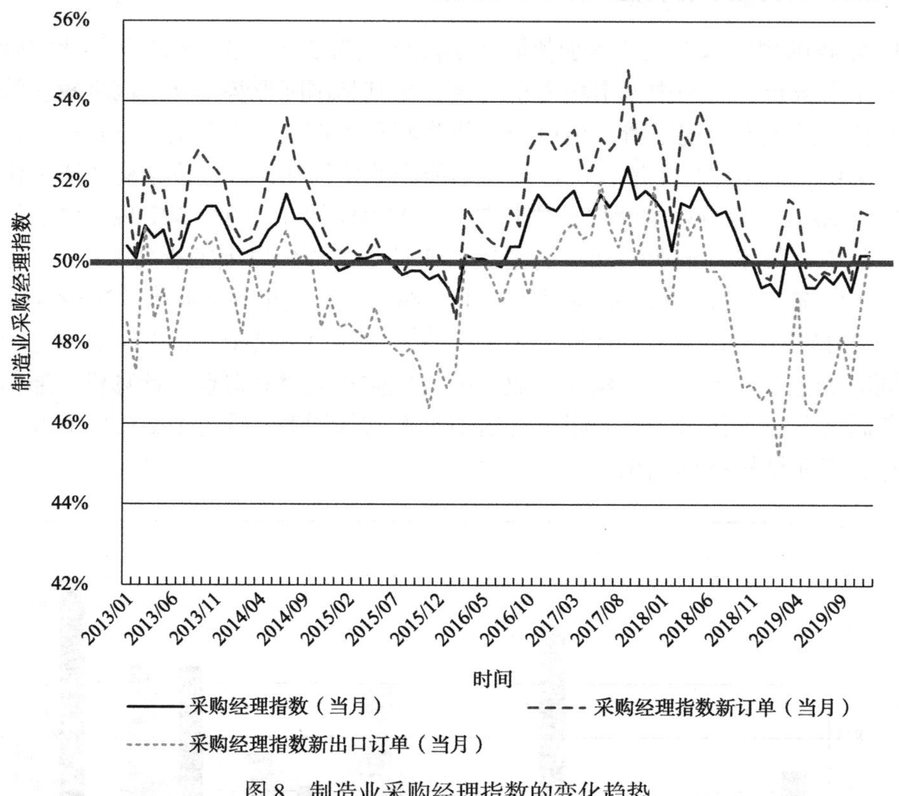

图 8 制造业采购经理指数的变化趋势

3. 服务业发展较快增长，转型升级稳步推进

2019 年，服务业对 GDP 增长的贡献率为 59.4%，较第二产业高 22.6 个百分点，拉动 GDP 增长 3.6 个百分点，较第二产业高 1.4 个百分点，服务业已经成为国民经济发展的支柱行业，对国民经济稳定增长的支撑作用明显增强。尤其是以信息传输、软件和信息技术服务业及租赁和商务服务业为代表的服务业新兴行业持续保持着高于第三产业增加值增速的发展态势。如表 5 所示，2019 年信息传输、软件和信息技术服务业及租赁和商务服务业增加值增速分别为 18.7% 和 8.7%，分别较第三产业增加值增速高 11.8 个百分点、1.8 个百分点。值得注意的是，2019 年金融业增加值增速是 2016 年以来的最高水平，全年达到了 7.2%，较 2018 年提高了 2.4 个百分点，有力支撑了服务业增加值发展。

表 5　2019 年第三产业增加值增速及与 2018 年比较

行业	2018 年增速	2019 年增速	增速变动百分点
第三产业合计	8.0%	6.9%	−1.1
其中：			
批发和零售业	6.7%	5.7%	−1.0
交通运输、仓储和邮政业	8.3%	7.1%	−1.2
住宿和餐饮业	6.7%	6.3%	−0.4
金融业	**4.8%**	**7.2%**	**2.4%**
房地产业	3.5%	3.0%	−0.5
信息传输、软件和信息技术服务业	**27.8%**	**18.7%**	**−9.1**
租赁和商务服务业	**10.9%**	**8.7%**	**−2.2**
其他行业	7.6%	5.9%	−1.7

注：表中加粗数字为服务业新兴行业增加值增速

从服务业商务活动指数来看，2019 年 12 月该值为 53.0%，持续处于扩张区间（图 9），但较上月回落了 0.5 个百分点。值得注意的是，铁路运输业、住宿业、电信广播电视和卫星传输服务、互联网软件信息技术服务、金融业、租赁及商务服务业等行业商务活动指数均位于 55.0%以上，业务活动较为活跃；批发业、房地产业等行业商务活动指数位于收缩区间，服务业内部结构持续优化。2019 年 12 月，非制造业新订单指数为 50.4%，比上月回落了 0.9 个百分点。其中服务业新订单指数为 50.0%，比上月回落了 0.5 个百分点，建筑业新订单指数为 52.9%，比上月回落了 3.1 个百分点，服务业市场需求景气有所回落。新出口订单指数为 47.8%，较上月回落了 1 个百分点。从业务活动预期指数来看，服务业业务活动预期指数为 59.1%，比上月回落了 0.9 个百分点，服务业企业对市场发展持续看好。

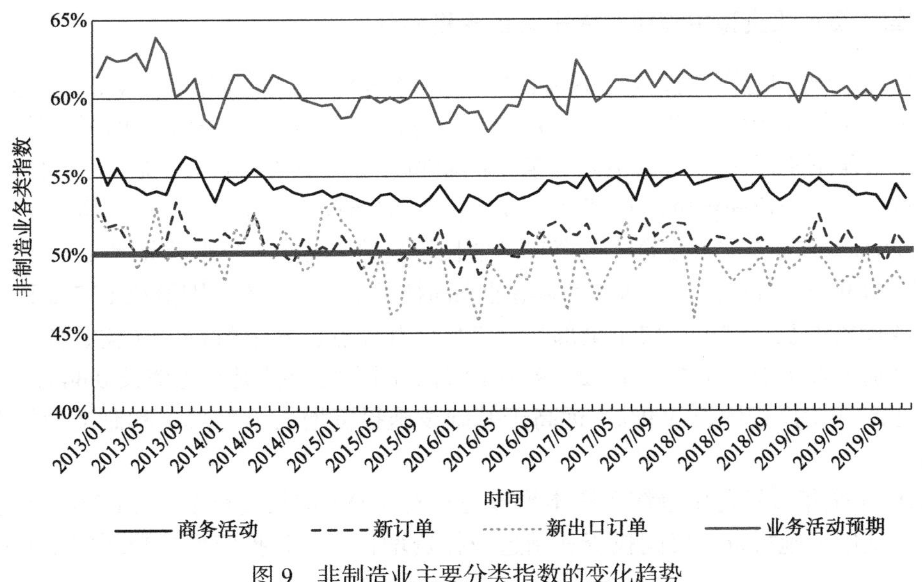

图 9　非制造业主要分类指数的变化趋势

（二）支出法维度下三大最终需求增速回顾与分析

2019 年全年 GDP 增长率为 6.1%，较 2018 年下降 0.5 个百分点。原因有二：一是自 2018 年开始美国对中国挑起规模较大的贸易摩擦；二是中国内需增速稳中有降。其中中美贸易摩擦导致的不确定性是主要原因，这种不确定性也影响了内需的增长放缓，主要表现为社会消费品零售总额和固定资产投资增速均有所下降。

1. 消费平稳增长，对经济的拉动作用不断增强

2019 年，社会消费品零售总额为 411 649 亿元，同比名义增长 8.0%，增速比前三季度略低 0.1 个百分点。乡村消费品零售额增长 9.0%，高出城镇消费品零售额增速 1.1 个百分点。

从消费类型来看，2019 年餐饮收入比上年增长 9.4%；商品零售增长 7.9%。商品零售中，基本生活类商品增长平稳，2019 年粮油食品类和日用品类商品分别增长 10.2%和 13.9%，均保持较快增长，服装鞋帽和针纺织品类增长 2.9%，出现较大幅度下滑；升级类商品增长较快，2019 年化妆品和通信器材类商品分别增长 12.6%和 8.5%。社会消费品零售总额增速下降的主要原因是汽车类消费快速下降，2019 年汽车类消费增长−0.8%。扣除汽车以外的社会消费品零售总额增长 9.0%。

网络电商等新型消费继续保持快速增长，2019 年全国网上零售额为 106 324 亿元，同比增长 16.5%。其中，实物商品网上零售额为 85 239 亿元，增长 19.5%，占社会消费品零售总额的比重为 20.7%，比上年提高 2.3 个百分点。

2019 年消费保持平稳增长，消费对经济增长的“压舱石”作用继续巩固。最终消费支出对经济增长的贡献率为 57.8%。最终消费支出中升级类商品和服务类消费支出占比进一步扩大，成为消费稳定增长的动力。

2. 固定资产投资稳中趋缓，未来有望企稳回升

2019 年全国固定资产投资（不含农户）551 478 亿元，同比增长 5.4%，增速与前三季度基本持平，比上年下降了 0.5 个百分点。分产业来看，第一产业固定资产投资增长 0.6%，比上年下降了 12.3 个百分点；第二产业固定资产投资增长 3.2%，比上年下降了 3 个百分点；第三产业固定资产投资增长 6.5%，比上年提高了 1 个百分点。第三产业固定资产投资增长是 2019 年固定资产投资稳定增长的基础。高技术产业投资增长 17.3%，快于全部投资 11.9 个百分点，其中高技术制造业和高技术服务业投资分别增长 17.7% 和 16.5%。社会领域投资增长 13.2%，快于全部投资 7.8 个百分点，其中教育，文化、体育和娱乐业投资分别增长 17.7%和 13.9%。2019 年 12 月，固定资产投资环比增长 0.44%。分领域看，房地产开发投资增长 9.9%，远高于基础设施投资增长（3.8%）和制造业投资增长（3.1%）。

2019 年全年投资稳中趋缓，资本形成总额对 GDP 增长贡献率为 31.2%，与上年基本持平。基础设施投资、民间投资和制造业投资增长乏力是投资增长趋缓的主要原因。

3. 受中美贸易战影响，进出口增长的不确定性增加

2019 年中国货物贸易进出口总值为 31.55 万亿元，比 2018 年增长 3.4%。其中，出口 17.23 万亿元，增长 5.0%，进口 14.32 万亿元，增长 1.6%，进出口增速较 2018 年低；贸易顺差约 2.92 万亿元，比上年扩大 25.4%。2019 年贸易顺差对经济增长的贡献率为 11.0%，远低于前三季度的贡献率（19.6%）。2019 年我国对外贸易一方面受全球经济增长乏力影响，世界贸易增速持续下降；另一方面，中美贸易摩擦自年初开始逐渐升温，进出口贸易的不确定性大幅上升，在这种状况下，我国的进出口实现这样的速度是相当不容易的。

2019 年 12 月 13 日中美双方达成第一阶段经贸协议。这对于中美双方和世界增强市场信心、促进经济和贸易发展有积极的意义。但长期来看中美贸易摩擦很难及时有效缓解，这对中美双方经济乃至全球经济增长将造成极大伤害。中美经贸摩擦背后，是美方所采取的极端贸易保护手段，以及对中国高科技产业链的打压。这些做法不仅对中美双方影响巨大，亦会波及全球价值链中的其他参与者，使得全球经济衰退的风险日益升高。

三、2020 年 GDP 增长速度预测

2020 年，新冠肺炎疫情控制情况、中国经济运行、国际经济形势发展，以及中国的外需增长情况都有很大不确定性。本报告在以下四个前提条件下，对中国 2020 年经济增长进行预测。

第一，在以习近平同志为核心的党中央坚强领导和党的十九大精神的指引下，中国政府将继续贯彻“稳中求进”的总方针。

第二，尽管中美双方达成第一阶段经贸协议，美国仍将中国列为主要战略竞争对手和主要遏制对象，但 2020 年中美在政治、军事、经济和科技上尚不发生全面对抗和冲突。

第三，新冠肺炎疫情在一季度得到基本控制以后，中国全年新冠肺炎疫情不发生大规模的严重反复。

第四，2020 年中国周边地区不发生大规模局部战争。

2020 年中美矛盾将进一步发展，由于中美两国在经济、军事和科技上差距逐步缩小，中国有可能在 2030 年左右在经济总量上超过美国，把中国视为主要战略竞争对手已经基本上成为美国统治集团共识。2020 年美国将继续采取各种手段遏制中国崛起，特别是遏制中国高新技术发展，企图使中国在经济上永远成为增加值率很低的中低端产品的生产国，永远停留在中低收入国家行列。鉴于美国不能容忍中国成为增加值率很高的高新技术产品的一个主要生产基地，中美主要斗争方式将由贸易战、关税战转向美国限制和打击中国高技术发展等。

总体而言，我们预计 2020 年中国经济发展的外部环境仍将很严峻。

（一）2020 年全年和分季度 GDP 增速预测

据国家卫生健康委员会网站消息，截至 2020 年 4 月 19 日 24 时我国累计新冠肺炎确诊病例已为 82 747 人，为非典确诊病例的 15 倍以上。在新冠肺炎疫情的严重冲击下，我国第一季度经济出现了负增长。根据国家统计局统计，我国第一季度 GDP 增速为−6.8%，这是改革开放后我国首次出现负增长。

由于政府采取迅速、坚决和有效的措施，2020 年 3 月底已经取得全国范围抗击新冠肺炎疫情战斗的基本胜利，今后主要是外防疫情输入，内防疫情反复。

1. 我国 2020 年第一季度 GDP 增速为−6.8%

新冠肺炎疫情严重影响我国第一季度经济增长，对经济造成的损失主要是企业停工。为防止疫情扩散，全国范围春节假期延长三天，有 25 个省（自治区、直辖市）进一步延长假期，如湖北省规定复工时间不早于 2 月 13 日 24 时，上海、重庆、广东、浙江、江苏、福建、山东、安徽、辽宁、江西、云南等 11 个省市规定大部分企业假期延长到 2 月 9 日，即进一步延长 7 天。此后受疫情尚未得到全面控制，全国范围停工一直继续到 3 月中旬。疫情对我国第二产业和第三产业影响最大，对第一产业影响相对较小。

第一季度中，2020 年 1 月受新冠肺炎疫情影响相对较小。2 月最严重，全国很大部分经济活动处于停滞状态，经济处于负增长状况。3 月，我国新冠肺炎疫情防控形势持续向好，生产生活秩序稳步恢复，企业复工复产明显加快。3 月中国采购经理指数在上月大幅下降基数上环比回升，其中制造业采购经理指数为 52.0%，比上月回升 16.3 个百分点；非制造业商务活动指数为 52.3%，比上月回升 22.7 个百分点；综合采购经理指数产出指数为 53.0%，比上月回升 24.1 个百分点。第一季度，全国规模以上工业增加值同比下降 8.4%，而 3 月规模以上工业增加值同比下降 1.1%，降幅较 1~2 月收窄 12.4 个百分点，环比增长 32.13%。

2. 预测 2020 年下半年经济将强劲增长

我们预测 2020 年全年 GDP 增速为 3.5% 左右，比 2019 年增速下降 2.6 个百分点。预测 2020 年第二季度、第三季度和第四季度 GDP 增速分别为 4.5%、7.5%和 7.3%。

2020 年下半年经济强劲增长的主要原因为新冠肺炎疫情过后，被压抑的内需有很大规模增长。具体情况如下。

（1）新冠肺炎疫情结束后被积压的消费需求将“报复性”地释放。疫情期间为防止新冠肺炎传播和感染新冠肺炎，大部分居民深居简出，人们很少到商店购物，直接抑制了消费。除线上商业外，线下商业大幅度缩减。第一季度的消费大幅消减，而主要依靠春节盈利的餐饮业更是备受打击，受到最直接影响的服务业还包括旅游、电影票房等。此外，汽车业、珠宝业等也受到沉重打击。疫情结束后被积压的消费需求将“报复性”地释放，使得 2020 年下半年消费额大幅度增长，推动下半年经济快速增长。

（2）新冠肺炎疫情过后居民对旅游、访亲探友的需求，企事业单位的出差需求将快

速释放出来。受疫情影响，2020 年 1 月 10~31 日全国客运量比上年同期下降 20.6%，其中铁路、道路、水路、民航客运量分别下降 10.7%、22.1%、34.0%和 14.4%左右。据中国民用航空局运输司司长于彪介绍，受疫情影响，2020 年春节假期 7 天旅客运输量比上年减少近一半，客座率也仅为 51.7%。疫情过后居民对旅游、访亲探友的需求，企事业单位的出差需求将快速释放出来，从而推动 2020 年下半年经济快速发展。

（3）新冠肺炎疫情过后被积压的购房需求将快速释放。由于新冠肺炎疫情影响购房者现场看房等因素，2020 年第一季度全国房地产市场成交量大幅减少。其中，武汉受疫情影响回落最为明显。据贝壳研究院提供的数据，2020 年 1 月武汉“链家”二手房交易量环比下降 51.3%。其次为烟台、青岛，成交量分别下降 48.2%和 46.8%。被积压的购房需求将在疫情过后释放出来！

（4）2020 年第一季度新冠肺炎疫情导致部分基建项目开工延迟，很多单位的机器设备采购活动陷于停顿状态，预计第二季度开始基建投资将有强劲增长，促使经济快速增长。

预测 2020 年下半年中国经济将有强劲增长，新冠肺炎疫情过后，被压抑的内需将快速释放。经济增长的依据如下。

第一，预计政府将采取一系列稳增长措施，如采取积极的财政政策，包括增加 2020 年财政赤字和专项债额度，继续进行大规模降税减费等。在货币政策上预计将采取适度宽松政策，并进一步疏通货币政策传导机制，切实降低实体经济融资成本，改善小微企业融资能力。积极的财政政策和稳健的货币政策在很大程度上抑制了经济下行进程并促使经济企稳回升。

第二，预计 2020 年基建投资将从 2018 年断崖式下滑和 2019 年低迷状态下恢复过来。成为 2020 年经济企稳回升的主力。2020 年增加专项债额度，扩大财政赤字将使全国基建投资的投入额有明显增加。房地产业的土地销售收入增加也使得地方财政有能力扩大基建投资。

第三，5G 建设和应用及向 6G 进军，将带动科技和创新类产业的快速发展。以华为为代表的中国高新技术企业快速发展将带动中国高端制造业的发展，从而促使中国经济企稳回升。

第四，从外部环境看，美国、欧元区及日本等经济体为促使经济发展，采取降息和扩表等措施，这客观上对中国经济发展有利。预计中美关系将继续呈现高度紧张态势，尽管美国继续把中国作为主要战略竞争对手，在政治、军事、经济和科技等方面继续打压中国，预计中美两国有可能继续签订阶段性贸易协议，使得两国的贸易紧张局势暂时得到缓和，两国的双边贸易额止跌回升。主要原因如下：一是由于美方发动贸易战的效果不佳，美中贸易逆差不降反升，美方向自中国进口商品征税基本上由美国进口企业承担并转移给美国消费者。二是世界各国特别是美国国内工商界普遍反对向中国进口产品征收高额关税。三是美方发动对中国贸易战以来，经济增速逐步下降，2018 年美国 GDP 增速为 3.1%，2019 年四个季度增速分别为 2.9%、2.0%、2.1%和 2.1%，全年增速为 2.3%，2020 年，受新冠肺炎疫情影响，经济将负增长。经济下行将直接影响 2020 年美国大选的结局，对参选的现任总统极为不利。最后，中方为避免中美贸易战扩大为中美全面对抗，做出部分可以接受的适度让步，如同意降低部分关税和配额，大量采购美国农产品，包括大豆、猪肉和棉花等。

（二）2020 年三大产业增速预测

从三大产业来看，预计 2020 年第一产业增加值增速约为 2.8%，比 2019 年降低 0.3 个百分点；预计第二产业增加值增速为 3.3%，比 2019 年降低 2.4 个百分点；第三产业增加值增速为 3.8%，比 2019 年降低 3.1 个百分点（预测结果见表 6）。

表 6　2018~2020 年中国 GDP 增速及三大产业增加值增速

项目	2018 年增速	2019 年增速	2020 年增速预测	2020 年较上年提高百分点
GDP	6.6%	6.1%	**3.5%**	**−2.6**
其中：				
第一产业	3.5%	3.1%	**2.8%**	**−0.3**
第二产业	5.8%	5.7%	**3.3%**	**−2.4**
第三产业	7.6%	6.9%	**3.8%**	**−3.1**

资料来源：国家统计局公布数据及项目组测算

注：表中加粗数字为预测值

本报告预测的主要依据如下。

一方面，农业供给侧结构性改革仍然继续，农业、畜牧业等转型升级都将带来新的经济发展动力，尤其是生猪等养殖业的恢复性增长将助力 2020 年第一产业增加值的增长；但另一方面，2020 年第一季度的新冠肺炎疫情造成的人员流动限制和交通、物流管制可能给国内农业生产特别是畜牧业生产造成负面影响。在疫情控制有效情境下，预计 2020 年第一产业增加值增速较上年降低 0.3 个百分点。

第二产业中，新兴产业增加值增速仍将保持较高水平，研发和自主创新的潜力将得到进一步释放，但受外需不确定性增大的影响，预计工业增加值增速将会低于 2019 年。受春节假期延长、节后复工难度加大及上下游产业链条传导等因素的影响，新冠肺炎疫情也在一定程度上影响制造业的稳定增长。在疫情控制有效情境下，预计 2020 年第二产业增加值增速将与上年相比略减。

预计 2020 年服务业还将保持高于 GDP 增速的增长态势，但服务业增速受新冠肺炎疫情影响相对 2019 年下降较大。此次疫情对服务业特别是交通运输、旅游、住宿餐饮等重点行业的冲击相对较为严重。由于疫情防控要求，多个城市封城封路，物流停止，机场、高铁等大幅减少运行班次。餐饮旅游业受到重创，2020 年春节期间各类聚餐大幅减少，人群密集场所关停，大量餐厅饭店停止营业，备菜存货被低价甩卖；各地主要旅游景点关闭，大型文娱活动取消，交通受到限制，居民终止出行计划。文化娱乐行业方面，春节档 7 天在全年票房收入中占据重要地位，但是受疫情冲击，2020 年电影行业春节档票房极其惨淡。除了疫情造成的负面影响，预计信息传输、软件和信息技术服务业及租

赁和商务服务业等增加值增速仍将高于服务业平均水平，带动第三产业增加值平稳向好发展。在疫情控制有效情境下，预计 2020 年第三产业增加值增速将较 2019 年下降 3.1 个百分点。

（三）2020 年三大需求增速预测

从三大需求来看，预计 2020 年社会消费品零售总额同比增速为 4.5%；固定资产投资完成总额实际同比增速为 5.1%；进出口增速下降。从对 GDP 增长的贡献率来看，预计 2020 年最终消费的贡献率为 62.3%，拉动经济增长 2.2 个百分点；资本形成总额的贡献率为 54.9%，拉动经济增长 1.9 个百分点；净出口的贡献率为−17.2%，拉动经济下滑 0.6 个百分点（表 7）。

表 7　2017~2020 年中国 GDP 增长率及三大需求对 GDP 的贡献率和拉动

年份	GDP 增长率	贡献率			拉动 GDP 增长百分点		
		最终消费	资本形成总额	净出口	最终消费	资本形成总额	净出口
2017	6.8%	58.8%	32.1%	9.1%	4.1	2.2	0.6
2018	6.6%	76.2%	32.4%	−8.6%	5.0	2.1	−0.6
2019	6.1%	57.8%	31.2%	11.0%	3.5	1.9	0.7
2020（预计）	3.5%	62.3%	54.9%	−17.2%	2.2	1.9	−0.6

资料来源：国家统计局公布数据及本报告项目组测算

本报告预测的主要依据如下。

在新冠肺炎疫情和中美贸易摩擦的双重冲击下，2020 年经济下行压力在持续加大。特别是国内疫情冲击对第一季度经济产生重要影响，GDP 首次出现负增长（−6.8%）。随着全球疫情持续，接下来外需不确定性将进一步增加，经济只能依靠内需快速复苏，特别是需要及时出台消费提振与投资刺激的相关措施，促进内需稳定增长。

消费因国内疫情防控受到严重冲击，第一季度社会消费品零售总额同比下降 19.0%，居民人均消费支出下滑，最终消费支出拉动 GDP 下降 4.4 个百分点。全年来看，接下来消费将有快速复苏态势，消费对经济中高速增长的基础作用继续巩固。首先，近年来居民收入增长和社会就业情况维持在较高水平，特别是 2020 年以来就业形势比较稳定，居民收入增长与经济增长基本同步，城乡居民人均收入比值继续缩小，为消费的提质扩容奠定了基础，为消费潜力持续释放提供了条件。随着居民收入增长，居民消费水平上升，服务消费升级和新的网络消费继续保持较快增长，将对中国消费格局乃至经济社会发展产生积极影响和贡献。分消费类型来看，第一季度消费特别是餐饮娱乐、运输旅游和部分高端消费处于大幅萎缩状态，食品饮料、日用品与医药及相关消费等处于较为平稳增长状态，疫情结束后被积压的消费需求将“报复性”地释放，使得 2020 年后三个季度消费额大幅度增长。

受新冠肺炎疫情影响，2020 年第一季度固定资产投资项目开工率不足，全国固定资产投资（不含农户）同比名义下降 16.1%，比上年同期下降了 22.4 个百分点，资本形成拉动 GDP 下降 1.4 个百分点。随着国内疫情得到控制，投资项目逐步开工，特别是中央政府“新基建”计划的实施，接下来中国固定资产投资将呈现企稳并快速回升态势。随着放开市场准入、减税降费、推动产权保护等多项激发民间投资活力的政策逐步落实，未来民间投资增速将有所回升。全年来看，受中美贸易摩擦和新冠肺炎疫情的影响，制造业投资增速将有所放缓。

随着中美第一阶段经贸协议签订，中美贸易紧张局势得到缓和，但同时也增加了 2021 年的进口压力。受新冠肺炎疫情的影响，多国对我国出口产品和人员流动出台了一系列限制，同时国内疫情防控下，第一季度国内出口企业停工时间延长，供应链断裂，出口受到严重冲击，净出口拉动 GDP 下降 1.0 个百分点。随着全球疫情蔓延，国外需求不足，接下来我国出口复苏压力较大。总体来看，2020 年出口压力较大，预计将会有较大萎缩。长期来看，单边主义和贸易保护主义很难消除。同时，主要国际机构纷纷下调未来全球经济增长预期。预计 2020 年中国对外贸易形势难以好转，进出口增速下降趋势将持续。

随着国内疫情告一段落，国内需求将有所回升，以及中国一系列扩大进口的措施和中美第一阶段经贸协议实施，预计 2020 年进口增速将高于出口，贸易顺差有所下降，净出口对 GDP 增长将有小幅的负向作用。

四、建　议

1. 建议统筹财政政策和定向宽松的货币政策各项经济刺激政策，预防经济的大幅下滑和对就业的冲击

受贸易保护主义等因素影响，再加上目前的新冠肺炎疫情的发展还存在一定的不确定性，预计 2020 年全球短期经济前景仍趋悲观，我国所面临的国际经济环境有很大不确定性，并可能进一步恶化；再加上国内经济转型等因素影响，我国经济将继续面临很大下行压力，实体经济仍比较困难，因此应当把“稳增长”作为我国经济工作的首要任务，从多方面强化“逆周期”调控。

此外，为有效对冲新冠肺炎疫情对我国经济的短期冲击，预防我国经济的较大幅度下滑，缓解失业压力，需统筹协调包括积极的财政政策、定向宽松的货币政策、有效的产业政策在内的各项经济政策，确保各部门的经济政策共同发力、聚焦使力、着力于根本，更好地发挥各种政策的协同效应，舒缓新冠肺炎疫情给消费、投资和对外贸易带来的不利影响。

2. 总结和推广华为经验，发展战略性高新技术产业，争取成为新兴的科技型强国

我国是目前全球产业链中生产中低档产品的制造大国，产品的增加值率很低。为了实现中华民族伟大复兴、实现“两个一百年”奋斗目标，为了从中等收入国家进入高收入国家行列，我国必须进行产业升级，发展增加值率很高的高新技术产业，力争成为高新技术产品的制造大国。中美贸易摩擦过程中，暴露出中国在核心技术领域的诸多突出问题，未来应着力攻克中国科技领域的主要短板、掌握科技领域的核心技术，加快科技创新步伐，增强自主创新在未来支撑经济增长中的作用。

华为是全球通信业具有领先地位的企业之一，是中国民族通信产业的杰出代表。作为连续 8 年在中国电子百强企业中利税第一的明星企业，华为的成功有诸多因素，而其中的关键是它的核心技术战略。其要点是必须集中力量攻克和掌握核心技术。核心技术必须掌握在自己手里，只有掌握核心技术才能不受制于人。

为了贯彻核心技术战略，华为在研发上实行高投入。根据华为 2018 年的财报，华为 2018 年销售的总收入为 7212 亿元，净利润为 593 亿元。2018 年华为在研发上的投入费用高达 1015 亿元，占销售总收入的 14.1%。华为每年投入的研发费用都超过了净利润，2018 年投入的研发费用为净利润的 171.2%。

2019 年，华为在海外已建立了 16 个独立的研发中心，拥有包含核心网、接入网、传输网、终端、平台等全套的解决方案。截至 2018 年 12 月底，华为在 5G 网络方面获得的技术专利为 1970 件，占全世界 5G 网络专利总数的 21%。与华为竞争较为激烈的高通公司，研发了 1146 件 5G 网络专利，和华为相差了 824 件。除此之外，中兴通讯股份有限公司（以下简称中兴）、中国大唐集团有限公司等公司分别研发了 1029 件及 543 件 5G 网络专利。

2019 年 5 月 16 日，美国商务部工业和安全局（Bureau of Industry and Security，BIS）正式宣布，把华为列入“实体名单”，进了这个名单之后，也就意味着华为今后采购美国供应商的产品，必须得到美国政府的同意，这个制裁方案基本上和 2018 年 4 月制裁中兴的方案相类似。在核心技术上早已有所准备的华为，不会因为美国的打压就屈服。华为具有高瞻远瞩的战略布局，在面对美国制裁的时候，美国如果切断芯片供应，华为有自己的麒麟芯片可以代替。操作系统是智能手机的灵魂，而中国目前还没有完全自主的操作系统，包括华为在内的众多中国手机厂商所使用的操作系统基本上都是基于 Android 系统进行改进的。华为早已有所准备，根据备胎计划，开发了“鸿蒙”操作系统。华为每年从高通公司购买 5000 万个芯片，美国禁止高通公司向华为出售芯片，首先损害的将是高通公司的利益。因此，在华为被限制之后，高通公司和其他在美国的高科技公司将会大幅下挫，迫使特朗普不得不再三宣布为华为提供 90 天的宽限期。

华为经验说明，一个国家和一个企业必须在研发上高投入，掌握核心技术，拥有自主产权的高端产品。这是企业和国家生存与发展的基础。

3. 遏制出生率和劳动力供给持续下降势头，建议在“十四五”期间全面放开并鼓励生育

经济的平稳增长离不开稳定的劳动力供给，自实行计划生育以来我国人口快速增长得到了有效的控制，但随着经济与社会的发展，新的问题不断产生：第一，自 2012 年起，我国劳动年龄人口的数量和比重连续 7 年出现双降，7 年间减少了 2600 余万人。受劳动年龄人口持续减少的影响，劳动力供给总量下降，2018 年末全国就业人员总量也首次出现下降，预计今后几年还将继续下降。第二，社会老龄化现象日益严重，我国老年人口抚养比自 2011 年的 11.6%逐年上升至 2018 年的 16.8%，社会抚养负担不断加大。第三，我国总和生育率常年低于 1.8，无法保证人口保持在平稳水平，2018 年常住人口出生率为 10.94‰，比 2017 年下降 1.49 个千分点，人口自然增长率为 3.81‰，比 2017 年下降 1.51 个千分点。在当前中国社会子女养育成本日益升高背景下，人们的生育意愿不断下降，中国今后可能出现严重的人口负增长，并将严重影响经济发展和产生一系列社会问题。

综合以上各原因，我国实行鼓励生育政策势在必行，建议在“十四五”期间全面放开并鼓励生育。首先，我国应全面放开生育，2016 年起实行的开放二孩政策对于生育的刺激效果未达预期，全面放开生育将鼓励有生育意愿的家庭增加生育，从而使总的生育率维持在可持续水平，保证人口增速不再继续下降。其次，我国应采取适当的措施鼓励生育，例如，在部分地区试点实行二孩、三孩补助政策，维持已发放的独生子女补助，取消新增独生子女补助；完善婴幼儿托育机构，加大教育和医疗投入，降低子女抚养直接成本。

2020年中国固定资产投资态势分析与走势展望[①]

孟勇刚　朱文洁　陈　磊

报告摘要：2019年我国经济下行压力持续加大，“稳投资”仍然是推动我国宏观经济平稳运行的重要保障。虽然政府出台多项“稳投资”政策，但固定资产投资增长依然乏力，年内增速呈稳中趋缓态势。截至2019年11月，累计固定资产投资（不含农户）为533 718亿元，同比名义增长5.2%，创造了2001年以来的最低增速。

在当前固定资产投资增速稳中趋缓和结构优化的背景下，提高投资效率、加大有效投资已经成为实现经济高质量发展和推动经济结构调整的重要抓手。在稳定制造业投资的基础上，着力推进制造业转型升级，加大对补短板、调结构、惠民生等项目的投资，是推动固定资产投资整体稳中向好的重要方式。此外，民间投资已经成为固定资产投资的主要组成部分，进一步改善民间投资的营商环境，不断扩大准入或开放的领域，营造国资、民资等多元投资主体共荣的新格局，对于固定资产投资行稳致远具有十分重要的意义。

本报告首先分析了2019年我国固定资产投资的运行特征，主要包含以下三个方面：①固定资产投资增速稳中趋缓，投资结构继续优化。短板领域投资的高速增长成为基建投资的主要推动力。以高技术和技术改造为主要特征的新动能投资成为推动制造业转型升级的重要力量。②三大产业结构性变动明显，第一产业出现负增长。③民间固定资产投资增速回落，内部投资呈现分化特征。

本报告采用美国全国经济研究局（National Bureau of Economic Research，NBER）的方法构建了我国固定资产投资的先行合成指数，对我国固定资产投资的景气波动特征及未来走势进行具体分析。结果表明，我国固定资产投资已经历了6次完整的景气循环，目前正处于新一轮的景气收缩期，尤其是2018年下半年以来，呈明显的低位平稳运行特征。按照固定资产投资先行合成指数走势的判断，固定资产投资于2019年12月企稳。

本报告预测2019年第四季度固定资产投资增速有望实现止跌企稳，预测2019年全年名义增长5.2%左右，创造21世纪以来的最低水平。受新冠肺炎疫情影响，预计2020年固定资产投资（不含农户）增速或呈前低后高走势，全年名义增长为3%~4%。投资结构将继续改善，高新技术产业和服务业投资有望保持高位运行，过剩行业投资减少，结构不断升级，符合结构转型的要求。具体预测包括：①基建投资仍将延续温和上涨态势，2019年和2020年全口径基建投资分别增长4%、6%~8%；②房地产开发投资增速

① 本报告得到国家社会科学基金重大项目（项目编号：15ZDA011）的资助。

或将小幅回落，2019 年和 2020 年房地产开发投资分别增长 10% 和 8% 左右；③2019 年和 2020 年制造业投资增长在 3% 左右延续低位小幅波动、大体保持平稳运行态势的概率较大；④民间投资增速可能会延续小幅下滑态势，2019 年和 2020 年全年增速分别为 4%~4.5% 和 3.5%~4%。

“稳投资”依然是政府的工作重点，面对我国当前的投资发展态势，本报告提出以下政策建议：①进一步促进投资结构优化升级；②降低民间投资门槛，促进投资多样化。

2019 年以来，全球主要经济体增长同步放缓、中美贸易摩擦不断升级，我国经济发展面临的外部环境依然严峻；国内经济发展长期积累的深层次结构性矛盾尚未得到根本性缓解，经济增长内生动力不足，新旧动能转换尚未完成，经济下行压力持续加大。固定资产投资是推动我国经济增长的重要引擎，“稳投资”仍然是推动我国宏观经济平稳运行的重要保障。

本报告对 2019 年我国固定资产投资的运行态势及 2020 年走势进行分析和预测，具体结构为：第一部分分析了 2019 年我国固定资产投资的运行特征；第二部分通过构建固定资产投资先行景气指数，对我国固定资产投资的增长率周期波动特征及发展态势进行分析；第三部分对固定资产投资的主要相关指标进行预测；第四部分是政策建议。

一、2019 年固定资产投资形势分析

总体来看，2019 年我国固定资产投资完成额累计增速呈现稳中趋缓态势，投资结构继续优化升级。短板领域投资和以高技术、技术改造为主要特征的新动能投资成为稳定固定资产投资的重要力量。第一产业、第二产业、第三产业内部各行业投资增速分化的特征十分明显，第三产业投资增速表现突出，部分传统行业投资形势不容乐观。民间固定资产投资增速整体大幅度下降。

（一）固定资产投资增速稳中趋缓，投资结构继续优化

2015 年以来，固定资产投资（不含农户）累计增速呈现阶梯式的持续下降态势，进入 2019 年后，其下降速度有所趋缓（图 1）。尽管 2018 年 9 月至 2019 年第一季度投资增速有所回升，但反弹幅度有限，较 2018 年 8 月的最低点仅回升 1 个百分点。截至 2019 年 11 月，累计固定资产投资（不含农户）为 533 718 亿元，同比名义增长 5.2%，增速与 1~10 月持平，也创造了 2001 年以来的最低增速。从环比看，11 月固定资产投资（不含农户）增长 0.42%。

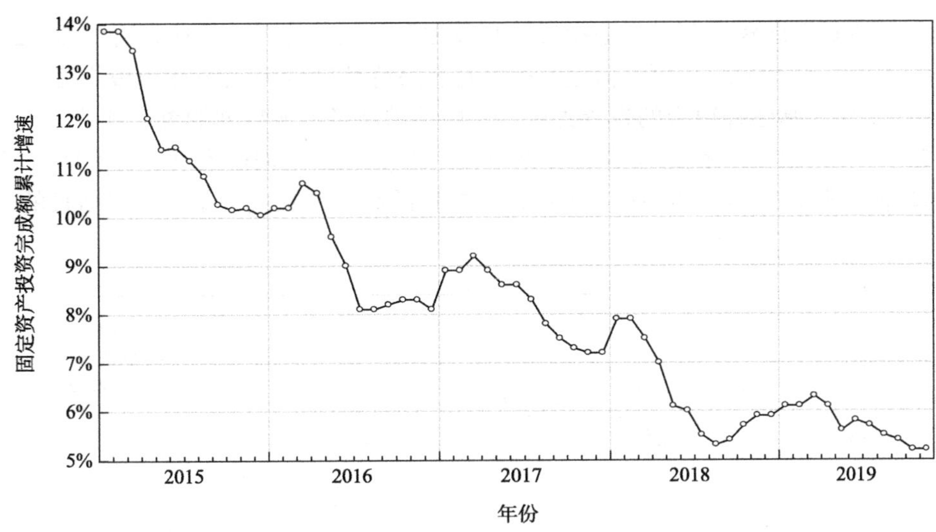

图 1　固定资产投资完成额累计增速

固定资产投资增速在 2019 年稳中趋缓的主要原因在于：①支撑固定资产投资的三大板块中，房地产开发投资和基建投资基本平稳，但制造业投资增速明显放缓，是影响固定资产投资增速的主要因素。制造业投资放缓的主要原因在于，国际经贸环境引起的投资风险加剧及国内因素导致的制造业企业投资意愿降低、投资预期恶化。②民间固定资产投资增长仍然乏力。2019 年 1~11 月，民间固定资产投资完成额为 303 786 亿元，同比增长 4.5%，增速比上年同期低 4.2 个百分点，比全国固定资产投资增速低 0.7 个百分点，处于低速增长区间。此外，2019 年 1~11 月，民间固定资产投资占比仅为 56.9%，比上年同期低 5.2 个百分点。民间投资增速乏力的原因是多方面的，核心因素在于需求不足导致投资意愿下降，民营企业为了降低经营风险，缩减投资规模。值得注意的是，民间投资占比下降、国有投资占比上升，对全社会投资效率会产生不利影响。

分区域来看，2019 年 1~11 月，东部地区固定资产投资累计增速为 4.1%，比前 10 个月增速加快了 0.1 个百分点；中部地区固定资产投资领先全国，累计增速为 9.3%，与前 10 个月增速持平；西部地区固定资产投资年内呈逐渐放缓趋势，累计增速由 1~2 月的 7.6%逐步下降到 1~11 月的 4.9%；东北地区固定资产累计同比下降 3.7%，仍是持续下滑、拖累投资整体增速的地区。

从投资的行业结构来看，制造业投资、房地产开发投资和基建投资是支撑全社会固定资产投资的三大板块，三者合计占固定资产投资的比例在 80%左右。2019 年前三个季度，制造业投资增速明显放缓，4 月以来在 2.5%~3.3%的水平上低位震荡；房地产开发投资保持了 10%以上的较高增长，但在“房住不炒”的调控基调下，从 5 月开始环比呈温和下降走势，但下行幅度较小，表现出较强的韧性；基建投资增速有所回暖，但回升力度有限。房地产开发投资增速的韧性与基建投资增速的温和反弹相互对冲，使得 2019 年前三季度固定资产投资增速保持了较为平稳的走势。

图 2 显示，2018 年基建投资增速（全口径）出现断崖式下滑，在 2018 年 9 月以

后，随着“六稳”政策尤其是“稳投资”政策力度的陆续加码，增速有所回暖。2018 年 10 月国务院办公厅印发了《国务院办公厅关于保持基础设施领域补短板力度的指导意见》，提出要加大基建补短板的投资力度，加快推进已经纳入规划的重大项目。从实际效果看，2019 年 1~11 月，铁路运输业投资增长 1.6%，道路运输业投资增长 8.8%，生态保护和环境治理业投资增长 36.3%。短板领域投资的高速增长成为基建投资增长的主要推动力。

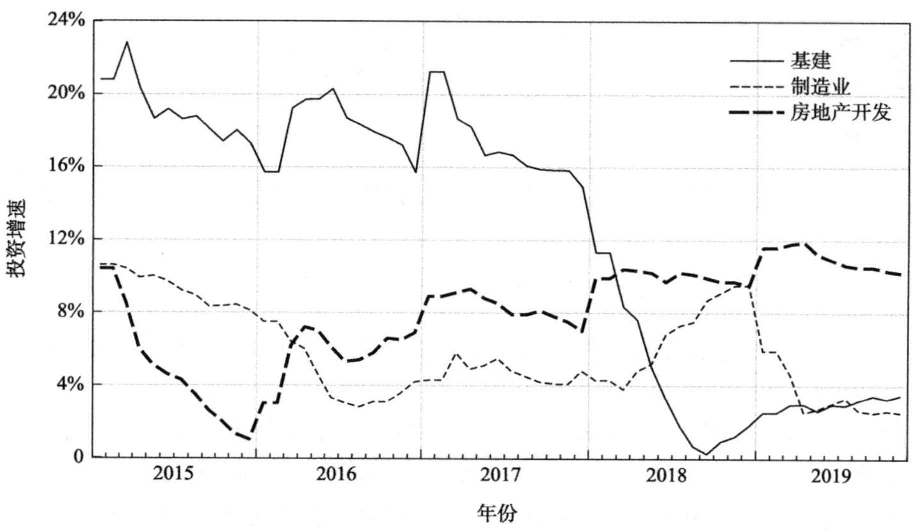

图 2　基建、制造业和房地产开发投资增速

但基建投资（全口径）2019 年 1~11 月累计增速仅为 3.5%，较上年 9 月最低点的涨幅仅有 3.3 个百分点，难言趋势性改变。2019 年以来，基建投资反弹力度有限的主要原因在于：第一，从财政资金收入的角度看，防范地方政府债务风险的工作仍然在推进，受土地财政收入下滑及原有存量债务压力的约束，地方政府财政吃紧，这在一定程度上限制了基建投资的资金来源。第二，从社会融资角度看，随着全国各地对公私合营模式（public-private-partnership，PPP）项目监管和规范的程度提高，基建类 PPP 项目在项目数量及投资额方面的增幅极其有限。图 2 显示，我国制造业投资虽在 2018 年第二季度出现短暂回升，但 2019 年以来再次下滑并跌入历史最低位，4 月以来在 2.5%~3.3%的水平上持续低迷。截至 2019 年 11 月，制造业累计同比增速为 2.5%，其中：高技术产业投资同比增长 14.1%，增速较前 10 个月降低 0.1 个百分点，高于全部固定资产投资 8.9 个百分点；高技术制造业投资增长 14.8%，增速比前 10 个月加快 0.3 个百分点，已连续 6 个月加快；高技术服务业投资增长 13.1%，增速高于全部服务业投资 6.4 个百分点；技术改造投资增长 8.7%，增速高于全部工业投资 5.0 个百分点。以高技术和技术改造为主要特征的新动能投资成为推动制造业转型升级的重要力量。

制造业投资增速持续低迷的可能原因在于[①]：一是外部经济环境不确定性加大，进一

① 胡祖铨. 为何要强调“稳定制造业投资”. http://paper.dzwww.com/dzrb/content/20190821/Articel13002MT.htm[2019-08-21].

步放大投资风险。近年来，主要经济体经济增长乏力，全球贸易保护主义抬头，国际经贸环境趋于恶化，这些都对出口贸易依赖度较高的制造业投资形成较大负向冲击。二是国内消费需求疲弱，降低企业投资意愿。受居民收入增速放缓、居民杠杆率上升等因素的制约，叠加汽车、房地产等市场的周期性调整，国内消费需求持续低迷，制造业企业逐渐由被动补库存转入主动去库存阶段。三是企业运营成本持续上升，恶化投资预期。国内环保、社保政策的不确定性仍然较大，政策执行强度尚未完全实现法制化，部分企业为规避政策调整带来的成本不可控因素，主动暂停或暂缓长期投资决策。加之生产者物价指数（producer price index，PPI）通缩加剧，企业利润继续承压，进一步降低制造业投资预期。

2018 年 12 月 24 日，全国住房和城乡建设工作会议明确提出以稳地价稳房价稳预期为目标，促进房地产市场平稳健康发展；2019 年 7 月 30 日中共中央政治局会议指出，坚持房子是用来住的、不是用来炒的定位，落实房地产长效管理机制，不将房地产作为短期刺激经济的手段。随着房地产调控政策效果的逐渐显现，投机需求得以有效遏制，2019 年房地产开发投资同比增速呈缓慢回落趋势（图 2）。2019 年 1~11 月房地产开发投资完成额为 121 265 亿元，累计同比增速为 10.2%，较 1~10 月回落 0.1 个百分点。同期，新开工面积和施工面积同比增长 8.6%和 8.7%，增速较 1~10 月分别回落 1.4 个百分点和 0.3 个百分点，但 1~11 月竣工面积累计同比增速为−4.5%，降幅较 1~10 月收窄 1 个百分点。在“房住不炒”的调控基调下，房地产企业融资政策不断收紧，开发商加快推盘以获得回款是新开工和施工面积增速加快、竣工负增长的主要原因，也是商品房销售及房地产开发投资保持韧性的主要原因之一。

（二）三大产业结构性变动明显，第一产业出现负增长

从三大产业固定资产投资累计同比增速（图 3）来看，各产业在 2019 年的增速水平整体结构出现了较大的变动。长期保持最高增速水平的第一产业自 2019 年后出现了断崖式下降，甚至于 4 月开始出现 0.1 个百分点的负增长，并持续处于负增长区间。截至 2019 年 11 月，第一产业在 2019 年共投资 12 164 亿元，累计回落 0.1%，增速较 1~10 月回升 2.3 个百分点，但依旧处于负增长状态。其中，受新冠肺炎疫情影响，畜牧业回落幅度最大，达 7.9 个百分点。

尽管第二产业固定资产投资累计同比增速在 2018 年中至 2018 年末出现了一小波反弹，创造了 2016 年第二季度以来的反弹高点 6%，在经过 2019 年第一季度的小幅回落后，该指标基本稳定在 2%~3%的低位增长区间内，与 2016 年、2017 年的企稳水平大致相当。2019 年 1~11 月，第二产业固定资产投资累计同比增速为 2.4%，较 1~9 月提高了 0.4 个百分点，但较上年同期回落了 3.8 个百分点。第二产业固定资产投资占比也出现了下降，截止到 11 月，第二产业 2019 年固定资产累计投资 158 451 亿元，占比 29.7%，较上年同期占比回落了 7.7 个百分点。第二产业增速回落主要来源于建筑业固定资产投资增速的回落，2019 年建筑业逐月累计投资同比增速均为负值，2019 年 1~10 月建筑业累

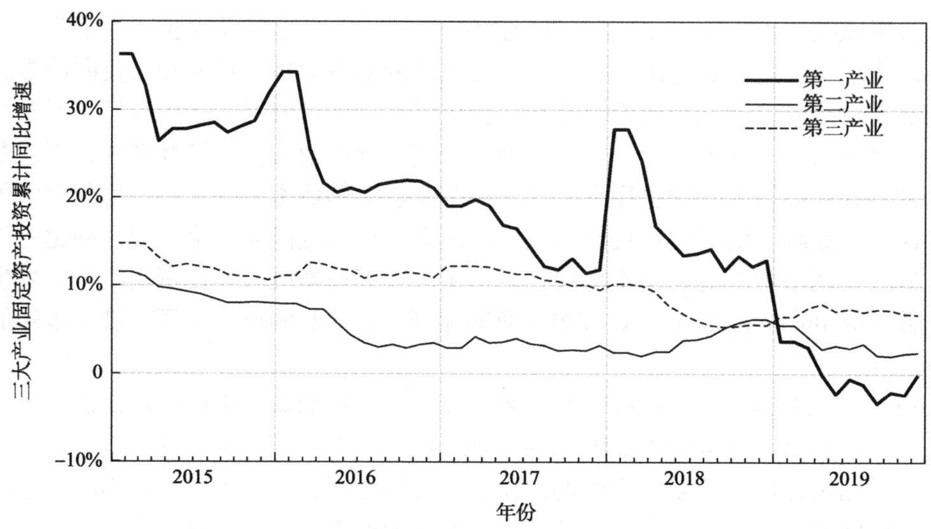

图 3　三大产业固定资产投资累计同比增速

计同比增速为−30%，较 1~2 月增速回落近 19 个百分点。随着我国逐渐进入后工业化时代，制造业固定资产投资继续承压，虽然在减税降费政策的影响下该指标在第二季度出现短暂反弹，但 1~10 月的增速仅为 2.6%，较上半年增速回落 0.4 个百分点。而电力、热力、燃气及水生产和供应业则一改长期负增长态势，达到 1.9% 的增速，同时采矿业累计同比增速全年处于高位增长区间，1~2 月累计同比增速达 2015 年以来的最高值 41.4%，1~10 月增速也高达 25.1%。

自 2019 年 1 月起，第三产业固定资产投资累计同比增速超过第一产业，成为三大产业中增速最快的产业，在经过 2019 年第一季度的小幅反弹后，该指标基本稳定在 7%左右的增长水平上，较 2016 年、2017 年的企稳水平下降约 4 个百分点。2019 年 1~11 月，第三产业固定资产投资累计同比增速为 6.7%，虽较前三个季度降低了 0.5 个百分点，但较上年同期提高了 1.1 个百分点。截止到 2019 年 11 月，第三产业固定资产投资总额为 363 103 亿元，占全部固定资产投资的 68%，较上年同期占比提高 8.9 个百分点。在第三产业中，教育、科学研究和技术服务业、文化体育和娱乐业及金融业都出现了 10%以上的增速。其中教育累计投资增速高达 18%，比 1~2 月增速提高了 3.2 个百分点，比上年同期提高了 9.8 个百分点；金融业的固定资产投资结束了长期的负增长状态，1~10 月累计投资增速达 13.5%，比上年同期提高了 31.5 个百分点；2019 年 1~10 月，房地产行业累计投资增速达 9.6%，虽然从第二季度起开始缓慢回落，但仍保持在 10%左右的较快增速，且比上年同期提高了 1.5 个百分点。同时，传统服务业如批发和零售业，公共管理、社会保障和社会组织，以及居民服务、修理和其他服务业的累计投资增速依旧处于负增长状态，同期增长率分别为−16.7%、−11.6%及−7%。传统服务业长期的负增长态势，新兴服务业尤其是教育和金融业的发展及第三产业增速在三大产业整体增速结构中的变动，反映出我国居民生活水平的提高和经济结构的变动。

（三）民间固定资产投资增速回落，内部投资呈现分化特征

民间固定资产投资累计增速从 2015 年起出现了较大幅度的波动（图 4），2016 年 8 月增速回升后于 2019 年出现了新一轮的增速下降，增速再次低于固定资产投资且差值不断增大。截至 2019 年 11 月，民间固定投资 303 786 亿元，累计增速 4.5%，比前三季度回落 0.2 个百分点，比上年同期低 4.2 个百分点，比全国固定资产投资增速低 0.7 个百分点，但较前 10 个月提高了 0.1 个百分点。与此同时，民间固定资产占比出现显著下降，2019 年民间固定资产投资逐月占比跌破 60%，1~11 月为 56.9%，比上年同期低 5.2 个百分点。

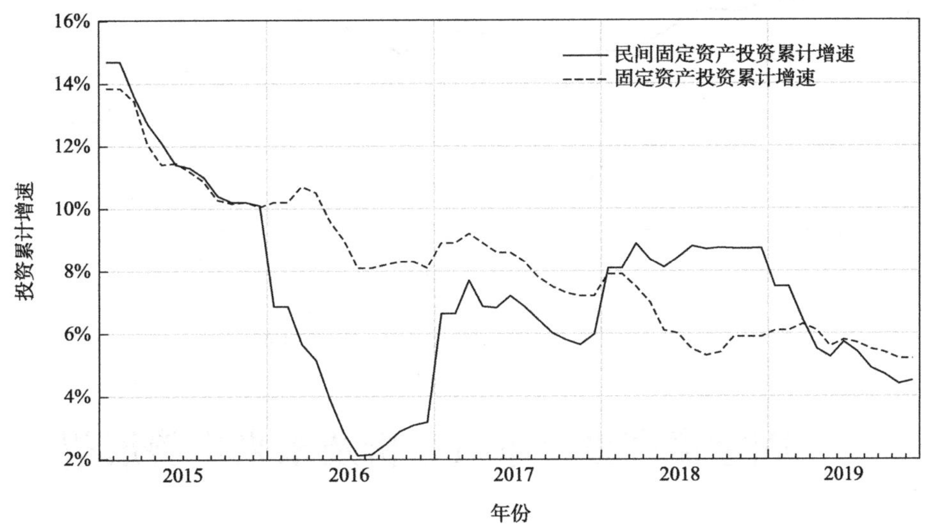

图 4　固定资产投资累计增速和民间固定资产投资累计增速

在民间固定资产投资中，各行业投资增速出现了明显的分化特征，传统行业内民间固定资产投资出现了较大降幅，而教育及文化、体育和娱乐业等新型高端服务业保持了较高的增速。其中第一产业的民间固定资产投资在进入 2019 年后出现了与全国第一产业固定资产投资相同的断崖式下降，1~10 月农、林、牧、渔业民间固定资产投资增速仅为−1.1%，比上年同期降低了 13.7 个百分点。第二产业中的建筑业增速下滑同样严重，截止到 2019 年 10 月的累计增速为−43.7%，比上年同期下降了 47 个百分点。在民间固定资产投资增速整体回落的大环境下，第三产业中教育仍旧保持了 28.3%高增速水平，比上年同期提高了 10.3 个百分点，而文化、体育和娱乐业虽仍有 19.5%的高增速水平，但已然出现缓慢下降态势，相比前三季度下降了 2.1 个百分点，比上年同期下降了 15.4 个百分点。

民间固定资产投资增速的整体大幅度下降主要源于 2019 年经济形势的低迷，在经济增速换挡期内整体的投资增速均处于回落状态，民间投资者的投资信心大打折扣，因此在成本和收益的双重考量下，民间投资者对于国家相关投资政策的回应较国有企业会相对保守①。对比国有企业和私营企业的固定资产投资增速（图 5）发现，2019 年以来私营企业累计增速不断下滑，1~10 月累计增速仅为 4%，比上年同期直落 10.7 个百分点，国有企业固定资产投资增速虽一直为负增长状态，但已逐渐企稳，尤其是国有独资公司，自 2018 年底触底回升，2019 年 1~10 月累计增速达 18.4%，较上年同期提高了 7 个百分点。

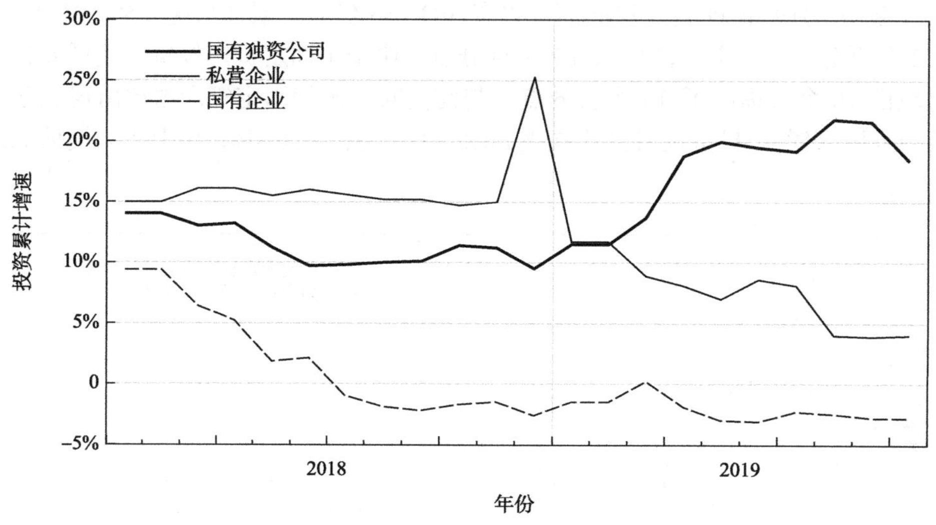

图 5　不同企业类型的固定资产投资累计增速

二、固定资产投资景气分析及未来走势展望

（一）我国固定资产投资景气的周期性波动特征分析

图 6 显示，2000 年以来，我国固定资产投资景气呈现出明显的周期波动特征，按照景气转折点测定的 B-B 方法②和“谷~谷”的周期计算，我国月度固定资产投资累计同比增长率已经历了 6 次完整的景气循环，目前正处于新一轮的景气收缩期。

进入 21 世纪以来，在政府新一轮的扩张性政策的刺激下，投资景气进入了一段持续时间长、上升幅度大的扩张期，并在 2004 年 2 月达到历史高位峰顶。此轮上升过程中，各地投资需求的不断扩张，特别是房地产市场的迅速发展，导致固定资产投资出现“过热”，投资项目增长过快，重复投资、过剩投资的现象很严重。为了应对这一局面，政府采取了“双稳健”政策，以控制投资与经济过热。政策风向的转变导致固定资产投资迅速减少，形成了第一轮投资循环的下降期（2004 年 3 月至 2005 年 2 月）。

---

① 班娟娟，陈淑兰. 全面激活民间投资一揽子实招将出. 经济参考报，2019-10-11（A02）.

② 景气转折点测定的 B-B 方法介绍参见：高铁梅，陈磊，王金明，等. 经济周期波动分析与预测方法. 北京：清华大学出版社，2014。

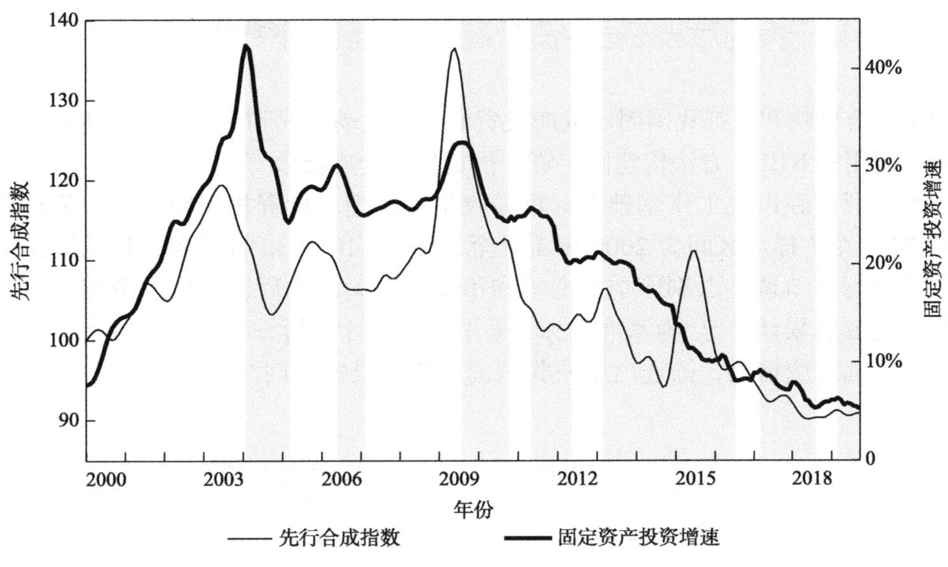

图6　固定资产投资增速与先行合成指数

受经济周期波动及相机抉择的宏观调控政策的共同影响，固定资产投资水平开始快速上行，并于2006年6月形成高位峰点。针对新开工项目数量多、规模大，以及固定资产投资增长过快的情况，2006年6月，国家发展和改革委员会、国土资源部和中国银行业监督管理委员会联合出台《关于加强固定资产投资调控从严控制新开工项目的意见》，投资水平开始下行，由此形成了第二轮投资循环的下降期（2006年6月至2007年2月）。其后，固定资产投资开始进入长达2.5年的高速平稳增长期。

2008年11月，为应对由美国次贷危机引发的全球金融危机，中央政府推出了进一步扩大内需、促进经济平稳较快增长的十大措施，即应对金融危机的一揽子计划，由于大量投资资金的注入与大规模投资项目的展开，固定资产投资水平在相对高位止跌回升，并迅速于2009年7月达到样本期内的次高波峰。然而，随着超常规刺激政策引起的产能过剩、供需失衡等结构性矛盾日益凸显，我国又迅速推出了化解产能过剩、调整投资结构等政策，固定资产投资累计同比增速从2009年11月开始回落，并于2010年10月达到阶段性底部。随后，经济增长内生动力不足与下行压力加大的现象并存，“稳增长、调结构”成了政府调控的主要目标，因此，2010年之后，政府出台了一系列促进投资的政策措施，在2010年9月至2011年5月、2012年5月至2013年2月、2016年7月至2017年3月、2018年8月至2019年3月，固定资产投资出现了四次短暂的上升期，且回升幅度较小。

由于宏观调控政策效应的减弱、经济增长的传统动力开始减弱，新旧动能接续转换的速度相对较慢，高投资驱动下的经济增长模式难以为继，固定资产投资从2013年开始进入增速回落的新常态阶段。

2016年以来，固定资产投资完成额增速仍呈现下降趋势，但下降速度有所趋缓、波动幅度较小。尤其是2018年下半年以来，呈明显的低位平稳运行特征。

（二）基于传统方法的固定资产投资先行景气指数构建

为了综合反映和预判我国固定资产投资的景气波动状况和未来走势，本报告首先采用国际上通用的 NBER 方法构建固定资产投资先行合成指数①。

为此，我们在以往工作基础上，重新收集并整理了投资相关领域及相关行业的经济指标 70 多个（样本区间为 2000 年 1 月至 2019 年 10 月），计算各指标的同比增长率序列，并进行季节调整以剔除季节变动和不规则变动。然后，以经季节调整后的固定资产投资完成额累计增速②为基准指标，采用多种统计分析方法并结合各指标的经济意义及周期波动对应情况，筛选出反映我国固定资产投资周期波动的 3 个先行指标，如表 1 所示。

表 1　我国固定资产投资增长率周期景气指标组

指标类型	指标名称	超前期	时差相关系数
先行指标	货币和准货币（M2）同比/环比增速	−1，−4	0.82，0.79
	金融机构人民币各项存款余额同比/环比增速	−1，−4	0.87，0.79
	金融机构人民币各项贷款余额同比/环比增速	−1，−4	0.54，0.79

注：M2、人民币各项存款和贷款三个指标的第一个和第二个超前期、时差相关系数分别对应同比增速与环比增速序列

长期以来，寻找较好的景气先行指标一直是我国经济景气分析中的一个难点问题。M2、人民币各项存款和贷款三个同比指标（也是经济景气的先行指标）在很长时间内具有相对较好的先行效果，且所反映的经济活动比较重要，但是近年来其先行特征逐渐减弱。测算结果显示，它们较固定资产投资完成额累计增速的先行期减少到平均只有 1 个月左右，实际上已经成为投资的一致指标。因此，经过检验，由 3 个先行指标合成的投资景气先行指数近年来已经不能很好地提前反映固定资产投资景气的变化。其主要原因在于：2013 年以来，随着我国经济结构调整的深化，固定资产投资增速一直呈不断下降趋势，周期性波动特征并不明显，与此同时，一些经济活动之间的内在联系和传导机制也在发生改变，一些先行指标的周期特征也随之变化，指标的先行性明显减弱。

为了解决满足先行条件的同比增速指标相对匮乏，特别是近年来周期波动的对应性不佳的问题，我们基于理论分析结果并借鉴国外一些相关文献，拓展考查了一些指标的环比增速序列的先行性，特别是针对同比序列先行期较短或接近同步的一些指标。为克服传统的环比增长率与年度同比增长率在增幅上不同步的缺陷，我们采用下式计算各指标 6 个月的年化环比增长率：

---

① NBER 合成指数方法介绍参见：高铁梅，陈磊，王金明，等. 经济周期波动分析与预测方法. 北京：清华大学出版社，2014。

② 考虑到固定资产投资累计增速在近些年的季节性因素不明显，为防止季节调整过程中可能引起的峰谷点错位，2010 年 5 月之后，我们采用原始累计值。

$$y_t = \left\{ \left(\frac{Y_t \times 12}{\sum_{j=1}^{12} Y_{t-j}} \right)^{12/6.5} - 1 \right\} \times 100$$

其中，t 为时间；j 为滞后阶数；Y_t 为剔除季节变动和不规则变动后各指标绝对量的水平值；y_t 为本报告采用的环比增长率。

经过检验，M2、人民币各项存款和贷款三个环比增速指标的先行期明显增大（表 1），且与基准指标之间的时差相关系数较大，峰谷对应性较好，故将其作为新的先行指标以替换同比增速序列。

一致指标方面，考虑到本报告的研究对象是固定资产投资，加入其他一致指标可能会影响我们对固定资产投资周期的判断，为此，我们仅将固定资产投资累计同比增速作为分析对象。

图 6 显示，投资先行合成指数在 2019 年 2 月到达近期极大值点，经过 3 个月的小幅回落后，6~10 月出现温和回升，已经初步呈触底企稳态势。按照该指数的先行期推算，固定资产投资可能在 2019 年 12 月左右企稳。

三、固定资产投资增长预测

考虑到影响投资的多种复杂因素并结合前文投资先行合成指数的走势和经济计量模型预测，预计 2019 年第四季度，固定资产投资（不含农户）增速有望实现止跌企稳，预测 2019 年全年名义增长 5.2%左右，创下 21 世纪以来的最低水平。受新冠肺炎疫情影响，预计 2020 年固定资产投资（不含农户）增速或呈前低后高走势，全年名义增长为 3%~4%。投资结构将继续改善，高新技术产业和服务业投资有望保持高位运行，过剩行业投资减少，结构不断升级，符合结构转型的要求。

做出以上判断的主要依据包括以下几点。

（1）从资金来源渠道看，财政资金是基建投资资金的主要来源，因此，基建投资在很大程度上受财政因素的制约。一方面，2019 年 1~10 月财政支出占全年财政支出预算的 81%，受年初预算约束及大规模减税降费的影响，出于平衡中长期财政预算的考虑，预计第四季度财政继续扩展的空间有限；另一方面，防范地方政府债务风险的工作仍然在推进，受土地财政收入下滑及原有存量债务压力的约束，地方政府财政吃紧，在一定程度上限制了基建投资的资金来源。上述因素在第四季度仍将延续，预计基建投资仍将延续温和上涨态势，预测 2019 年全口径基建投资增长 4%左右。

从历史经验来看，基建业具有一定的逆周期特征，是短期对冲风险、拉动经济增长的重要工具。受新冠肺炎疫情影响，国内经济短期内将面临较大下行压力，基建投资将成为我国经济稳增长的重要抓手。预计 2020 年基建投资同比增速将呈前低后高走势，预测 2020 年全口径基建投资增长 6%~8%。

（2）在当前严格的房地产调控背景下，房地产开发投资增速或将小幅回落[①]。首先，在融资渠道偏紧的情况下，房地产开发企业可以通过抢开工、抢销售回款的方式回笼资金，短期内对新开工会有一定的提振作用。其次，商品房销售增速整体回落的趋势不变，但三线、四线房企推盘力度的加大可能使得销售表现好于市场预期，加上各城市销售周期的不同也将平滑销售增速。再次，第四季度存在赶工需求，可能会促进施工面积的回升。最后，受新冠肺炎疫情影响，房地产开发投资增速在短期内将受到一定冲击，但随着疫情的缓和，房地产开发企业可采用加速推盘、以价换量等措施加快销售回补，叠加届时可能出现边际放松的流动性环境，投资增速将出现小幅反弹，但力度有限。综上，预测 2019 年和 2020 年房地产开发投资分别增长 10%左右和 8%左右。

（3）短期内有利于制造业投资企稳的积极因素包括：根据我们对宏观经济景气和经济周期态势的分析，我国经济增长速度从 2017 年第二季度开始进入本轮短周期的缓慢下降期，本轮景气收缩有望在 2019 年第四季度触底结束；受需求侧的对冲政策及翘尾因素减弱等影响，PPI 在年末有望触底反弹，从而影响工业企业效益；中美贸易摩擦谈判取得阶段性进展，也会在一定程度上提振制造业企业投资信心。此外，近年来装备制造业，特别是高技术制造业投资增长势头强劲，对总体制造业投资的贡献率不断提高，对稳定制造业投资增长将发挥更大作用。但与此同时，稳定制造业投资也面临严峻的考验：我国经济发展面临的内外部环境依旧严峻、复杂，制造业企业仍面临较大投资风险；去产能结构调整对传统制造业的冲击仍然较大。综合这些因素的影响，预计 2019 年和 2020 年制造业投资增长在 3%左右延续低位小幅波动、大体保持平稳运行态势的概率较大。

（4）受制于企业和地方政府高企的债务，政府在相当一段时间内将继续加强对金融部门系统性风险的防范与整顿。在金融去杠杆的背景下，信用趋紧叠加对未来经济增长的预期下行，民间投资增速可能会延续小幅下滑态势，预计 2019 年和 2020 年全年增速分别为 4%~4.5%和 3.5%~4.0%。

四、政 策 建 议

在内、外需持续走弱的情况下，“稳投资”成为稳增长的重要内容。在固定资产投资增速没有触底企稳之前，应继续保持积极财政政策与稳健货币政策的政策取向，适度加强逆周期调节力度。要坚持以供给侧结构性改革为主线，围绕精准投资和有效投资推动制造业投资转型升级，同时兼顾基建投资与房地产开发投资之间及其内部的动态平衡，推动固定资产投资整体稳中向好。在继续加大对企业投资引导的同时，努力为企业（特别是民营企业）创造良好的投资环境，努力营造多元主体共荣的投资格局，推动固定资产投资行稳致远。

① http://www.hibor.com.cn/docdetail_2729531.html[2019-10-11]。

（一）进一步促进投资结构优化升级

（1）稳定制造业投资，积极推进制造业转型升级。制造业作为实体经济的重要组成部分，是经济高质量发展的主战场。一方面，要客观看待制造业投资顺周期低迷的特点，不诉诸强刺激调控手段，而是更多采用释放改革红利、激发市场活力、增强内生动力的方式稳定制造业投资[①]；另一方面，在加快改造、提升传统产业的同时，实施制造产业链补短板工程，完善产业链集群。

（2）加快房地产长效机制建设，引导房地产市场平稳运行。在“房子是用来住的、不是用来炒的”的调控基调下，房地产市场投资整体平稳可控，调控效果正向预期方向发展。在此背景下，要发挥地方政府主体责任，稳妥实施“一城一策”，综合运用供需双向调节政策并辅以财税金融政策等长效机制，促进房地产市场平稳发展。

（3）重塑基建投资模式，合理布局基建投资。在制造业投资总体乏力和房地产业调控的背景下，应继续发挥基建投资的逆周期调控作用，并以此作为解决我国经济发展不平衡、不充分问题的重要手段。基建投资需重点关注以下领域：第一，加大老少边穷地区基础设施建设力度，通过基建投资带动产业发展，推进公共服务均等化，确保到2020年我国农村贫困人口实现脱贫，贫困县全部摘帽，解决区域性整体贫困。第二，促进县域经济结构升级，推进新型城镇化。加强农业现代化、城乡一体化、制造业和服务业高端化等方面的基础能力建设，优化空间布局，加快构建现代城镇体系。第三，打造城市集群经济，促进智慧城市建设，合理引导基建投资布局和投向，以形成新的经济空间格局。[②]

（二）降低民间投资门槛，促进投资多样化

民间投资是我国固定资产投资的主力部分，民间投资的下滑会直接影响我国固定资产投资水平，为保持经济发展动力，应进一步促进民营经济，激发民间投资活力。民间投资目前面临的主要困难在于融资困难且投资项目少，政府应积极采取措施降低融资、投资两大门槛；应切实落实减费降税政策，着手降低企业的融资成本；建立合理的企业融资风险控制机制，为民间资本提供适合的融资渠道；继续深化“放管服”政策，降低制造业等重点产业的准入门槛，扩大投资空间，让民间资本有处可投。在当前“补短板”的过程中，受基础设施建设领域投资项目性质的影响，政府投资占主要部分，民间投资没有充分发挥作用，应采取措施鼓励民间资本积极注入，全面提高民间投资积极性，促进投资多样化。

---

① 胡祖铨. 为何要强调“稳定制造业投资”. http://paper.dzwww.com/dzrb/content/20190821/Articel13002MT.htm[2019-08-21].

② 张涛，张卓群. 以投资为抓手促进经济从高增长到高质量发展——2017年投资形势分析及2018年对策建设. 科技促进发展，2017，(11)：857-862.

2020 年中国进出口形势分析与预测

魏云捷 孙玉莹 白 云 张 珣

报告摘要：2019 年，在中美贸易战的背景下，我国外贸发展保持了“总体平稳、稳中提质”的态势。2019 年，我国进出口总额（按美元计价）为 45 761.3 亿美元，同比降低 1.0%；其中，出口额为 24 990.3 亿美元，同比上升 0.5%，进口额为 20 771.0 亿美元，同比下降 2.7%，累计贸易顺差 4219.3 亿美元，比上年同期增加 709.8 亿美元。由于人民币处于贬值通道，按人民币计价的贸易额表现好于美元计价，进出口总额、出口额和进口额同比分别增长 3.4%、5.0%和 1.6%。

但是，受到新冠肺炎疫情（本报告中简称疫情）的影响，多个城市采取了程度不一的进出控管措施并延期开工，对经济运行造成了较为严重的短期冲击。目前中央和地方各级政府也积极采取多项措施缓解疫情对经济的不利影响，但疫情导致的需求下降、劳动力供给不足和物流延缓等问题将对 2020 年我国贸易发展造成新的冲击。

在我国疫情在大范围内得以控制，仅存在零星新增案例和少量输入型案例，各地根据当地疫情进展采取动态复工策略，国内需求亦相应回升：预计 2020 年我国进出口总额约为 4.3319 万亿美元，同比下降约 5.34%；其中，出口额约为 2.3046 万亿美元，同比下降约 7.78%，进口额约为 2.0273 万亿美元，同比下降约 2.40%，贸易顺差约为 2773 亿美元。在乐观情景下，2020 年我国出口总额和进口总额增速较基准情景分别上升 4.27 个百分点和 1.43 个百分点；在悲观情景下，2020 年我国出口总额和进口总额增速较基准情景分别下降 10.28 个百分点和 5.19 个百分点。

2020 年我国进出口应特别关注的问题包括：①全球经济及贸易增长缓慢，中美贸易摩擦虽释放缓和信号，但仍需谨慎乐观，疫情也进一步增加了中美经贸关系走向的不确定性；②我国经济运行短期困难增多，内需疲软；③人民币对美元汇率短期内有一定的贬值压力，汇率波动可能抑制对外贸易增长；④关注对民营进出口企业的影响并积极出台定向支持政策；⑤警惕疫情成为逆全球化借口，提高我国贸易环境的吸引力，稳定我国在全球供应链中的地位。

一、2019 年进出口形势回顾与分析

2019 年我国外贸运行呈现以下特点。

（1）出口增速大幅波动，进口增速走弱。2019 年，按美元计价，我国进出口总额为

45 761.3 亿美元[①]，同比下降 1.0%；其中，出口总额为 24 990.3 亿美元，同比上升 0.5%，比 2018 年同期增幅下降 9.4 个百分点，进口总额为 20 771.0 亿美元，同比下降 2.7%，比 2018 年同期增幅收窄 18.5 个百分点；贸易顺差 4219.3 亿美元，比 2018 年同期扩大 709.8 亿美元（图 1）。

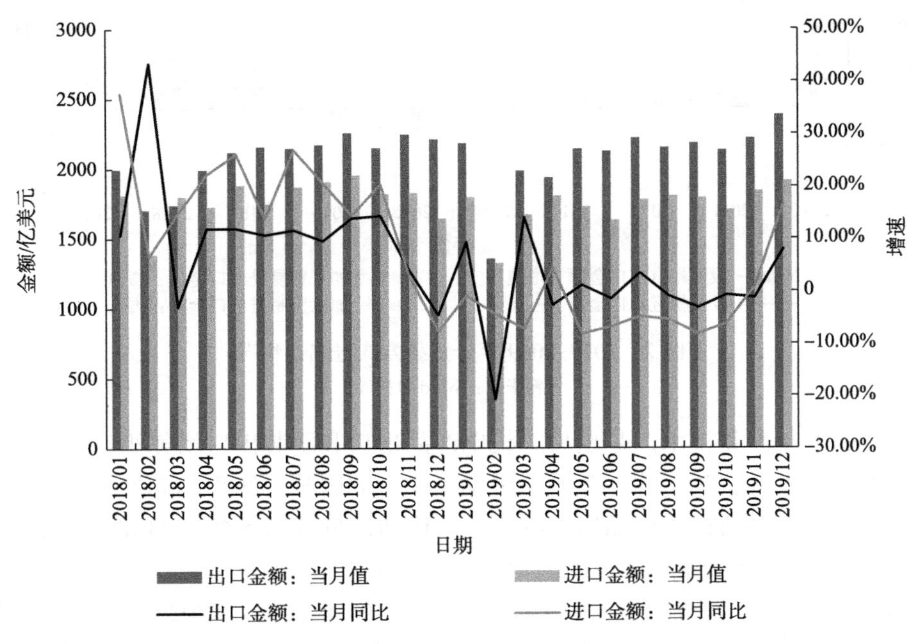

图 1　2018 年 1 月至 2019 年 12 月进出口情况（美元计价）

资料来源：Wind 数据库

按人民币计价，2019 年，我国进出口总额为 315 504.0 亿元，同比上升 3.4%；其中，出口总额为 172 342.0 亿元，同比上升 5.0%，比 2018 年同期增幅下降 2.1 个百分点，进口总额为 143 162.0 亿元，同比上升 1.6%，比 2018 年同期增幅收窄 11.3 个百分点；贸易顺差为 29 180.0 亿元，比 2018 年扩大 5933.0 亿元。

（2）一般贸易进出口占我国外贸比重持续增加，加工贸易占比持续减少。一般贸易方面，2019 年，一般贸易进出口总额为 27 006.9 亿美元，同比增长 1.0%；其中，一般贸易出口 14 439.5 亿美元，同比上升 3.1%，一般贸易进口 12 567.4 亿美元，同比下降 1.4%。加工贸易方面，2019 年，加工贸易进出口总额为 11 527.7 亿美元，同比下降 9.1%；其中，加工贸易出口 7354.7 亿美元，同比下降 7.7%，加工贸易进口 4173.0 亿美元，同比下降 11.3%。

受我国产业结构调整、发达国家制造业回流及部分产业链向其他国家转移等因素影响，加工贸易占我国外贸比重逐年下降，一般贸易所占比重持续增加。2016~2019 年，我国加工贸易进出口同比分别为−10.6%、7.0%、6.5%和−9.1%，而同期一般贸易增速为−5.2%、14.0%、15.7%和 1.0%，均显著高于加工贸易增速。2019 年 1~12 月，我国加工

① 若无特殊说明，对于多月累计数据，本报告使用 Wind 累计值数据。

贸易占外贸比重是 25.2%，而一般贸易占比是 59.0%（图 2）。

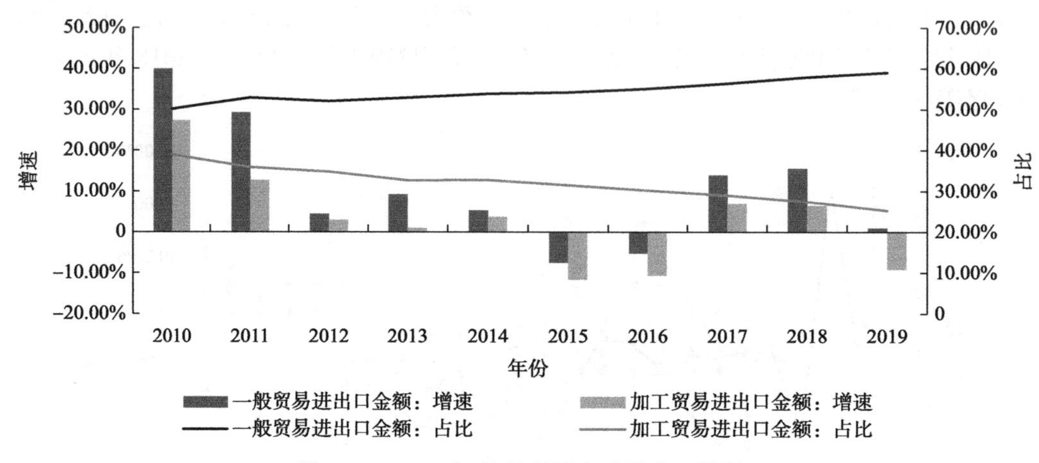

图 2　2010~2019 年分贸易方式进出口情况

资料来源：Wind 数据库

（3）2019 年高新技术产品出口、机电产品出口和服装出口增速小幅下降，纺织品和鞋类增速小幅上升。2019 年 12 月，劳动密集型的服装、纺织品和鞋类出口与资本密集型的机电产品和高新技术产品出口的当月同比增速分别为 5.4%、11.4%、11.0%、7.5%和 0.6%，分别较 11 月增幅为 15.1%、10.6%、26.6%、5.0%和−4.9%。

2019 年，服装、纺织品和鞋类出口分别为 1513.7 亿美元、1202.0 亿美元和 477.0 亿美元，同比增速分别为−4.0%、0.9%和 1.7%。同期，机电产品和高新技术产品出口分别为 14 590.2 亿美元和 7307.5 亿美元，同比增速分别为−0.1%和−2.2%。

（4）对欧盟和东盟贸易平稳增长，东盟取代美国成为我国第二大贸易伙伴。2019 年，欧盟仍为我国最大的贸易伙伴，中欧双边贸易额达 7053.0 亿美元，同比上升 3.4%，其中，出口同比上升 4.9%，进口同比上升 1.1%。2019 年 1 月开始，东盟超越美国，成为我国第二大贸易伙伴。2019 年，中东双边贸易额为 6416.7 亿美元，同比上升 9.2%，其中，出口同比上升 12.7%，进口同比上升 5.0%。美国为我国第三大贸易伙伴。2019 年，中美双边贸易额为 5413.9 亿美元，同比下降 14.5%，其中，出口同比下降 12.5%，进口同比下降 20.9%。中日贸易方面，2019 年中日双边贸易总额为 3150.3 亿美元，同比下降 3.9%，其中，出口同比下降 2.6%，进口同比下降 4.9%。顺差方面，对欧盟、东盟和美国的贸易顺差较 2018 年同期分别增长 12.6%、52.9%和−8.5%，对日本的贸易逆差较 2018 年同期下降 14.9%。

（5）出口、进口价格均有所下降。贸易条件通常用该时期内出口价格指数与进口价格指数之比来表示，用来反映一国宏观上对外贸易的经济效益。2019 年 10 月，我国出口价格总指数为 101.1，比 2018 年同期下降 7.6，其中，动物产品和植物产品出口价格指数分别为 103.7 和 109.4，比 2018 年同期分别上升 2.3 和 9.3，劳动密集型的纺织品、鞋帽伞、毛皮及制品的出口价格指数分别是 103.1、109.5、109.9，比 2018 年同期分别上升−2.0、2.2、−0.2；进口价格总指数为 96.4，比 2018 年同期下降 12.7，其中，动物产品、植物产品和机电产品进口价格指数分别为 108.7、95.6 和 98.1，比 2018 年同期分别上升 3.1、−14.6 和−8.6。由于进口价格指数的下降幅度大于出口价格指数，2019 年我国贸易条件有所改善。

二、疫情对 2020 年我国进出口的影响

本次疫情暴发于 2020 年 1 月下旬，时值春节假期，对 1 月进出口并未造成较大影响。但企业延时复工、物流不畅及多地限制人口流动造成的劳动力短缺等因素将对第一季度出口产生较大的负面冲击。主要贸易伙伴对我国航班的限制也会导致进出口商务洽谈活动不能如期展开，从而减少新增订单。2019 年出口商品金额占总出口比例较高的前十类分别为：机电音像设备、纺织原料及纺织制品、贱金属及其制品、杂项制品、化工产品、运输设备、塑胶橡胶制品、光学医疗仪器、鞋帽伞等和石料陶瓷玻璃制品。这十类商品共占当年总出口的比例为 90.41%。尽管世界卫生组织（World Health Organization，WHO）于 2020 年 1 月 30 日将新冠肺炎疫情定义为“国际关注的突发公共卫生事件”（public health emergency of international concern，PHEIC），但并没明确限制经贸往来，其对中国进出口会产生一定影响，影响程度取决于疫情的发展。随着疫情在全球的快速蔓延，并且新型冠状病毒具有强传染性和较高的致死率，在没有有效的药物和疫苗研发成功之前，各国的经济活动可能长期维持在一个较低的水平，这对我国出口企业将带来较为严重的打击。

由于疫情的发展存在不确定性，本报告分三种情景，基于计量模型测算了 2020 年我国进出口形势。

（1）在基准情景下，即我国疫情在大范围内得以控制，仅存在零星新增案例和少量输入型案例，各地根据当地疫情进展采取动态复工策略，国内需求亦相应回升：预计 2020 年我国进出口总额约为 4.3319 万亿美元，同比下降约 5.34%；其中，出口额约为 2.3046 万亿美元，同比下降约 7.78%，进口额约为 2.0273 万亿美元，同比下降约 2.40%，贸易顺差约为 2773 亿美元。

（2）在乐观情景下，即国外疫情将于 5 月上旬得到有效控制，美国各州在 5 月中旬逐步复工：预计 2020 年我国进出口总额约为 4.4683 万亿美元，同比下降约 2.36%；其中，出口额约为 2.4114 万亿美元，同比下降约 3.51%，进口额约为 2.0569 万亿美元，同比下降约 0.97%，贸易顺差约为 3545 亿美元。

（3）在悲观情景下，即由于病毒传染力太强且存在一定的变异可能性，欧美疫情将长期处于平台期，且第三季度可能迎来第二波高峰：预计 2020 年我国进出口总额约为 3.9672 万亿美元，同比降低约 13.31%；其中，出口额约为 2.0478 万亿美元，同比降低约 18.06%，进口额约为 1.9194 万亿美元，同比降低约 7.59%，贸易顺差约为 1284 亿美元。

三、值得关注的问题及对策建议

（一）全球经济及贸易增长缓慢，疫情进一步增加了中美经贸关系走向的不确定性

预计 2020 年疫情的全球蔓延、多国汇率剧烈波动及地缘政治不稳等因素将抑制全球贸易增长，我国出口增长动力不足。2020 年 1 月 20 日，IMF 发布《世界经济展望》，将 2019 年全球经济增长率下调至 2.9%，将 2020 年全球经济增长率下调至 3.3%，相比 2019 年 10 月预测下调 0.1 个百分点。贸易方面，多家机构预测表明，2019 年全球贸易增长率将创新低，2020 年将处于较低水平。世界贸易组织（World Trade Organization，WTO）预测 2019 年全球货物贸易增长率仅为 1.2%，2020 年贸易紧张局势有所缓和，增速有望回升至 2.7%。同时，2019 年第三季度 WTO 发布的货物贸易和服务贸易晴雨表指数相对前值均进一步下降，显示未来贸易增长缺乏动能。

从中美经贸摩擦来看，经贸谈判释放缓和信号。美东时间 2020 年 1 月 15 日，中美双方在美国华盛顿签署《中华人民共和国政府和美利坚合众国政府经济贸易协议》。但疫情对我国履行中美第一阶段经贸协议造成一定程度的负面影响，这会加大第二阶段谈判难度，且疫情造成经济增长乏力可能会导致中美贸易摩擦进一步蔓延至金融和科技领域。极端情况下，贸易战叠加金融战、科技战，中美关系更加复杂和对立。首先，根据 2020 年 1 月 15 日中美签署的中美贸易第一阶段经贸协议，我国将扩大自美农产品、能源产品、工业制成品、服务产品进口，在两年内将从美国进口 2000 亿美元的货物与服务。但是疫情导致的需求疲弱叠加春节假期、进出控管措施、企业生产延期开工等因素，在一定程度上推后我国对美国工业机械、电气设备、能源等产品的进口需求。抗击疫情对我国金融系统的稳定提出了更高的要求，这将延缓中美第一阶段经贸协议中商定的金融市场开放进度。由于疫情对短期内经济增长产生较大冲击，不能排除极端情况下人民币出现持续贬值趋势，这将成为美国对我国汇率改革持续施压的借口。一旦中美第一阶段经贸协议的执行被推迟，特朗普政府可能在美国国内面临更大的舆论压力，激化双边关系，加大双方第二阶段谈判难度，中美贸易摩擦将会不断反复。加之美国最近在金融战与科技战方面的一系列动作，如加大芯片行业出口管制的力度，企图停止航空发动机对华出口等，均不利于中美关系的改善。对中美贸易摩擦发展应保持谨慎乐观的态度，中美贸易存在的较强不确定性将对我国出口造成负面影响。

建议：①在严控重大风险总原则下进一步加快开放步伐，促进与其他国家和地区的经济和技术合作，积极推进“一带一路”倡议，推动有条件的企业采取联合、兼并、充足等方式进一步融入全球供应链；②创新外贸发展模型，鼓励传统制造和商贸流通企业利用跨境电子商务平台开拓国际市场；③推进高水平的贸易和投资自由化、便利化政策，进一步改善外贸企业的发展环境。

（二）我国经济运行短期困难增多，内需疲软

2019年，我国经济稳中有进，但在去杠杆的背景下，前期积累的一些矛盾阶段性爆发，特别是金融风险有所暴露；受到中美贸易摩擦的影响，企业经营困难显著增加。2019年前三季度我国GDP同比增长率分别为6.4%、6.2%和6.0%，较2018年同期分别下降0.4个百分点、0.5个百分点和0.5个百分点，经济增速出现回落迹象，经济运行短期困难增多。一是外需面临冲击。发达国家贸易保护主义盛行，特别是中美贸易摩擦，在一定程度上冲击我国外需，并向上下游传递，向投资、消费扩散。二是投资和消费增长内生动力不足。从投资来看，企业的债务水平较高制约了企业的投资能力，民营企业融资困难；从消费看，随着我国家庭杠杆率持续提高，预期谨慎和收入增长放缓影响着消费增长。三是人口红利逐渐消失。随着我国劳动力成本、租金成本、物流成本不断增加，企业成本压力明显加大。人口红利渐失使得出口商品的价格优势下降，外资企业撤离至高人口红利的国家（如越南、印度等），造成贸易顺差收窄。四是受到疫情的影响，多个城市采取了程度不一的进出控管措施并延期开工，抑制了居民消费，对经济增长造成了较为严重的短期冲击。我国经济下行压力加大，内需疲弱，加之人民币对美元汇率走弱，在一定程度上均会抑制我国进口贸易。

建议：①优化进口贸易结构。扩大国内短缺资源进口，合理增加与群众生活密切相关的、必要的一般消费品进口。②完善进口管理政策。建立健全贸易结算制度和进口信用保险体系，同时为进口贸易提供多元化融资便利，从公共服务上保障进口的顺畅进行。

（三）美元对人民币汇率短期内有一定的贬值压力，汇率波动可能抑制对外贸易增长

自中美贸易摩擦的不确定性加大、美国对我国加征关税以来，特别是2019年5月6日特朗普宣布对中国2000亿美元商品加征25%的关税后，人民币汇率经历了较快的一轮贬值。随着中美贸易摩擦有所缓和，美元对人民币汇率有所升值。但受到疫情的影响，自2020年1月20日国务院将新型冠状病毒感染的肺炎纳入法定传染病管理至2020年2月18日，美元对人民币中间价贬值1.69%，2月19日人民币对美元中间价破7，报7.0012，较上一个交易日下跌186个百分点；从离岸市场的无本金交割远期外汇交易（non-deliverable forwards，NDF）来看，2020年2月18日，1年期和2年期NDF分别为7.0555和7.1025。从目前汇率走势来看，美元对人民币汇率基本稳定，暂并未出现恐慌性贬值情绪。但短期来看，受疫情、我国经济增速下行和中美贸易摩擦不确定性加剧等因素的影响，美元对人民币汇率仍存在一定的贬值压力，且短期贬值趋势充满了对市场反应过度或不足等不确定性，从而增加了企业资金结算的不确定性，不利于我国对外贸易的稳定性。

建议：①进一步完善人民币汇率市场化定价机制，持续推动人民币国际化进程，积极推进人民币跨境贸易结算，增加企业结算的灵活度，有效地降低我国企业汇兑风

险。②建立健全外贸企业汇率风险管理体系，提高企业应对汇率风险的能力，合理运用贸易融资工具降低汇率风险，化解人民币汇率波动带来的财务负担。③加强舆论引导，降低投资者非理性预期的不利影响。在疫情暴发期间，进一步推进信心公开，及时发布疫情相关信息；同时采用大数据、人工智能等技术手段进行恰当的舆论引导，减少市场的恐慌情绪，降低疫情对金融投资者信心的打击，降低投资者非理性预期的不利影响。

（四）关注对民营进出口企业的影响并积极出台定向支持政策

我国出口企业的第一大主体为民营企业，其抗风险能力不强却又吸纳了大量的就业人口，一方面，应出台定向支持政策帮助民营进出口企业纾困；另一方面，疫情影响将是长期的，应推动建立可自循环的国内经济环境，帮助出口企业打通国内市场渠道，支持内需。

建议：①为相关进出口企业提供强有力的金融服务支持，如疫情期间禁止对受疫情影响的民营进出口企业断贷、延长还贷期限、降低贷款利率，以及提供定向贷款等；②加大财税政策扶持力度，落实税费减免、纳税延期等财政补贴政策，对疫区企业可实行未开工员工工资税收减免等特殊政策；③组织法务咨询与支持，帮助企业解决由疫情导致的贸易争端，如延迟交货；④深化对民营企业的“放管服”改革，为民营进出口企业创造更为宽松的发展空间，持续优化口岸营商环境，提升跨境贸易便利化水平。

（五）警惕疫情成为逆全球化借口，提高我国贸易环境的吸引力，稳定我国在全球供应链中的地位

我国疫情防控不可避免地影响到我国出口商品的生产和交货，对全球供应链造成了冲击。比如，韩国现代汽车、日产汽车海外工厂因为中国汽车零件断供而部分停产，美国苹果公司、特斯拉公司部分产品推迟交付等。贸易保护主义者会借此挑唆各国政府反思对中国供应链过度依赖的状况，呼吁供应链分散化。美国很可能联合欧盟进一步向东南亚等低成本国家转移劳动密集型产业和推动制造业回流本土，削弱和动摇中国在全球供应链中的主导地位。短期来看，将导致已有出口订单的取消或更改，增加中小企业的破产风险；长期来看，劳动密集型产业链的永久转移将严重影响我国外贸的平稳增长与就业，机电、高新技术产业的转移将削弱我国在全球市场的竞争力和话语权。

建议：①应对产业链转移的核心在于提高我国贸易和投资环境的吸引力，增强我国商业环境的便利、公平、稳定、透明、高效与法制；②对劳动密集型产业，应推进其向低成本地区转移，挖掘中西部具有贸易潜力的省（自治区、直辖市），培育良好的投资环境，避免这些行业转移到东南亚地区；③对高精尖制造业，应提高对企业自主创新研发的支持，推进核心技术的国产化，推进产业链升级。

2020年中国最终消费形势分析与预测[①]

刘秀丽　郑　杉　窦羽星

报告摘要：我国已进入消费需求持续增长、消费结构加快升级、消费拉动经济作用明显增强的重要阶段。对消费的分析与预测，对积极发挥新消费的引领作用，实现经济稳定增长、提质增效、提高人民生活质量具有重要意义。

本报告首先对最终消费总额及其结构的变动趋势和主要影响因素进行了分析。根据国家统计局公布的数据，2019年最终消费支出对GDP增长的贡献率达到了57.8%，比2018年下降18.4个百分点。2019年，社会消费品零售总额411 649亿元，累计增长8.0%，较2018年下降1.0个百分点。但消费结构仍保持升级趋势，消费升级类商品销售增长明显快于其他商品，其中，日用品类、化妆品类、饮料类继续保持两位数较快增长。2019年我国消费者预期指数、满意指数、信心指数均处于历史较高水平。从消费偏好上，消费者对个性、品质、时尚消费需求的表达越发凸显。从居民消费结构上，2013~2019年城镇居民在食品烟酒类的消费占比降低了2.6个百分点，在医疗保健类的消费占比提高了2.0个百分点，在交通和通信类的消费占比整体呈现先上升后下降的趋势。2013~2019年农村居民在食品烟酒类的消费占比降低了4.1个百分点，在交通和通信类、医疗保健类的消费占比分别提高了2.1个百分点、1.7个百分点，其余行业消费占比略有波动但总体稳定。这说明我国居民的消费形态由物质消费向服务消费转移的趋势更加明显。

展望2020年，有利于消费增长的因素主要有：近两年消费利好政策较多，如《国务院办公厅关于深入开展消费扶贫助力打赢脱贫攻坚战的指导意见》《国务院办公厅关于推进养老服务发展的意见》《国务院办公厅关于进一步激发文化和旅游消费潜力的意见》《国务院办公厅关于加快发展流通促进商业消费的意见》；我国居民的收入差距在逐步缩小，2019年，农村居民人均可支配收入增速快于城镇居民，城乡居民收入比由2018年的2.69下降至2.64；2019年，农村居民人均消费支出13 328元，名义增长9.9%，增速快于城镇居民2.4个百分点；我国农村电商规模稳步提升，2018年全国农村网络零售额达到1.4万亿元，同比增长30.4%；个税改革进一步激发消费潜力，2019年前三季度，我国个人所得税改革新增减税4426亿元，累计人均减税1764元；养老服务成为扩大消费新动力，基本养老保险基金支出占养老保险基金收入的比例从2011年的74.2%提高到2018年的86.6%。人民群众更重视生命质量和健康，层次更高、覆盖范围更广、多样化差异化健康及医疗服务需求将增加。消费增长的主要制约因素有：受新冠肺炎疫情的影响，部分企业经营困难，造成失业增加，居民收入增长缓慢；疫情对短期消费影响巨大，长期影

① 本报告得到国家自然科学基金（项目编号：71874184）的资助。

响还需看疫情的发展；家庭债务（主要是房贷）是影响居民消费的主要因素，房地产对消费形成的挤出效应明显；供给侧转型滞后难以满足消费升级需求导致消费外流；政策体系支撑不够，管理机制尚不完善等。

基于对最终消费总额及其结构的变动趋势和主要影响因素的分析，本报告应用分项加和预测方法，对 2020 年我国最终消费进行预测。预计 2020 年我国最终消费将保持持续增长趋势，但增速有所放缓，同比名义增速约为 5.9%。

一、引　　言

在经济发展新常态背景下，我国已进入消费需求持续增长、消费结构加快升级、消费拉动经济作用明显增强的重要阶段。以传统消费提质升级、新兴消费蓬勃兴起为主要内容的新消费，以及其催生的相关产业发展、科技创新、基础设施建设和公共服务等领域的新投资、新供给，蕴藏着巨大发展潜力和空间。为更好发挥新消费引领作用，加快培育形成经济发展新供给、新动力，我国制定与发布了一系列的法规文件（表 1）。特别是 2019 年，国家连续发布多个政策文件，政策支持力度不断加大，以激发居民消费潜力，其中，养老服务、文化和旅游服务、全民健身和体育消费成为重要组成部分。最引人关注的是 2019 年 8 月 27 日国务院办公厅发布的《国务院办公厅关于加快发展流通促进商业消费的意见》，该文件提出了 20 条措施，对准消费领域的痛点和堵点，为创造更好的消费环境、让消费者享受更高质量的产品服务打下基础。然而，2020 年 1 月新冠肺炎疫情暴发，世界卫生组织将新冠肺炎疫情列为“国际关注的突发公共卫生事件”，疫情带来的恐慌情绪不断蔓延，对与大众息息相关的交通、餐饮、住宿、旅游等消费领域造成打击。

表 1　2018~2019 年我国促消费政策

出台日期	政策名	内容简介
2018 年 3 月 30 日	《2017 年中国居民消费发展报告》[1)]	指出未来将从深化“放管服”改革，健全消费政策体系，完善质量标准体系，加强信用、监管等市场体系建设和补齐消费领域基础设施短板五个方面出发，促进居民消费扩大升级，增强消费对经济发展的基础性作用
2018 年 9 月 20 日	《中共中央 国务院关于完善促进消费体制机制 进一步激发居民消费潜力的若干意见》[2)]	提出构建更加成熟的消费细分市场、健全质量标准和信用体系、强化政策配套和宣传引导，以进一步激发居民消费潜力
2018 年 10 月 11 日	《完善促进消费体制机制实施方案（2018—2020 年）》[3)]	提出进一步放宽服务消费领域市场准入，完善促进实物消费结构升级的政策体系，加快推进重点领域产品和服务标准建设，建立健全消费领域信用体系，优化促进居民消费的配套保障，加强消费宣传推介和信息引导
2019 年 1 月 14 日	《国务院办公厅关于深入开展消费扶贫助力打赢脱贫攻坚战的指导意见》[4)]	提出动员社会各界扩大贫困地区产品和服务消费、大力拓宽贫困地区农产品流通和销售渠道、全面提升贫困地区农产品供给水平和质量、大力促进贫困地区休闲农业和乡村旅游提质升级
2019 年 4 月 16 日	《国务院办公厅关于推进养老服务发展的意见》[5)]	重点指出要扩大养老服务消费，包括建立健全长期照护服务体系、发展养老普惠金融、促进老年人消费增长、加强老年人消费权益保护和养老服务领域非法集资整治工作

续表

出台日期	政策名	内容简介
2019 年 8 月 23 日	《国务院办公厅关于进一步激发文化和旅游消费潜力的意见》[6]	明确了推出消费惠民措施、提高消费便捷程度、提升入境旅游环境、推进消费试点示范、着力丰富产品供给等九个主要任务，并提出了强化政策保障和加强组织领导两项保障措施
2019 年 8 月 27 日	《国务院办公厅关于加快发展流通促进商业消费的意见》[7]	提出了 20 条稳定消费预期、提振消费信心的政策措施，包括：促进流通新业态新模式发展、推动传统流通企业创新转型升级、改造提升商业步行街、加快连锁便利店发展等
2019 年 9 月 17 日	《国务院办公厅关于促进全民健身和体育消费推动体育产业高质量发展的意见》[8]	提出要优化体育消费环境、出台鼓励消费政策、开展促进体育消费试点、培养终身运动习惯，以促进体育消费、增强发展动力

1）国家发展改革委正式发布《2017 年中国居民消费发展报告》. https://www.ndrc.gov.cn/fzggw/jgsj/zhs/sijudt/201803/t20180330_973827.html[2018-03-30]

2）中共中央 国务院关于完善促进消费体制机制 进一步激发居民消费潜力的若干意见. http://www.gov.cn/zhengce/2018-09/20/content_5324109.htm[2018-09-20]

3）国务院办公厅关于印发完善促进消费体制机制实施方案（2018—2020 年）的通知. http://www.gov.cn/zhengce/content/2018-10/11/content_5329516.htm[2018-10-11]

4）国务院办公厅关于深入开展消费扶贫助力打赢脱贫攻坚战的指导意见. http://www.gov.cn/zhengce/content/2019-01/14/content_5357723.htm[2019-01-14]

5）国务院办公厅关于推进养老服务发展的意见. http://www.gov.cn/zhengce/content/2019-04/16/content_5383270.htm[2019-04-16]

6）国务院办公厅关于进一步激发文化和旅游消费潜力的意见. http://www.gov.cn/zhengce/content/2019-08/23/content_5423809.htm[2019-08-23]

7）国务院办公厅关于加快发展流通促进商业消费的意见. http://www.gov.cn/zhengce/content/2019-08/27/content_5424989.htm[2019-08-27]

8）国务院办公厅关于促进全民健身和体育消费推动体育产业高质量发展的意见. http://www.gov.cn/zhengce/content/2019-09/17/content_5430555.htm[2019-09-17]

在经济发展新常态背景下，我国已进入消费需求持续增长、消费结构加快升级、消费拉动经济作用明显增强的重要阶段。最终消费的分析与预测，对积极发挥新消费的引领作用，实现经济稳定增长、提质增效、提高人民生活质量具有重要意义。

二、最终消费总量的变化趋势

（一）最终消费的变化趋势

消费进一步拉动我国经济增长。根据国家统计局公布的数据，2019 年，最终消费支出对 GDP 增长的贡献率达到了 57.8%，比 2018 年下降 18.4 个百分点，资本形成总额对 GDP 增长的贡献率为 31.2%，比 2018 年下降 1.2 个百分点，货物和服务净出口对 GDP 增长的贡献率为 11%，比 2018 年提高 19.6 个百分点（图 1）。

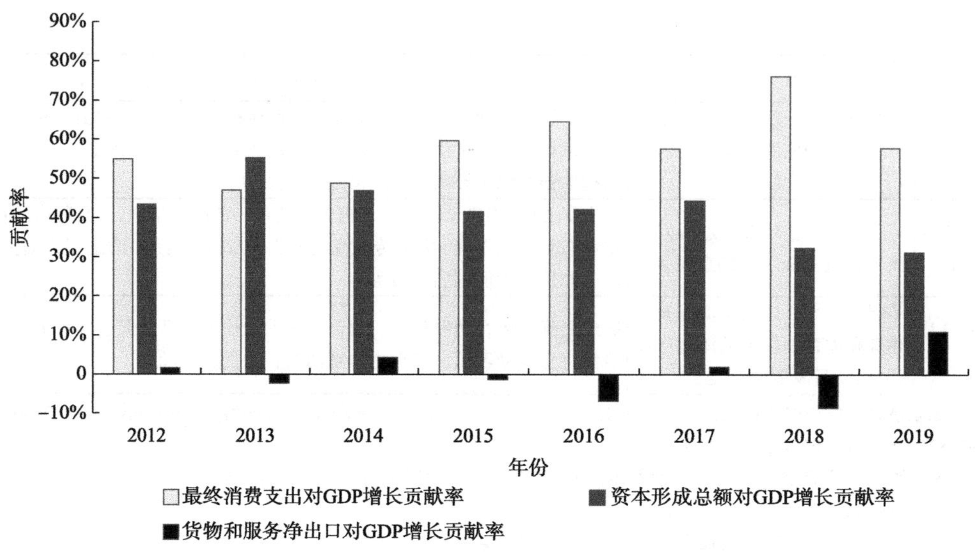

图 1　最终消费对 GDP 增长的贡献率

资料来源：国家统计局

（二）社会消费品零售总额变化趋势

2019 年，社会消费品零售总额 411 649 亿元，累计增长 8.0%，较 2018 年下降 1.0 个百分点。2019 年 4 月和 7 月社会消费品零售总额同比增长分别下降 1.5 个百分点和 2.2 个百分点，2019 年 4 月和 10 月同比增长均为 7.2%，创 2016 年来的新低，2019 年 12 月同比增速为 8.0%（图 2）。2019 年，餐饮收入 46 721 亿元，同比增长 9.4%；商品零售 364 928 亿元，同比增长 7.9%。在商品零售中，日用品类、化妆品类、粮油食品类、饮料类增速较高，超过 10%。网络销售增势强劲，农村电商快速发展，2019 年，全国实物商品网上零售额增长 19.5%，增速高于同期社会消费品零售总额 11.5 个百分点，继续保持快速增长态势；实物商品网上零售额占社会消费品零售总额比重为 20.7%。2019 年上半年，农村地区网上销售规模超过 7771.3 亿元，同比增长 21.0%，比同期全国网上零售额增速高 3.2 个百分点。

根据星图数据的统计，2019 年“双十一”全网交易额达 4101 亿元，同比增长 30.5%，增速上升（图 3）。总包裹数达到 16.6 亿个，同比增加 23.9%，平均单价为 247 元，相比于 2018 年的 235 元提升 5.1%，平均包裹单价达到了 2014 年以来的最高值（图 4）。“双十一”全网交易额增速上升一方面是由于持续高强的促销力度和网络直播的销售手段，另一方面各电商平台进一步落实全渠道、全场景的布局，线上线下产品服务全面推进，实现流量共享，丰富了消费场景与消费品类。“双十一”已经成为人们的一种生活习惯，平均包裹单价小幅上升，网购已经不是廉价的代名词。“双十一”当天天猫和淘宝仍占据主要销售份额，京东占比保持稳定，拼多多成长较快（图 5）。

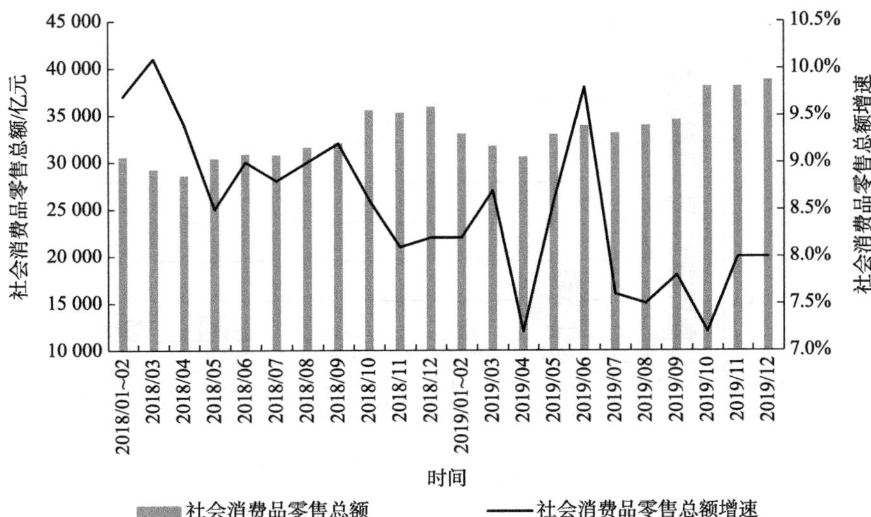

图 2　2018 年以来我国社会消费品零售总额（当月）及增速（当月）

资料来源：国家统计局

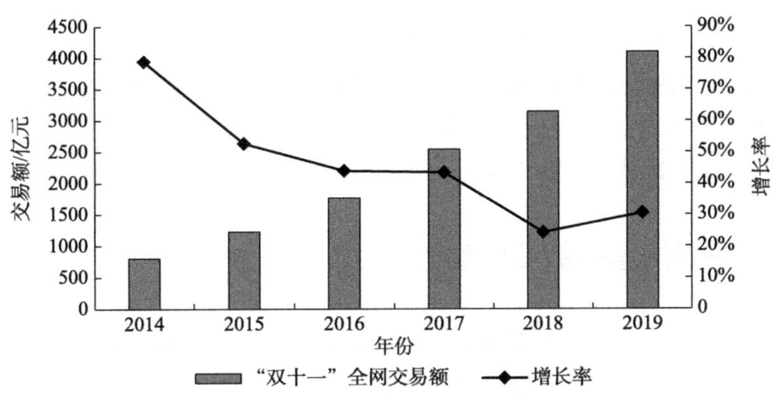

图 3　2014~2019 年“双十一”全网交易额

资料来源：星图数据

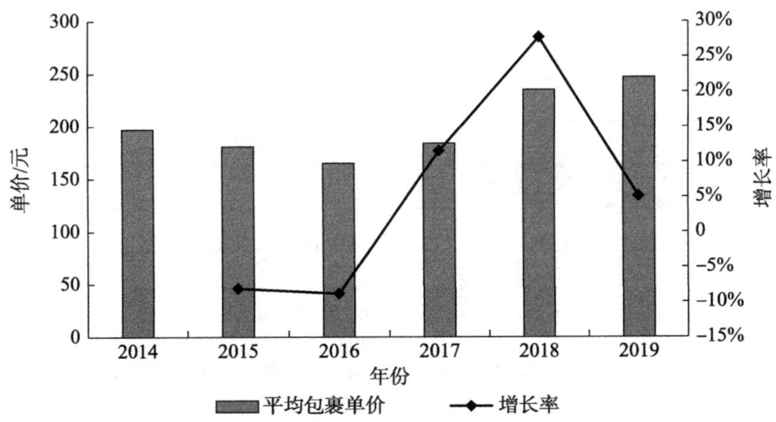

图 4　2014~2019 年平均包裹单价

资料来源：星图数据

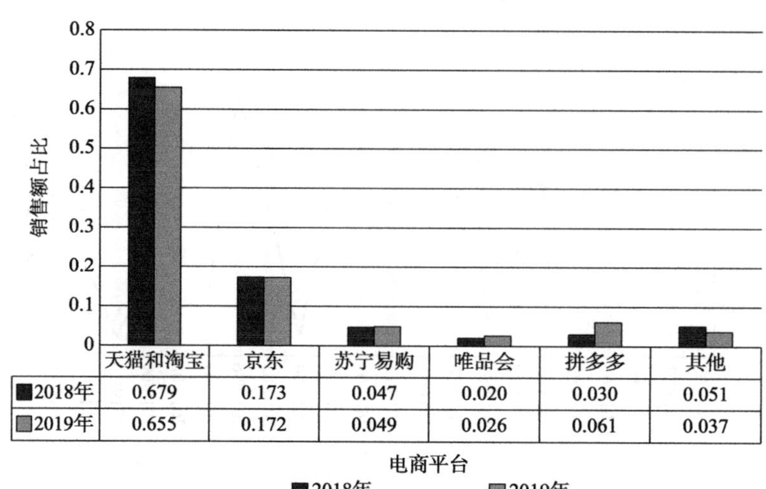

	天猫和淘宝	京东	苏宁易购	唯品会	拼多多	其他
■2018年	0.679	0.173	0.047	0.020	0.030	0.051
■2019年	0.655	0.172	0.049	0.026	0.061	0.037

图 5 2018 年和 2019 年“双十一”B2C 企业市场份额

资料来源：星图数据

B2C 即 business-to-customer，企业对顾客电子商务

2009 年诞生的“双十一”，从起初的低价促销、物流低效，到后期 B2C 崛起，再到新零售时代线上线下融合，2019 年“双十一”狂欢已经延伸至全渠道、全场景，流量端社交流量、下沉市场成为新发力端，场景端由实物消费向全场景消费、全渠道融合迁移，消费群体中“90 后”已成为中坚力量。

（三）消费者满意指数变化趋势

图 6 显示，2019 年我国消费者预期指数、满意指数、信心指数均处于历史较高水平，表明与以往年份相比，我国居民消费意愿较强。从 2019 年月度数据来看，消费者预期指数和信心指数呈波动上升趋势，消费者满意指数呈波动小幅下降趋势。至 2019 年 11 月我国消费者预期指数、满意指数、信心指数分别为 128.9、118.0、124.6（图 6 和图 7）。

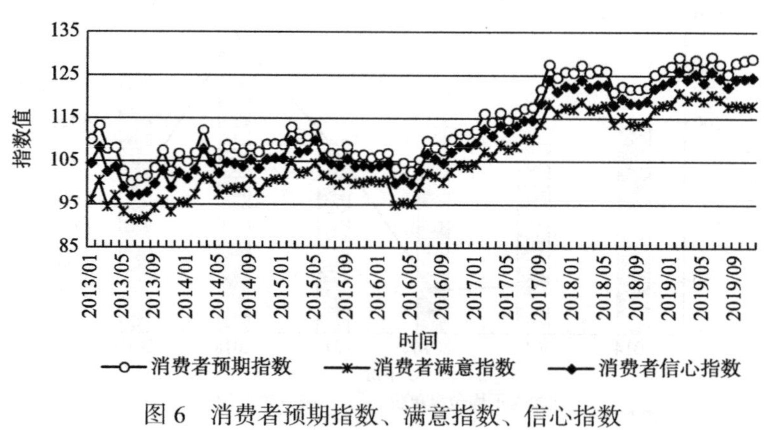

图 6 消费者预期指数、满意指数、信心指数

资料来源：国家统计局

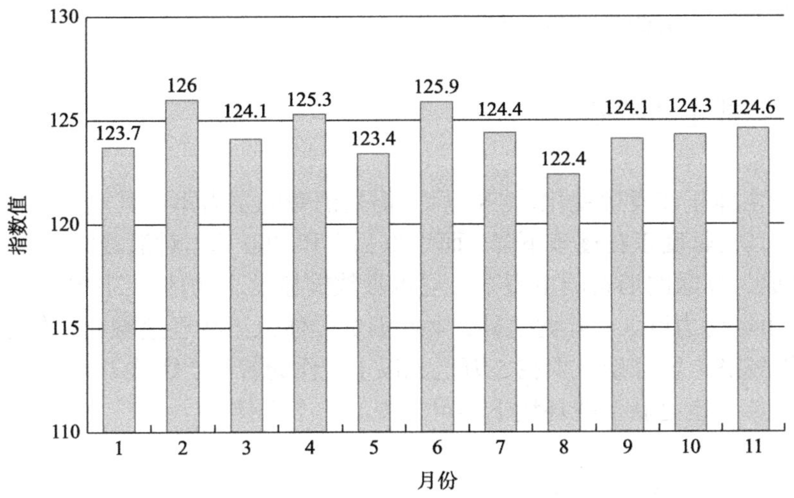

图 7　2019 年我国消费者信心指数

资料来源：国家统计局

从中央银行 2019 年储户问卷调查结果来看，在当期物价、利率及收入水平下，倾向于“更多消费”的居民占比稳中有升，第三季度上升 1.3 个百分点，第四季度上升 0.3 个百分点，倾向于“更多储蓄”的居民占比第四季度上升 1.2 个百分点，而倾向于“更多投资”的居民占比呈下降趋势。截止到 2019 年第四季度，倾向于“更多消费”的居民占 28.0%，倾向于“更多储蓄”的居民占 45.7%，倾向于“更多投资”的居民占 26.3%。

（四）消费理念的变化

在收入增加、消费意愿上涨的同时，我国消费者的消费观念也在悄然变化，居民的消费观念由满足生存需求转变为改善生活品质，服务消费增长较快。随着电商、物流、新零售业态的快速发展，消费者在教育、文化、娱乐等类别的消费占比逐渐上升，其中旅游、休闲娱乐等非生活必需品但显著提升生活品质方面的支出占比上升趋势明显。尼尔森调查显示，2014~2018 年，居民对品质生活的追求正在成为新的消费增长点，更愿意在杂货日用品上花费的消费者占 56%。除此之外，吸引消费者支出增加的类别还有休闲娱乐、外出就餐和教育。

商务部流通业发展司发布的《中国零售行业发展报告（2018/2019 年）》显示，从消费偏好上，消费者对个性、品质、时尚消费需求的表达越发凸显。2019 年前三季度，限额以上单位日用品、书报杂志类、中西药品类和化妆品类同比增长迅速，全国餐饮收入增速高于商品零售。电影票房突破新高、旅游消费持续旺盛，文娱消费、信息消费增长较快。从消费内容上，消费者消费偏好的持续改变，直接推动商品消费升级步伐加快。智能节能、绿色环保、生鲜美食等商品需求旺盛，餐饮、旅游、文化娱乐等服务消费提质扩容，这种特征在节假日越发明显[①]。

（五）消费主体的变化

我国消费主体正在发生变化，“70 后”仍是消费的主力军，其消费规模占总体规模的近一半，但其贡献度正在逐步下降，而“80 后”和“90 后”对消费的贡献度持续上升，“90 后”已成为互联网消费的主力军。尼尔森数据显示，2019 年中国“90 后”人口达 2.1 亿，消费市场潜力巨大。除此之外，女性消费群体也正在迅速崛起，东方证券数据显示，中国女性经济市场容量至少在 5 万亿元以上；作为曾经“燃烧并奉献的一代”，步入晚年的“银发族”也是新消费环境下不可忽视的一个群体。

（六）消费习惯的变化

2020 年 1 月暴发的新冠肺炎疫情，促使线上领域用户数量上涨，居民线上购买的消费潜力被逐渐激发。调研机构凯度发布的消费者报告显示，中国有高达 55%的受访消费者在新冠肺炎疫情期间通过综合性电商平台（如天猫、京东等）购物。而送货上门的线上到线下渠道（饿了么、美团、叮咚买菜等）也被 35% 的消费者光顾。凯度调研显示，待疫情过后，线上渠道销售额的增长将更为强劲：42% 的人会更多地从综合性电商平台购买，仅有 8% 的人会减少；有 31% 的人会更多地光顾以盒马为代表的新零售体验店。疫情还推动了很多消费者尝试之前没有使用过的东西，为很多新兴行业的渗透率提升提供了机遇。在所有受访者中，有 84%的人表示至少尝试了一种新的服务，其中提及最高的是网上问诊（34%）和在线教育（33%），其次是远程办公（29%）和第一次为数字娱乐服务付费（26%）[②]。

三、消费结构的变化趋势

最终消费包括居民消费与政府消费两大部分，2001~2018 年我国居民消费占最终消费的比例在 72.5%~74.7%波动，且 2018 年居民消费支出占比下降到 72.5%，创 2000 年来新低。从城乡结构来看，农村居民消费占居民消费比例基本呈逐年递减的趋势，相应地，城镇居民消费占居民消费比例基本呈逐年增加的趋势，从 2001 年的 67.9%增加至 2018 年的 78.6%（表 2）。

---

① 中国零售行业发展报告（2018/2019 年）. http://ltfzs.mofcom.gov.cn/article/diaocb/lsdt/201909/20190902900633.shtml [2019-09-20].

② 疫情后哪些消费会反弹？来看消费者调查报告. http://www.chnews.net/article/202002/529711.html[2020-02-13].

表 2　2001~2018 年我国最终消费比例结构的变化

年份	居民消费支出占比	政府消费支出占比	农村居民消费占居民消费比例	城镇居民消费占居民消费比例
2001	74.0%	26.0%	32.1%	67.9%
2002	74.4%	25.6%	30.9%	69.1%
2003	74.6%	25.4%	30.0%	70.0%
2004	74.7%	25.3%	28.9%	71.1%
2005	74.2%	25.8%	27.8%	72.2%
2006	73.3%	26.7%	26.9%	73.1%
2007	73.3%	26.7%	25.6%	74.4%
2008	73.2%	26.8%	25.0%	75.0%
2009	73.3%	26.7%	24.2%	75.8%
2010	73.4%	26.6%	23.0%	77.0%
2011	73.2%	26.8%	23.3%	76.7%
2012	73.2%	26.8%	22.8%	77.2%
2013	73.2%	26.8%	22.5%	77.5%
2014	73.9%	26.1%	22.4%	77.6%
2015	73.4%	26.6%	22.2%	77.8%
2016	73.4%	26.6%	21.9%	78.1%
2017	72.9%	27.1%	21.5%	78.5%
2018	72.5%	27.5%	21.4%	78.6%

资料来源：《中国统计年鉴》（2002~2019 年）

从城乡居民在八大类产品的消费支出结构来看，2013~2019 年城镇居民在食品烟酒类的消费占比降低了 2.6 个百分点，在医疗保健类的消费占比提高了 2.0 个百分点，在交通和通信类的消费占比整体呈先上升后下降的趋势，在 2016 年达到峰值 13.8%，截至 2019 年交通和通信的消费占比为 13.1%。2013~2019 年农村居民在食品烟酒类的消费占比降低了 4.1 个百分点，在交通和通信类、医疗保健类的消费占比分别提高了 2.1 个百分点和 1.7 个百分点，其余行业消费占比略有波动但总体稳定（图 8）。这说明我国居民消费正从物质生活领域向精神文化层面延伸，升级特征明显。

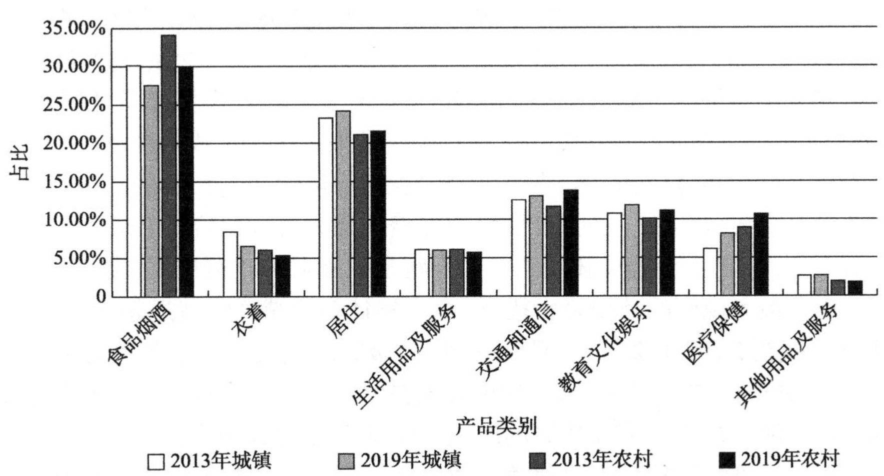

图 8　2013 年和 2019 年我国城镇与农村居民平均每人全年消费支出构成

资料来源：国家统计局

从城镇和农村社会消费品零售总额来看，城镇社会消费品零售总额远远高于农村，但农村消费增长速度继续快于城镇（图 9）。2019 年 4 月主要受节假日因素和汽车、服装类消费负增长，全国社会消费品零售总额增长仅为 7.1%，创 2016 年以来新低，5 月和 6 月增长有所提升，7~10 月再次回落。2019 年社会消费品零售总额增速放缓的主要原因是汽车及石油类消费下降，主要与限购、新能源汽车取消补贴等因素相关。

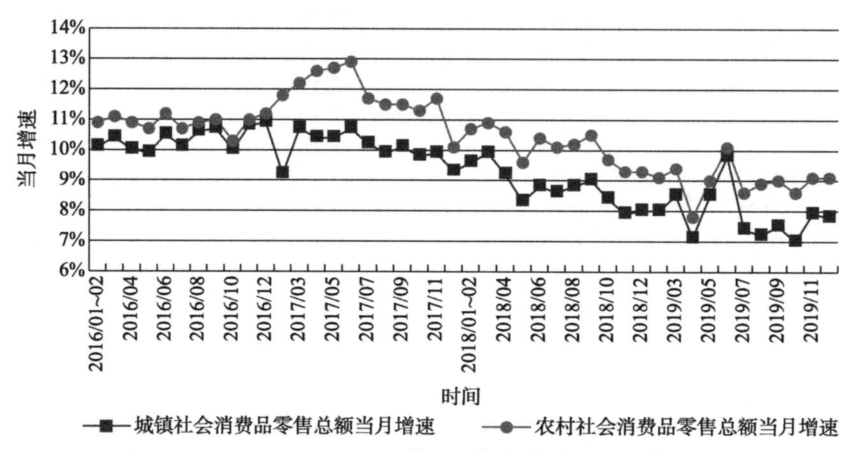

图 9　城镇和农村社会消费品零售总额当月增速

资料来源：国家统计局

从政府消费来看，2019 年我国继续实施积极的财政政策，全国财政运行情况总体良好。经济稳中有进、稳中向好对财政增收形成有力支撑，财政收入实现较快增长；财政支出进度加快，重点支出得到有效保障。2019 年，全国一般公共预算支出 238 874 亿元，同比增长 8.1%。从主要支出项目情况看：教育支出 34 913 亿元，增长 8.5%；科学技术支出 9529 亿元，增长 14.4%；文化体育与传媒支出 4033 亿元，增长 2.3%；社会保障和就业支出 29 580 亿元，增长 9.3%；医疗卫生与计划生育支出 16 797 亿元，增长 10.0%；节能环保支出 7444 亿元，增长 18.2%；城乡社区支出 25 681 亿元，增长 16.1%；农林水支出 22 420 亿元，增长 6.3%；交通运输支出 11 413 亿元，增长 1.2%；债务付息支出 8338 亿元，增长 12.6%。政府消费作为财政支出的主要组成部分，也保持了良好的增长态势。

2020 年 1 月新冠肺炎疫情暴发，给企业生产带来困难，造成财政增收压力。为实现第一个百年奋斗目标和适应客观形势，2020 年我国将继续实施积极的财政政策并且要大力提质增效、突出结构调整。加强疫情防控经费保障，继续研究出台阶段性、有针对性的减税降费措施，缓解企业经营困难。减税降费是积极财政政策最重要的体现，2019 年，我国出台了史上最大规模的减税降费措施，全年累计新增减税降费远超 2 万亿元，占 GDP 比重超过 2%。截至 2020 年 2 月 12 日晚 9 时，各级财政共安排疫情防控资金 785.3 亿元，其中中央财政共安排 172.9 亿元。2020 年我国在财政支出的安排上，将坚持宏观政策要稳、微观政策要活、社会政策要托底的原则，瞄准全面建成小康社会抓重点、补短板、强弱项，坚决打赢疫情防控的人民战争、总体战、阻击战，打好三大攻坚战，推动经济

实现量的合理增长和质的稳步提升，促进人民生活进一步改善[①]。

四、消费的主要影响因素分析

（一）收入

收入是决定消费水平最直接、最主要的因素。国家统计局数据显示，随着国内经济的稳定增长，我国城镇居民人均可支配收入也由2010年的19 109元增长到2019年的42 359元（图10），保持着9.2%的名义年均增幅，2019年城镇居民人均可支配收入同比名义增长7.9%。2010~2019年农村居民人均可支配收入由5919元增长到16 021元，名义年均增幅高达11.7%，2019年农村居民人均可支配收入同比名义增长9.6%，快于城镇居民1.7个百分点。2019年，农村居民人均可支配收入增速快于城镇居民，城乡居民收入比由2018年的2.69下降至2.64，城乡居民收入差距继续缩小。

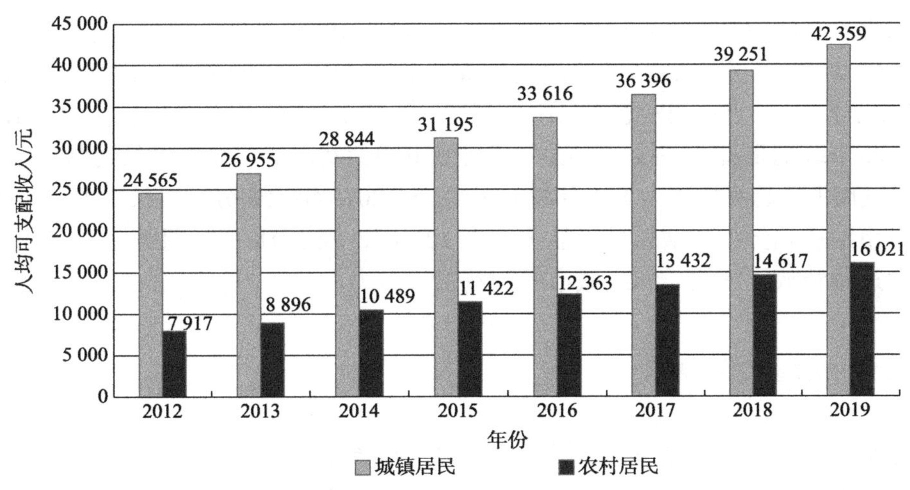

图10　2012~2019年我国城乡居民人均可支配收入

资料来源：国家统计局

（二）消费意愿

2019年全国城镇居民人均消费支出28 063元（图11），增长7.5%，较2018年提高0.7个百分点，扣除价格因素实际增长4.6%；农村居民人均消费支出13 328元，增长9.9%，较2018年降低0.8个百分点，扣除价格因素，实际增长6.5%。2019年，居民享受更多社会化服务，饮食服务、景点门票、旅馆住宿等各类服务消费支出较快增长。

① 刘昆. 积极的财政政策要大力提质增效. http://www.qstheory.cn/dukan/qs/2020-02/16/c_1125572704.htm[2020-02-16].

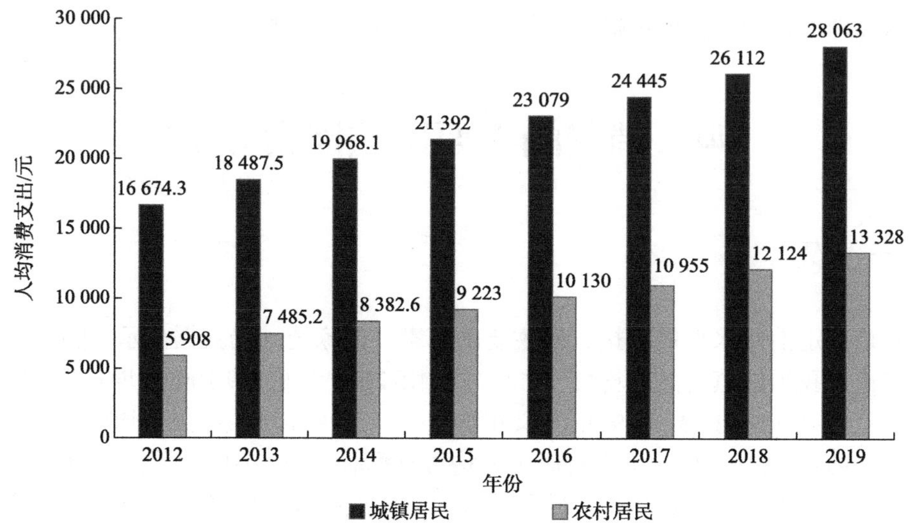

图 11　2012~2019 年我国城乡居民人均消费支出

资料来源：国家统计局

尼尔森发布的中国消费者信心指数报告显示，2019 年第三季度中国消费趋势指数持续保持高位 114 点。构成消费趋势的三要素均呈现稳中有进的态势：就业预期从第一季度的 77 点增长至 78 点；消费意愿与第一季度、第二季度持平，为 61 点；个人情况为 70 点。从各城市级别来看，一线、二线、三线城市的消费趋势均呈现增长趋势。其中，一线、二线城市消费趋势指数为 114 点和 119 点，较 2018 年同期分别增长 7 个点和 8 个点，而三线城市消费趋势指数增长最为显著，为 121 点，较 2018 年同期增长 10 个点。持续的城市化进程释放了三线、四线城市的消费增长潜力。

（三）新冠肺炎疫情

新冠肺炎疫情暴发于春节消费时点，此时人口流动性大，各省（自治区、直辖市）纷纷启动重大公共卫生事件一级响应，阻断病毒传播途径，但对应措施违背了春节团圆、举家旅游等传统消费习惯，对“春节经济”涉及的相关消费行业具有较强的破坏力。一是交通运输行业。2020 年春运旅客总量较 2019 年出现大幅回落，春运前三十六日（1 月 10 日至 2 月 14 日），全国铁路、道路、水路、民航累计发送旅客 14.26 亿人次，比 2019 年同期下降 47.5%①。交通运输部预计 2 月底前客流以农民工返岗流为主，农民工返程客运量约为 3 亿人次，3 月以后返程约 1 亿多人次，预测待返校的学生客运量约为 1 亿人次，学生返程时间将根据开学时间确定②。二是旅游行业。新冠肺炎疫情使公众旅游心理发生变化，降低了消费者信心和出游意愿，且在短期内很难恢复。据中国旅游研究院统

---

① 每日春运数据. http://www.mot.gov.cn/zhuanti/2020chunyun_ZT/tupianxinwen/202002/t20200215_3333523.html[2020-02-15].

② 交通运输部：预计今年春运 40 天客流将同比下降 45% 今年的春运返程没有传统意义上. https://baijiahao.baidu.com/s?id=1658586554692280775&wfr=spider&for=pc[2020-02-15].

计，2020 年春节期间探亲访友游客同比减少 76%以上，94.3%的游客调整了行程，减少了近一半的预期消费[①]。三是娱乐文教行业。受新冠肺炎疫情的影响，春节贺岁档电影全部撤档，票房收入颗粒无收，根据 2012~2019 年对贺岁档影片票房的统计，贺岁档票房占全年票房的比重在 9%~10%，考虑自然增长，新冠肺炎疫情对 2020 年电影行业的影响在 70 亿元上下[②]。四是餐饮和零售行业。新冠肺炎疫情高峰期间，社会消费品零售总额会出现大幅度下滑，餐饮行业受影响最大，2019 年春节假期（除夕至正月初六），全国零售和餐饮企业实现销售额 10 050 亿元，2020 年春节期间聚餐和婚宴等几乎全部取消，大量餐厅饭馆停止营业，备菜存货被低价甩卖。由于恐慌情绪，粮油食品类、饮品类和中西药品类消费价格上涨、全民抢购，此类消费或有所增长，但随着恐慌情绪的消失将逐步回归正常。

新冠肺炎疫情促进了数字经济发展，释放了潜在消费需求，“宅家经济”全面兴起。电商领域，受疫情影响，居民减少户外采买、聚餐活动，转为线上采购，2020 年 1 月 19~25 日，京东平台销售口罩 2.3 亿个，消毒液 318.8 万瓶，以即时配送为主打的电商平台，打通了即时生鲜供应渠道。线上游戏领域，手机游戏成为居民在春节和新冠肺炎疫情期间打发时间的选择，腾讯旗下的《王者荣耀》，大年三十当天流水达 20 亿元左右，远超 2019 年的 13 亿元，网易旗下的多款游戏也在春节期间下载量居前[③]；线上视频领域，《囧妈》成为首次免费线上首播的春节档电影，总观看人次为 1.8 亿，在湖北省的播放量超过 2500 万次；线上医疗、教育得到大范围推广，腾讯、京东、百度等多个平台提供线上问诊服务，有道、好未来、猿辅导等在线教育提供网上授课平台。

（四）居民债务

中国居民消费观念发生转变主要还体现在家庭债务上，居民逐渐形成了“能贷多少就花多少”的超前消费观念，从而家庭债务成为影响中国新时代居民消费的新因素。《中国统计年鉴》显示，住户部门贷款金额从 2001 年的 3506.8 亿元上升到 2017 年的 77 863 亿元（图 12），16 年间增长了 21 倍，贷款金额占居民可支配收入的比例也从 5.7%上升至 15.6%，其中住房贷款是造成家庭高负债的主要原因，特别是 2017 年和 2018 年，中国多套房房贷增长速度达到了 23.4%，成为中国家庭债务最大的问题及风险。截至 2019 年第三季度，个人住房贷款余额已达 29.1 万亿元，是 2013 年个人住房贷款余额（9.8 亿元）的近 3 倍。

（五）农村电商规模稳步提升

随着农村电商的不断发展，越来越多的农民借助电商脱贫致富，农村市场渐渐被“唤

---

① 戴斌丨旅游抗疫方略：为人民、守底线、谋振兴. http://www.ctaweb.org/html/2020-2/2020-2-6-18-3-11655.html [2020-02-06].

② 疫情对经济影响到底有多大？. https://www.thepaper.cn/newsDetail_forward_5776020[2020-02-05].

③ 游戏迎来史上最强春节档：《王者荣耀》大年三十流水或达 20 亿. https://baijiahao.baidu.com/s?id=1656987271884356562&wfr=spider&for=pc[2020-01-28].

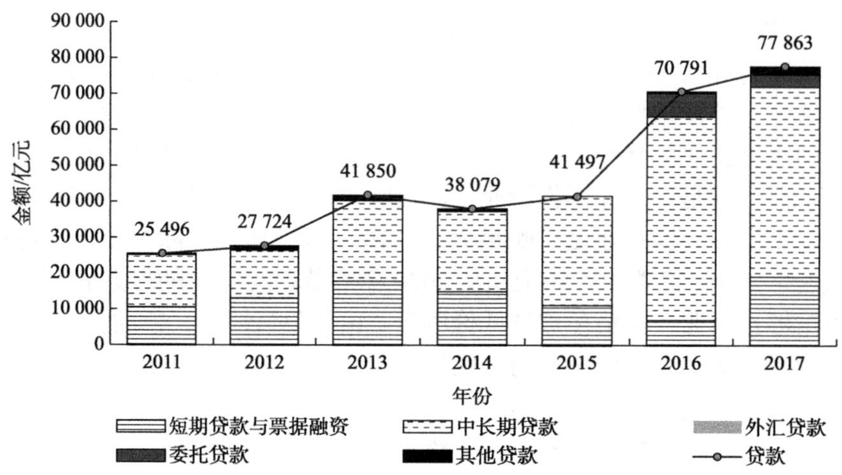

图 12　2011~2017 年我国住户部门贷款结构

资料来源：国家统计局

醒”。尤其在近几年，农村网络零售交易额翻了一倍多。数据显示，2018 年全国农村网络零售额达到约 1.4 万亿元，同比增长 30.4%（图 13）；全国农产品网络零售额达到 2305 亿元，同比增长 33.8%。农村电商迅猛发展，开辟农产品上行新通道。同时，随着相关政策不断出台的助推，淘宝、京东、拼多多等电商平台与农村的互动越发良性化，农村电商在兴乡富民过程中扮演起了越来越重要的角色①。

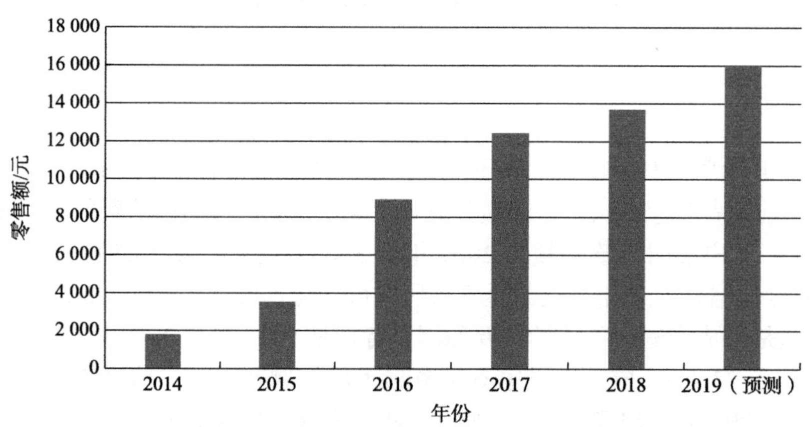

图 13　中国农村电商网络零售额及预测情况

资料来源：中商产业研究院数据库

（六）信息消费成为经济增长新动能

在新一轮信息技术革命的驱动下，我国电子商务与传统经济融合提升，一个显著特

① 2019 年农村电商行业发展现状及未来发展趋势预测：农村电商规模稳步提升. https://baijiahao.baidu.com/s?id=1637370476665005809&wfr=spider&for=pc[2019-06-26].

征就是电子商务加速从生活消费领域向产业消费领域拓展，提升企业信息化程度。以电子商务为代表的信息经济正成为经济增长新动能。预计到 2020 年信息消费规模将达 6 万亿元，拉动相关领域产出达 15 万亿元，并将从生活消费加速向产业消费渗透。

（七）个税改革激发消费潜力

截至 2019 年 10 月，个税改革已实施一周年，个税减税总额超预期，提振了居民收入，推动了消费升级转型，对改善家庭教育、医疗、养老等居民生活质量有着重要意义。2019 年前三季度，中国个人所得税改革新增减税 4426 亿元，累计人均减税 1764 元。个人所得税减少的政策措施，不断改善居民消费能力和预期，具体体现在能反映居民消费活力的服务业上，2019 年前三季度生活服务业销售收入同比增长达到 16.2%，互联网批发和零售销售收入同比增长 16.8%，分别高于三产销售增速 4.7 个百分点和 5.3 个百分点，西南财经大学经济与管理研究院推算个税改革在 2019 年减税额约 6600 亿元，可直接带动消费规模接近 2000 亿元，相当于 2018 年 GDP 的 0.2%[①]。

（八）老年消费成为消费新动力

中国已加速步入老龄化社会，同时居民消费水平持续提升和养老政策红利不断释放，为老年消费市场提供了巨大发展空间，老年消费成为中国扩大消费的新动力。使用基本养老保险基金支出占养老保险基金收入的比例来描述老年人口的消费水平，2011~2016 年，我国老年人口消费能力不断提高，支出占比从 74.2%上升至 89.5%，2017 年和 2018 年支出占比略有下降，分别为 86.7%和 86.6%（图 14）。中国老龄协会发布的报告预计，到 2020 年我国老年消费市场规模将达到 3.79 万亿元[②]。

（九）我国体育消费潜力巨大

2019 年 1 月 15 日，国家发布《进一步促进体育消费的行动计划（2019—2020 年）》，其中提到，到 2020 年全国体育消费总规模达到 1.5 万亿元，人均体育消费支出占消费总支出的比重显著上升。国家体育总局发布的数据显示，2018 年，全国体育产业总规模（总产出）约为 2.7 万亿元，增加值为 10 078 亿元[③]。从名义增长看，总产出比 2017 年增长 23%，增加值增长了 29%。目前我国人均体育消费仅为发达国家的 1/10，潜力巨大。在国家政策大力支持引导下，预计到 2020 年我国体育产业总产值能顺利实现突破 3 万亿元

---

① 个税改革一周年：减税冲刺 5000 亿 工薪族税负明显降低. https://money.163.com/19/1001/09/EQD4U49P00258105.html[2019-10-01].

② 2020 年我国老年消费市场规模将达 3.79 万亿元. https://baijiahao.baidu.com/s?id=1631102322701541295&wfr=spider&for=pc[2019-04-18].

③ 王辉. 2018 年全国体育产业总规模和增加值数据发布. http://www.sport.gov.cn/n323/n11056/c941622/content.html[2020-01-21].

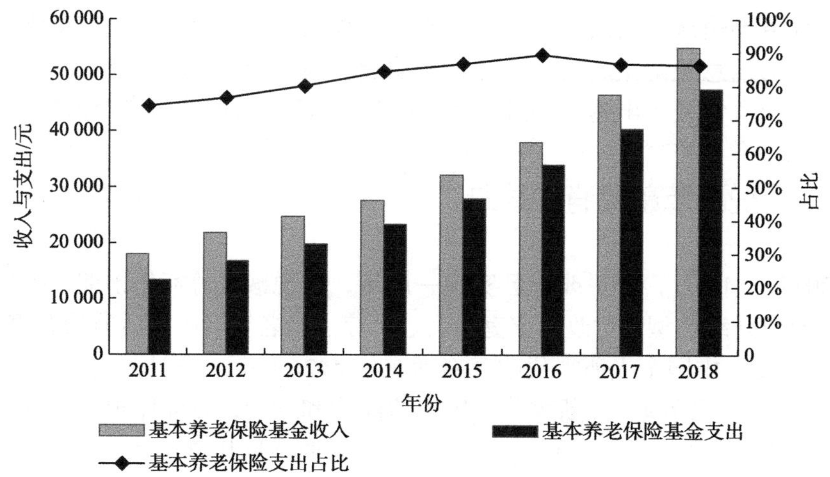

图 14　2011~2018 年我国基本养老保险基金

资料来源：《中国统计年鉴》(2012~2019 年)

的目标，到 2022 年体育产业规模将进一步超过 3.5 万亿元[①]。

（十）制约因素

2019 年，我国在释放新消费、培育新动力上，已面临着消费主体、消费供给、政策体系、消费环境、管理机制等方面的瓶颈问题。2020 年初，我国经济遭受新冠肺炎疫情打击，特别是与消费相关的多个行业。

（1）失业增加、收入下降、城乡居民收入差距制约消费增长。收入是影响消费的最主要因素，改革开放以来，我国城乡居民收入大幅增长，我国城镇居民人均可支配收入由 1978 年的 343.4 元提高到 2019 年的 42 359 元，增长约 122 倍，农村居民人均可支配收入由 1978 年的 133.6 元提高至 2019 年的 16 021 元，增长约 119 倍，有力地推动了我国总体消费规模的扩张。然而，2020 年新冠肺炎疫情使得中小企业经营困难或倒闭，疫情受损企业的员工的薪资和就业均会受到严重影响，另外，农民工、个体工商户、外卖与快递配送员、滴滴司机等弹性薪酬制从业人员，基础保障低，收入波动大，也会受到疫情的冲击。我国还长期存在城乡居民收入差距的问题，导致城乡消费呈现出明显的二元结构特征，不利于我国整体消费规模的提升。而且，我国中低收入者工资收入增长较慢，中等收入者在社会人口中的比重偏低，中低收入人群消费能力有待提升，从而使我国消费升级面临较大阻力。

（2）新冠肺炎疫情对消费短期影响巨大，长期影响还需看疫情的发展。春节期间新冠肺炎疫情形势严峻，党和国家高度重视控制疫情蔓延，全面采取多种防控措施阻隔疫情扩散，在此背景下多个消费领域受到不同程度的影响，主要包括交通运输、旅游、娱

---

① 2019—2025 年中国体育产业行业分析与投资前景研究报告. http://www.chinairr.org/report/R13/R1303/201901/24-285800.html[2019-01-24].

乐、传统零售、餐饮、非必需消费品等。但在新冠肺炎疫情结束后，不同消费行业可能存在不同的恢复路径。生鲜食材、母婴育儿等日常刚需，由于恐慌心理，短期消费量巨大，但在新冠肺炎疫情基本被控制后恢复平稳；个人护理、聚会旅游、服装服饰等非刚需的消费商品会在新冠肺炎疫情基本被控制后出现反弹式甚至是“报复式”消费。各类消费的恢复时间长短关键在于各地疫情的控制和复工情况，疫情较轻的地区要兼顾防控疫情和发展经济，先行启动医用物资、生活必需品、物流、制造等关键行业进行复工，杜绝人员流动冻结、物流阻断和大面积停工等现象的发生。

（3）社会保障体系仍需完善。社会保障在保障人民生活、调节收入分配、促进经济发展、维护社会稳定方面的重要作用不言而喻，而完善的社会保障体系是经济社会发展的重要保障，将促进消费者信心的提升。党的十八大以来，我国社会保障领域改革勇涉“深水区”，保障人群持续增加，保障水平逐年提升。但依然存在社保基金管理漏洞多、农村地区的社会保障体系有待健全、社会保障法制滞后等问题。习近平总书记在党的十九大报告中指出：“加强社会保障体系建设。按照兜底线、织密网、建机制的要求，全面建成覆盖全民、城乡统筹、权责清晰、保障适度、可持续的多层次社会保障体系。”①这为新时代加强社会保障体系建设提供了价值遵循、指明了方向路径。

（4）人口老龄化，劳动力短缺。2019 年末，我国大陆地区总人口 140 005 万人，比上年年末增加 467 万人。其中 16~59 周岁人口为 89 640 万人，占总人口的 64.0%；60 周岁以上人口为 25 388 万人，占总人口的 18.1%，比 2018 年末增加 439 万人，占比提高了 0.3 个百分点：65 岁及以上人口增加 945 万人，比重上升 0.6 个百分点。我国老年人口规模呈现总量扩张、增量提速的发展态势。劳动力数量的持续缩水已成为我国在相当长一段时间内面临的“新常态”。据刘秀丽和汪寿阳的研究②，2020 年我国将面临 2000 万人的劳动力短缺。这一因素将制约我国的经济增长和居民收入的增长，进而影响消费。

（5）消费结构被扭曲。房地产对消费形成的挤出效应明显。随着消费结构的升级，居民的消费过度集中到了住房、教育费用上来，造成了消费领域相对狭窄；近年来，我国居民的边际消费倾向与平均消费倾向下降，消费需求相对不足。近几年我国住户部门债务杠杆不断攀升，2018 年末居民部门杠杆率为 53.2%，截至 2019 年第三季度，住户部门杠杆率已上升至 56.3%。杠杆率的上升与房地产市场密切相关，高房价导致居民把更多收入投入到房产购置中去，使居民承受为期 20~30 年的中长期巨额债务，从而挤占了居民用于消费的储蓄资金，减弱了居民非住房相关的消费动力。我国房价高涨和负债率较高的地区主要为一线和核心二线城市，厦门、上海、北京、宁波、重庆的债务率都在 50% 以上，这些地方的高房价对消费的挤出效应最为明显，居民可支配收入中用于购置房产的比重最高，而用于消费支出的比重较低。

（6）政策体系支撑不够。伴随我国消费升级的加快，消费政策体系尚难以有效支撑居民消费能力提升和预期改善。不同领域面临制约消费增长的体制问题并不相同，重点

① 习近平. 决胜全面建成小康社会 夺取新时代中国特色社会主义伟大胜利. 人民日报，2017-10-28（001）.

② 刘秀丽，汪寿阳. 中科院专家关于人工智能与“互联网+”时代我国劳动力供需缺口的测算和应对建议. 社会发展研究系列报告，2016.

领域消费市场还不能有效满足城乡居民多层次、多样化的消费需求，故应分类施策促消费、稳增长。在非耐用品上，制约消费增长的主要因素是不够便利；在交通出行上，安全因素成为居民关注的重点问题；在居住上，高房价和高房租抑制了居民消费能力的释放；在信息消费上，标准化程度不够，导致居民不能放心消费；在绿色消费上，产品质量标准不统一，给认证过程带来一些阻碍，也增加了居民购买时的选择矛盾。

（7）消费外流现象日益明显。近年来，消费外流的现象在我国较为明显，境外消费支出高涨。消费外流主要体现在以旅游为主的服务贸易中，涉及的消费品种类繁多，不仅包括化妆品、皮包、珠宝等奢侈品，还包括奶粉、家电、纸巾、马桶盖等生活必需品。消费外流的目的地很多，比较典型的是日本，来自中国的消费已经成为拉动日本经济增长的重要动能。我国服务贸易逆差持续扩大，开始影响到国内消费增长和结构转型。

（8）供给侧转型滞后难以满足消费升级需求。随着我国经济社会发展矛盾的变化，消费的增长点已经转变为产品质量和品质的提升，而国内生产供给端并没有相应转型升级，难以提供居民需要的优质产品，即供给与需求不匹配。高端化、品牌化、个性化供给不足、供需失衡；企业产品创新、工艺创新、商业模式创新能力不够；高品质、高附加值的名、精、特商品供给不足，健康、养老、家政、文化、体育、儿童早期教育等服务供给有短板。因此，亟须进一步提升消费品供给质量、改善供给结构，加快制定生产性服务业领域及民生服务领域相关标准；加强消费品供给对需求变化的适应性和灵活性，提高消费者满意度，满足供给侧结构性改革及国内居民生活消费升级的要求。

（9）管理机制尚不完善。监管体制尚不适应消费新业态、新模式的迅速发展，社会上还存在信用体系不健全、假冒伪劣、虚假宣传、商业欺诈等问题，2018 年，全国消费者协会组织共受理消费者投诉 762 247 件，其中售后服务、质量问题、合同问题、虚假宣传等问题突出，占比分别为 29.2%、25.7%、20.5%和 7.7%。如今，消费者对产品的质量要求越来越高，如果不加以监管、不营造良好的市场环境，将直接影响消费升级。

五、最终消费预测

2020 年我国经济发展面临的不稳定性、不确定性更突出，制约经济增长的因素目前尚未有确定性好转的迹象，内生性增长动能减弱，全球经济进一步下滑及部分国家经济陷入衰退的概率在增加。经贸摩擦加剧所带来的负面预期还将在一定程度削弱消费者的消费意愿，进而抑制整体消费。但较为稳健的房地产市场和个税减税也为消费提供了一定支撑。2020 年，我们预计政府会继续支持中小企业和服务业发展、推进职业技能培训、增加失业保障、完善社保体系等。此外，受益于基数较低及更新需求，汽车销售可能在 2020 年见底。2020 年，服务业基础设施改善将为消费提供支撑，消费者也将继续倾向于购买质量更好、更高端的商品，并增加服务消费。

基于对最终消费总额及其结构的变动趋势和主要影响因素的分析，本报告应用分项加和预测方法，对 2020 年我国最终消费进行了预测。预计 2020 年我国最终消费将保持持续增长趋势，但增速将会放缓，同比名义增速约为 5.9%。

2020年中国物价形势分析与预测

骆晓强　鲍　勤　杨翠红　汪寿阳

报告摘要： 2019年我国物价走势整体平稳，出现CPI较快上涨、PPI下降的背离局面。受猪肉价格大幅上涨拉动，CPI较快上涨，全年CPI上涨2.9%，12月CPI涨幅达到4.5%，创造出2012年以来的高点。受原油等原材料价格明显回落影响，PPI开始下降，2019年全年PPI下降0.3%，12月PPI下降0.5%。

分析影响2020年我国物价走势的因素：一是从需求角度看，虽然中美已达成第一阶段协议，但世界经济总体偏弱，出口弱势还很难明显改善，受制收入增速回落和家庭债务负担挤出效应，消费需求不旺，需求对价格的拉动力仍显偏弱。二是从供给角度看，国际上原油等原材料供给平稳，国内工业品产能充足，工业品价格依然受压；但猪肉产能下降较多，恢复生产的时间和产量均存在不确定性，猪肉仍可能维持高位，水果、蔬菜等食品价格也有波动风险。三是从劳动力成本角度看，劳动力数量下降、劳动力成本上升仍将支持服务价格上升，但服务供给效率的提高及需求的偏弱将使服务价格涨幅趋缓。就不确定性而言，猪肉价格仍是CPI最大的不确定因素，原材料价格是PPI的不确定因素。新冠肺炎疫情将明显影响我国物价的短期走势，其冲击方向取决于商品和服务的供需关系。总体上，2020年工业品价格仍处弱势，但农产品价格仍有波动风险，存在PPI继续下降而CPI继续走高的风险。

根据我国物价指数分项之间的关联关系，充分考虑物价指数的季节因子，基于格兰杰（Granger）因果检验分析物价指数构成部分之间的价格传导关系，建立多元传导模型，对2020年物价指数的环比数据进行预测，并在此基础上加上翘尾因素计算物价的同比数据。主要预测结果显示：2020年CPI将维持高位，全年上涨3.9%，其中翘尾因素影响2.2个百分点，翘尾因素是2020年CPI维持高位的重要因素；从月度走势看，上半年CPI涨幅将在4.5%以上，第四季度有望逐步回落到3%以内。2020年PPI仍处下降局面，全年下降1.1%，明显高于2019年降幅；从月度走势看，上半年PPI将处于下降局面，下半年降幅有望缩窄。

综合定性和定量分析，2020年我国仍将维持CPI和PPI背离的局面，CPI有因农产品价格波动而波动上行的风险，PPI有因经济疲软继续下降的风险。居民面临通货膨胀，企业面临着通货紧缩，这给宏观调控特别是货币政策带来了很大困难，建议在做好疫情防控的同时，迅速恢复农产品运输和生产。大力推动生猪生产恢复，扩大禽肉进口，保障禽肉市场供应，稳定禽肉价格；加大逆周期调解力度，有效对冲疫情影响，多使用市场化手段进行环保、去产能等供给侧调控；密切跟踪监测价格走势，合理引导市场预期。

一、2019 年中国物价形势分析

2019 年，受中美贸易摩擦等因素影响，我国经济系统中的消费、投资、出口等需求均比较疲弱，经济增速明显放缓，工业品价格下降；但非洲猪瘟与不合理的限养、禁养等政策叠加，导致猪肉价格出现飞涨，使我国物价再次出现 CPI 和 PPI 背离的现象，呈现 CPI 较快上涨、PPI 和工业生产者购进价格指数（purchasing price indicas of raw material，fuel and power，PPIRM）下降的态势（图 1）。

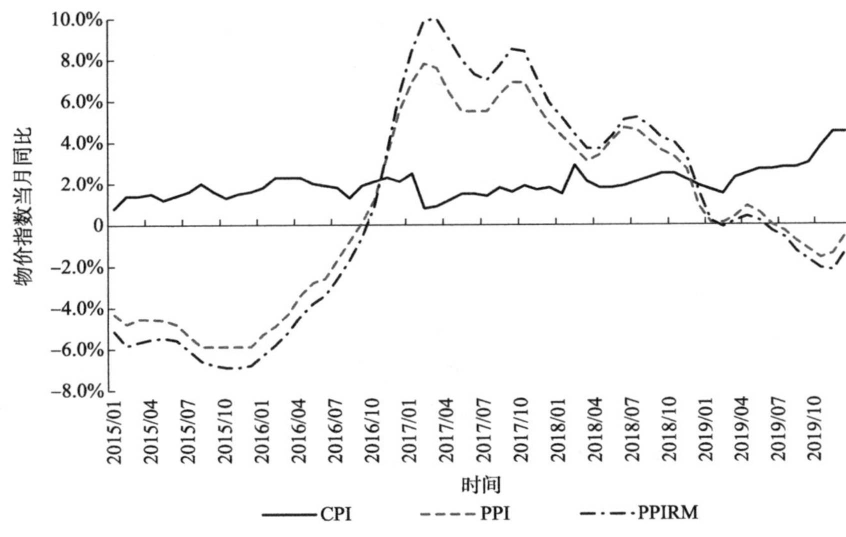

图 1　2015 年 1 月至 2019 年 12 月 CPI、PPI 和 PPIRM 当月同比

资料来源：国家统计局[①]

（一）猪肉价格飞涨，CPI 较快上涨

2019 年我国 CPI 较快上涨，全年 CPI 上涨 2.9%，涨幅较 2018 年回升 0.8 个百分点，创造出 2012 年新高。其中，食品价格上涨 9.2%，涨幅比 2018 年全年提高 7.4 个百分点（2018 年食品价格涨幅为 1.8%），这是拉动 CPI 较快上涨的主要因素；非食品价格上涨 1.4%，涨幅比 2018 年回落 0.8 个百分点。消费品价格上涨 3.6%，涨幅比 2018 年全年提高 1.7 个百分点；服务价格上涨 1.7%，涨幅比 2018 年回落 0.8 个百分点。分类别看，如图 2 所示，2019 年，医疗保健价格上涨 2.4%，涨幅比 2018 年回落 1.9 个百分点；教育文化和娱乐、居住、衣着价格分别上涨 2.2%、1.4%和 1.6%；交通和通信价格下降 1.7%。

① 本报告中如无特殊说明，数据均来源于国家统计局。

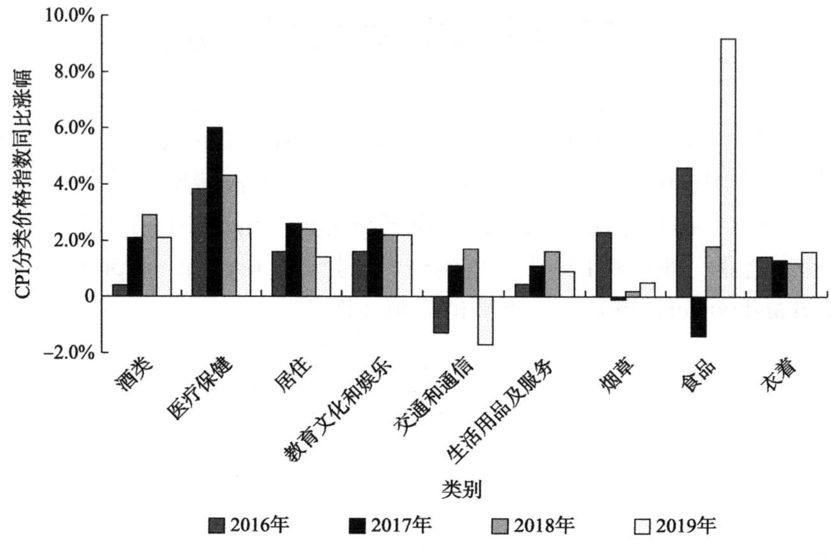

图 2　2016~2019 年 CPI 分类价格指数变化

从月度同比涨幅看，受猪肉价格快速走高影响，2019 年 8 月后 CPI 快速上涨，2019 年 12 月，CPI 同比上涨 4.5%，其中，食品价格上涨 17.4%，非食品价格上涨 1.3%（图 3）；消费品价格上涨 6.4%，服务价格上涨 1.2%。分类别看，其他用品和服务、医疗保健、教育文化和娱乐价格分别上涨 4.4%、2.1%和 1.8%，衣着、居住、生活用品及服务价格分别上涨 0.8%、0.5%和 0.4%；交通和通信价格下降 0.7%。

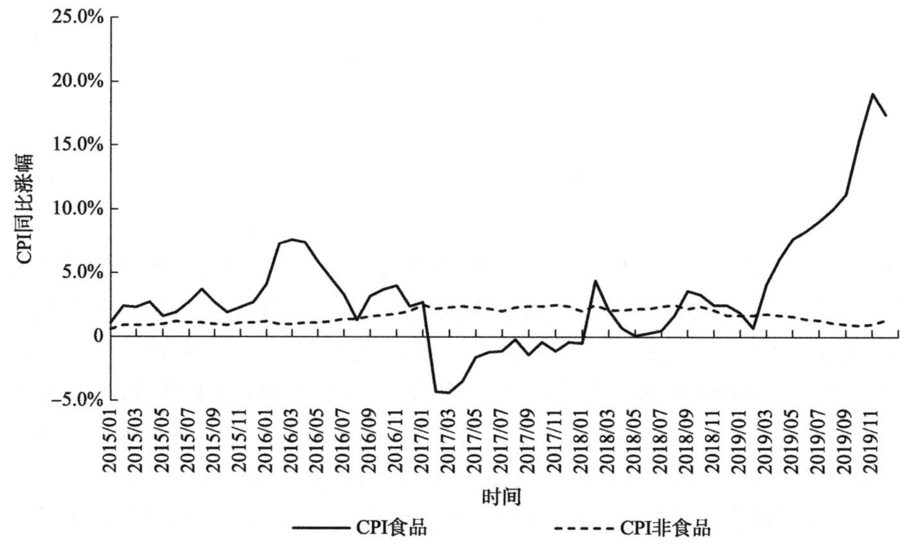

图 3　2015 年 1 月至 2019 年 12 月食品和非食品价格同比涨幅

2019 年我国 CPI 运行呈现出以下特征。

（1）猪肉价格飞涨带动食品价格快速上涨。2019 年我国食品价格（权重约为 20%）上涨 9.2%，涨幅创 2012 年来新高，拉动 CPI 上涨 1.8 个百分点。食品价格上涨主要由

猪肉价格飞涨带动，2019 年猪肉价格（权重约为 2.41%）上涨 45.5%，拉动 CPI 上涨 1.10 个百分点；且猪肉价格上涨也拉动其他肉类价格上涨，进一步推高 CPI。此外，鲜果价格上涨 12.3%，拉动 CPI 上涨 0.20 个百分点；鲜菜和蛋类价格分别上涨 4.1%和 5.1%；水产品、粮食、食用油、奶类价格分别上涨 0.3%、0.5%、1.3%和 1.6%，波动不大。

从月度同比数据看，猪肉价格持续上涨带动食品价格持续走高（图 4），2019 年 12 月，食品烟酒类价格同比上涨 12.9%，影响 CPI 上涨约 3.82 个百分点。食品中，畜肉类价格上涨 66.4%，影响 CPI 上涨约 2.94 个百分点，其中猪肉价格上涨 97.0%，影响 CPI 上涨约 2.34 个百分点；鲜菜价格上涨 10.8%，影响 CPI 上涨约 0.26 个百分点；蛋类价格上涨 6.2%，影响 CPI 上涨约 0.04 个百分点；水产品价格上涨 1.3%，影响 CPI 上涨约 0.02 个百分点；粮食价格上涨 0.6%，影响 CPI 上涨约 0.01 个百分点；鲜果价格下降 8.0%，影响 CPI 下降约 0.15 个百分点。①

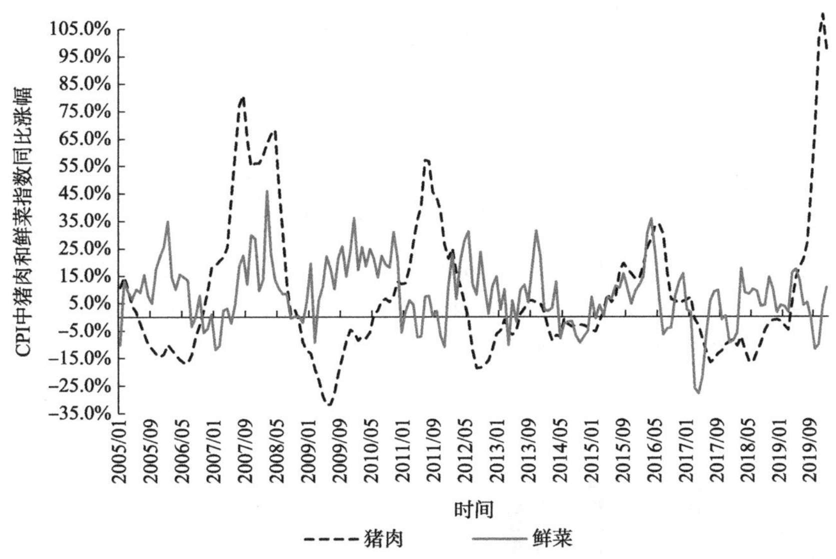

图 4　2005 年 1 月至 2019 年 12 月 CPI 中猪肉和鲜菜价格走势

（2）非食品消费品价格表现低迷。受交通工具、能源价格下降的影响，2019 年我国 CPI 中除食品外的消费品（权重约为 43.8%）上涨 1.0%，涨幅比 2018 年下降 0.9 个百分点。其中，交通工具用燃料、交通工具、通信工具和家庭器具价格分别下降 6.0%、1.5%、2.0%和 0.6%，中药和西药价格分别上涨 4.7%和 4.3%，酒类价格上涨 2.1%，服装和鞋类价格分别上涨 1.8%和 0.9%。从月度同比数据看，非食品消费品价格涨幅总体平稳。如图 5 所示，2019 年 12 月交通工具用燃料和水电燃料价格分别上涨 0.6%和 0.1%。

① 国家统计局. 2019 年 12 月份居民消费价格同比上涨 4.5%. http://www.stats.gov.cn/tjsj/zxfb/202001/t20200109_1721984.html[2020-01-10].

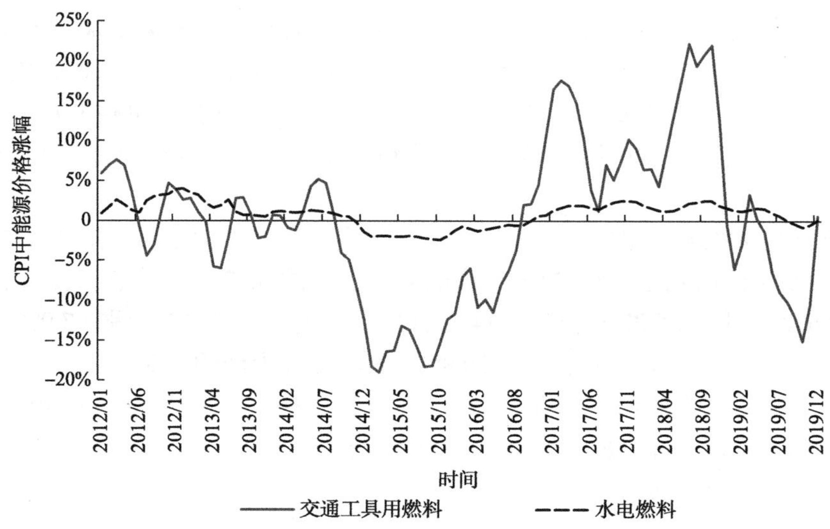

图 5　2012 年 1 月至 2019 年 12 月 CPI 中能源价格走势

（3）服务价格涨幅回落。2019 年，我国 CPI 中服务价格（权重约为 36.2%）上涨 1.7%，涨幅比 2018 年回落 0.8 个百分点。其中，如图 6 所示，2019 年家庭服务、医疗服务、衣着加工服务费、旅游、教育服务和租赁房房租价格分别上涨 4.8%、1.6%、4.1%、1.8%、3.1%和 1.8%，通信服务价格下降 1.0%。从月度同比数据看，如图 7 所示，服务价格涨幅持续回落，2019 年 12 月服务价格同比上涨 1.2%，涨幅比 2018 年同期下降 0.9 个百分点。其中，家庭服务、衣着加工服务费、教育服务、旅游和医疗服务价格分别上涨 4.1%、3.7%、2.8%、1.2%和 1.8%。

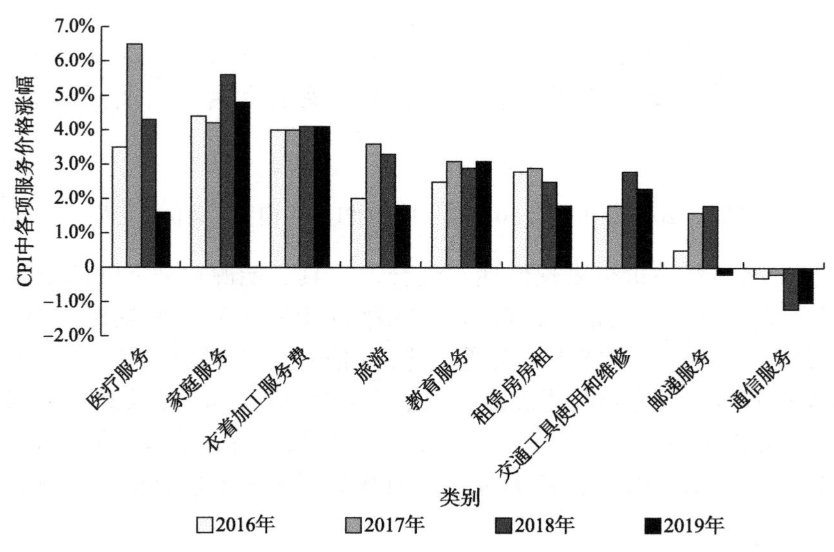

图 6　2016~2019 年 CPI 中各项服务价格涨幅

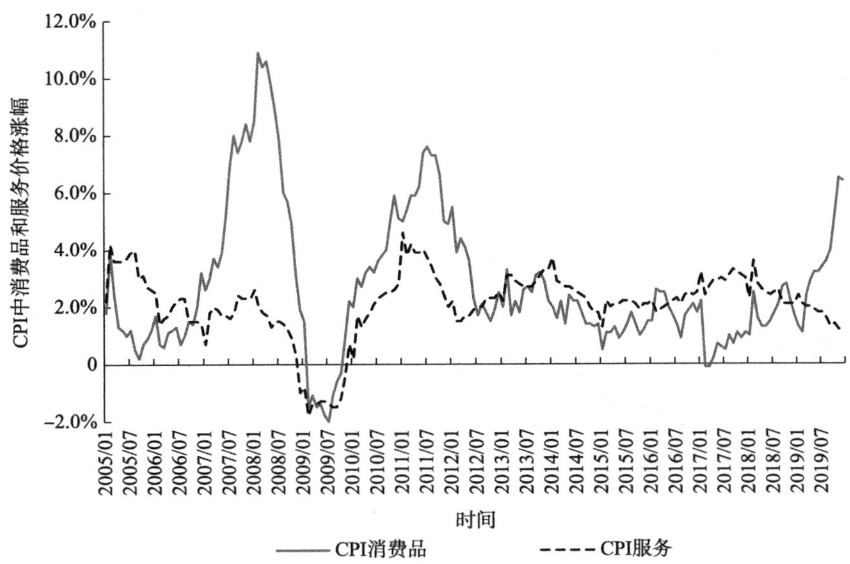

图 7　2005 年 1 月至 2019 年 12 月 CPI 消费品价格和服务价格走势

（二）原材料价格下降，PPI 下降

2019 年，受生产资料价格下降影响，我国 PPI 也开始下降。2019 年全年，PPI 下降 0.3%，比 2018 年回落 3.8 个百分点。其中，受原材料价格下降影响，生产资料价格下降 0.8%，涨幅比 2018 年回落 5.4 个百分点；生活资料价格因食品类价格上涨带动上涨 0.9%，比 2018 年提高 0.4 个百分点。如图 8 所示，生产资料中，原材料工业价格下降是带动 PPI 下降的主要原因。

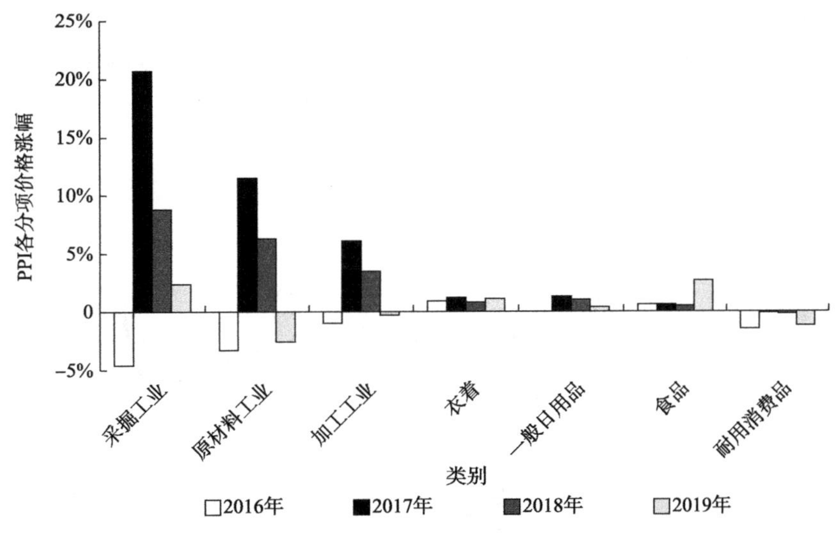

图 8　2016~2019 年 PPI 各分项价格涨幅

从月度同比数据看，2019 年 5 月 PPI 同比涨幅持续回落，月后出现下降，12 月降幅收窄，12 月 PPI 下降 0.5%，其中，生产资料价格同比下降 1.2%，生活资料价格同比上

涨 1.3%（图 9）。

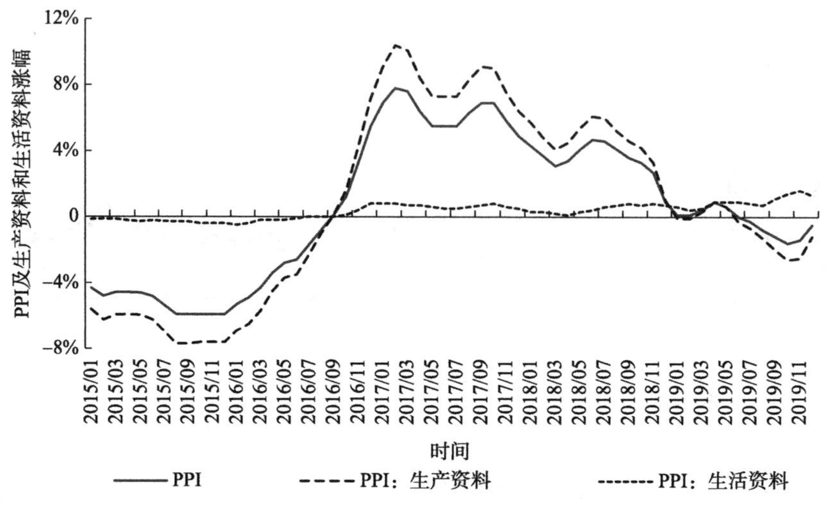

图 9　2015 年 1 月至 2019 年 12 月 PPI 及生产资料和生活资料价格走势

2019 年我国 PPI 运行呈现以下特征。

（1）生产资料价格出现下降。2019 年 PPI 中生产资料价格（权重约为 74.5%）下降 0.8%，其中，原材料工业价格（权重约为 22.1%）和加工工业价格（权重约为 50.2%）分别下降 2.6%和 0.3%；采掘工业价格（权重约为 3.7%）上涨 2.4%。生产资料各行业表现不同，2019 年，煤炭开采和洗选业、黑色金属采矿业、有色金属采矿业、非金属矿采选业价格分别上涨 0.8%、12.3%、1.2%和 4.8%；石油和天然气开采业价格下降 3.6%；石油加工炼焦和核燃料加工、化学原料和化学制品制造业、化学纤维制造业、黑色金属冶炼和压延加工业、有色金属冶炼和压延加工业价格分别下降 3.5%、3.9%、6.1%、2.1%和 0.7%。从月度同比涨幅看，如图 10 所示，PPI 各分项目均在 12 月出现回升，12 月生产资料价格同比下降 1.2%，其中，采掘工业价格上涨 2.6%，原材料工业价格下降 2.6%，加工工业价格下降 0.9%。

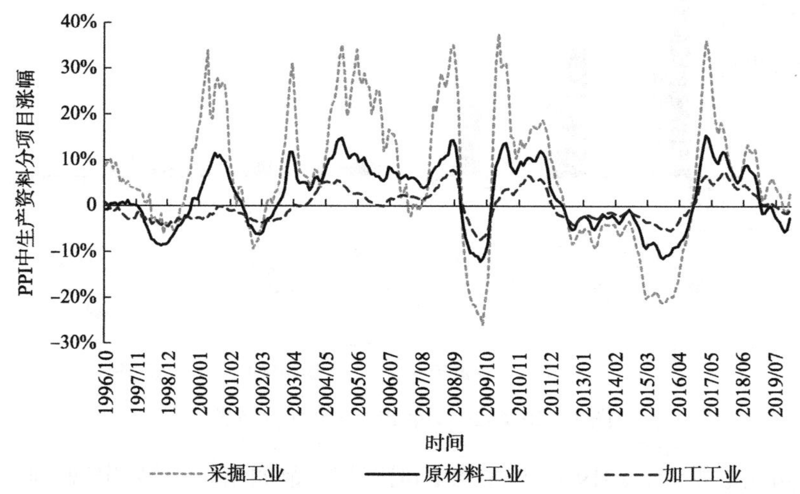

图 10　1996 年 10 月至 2019 年 12 月 PPI 生产资料采掘工业、原材料工业和加工工业价格走势

（2）生活资料价格温和上涨。2019 年 PPI 中生活资料价格（权重约为 25.5%）上涨 0.9%，涨幅比 2018 年上升 0.4 个百分点。其中，食品、衣着、一般日用品的价格小幅上涨，分别上涨 2.7%、1.1%和 0.4%，耐用消费品价格下降 1.2%。从月度同比涨幅看，2019 年 8 月后生活资料涨幅出现上升，12 月生活资料价格同比上涨 1.3%。其中，食品价格上涨 5.0%，衣着和一般日用品价格均下降 0.1%，耐用消费品价格下降 2.4%（图 11 和图 12）。

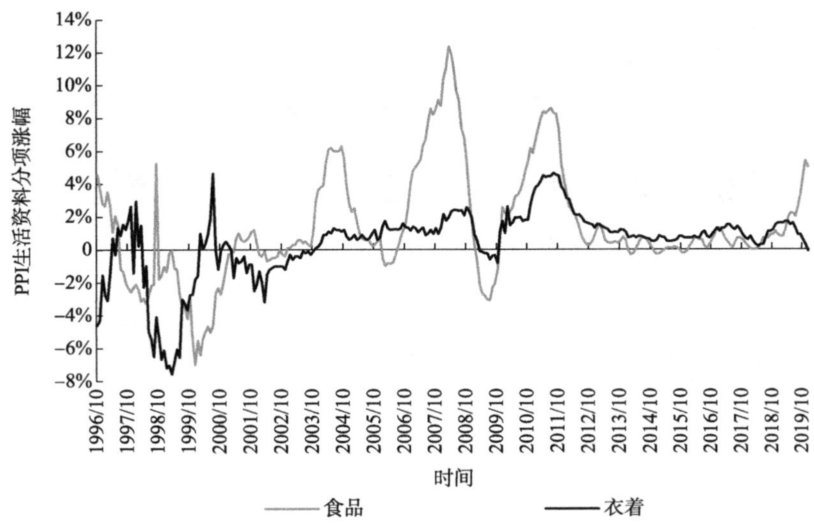

图 11　1996 年 10 月至 2019 年 12 月 PPI 生活资料食品和衣着价格走势

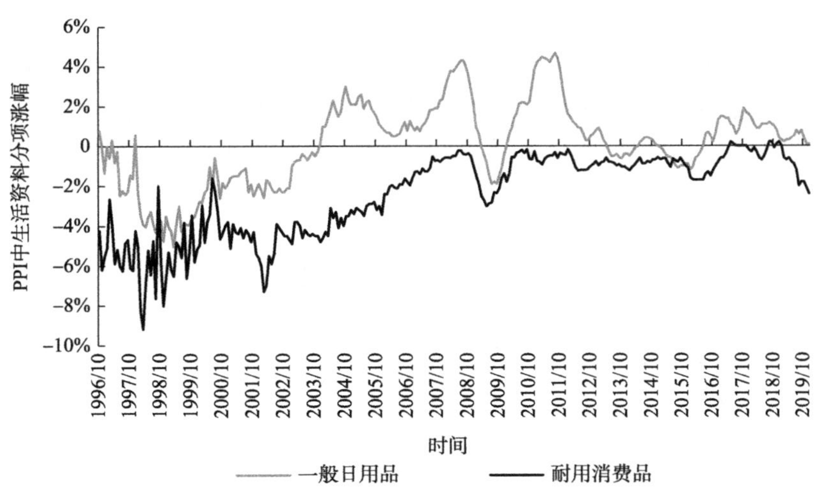

图 12　1996 年 10 月至 2019 年 12 月 PPI 生活资料一般日用品和耐用消费品价格走势

（三）燃料动力原材料价格下降，PPIRM 出现下降

2019 年，我国 PPIRM 下降 0.7%，涨幅比 2018 年回落 4.8 个百分点。从分项目来看（图 13），燃料动力类价格下降 1.8%，有色金属材料及电线类价格下降 2.4%，化工原料

类价格下降 5.2%，木材及纸浆类价格下降 2.5%，纺织原料类价格下降 0.7%，其他工业原材料与半成品类价格下降 0.3%；黑色金属材料类价格上涨 2.4%，建筑材料及非金属类价格上涨 4.3%，农副产品类价格上涨 2.8%。除农副产品类价格外，其他项目价格涨幅比 2018 年均出现较大幅度回落。

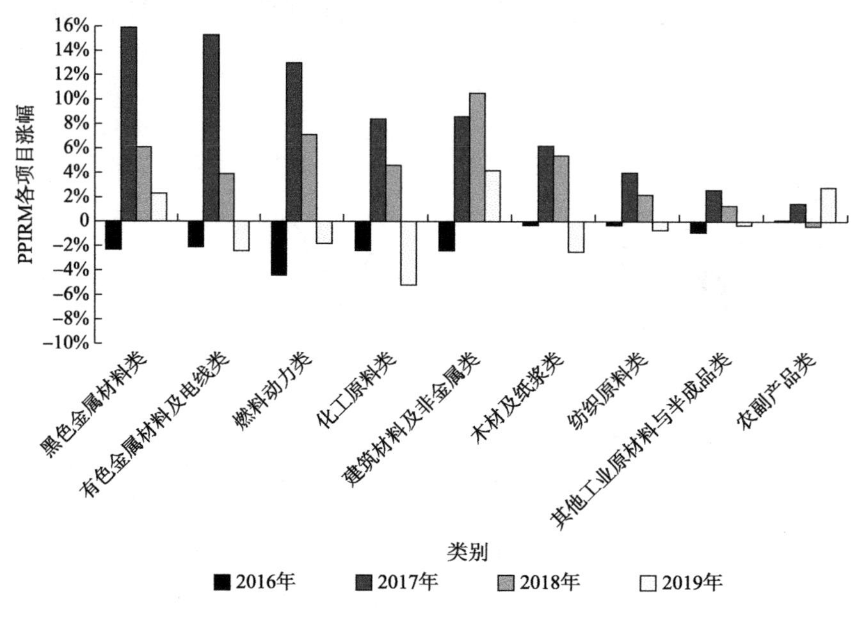

图 13　2016~2019 年 PPIRM 各项目涨幅

从月度同比涨幅看，2019 年我国 PPIRM 持续下降。分项目看，如图 14 和图 15 所示，建筑材料及非金属类价格上涨 2.8%，黑色金属材料类价格上涨 0.9%；化工原料类价格下降 7.4%，燃料动力类价格下降 3.3%，有色金属材料及电线类价格下降 1.9%。

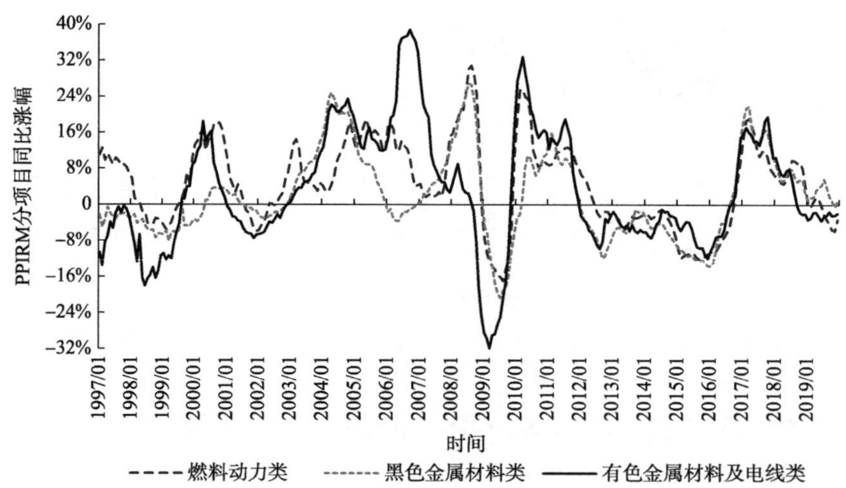

图 14　1997 年 1 月至 2019 年 12 月 PPIRM 燃料动力类、黑色金属材料类、有色金属材料及电线类价格指数走势

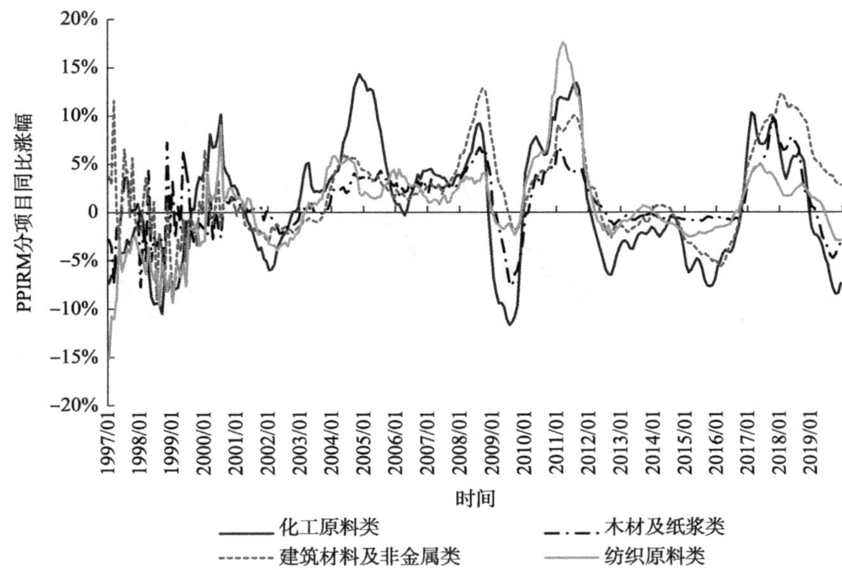

图 15　1997 年 1 月至 2019 年 12 月 PPIRM 化工原料类、木材及纸浆类、建筑材料及非金属类和纺织原料类价格指数走势

二、2020 年中国物价走势影响因素分析

（一）国际大宗商品价格走势

虽然我国在部分商品上已具有一定的国际影响力，但总体上我国仍是一个价格接受者，特别是原油价格和基本金属价格，国际大宗商品价格的变动会通过贸易和预期等途径传递到国内。因此，分析国际市场价格走势对判断 2020 年我国物价走势十分重要。

（1）2020 年原油价格保持弱势可能性较大。2019 年原油价格总体稳中趋降，如图 16 所示，2019 年 12 月 Brent 原油均价为 64.4 美元/桶，WTI（West Texas Intermediate，西得克萨斯轻质）原油均价为 59.8 美元/桶，总体比较平稳。虽然美伊（美国和伊朗）关系出现恶化，但考虑到伊朗原油产量对油价影响已十分有限，除非发生极端战争事件，否则对原油价格的影响还是短期冲击。全球经济明显趋缓的基本面决定 2020 年原油价格大概率保持稳定，其走势主要取决于产油国减产力度和世界经济走势。

（2）基本金属价格趋于稳定。受需求回落影响，2019 年金属价格出现了明显回落，如图 17 所示，铜价和铝价处于较低的位置。考虑到全球经济仍趋于放缓，基本金属供给相对较为充足，2020 年基本金属价格上涨压力不大，走势取决于全球经济前景。

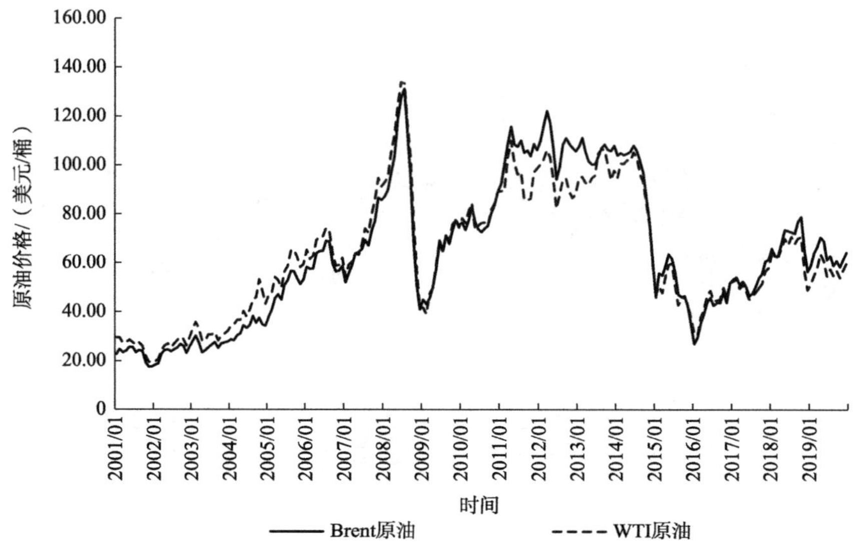

图 16　2001 年 1 月至 2019 年 12 月 Brent 和 WTI 原油价格

资料来源：世界银行

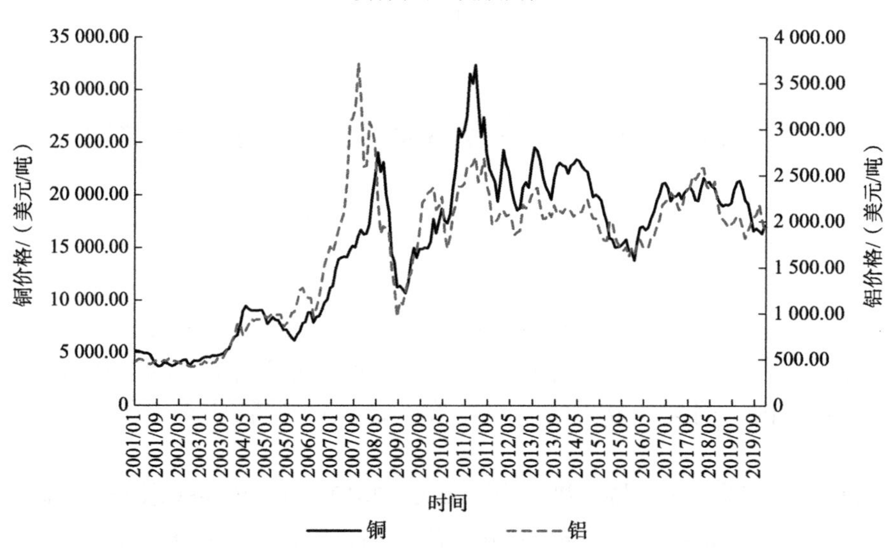

图 17　2001 年 1 月至 2019 年 12 月铜和铝国际价格

资料来源：世界银行

（二）国内供需形势

2019 年我国经济受中美贸易摩擦影响，加上国内结构性矛盾突出，经济增速出现明显回落，使得上游产品价格和工业品价格下降。2020 年，虽然中美已达成第一阶段协议，但贸易摩擦仍存在不确定性，加上世界经济总体趋缓，外需仍难有大幅度提升；国内消费受制收入增速和家庭债务负担，增速仍趋于放缓；国内投资受制于资金压力也难以有较大回升，2020 年需求总体趋弱，经济增速仍有可能继续回落，需求面对价格的拉升力

明显不足。随着去产能的推进和环保政策的稳定，供给侧政策冲击效应继续趋于弱化，供给面对价格的影响程度总体减少。

（三）新冠肺炎疫情将明显影响我国物价短期走势

受到新冠肺炎疫情冲击，2020 年我国第一季度经济受到极大的影响。新冠肺炎病毒具有高度传染性，疫情发生以来迅速传播且影响广泛。为切实有效防控疫情蔓延，各地均采取了严格的防疫措施，包括限制人员物理流动、管制交通、停止集聚性活动等，有 80 多个城市实施了封闭式管理。受此影响，餐饮、零售、运输、旅游等经济活动大幅下降，经济系统受到明显冲击，物价短期走势也受到明显影响。

物价由经济系统的需求与供给两个方面共同决定，因此疫情对我国物价的冲击主要有以下两个渠道：一是需求渠道。疫情及防疫措施明显降低了交通出行（包括燃油）、住宿旅游娱乐等服务需求，势必带来这些商品和服务价格的下降。但是，对于食品等刚性需求商品，价格受需求的影响并不明显。二是供给渠道。疫情及防疫措施导致了一定程度的运输不畅，由此可能会造成食品等商品短期的供给不足，从而推动价格上涨；此外，疫情对我国节后复工复产造成一定影响，生产恢复缓慢将在短期内明显抑制能源燃料及工业原材料等产品的价格。如果疫情能在第一季度得到控制，物价将逐渐回归正常。

（四）CPI 和 PPI 重要波动领域价格分析

（1）猪肉可能高位波动。非洲猪瘟，以及一些地区扩大化、一刀切的限养和禁养，导致 2019 年我国猪肉产量大幅度萎缩，10 月生猪存栏量同比下降 41.4%，供需缺口迅速扩大，猪肉价格出现了飞速上涨，涨幅明显超过前几轮周期高点（图 18），带来了 CPI 的高企。目前，在多项举措的共同作用下，猪肉价格高位趋稳。考虑到非洲猪瘟的威胁依然存在，已退出市场的散养户恢复养殖积极性不高，猪肉产量的恢复还可能需要较长时间，产量恢复程度及需求缺口的弥补均存在很大不确定性，再加上新冠肺炎疫情的冲击，2020 年猪肉价格可能维持高位波动，全年均价仍可能大幅度超过 2019 年，这仍将是 2020 年 CPI 上涨的重要推动力，并且有可能再次高企，加大 CPI 上升风险。

（2）服务价格涨幅趋于温和。近年来我国服务价格持续上涨，考虑到劳动力供给总体减少、劳动供需结构不尽匹配等因素的影响，劳动力成本总体上升的趋势及服务价格上涨的趋势仍将延续，但考虑到 2020 年经济增速趋缓影响，服务价格的上涨将趋于温和。

（3）成品油价格趋于稳定。如图 19 所示，2019 年，在国际油价总体波动的情况下，国内汽油、柴油价格总体稳定，波动不大。考虑到 2020 年国际油价总体稳定，我国成品油价格的波动不大，对物价指数的影响不大。如果世界经济出现明显好转，带动原油价格回升，我国成品油价格随之上升有拉高物价指数的可能。

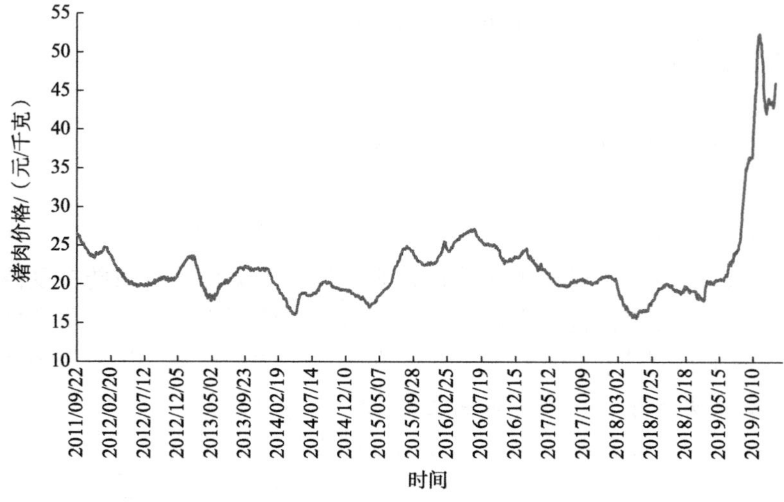

图 18　我国猪肉批发价格变化

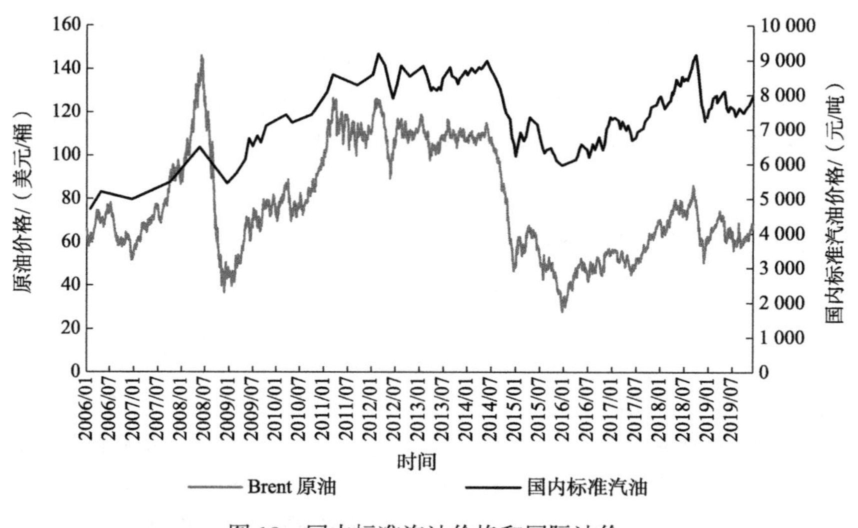

图 19　国内标准汽油价格和国际油价

（4）铁矿石和钢铁价格继续震荡。2019 年我国铁矿石和钢铁价格总体震荡，目前仍处于较高水平。考虑到目前库存处于较高位置，需求仍较温和，供给侧结构性改革的效应趋于减弱，预期 2020 年铁矿石和钢铁价格难以出现大幅上涨。

三、2020 年中国三大物价指数预测结果

本报告对 2020 年我国三大物价指数的预测主要基于骆晓强等[①]提出的多元传导模型。

① 骆晓强，鲍勤，魏云捷，等. 基于多元传导模型的物价指数预测新方法——2018 年中国物价展望. 管理评论，2018，30（1）：3-13.

该方法通过对我国三大物价指数及其分项的分析，得到我国物价指数的传导路径，如图 20 所示，其中，灰色标示的是三大物价指数中的主要波动源，实线单箭头表示自上而下的成本传导，虚线单箭头表示自下而上的需求传导。具体而言，自上而下的成本传导有：PPIRM 作为预测 PPI 生产资料的源头，PPI 生活资料作为依据预测 CPI 工业消费品价格的源头，PPIRM 化工原料类作为预测 PPIRM 纺织原料类的源头。自下而上的需求传导有：PPI 生活资料拉动 PPIRM 其他工业原材料与半成品类，PPIRM 其他工业原料与半成品类拉动 PPIRM 化工原料类。根据这一多元传导关系，对存在传导关系的细分物价指标建立自回归分布滞后模型（autoregressive distributed lag model，ARDL 模型），从源头进行三大物价指数的系统预测。

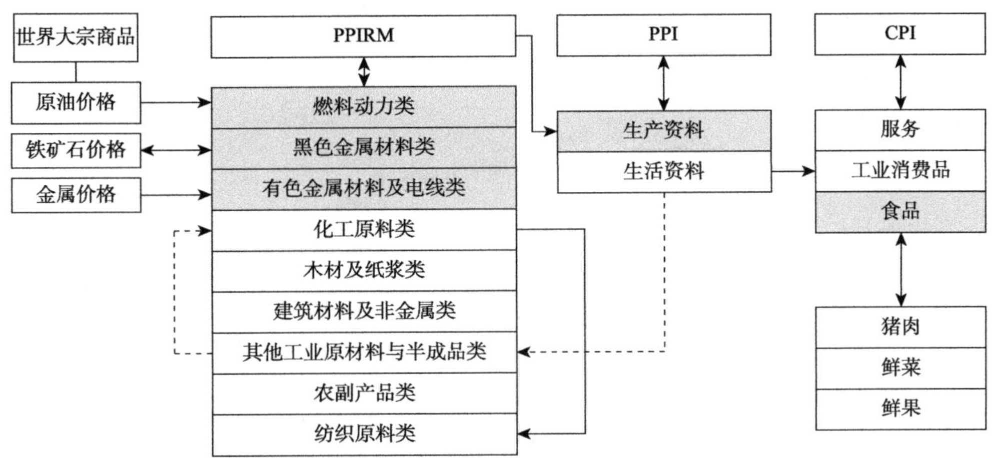

图 20　我国物价指数及分项之间的多元传导关系

根据物价指数的多元传导模型，在确定传导路径和价格波动源头后，从物价指数的细分项目的环比数据入手分别建立计量模型，其中，对价格波动源头的细分项目依据经济学理论构建向量自回归（vector autoregression，VAR）模型进行预测，对存在传导关系的细分项目建立 ARDL 模型进行预测，对波动较小的分项目根据简洁原则建立自回归差分移动平均模型（autoregressive integrated moving average model，ARIMA 模型），最后将细分项目预测值按权重加总得到整体环比数据的预测，并在此基础上结合翘尾因素计算得到同比数据的预测。

本报告进一步完善了骆晓强等①所建立的多元传导模型，一方面，对 CPI 中猪肉、鲜菜、鲜果、服务等项目进行了严格的季节因素检验，加入了春节因子，采取了更为完善的季节调整方法进行预测，对猪肉价格预测模型进行了完善；另一方面，在 PPIRM 分项目预测中减少了部分不必要的外生变量，并对原油价格预测及其传导路径进行了完善。基于完善后的多元传导价格预测模型，对 2020 年我国三大物价指数的预测结果如下。

① 骆晓强，鲍勤，魏云捷，等. 基于多元传导模型的物价指数预测新方法——2018 年中国物价展望. 管理评论，2018，30（1）：3-13.

（一）2020 年 PPIRM 预测

根据 2019 年各月的 PPIRM 环比指数，测算得到翘尾因素将拉动 2020 年 PPIRM 下降约 0.1 个百分点，对 2020 年 PPIRM 的整体影响很小。PPIRM 各月翘尾因素如图 21 所示，2020 年 1~6 月翘尾因素对 PPIRM 的影响为负，意味着如果 PPIRM 保持 2019 年 12 月的水平（2020 年各月环比上涨为 0），2020 年上半年的 PPIRM 同比将下降。

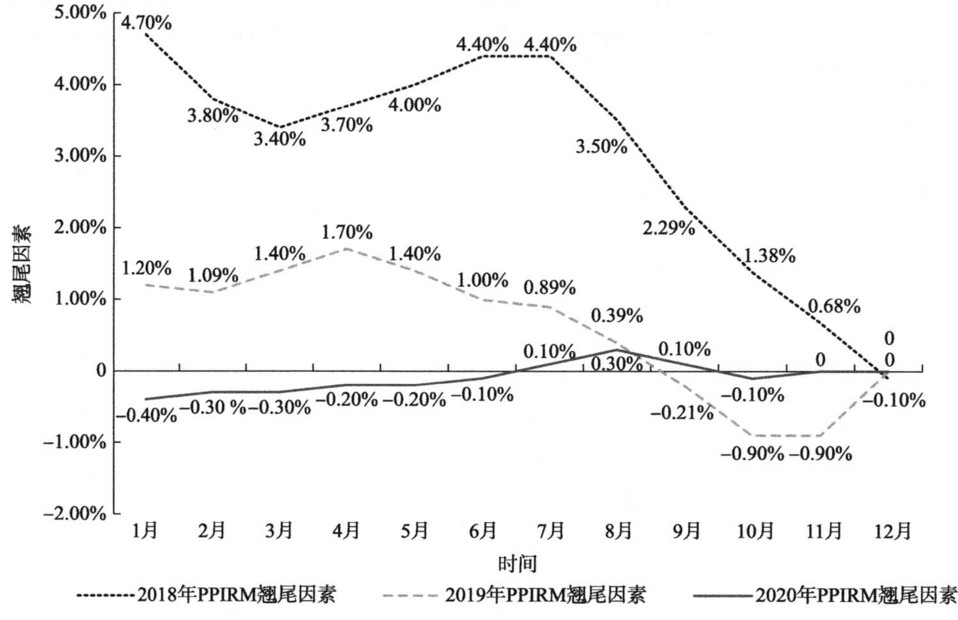

图 21　2018~2020 年 PPIRM 各月翘尾因素

资料来源：2018 年、2019 年数据来自国家统计局，2020 年数据为作者测算

根据传导模型计算出 2020 年 PPIRM 各月的环比变动情况，根据环比与同比的关系，计算出各月同比数据，结果如图 22 所示，预计 2020 年 PPIRM 月度同比均为负值，降幅比 2019 年有所收窄。2020 年全年 PPIRM 下降 0.6%左右，与 2019 年基本持平。

（二）2020 年 PPI 预测

根据 2019 年各月的 PPI 环比指数，测算得到翘尾因素对 2020 年 PPI 影响为 0 个百分点左右，大幅低于 2019 年翘尾因素的影响（0.2 个百分点），翘尾因素对 2020 年 PPI 的整体影响很小。翘尾因素的月度分布如图 23 所示，2020 年 4 月和 5 月翘尾因素影响为负，意味着如果 2020 年 PPI 保持 2019 年 12 月的水平不变（各月环比为 0 增长），则 2020 年 4 月和 5 月 PPI 同比将下降。

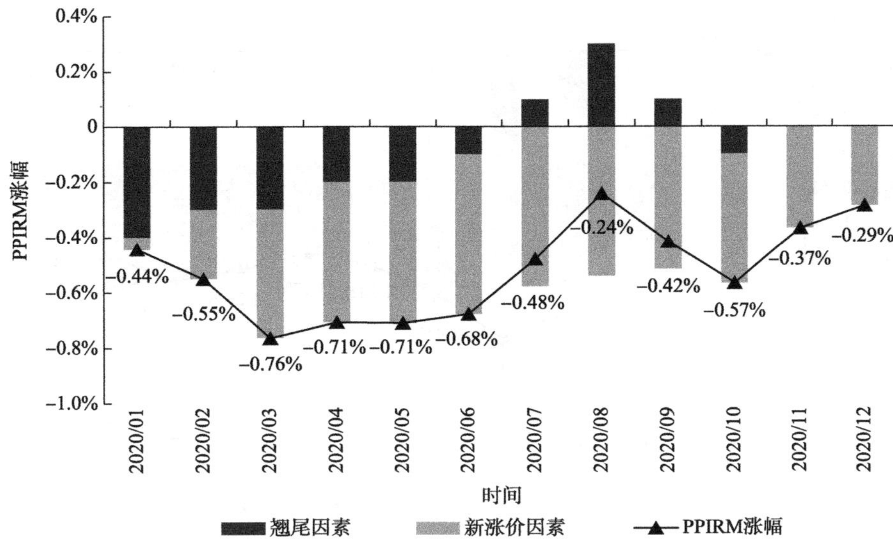

图22　2020年PPIRM月度同比预测数据

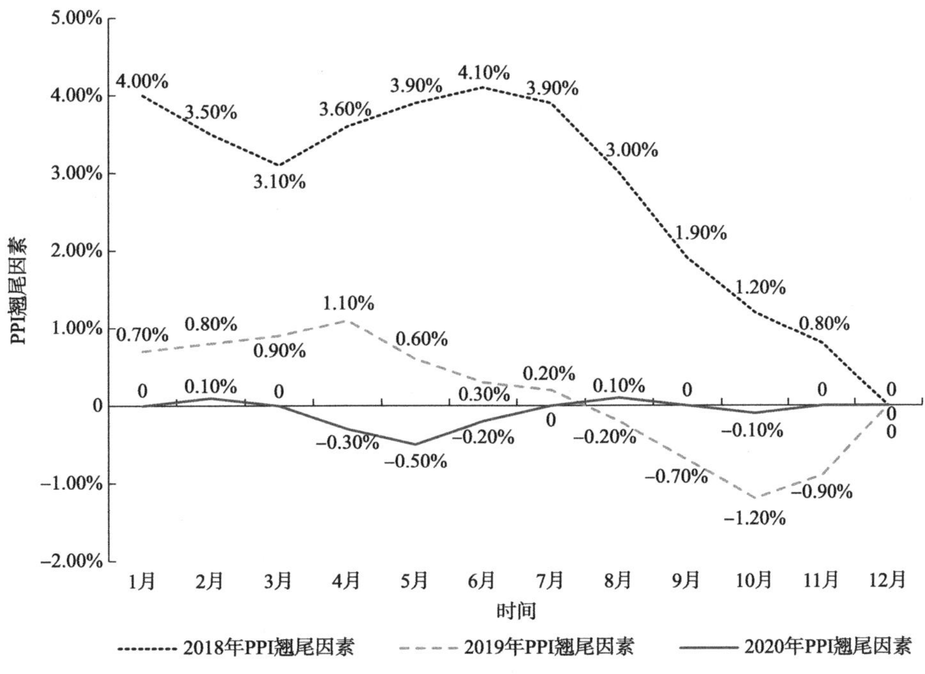

图23　2018~2020年PPI各月翘尾因素

资料来源：2018年、2019年数据来自国家统计局，2020年数据为作者测算

使用传导模型可以预测出2020年PPI月度环比涨幅，进而根据环比与同比的关系，可以计算出PPI月度同比指数，预测结果如图24所示，2020年各月PPI均较弱，上半年PPI均下降1.0%以上，第三季度后有望逐步恢复。2020年全年PPI下降1.1%，明显高于2019年降幅。

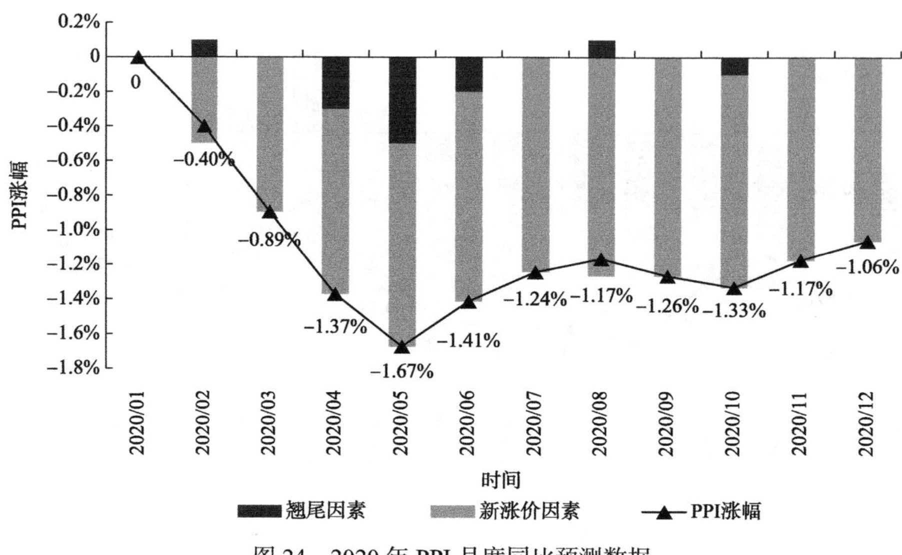

图 24　2020 年 PPI 月度同比预测数据

（三）2020 年 CPI 预测

根据 2019 年各月的 CPI 环比指数，测算得到翘尾因素对 2020 年 CPI 影响在 2.2 个百分点左右，比 2019 年翘尾因素的影响（0.7 个百分点）高出了 1.5 个百分点。2020 年各月的翘尾因素如图 25 所示。

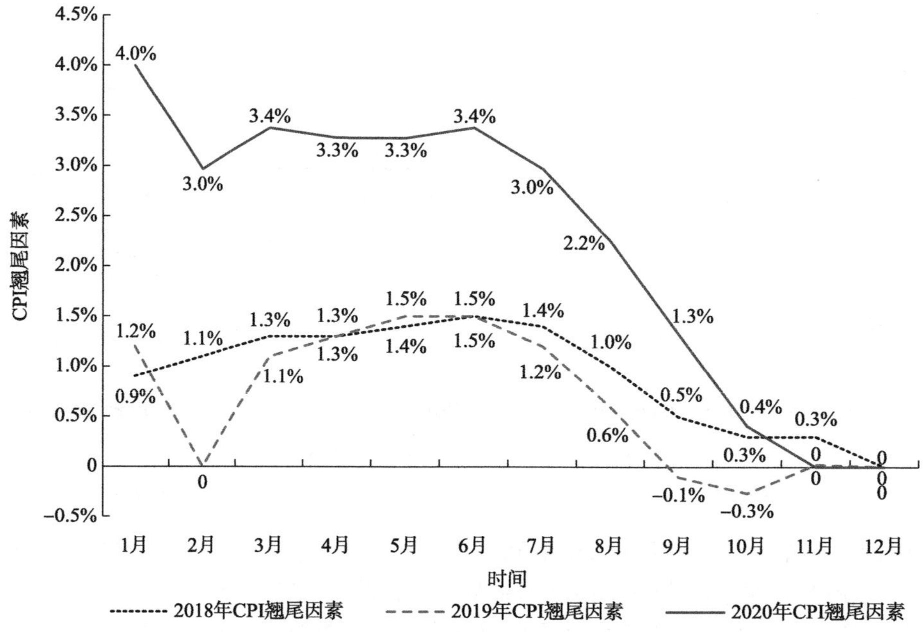

图 25　2018 年、2019 年和 2020 年 CPI 各月翘尾影响

资料来源：2018 年、2019 年数据来自国家统计局，2020 年数据为作者测算

使用传导模型可以计算出 CPI 在 2020 年的月度环比涨幅,进而根据环比与同比的关系，可以计算出 CPI 月度同比涨幅，结果如图 26 所示。根据预测，2020 年 CPI 最高点出现在 1 月，在 5.4%左右，上半年各月 CPI 涨幅均在 4.5%以上，此后 CPI 涨幅保持逐步回落趋势，预测第四季度有望回落到 3.0% 以内。2020 年全年 CPI 将上涨 3.9%，比 2019 年 2.9%的水平高出 1.0 个百分点。

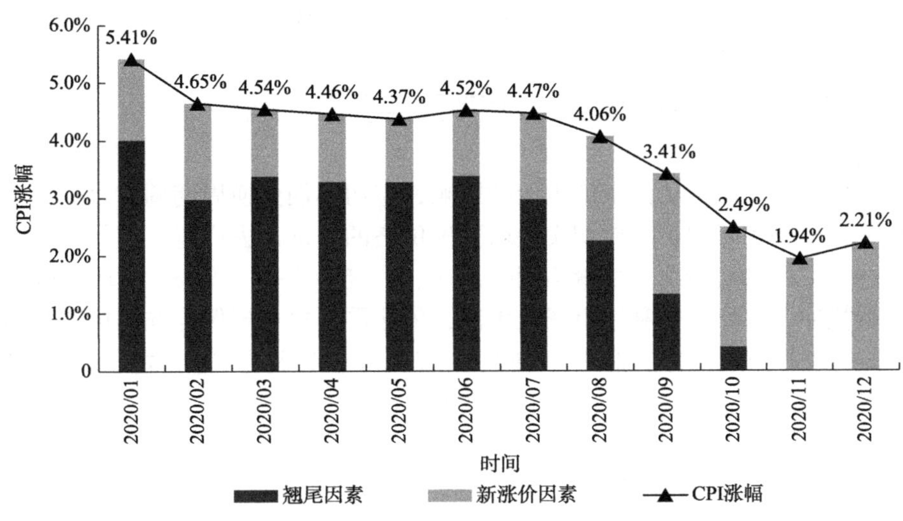

图 26　2020 年 CPI 预测值

资料来源：2019 年数据来自国家统计局，2020 年数据为作者测算

四、结论和政策建议

综上所述，2020 年我国物价仍将延续 CPI 高位、PPI 下降的局面，居民面对通货膨胀，工厂面对通货紧缩，增添宏观调控的难度。2020 年物价的不确定性主要来源于猪肉等农产品价格和原油价格。如果猪肉价格或者鲜菜发生较大幅度上涨，将更加推高 CPI 涨幅；如果原油价格因意外事件出现较大上涨，PPI 和 PPIRM 的涨幅也将提高。相反，原油价格若大幅下跌将加大 2020 年工业品的通货紧缩压力。

就宏观调控而言，本报告提出以下政策建议。

（一）在做好疫情防控的同时，迅速恢复农产品运输和生产

目前农产品价格最大的障碍在于运输不通畅，应在做好防疫的同时，逐步恢复交通运输，特别是农产品运输，保障农产品供应。对一些季节性农产品要注意帮助其按季节恢复生产，保障未来的供给。对于受疫情影响较大的畜禽养殖业来说，应加快生产恢复、满足饲料需求、增加有效供给。

（二）大力推动生猪产能恢复，保障猪肉市场供给

落实好促进生猪生产的政策，鼓励散养户的恢复、鼓励规模化养殖、加快健全动物防疫体系，减轻非洲猪瘟的影响。切实改正随意的限养、禁养，切实保障养殖户的合法权利。改进畜禽养殖污染治理的方式和方法，多用市场化手段，少用行政化的一禁了之的方法。多渠道进口禽肉，扩大进口规模，保障市场供应。

（三）加大逆周期调节力度，有效对冲疫情的影响

考虑到疫情的冲击对居民生产生活的影响，应切实加大逆周期调节力度，有针对性地实施政策，解决实际困难。要切实吸取猪肉价格的教训，去产能、环保供给政策应充分考虑我国市场的供给情况，尽量不用一刀切、直接关停等“疾令”手段，以减少对市场价格的干扰冲击，要充分利用市场化手段，依法严格执行环保标准，规则明确、程序透明，加强约束和激励，为企业设定时间表，以促进企业主动调整产能，满足环保需要，同时实现稳定市场的需要。

（四）跟踪监测价格走势

密切跟踪分析国内外价格总水平和重要商品价格走势，做好预案，及时提出调控建议。加强民生商品价格监测预警，研究完善价格异常波动应对预案。健全重要商品储备制度，丰富调控手段，提升调控能力，防范价格异常波动。逐步构建覆盖重要商品和服务的价格指数体系，合理引导市场预期。

2020 年中国财政形势展望

骆晓强

报告摘要：2019 年，我国财政运行总体平稳。2019 年，全国一般公共预算收入 190 382 亿元，增长 3.8%，其中，税收收入 157 992 亿元，增长 1.0%，体现了减税降费的政策效应；非税收入 32 390 亿元，增长 20.2%，非税收入增收中有 3/4 以上来自一次性的国有资本收益。2019 年，全国一般公共预算支出 238 874 亿元，增长 8.1%，各项重点支出都得到较好保障。2019 年财政收入增速的回落主要是由于实施了大规模的减税降费政策，此外，经济增速回落也有一定影响。全国政府性基金预算收入 84 516 亿元，增长 12%，全国政府性基金预算支出 91 365 亿元，增长 13.4%。全国国有资本经营预算收入 3960 亿元，增长 36.3%，全国国有资本经营预算支出 2287 亿元，增长 6.2%。全国社会保险基金预算收入 80 844 亿元，增长 2.3%，全国社会保险基金预算支出 74 989 亿元，增长 11.3%。

2019 年，我国积极的财政政策加力提效。实施了大规模的减税降费政策，对小微企业普惠性税收减免，大幅降低增值税税率和职工基本养老保险费率，实施个人所得税专项附加扣除。与此同时，我国扩大了财政支出规模，增加了地方专项债务规模，加强民生保障，优化财政支出结构。积极财政政策的逆周期调节对稳定 2019 年我国经济起到关键性的作用。

展望 2020 年，需求仍然偏弱，我国经济增速仍趋回落，PPI 将继续下降，经济结构仍延续产品生产向服务的转型态势，财政收入增速仍有回落压力。与此同时，医疗养老、社会保障等民生支出需求增多，财政支出刚性加大，地方政府债务积累较多，债务风险依然较大，财政扩张的空间并不乐观。2020 年财政收支矛盾将进一步凸显。

综合 2020 年经济状况，假设 2019 年一次性国有资本收益增收因素不再存在，考虑突发疫情的短期冲击，2020 年一般公共预算财政收入增速还将继续下滑，将出现零增长局面，全年财政收入规模预计为 19.1 万亿元，预计第一季度财政收入十分困难。按照稳健的原则判断，全国一般公共预算财政支出预计将继续扩张，财政支出规模预计达到 24 万亿元以上。

按照中央经济工作会议中 2020 年“积极的财政政策要大力提质增效”的要求，建议适当扩大财政赤字，实施精准减税，开展逆周期调节，稳定经济增长；加大力度调整优化财政支出结构，加快退出经济领域支出，重点保障民生支出，提高财政资金的配置效率和使用效率，用结构调整来应对收支总量矛盾；扎实推进财税体制改革，加快消费税向地方转移进度，增强基层财力；切实防范和化解地方政府债务风险。

一、2019 年中国财政运行情况

如表 1 所示，2019 年，全国一般公共预算收入 190 382 亿元，同比增长 3.8%；全国一般公共预算支出 238 874 亿元，同比增长 8.1%。全国政府性基金预算收入 84 516 亿元，同比增长 12%；全国政府性基金预算支出 91 365 亿元，同比增长 13.4%。全国国有资本经营预算收入 3960 亿元，同比增长 36.3%；全国国有资本经营预算支出 2287 亿元，同比增长 6.2%。全国社会保险基金预算收入 80 844 亿元，同比增长 2.3%；全国社会保险基金预算支出 74 989 亿元，同比增长 11.3%。

表 1　2017~2019 年我国财政四本预算收支概况（单位：亿元）

项目	2017 年		2018 年		2019 年	
	收入	支出	收入	支出	收入	支出
一般公共预算	172 593	203 085	183 360	220 904	190 382	238 874
政府性基金预算	61 480	60 969	75 479	80 602	84 516	91 365
国有资本经营预算	2 581	2 155	2 906	2 153	3 960	2 287
社会保险基金预算	58 438	48 653	79 003	67 381	80 844	74 989

资料来源：财政部网站，http://yss.mof.gov.cn/zhengwuxinxi/caizhengshuju/；2019 年为预算执行数，http://gks.mof.gov.cn/tongjishuju/202002/t20200210_3467695.htm；以下如无特殊说明，资料均来自以上网站

考虑到一般公共预算收支是我国政府财政收支的核心，下文主要分析一般公共预算收支情况。下文所称财政收入和支出专指一般公共预算收支，其概况如表 2 所示。需要说明的是表 2 中财政收支差额为财政部公布数据，不等于财政收入减财政支出，按财政部定义，财政收支差额=收入总量（全国一般公共预算收入+全国财政使用结转结余及调入资金）−支出总量（全国一般公共预算支出+补充中央预算稳定调节基金）。

表 2　2015~2019 年全国一般公共预算收支概况

项目	2015 年	2016 年	2017 年	2018 年	2019 年
财政收入/亿元	152 269	159 605	172 593	183 360	190 382
财政支出/亿元	175 878	187 755	203 085	220 904	238 874
财政收支差额/亿元	−16 200	−21 800	−23 800	−23 800	−27 600
收支差额占 GDP 比重	−2.4%	−2.9%	−2.9%	−2.6%	−2.8%

2019 年我国一般公共预算运行表现出以下特点。

（一）财政收入低速增长

受大规模减税降费和经济增速回落影响，2019 年财政收入增速较低。主要项目收入情况如表 3 所示。

表 3　财政收入主要项目

主要项目	2016 年金额/亿元	2017 年金额/亿元	2018 年金额/亿元	2019 年	
				金额/亿元	增长
财政收入	159 605	172 593	183 360	190 382	3.8%
各项税收	130 361	144 370	156 403	157 992	1.0%
国内流转税	66 465	70 965	77 003	79 728	3.5%
国内增值税	40 712	56 378	61 531	62 346	1.3%
国内消费税	10 217	10 225	10 632	12 562	18.2%
营业税	11 502				
城市维护建设税	4 034	4 362	4 840	4 821	−0.4%
进口环节税收	15 388	18 969	19 727	18 701	−5.2%
进口货物增值税、消费税	12 785	15 971	16 879	15 812	−6.3%
关税	2 604	2 998	2 848	2 889	1.5%
出口货物退增值税、消费税	−12 154	−13 870	−15 914	−16 503	3.7%
所得税	38 940	44 084	49 196	47 689	−3.1%
企业所得税	28 851	32 117	35 324	37 300	5.6%
个人所得税	10 089	11 966	13 872	10 388	−25.1%
土地和房地产相关税种收入	15 018	16 438	17 966	19 252	7.2%
车辆交通工具有关税收	3 405	4 105	4 334	4 429	2.2%
印花税	2 209	2 206	2 199	2 463	12.0%
资源税收	1 090	1 473	1 892	2 233	18.0%
非税收入	29 244	28 223	26 957	32 390	20.2%
专项收入	6 909	7 029	7 523	7 134	−5.2%
行政事业性收费收入	4 896	4 745	3 925	3 886	−1.0%
罚没收入	1 918	2 394	2 659	3 061	15.1%
国有资本经营收入	5 895	4 191	3 574	7 720	116.0%
国有资源（资产）有偿使用收入	6 927	7 455	7 076	8 063	14.0%
其他收入	2 699	2 409	2 199	2 525	14.8%

注：①2017 年起营业税收入并入改征增值税科目反映，用调整后的增值税基数来计算 2017 年国内增值税增速。土地和房地产相关税种收入包括房产税、城镇土地使用税、土地增值税、耕地占用税和契税。车辆交通工具有关税收包括车船税、船舶吨税、车辆购置税。资源税收包括资源税和烟叶税；②进口环节税收等于分项加总，因小数点四舍五入；③非税收入等于分项加总，因小数点四舍五入；④本表中 2016~2018 年数据为决算数，2019 年为预算执行数；⑤国有资源（资产）有偿使用收入增长不等于 2019 年数据和 2018 年数据之比，是由于 2018 年决算数口径与 2019 年不可比，增长率按可比口径计算

（1）税收收入增幅大幅回落。2019 年，全国一般公共预算收入中的税收收入为 157 992 亿元，同比增长 1.0%，增幅比上年回落 7.3 个百分点。分税种看，受增值税降

率和经济增速放缓的影响，国内增值税 62 346 亿元，同比增长 1.3%；受上年缓税入库影响，国内消费税 12 562 亿元，同比增长 18.2%；受企业效益回落影响，企业所得税 37 300 亿元，同比增长 5.6%；受个税专项扣除影响，个人所得税 10 388 亿元，同比下降 25.1%，这是税收减少的重要原因之一；受中美经贸摩擦导致的进口下降影响，进口货物增值税、消费税 15 812 亿元，同比下降 6.3%，关税 2889 亿元，同比增长 1.5%；受提高出口退税率的影响，出口退税 16 503 亿元，同比增长 3.7%。在土地和房地产相关的税收中，契税 6214 亿元，同比增长 8.4%；土地增值税 6465 亿元，同比增长 14.6%；房产税 2988 亿元，同比增长 3.5%；耕地占用税 1390 亿元，同比增长 5.4%；城镇土地使用税 2195 亿元，同比下降 8.0%。此外，受汽车销售下降影响，车辆购置税 3498 亿元，同比仅增长 1.3%。

（2）非税收入较快增长。2019 年，我国非税收入 32 390 亿元，增长 20.2%。其中，专项收入下降 5.2%，行政事业性收费收入下降 1.0%，罚没收入增长 15.1%，国有资本经营收入增长 116.0%，是非税收入增长的主要来源；国有资源（资产）有偿使用收入上升 14.0%。非税收入占财政收入的比重回升到 17.0%。

（3）地方财政收入出现明显分化。2019 年，中央一般公共预算收入 89 305 亿元，同比增长 4.5%；地方一般公共预算本级收入 101 077 亿元，同比增长 3.2%。分省来看，地方财政收入出现了明显分化，在全国 31 个省区市（不包含港澳台地区）中，天津（来自国有股权转让收入）和内蒙古（矿产资源专项收入）财政收入增幅超过 10%，海南、广西、河南、浙江、河北、湖南等 6 个地区财政收入增速在 5%~10%，江西、广东、安徽等 17 个地区增速为 0~5%，吉林、重庆、西藏、宁夏、甘肃、黑龙江等 6 个地区财政收入出现下降。这是我国地区经济增速分化及财政经济数据挤水分的反映。

（二）财政支出较快增长

2019 年全国一般公共预算支出 238 874 亿元，增长 8.1%。其中，中央一般公共预算本级支出 35 115 亿元，增长 6.0%；地方一般公共预算支出 203 759 亿元，增长 8.5%。

从主要支出科目情况看，如表 4 所示，教育支出 34 913 亿元，增长 8.5%；科学技术支出 9529 亿元，增长 14.4%；文化体育与传媒支出 4033 亿元，增长 2.3%；社会保障和就业支出 29 580 亿元，增长 9.3%；医疗卫生与计划生育支出 16 797 亿元，同比增长 10.0%；卫生健康支出 7444 亿元，同比增长 18.2%；城乡社区支出 25 681 亿元，同比增长 16.1%；农林水支出 22 420 亿元，同比增长 6.3%；交通运输支出 11 413 亿元，同比增长 1.2%；债务付息支出 8338 亿元，同比增长 12.6%。

从我国财政支出结构的变化趋势看，社会保障和就业支出、医疗卫生与计划生育支出、城乡社区支出和债务付息支出等项目在财政支出中的占比继续上升，反映了人口老龄化、城镇化的影响及政府债务负担上升。

表 4 财政支出主要项目

主要项目	2016 年金额/亿元	2017 年金额/亿元	2018 年金额/亿元	2019 年	
				金额/亿元	增长
一、一般公共服务支出	14 791	16 510	18 375	20 688	10.8%
二、外交支出	482	522	586	618	2.6%
三、国防支出	9 766	10 432	11 280	12 117	7.4%
四、公共安全支出	11 032	12 461	13 781	13 970	7.0%
五、教育支出	28 073	30 153	32 169	34 913	8.5%
六、科学技术支出	6 564	7 267	8 327	9 529	14.4%
七、文化体育与传媒支出	3 163	3 392	3 538	4 033	2.3%
八、社会保障和就业支出	21 591	24 612	27 012	29 580	9.3%
九、医疗卫生与计划生育支出	13 159	14 451	15 624	16 797	10.0%
十、卫生健康支出	4 735	5 617	6 298	7 444	18.2%
十一、城乡社区支出	18 395	20 585	22 124	25 681	16.1%
十二、农林水支出	18 587	19 089	21 086	22 420	6.3%
十三、交通运输支出	10 499	10 674	11 283	11 413	1.2%
十四、资源勘探信息等支出	5 791	5 034	5 076	4 806	5.5%
十五、商业服务业等支出	1 725	1 569	1 607	1 208	0.8%
十六、金融支出	1 303	1 148	1 380	1 616	17.1%
十七、援助其他地区支出	303	399	442	469	6.2%
十八、国土海洋气象等支出	1 787	2 304	2 274	2 111	−1.1%
十九、住房保障支出	6 776	6 552	6 806	5 993	−12.5%
二十、粮油物资储备支出	2 190	2 251	2 061	1 878	
二十一、灾害防治及应急管理支出				1 502	
二十二、债务付息支出	5 075	6 273	7 403	8 338	12.6%
二十三、债务发行费用支出	70	60	60	66	8.8%
二十四、其他支出	1 899	1 729	2 313	1 686	−27.1%
支出合计	187 755	203 085	220 904	238 874	8.1%

注：①因 2019 年科目表变动，一些科目 2019 年与 2018 年存在口径不同，2019 年的增长率按照同口径数据计算；②本表中 2016~2018 年数据为决算数，2019 年为预算执行数；③主要支出项目数据为原始数据经四舍五入后得到，支出合计数据按原始数据计算所得

二、2019 年我国积极财政政策实施情况

2019 年以来，我国继续实施积极的财政政策，主要举措有以下四个方面。

（一）大幅度减税降费

一是深化增值税改革。按照国务院常务会议部署，明确将制造业等行业 16%的增值税税率降至 13%，将交通运输业、建筑业等行业 10%的增值税税率降至 9%，相应调整部分货物服务出口退税率、购进农产品适用的扣除率等；进一步扩大进项税抵扣范围，将旅客运输服务纳入抵扣，并将纳税人取得不动产支付的进项税由分两年抵扣改为一次性全额抵扣；对主营业务为邮政、电信、现代服务和生活性服务业的纳税人，按进项税额加计 10%抵减应纳税额（10 月 1 日起又进一步将生活性服务业加计抵减比例提高到 15%）。

二是实施小型微利企业普惠性减税。按照国务院常务会议部署，推出一批新的小型微利企业普惠性减税措施。对小规模纳税人，将增值税起征点由月销售额 3 万元提高到 10 万元；大幅放宽可享受企业所得税优惠的小型微利企业标准，并加大所得税优惠力度；由省、自治区、直辖市人民政府根据本地区实际情况，对增值税小规模纳税人在 50%的税额幅度内减征“六税两费”（即资源税、城市维护建设税、房产税、城镇土地使用税、印花税、耕地占用税和教育费附加、地方教育费附加）；扩展投资初创科技型企业享受优惠政策的范围。

三是实施个人所得税专项附加扣除。2018 年 8 月 31 日，第十三届全国人大常委会第五次会议通过了新修改的《中华人民共和国个人所得税法》，新个人所得税法第六条对子女教育、继续教育、大病医疗、住房贷款利息、住房租金、赡养老人等六项专项附加扣除政策做出明确规定。在此基础上，国务院印发《个人所得税专项附加扣除暂行办法》，自 2019 年 1 月 1 日起正式实施六项专项附加扣除政策。

四是降低社会保险费率。经国务院常务会议审议通过，国务院办公厅印发《降低社会保险费率综合方案》，明确降低城镇职工基本养老保险单位缴费比例，各省、自治区、直辖市及新疆生产建设兵团（该文件中统称省）养老保险单位缴费比例高于 16% 的，可降至 16%；继续阶段性降低失业保险、工伤保险费率；调整社保缴费基数政策，各省以全口径城镇单位就业人员平均工资核定社保个人缴费基数上下限，个体工商户和灵活就业人员参加企业职工基本养老保险，可以在本省全口径城镇单位就业人员平均工资的 60%~300%选择适当的缴费基数。

五是清理规范行政事业性收费和政府性基金。按照国务院常务会议部署，出台了进一步清理规范行政事业性收费和政府性基金的政策措施，明确减免不动产登记费，减征文化事业建设费，扩大减缴专利申请费、年费等的范围；降低因私普通护照等出入境证照、部分商标注册及电力、车联网等占用无线电频率收费标准；将国家重大水利工程建设基金和航空公司民航发展基金征收标准降低一半；对产教融合试点企业兴办职业教育符合条件的投资，按投资额 30%抵免当年应缴教育费附加和地方教育费附加。

据国家税务总局统计，2019 年 1~10 月，全国实现减税降费 19 688.94 亿元，其中减税 16 473.26 亿元，降低社会保险费 3215.68 亿元。全年减税降费数额将超过 2 万亿元，占 GDP 的比重超过 2%，有效降低了企业负担。

（二）加快地方政府债券发行使用

根据 2019 年初预算安排，2019 年新增地方政府债务限额 30 800 亿元，其中一般债务限额 9300 亿元，比 2018 年增加 1000 亿元；专项债务限额 21 500 亿元，比 2018 年大幅增加 8000 亿元。2019 年，我国提前下达债券额度，加快债券发行进度。此外，允许将部分专项债券作为重大项目资本金。2019 年 6 月，中共中央办公厅和国务院办公厅发文，允许将专项债券作为重大公益性项目资本金，这是一项制度性突破。为了进一步吸引更多社会资金投入，国务院进一步扩大专项债券作为项目资本金的领域达 10 个：铁路、收费公路、干线机场、内河航电枢纽和港口、城市停车场、天然气管网和储气设施、城乡电网、水利、城镇污水垃圾处理、供水。专项债券资金用于项目资本金的规模占比控制在 20%左右。

（三）加大社会民生支出

一是促进稳定和扩大就业。加大失业保险援企稳岗力度，使用失业保险基金支持职业技能提升。提高自主就业退役士兵和重点群体创业就业税额扣减额度，扩大享受政策优惠的企业范围。二是支持发展公平而有质量的教育。支持和引导地方消除城镇学校“大班额”，加强乡镇寄宿制学校和乡村小规模学校建设等。支持实施现代职业教育质量提升计划，扩大高等职业院校奖助学金覆盖面，提高补助标准。支持推进一流大学和一流学科建设，支持中西部建设有特色、高水平大学。三是提高社会保障水平。继续完善企业职工基本养老保险基金中央调剂制度。加大对养老、托幼、家政等社区家庭服务业的税费政策优惠。四是支持基本住房保障。继续加大全国保障性安居工程财政支出，将老旧小区改造纳入城镇保障性安居工程，支持住房租赁市场发展试点。

（四）推进财政体制改革

一是税制改革顺利实施。改革个人所得税制度，实现从分类税制向综合与分类相结合税制的重大转变。深化增值税改革，降低增值税率，统一小规模纳税人标准。二是研究实施中央与地方收入划分改革推进方案。国务院印发《实施更大规模减税降费后调整中央与地方收入划分改革推进方案》，明确保持增值税“五五分享”比例稳定，进一步稳定了地方预期；调整完善增值税留抵退税分担机制，使分担机制更加公平合理；后移消费税征收环节并稳步下划地方，增强地方财政保障能力。三是加强地方政府债务风险防控。提出防范化解地方政府隐性债务风险的一揽子政策措施，推动建立地方政府举债终身问责、倒查责任机制。健全地方政府隐性债务统计监测机制。

三、2020 年我国财政运行面临的任务和挑战

财政是政府配置资源的基本手段，也是国民经济问题的综合反映。党的十九大提出了建设社会主义现代化强国，实现中华民族伟大复兴的奋斗目标。财政是国家治理的基础和重要支柱，我国经济社会发展中不充分、不平衡的问题会以不同方式从不同方面不同程度地反映到财政上，财政发展面临多重挑战。

2020 年我国财政运行面临的任务和挑战突出表现在以下几个方面。

（一）财政收支矛盾加大

在全球经济增长疲弱的背景下，虽然中美经贸摩擦有所缓解，但出口仍面临较大不确定性；国内投资受制于产能过剩、资金压力及房地产调控，增长动力不足；居民消费受收入增长放缓和房贷挤出的影响，增长乏力；国内经济增速仍有继续下降可能。突然暴发的新冠肺炎疫情及其应对，打乱了我国经济运行的节奏，给经济带来了短期冲击，势必传导到财政上，财政收入面临较大下行压力。而财政支出存在较强的刚性，抗疫情及减轻疫情对经济的影响都需要增加财政支出，民生保障支出压力较大。财政收支矛盾趋于进一步显现，不排除个别基层财政难以收支平衡，保工资、保运转、保基本民生出现困难。

（二）地方政府债务风险依然较大

地方政府一般预算和政府性基金预算举债融资规模仍在扩大，2019 年末地方政府债务余额达 213 072 亿元，其中，一般债务余额 118 694 亿元，超过地方一般预算收入；地方专项债务余额 94 378 亿元，已超过政府性基金收入额。如果加上地方政府的隐性债务，地方政府债务余额已经处于一个较高水平。在经济增长放缓的背景下，地方偿债能力趋于下滑，部分地区可能进入借债还息—利息累计加大债务压力这一“利滚利”的恶性循环，不排除出现债务还本付息支付困难。

（三）财政政策面临短期扩大总需求和长期维护财政自身可持续的矛盾加大

在经济下行压力较大的背景下，对扩大减税规模、扩大财政支出、扩大总需求的呼声越来越多。稳固的财政是我国经济稳定增长的重要保障，在政府债务已经较大的背景下，巩固财政基础、维护财政自身可持续发展也是不可忽视的一个方面。财政政策面临很多相互矛盾的要求，切实需要做好短期和长期间的平衡。

四、2020 年财政形势和财政政策展望

（一）2020 年财政收入预测

展望 2020 年，需求仍然偏弱，我国经济增速仍趋回落，PPI 将继续下降，经济结构仍延续产品生产向服务的转型态势，新冠肺炎疫情对经济的影响传导到财政上，财政收入增速有较大回落压力。综合 2020 年经济状况，假设 2019 年一次性国有资本收益增收因素不再存在，使用分税种模型预测，2020 年一般公共预算财政收入增速还将继续下滑，可能将维持零增长局面，全年财政收入规模预计为 19.1 万亿元，特别是第一季度财政收入将十分困难。

按照稳健的原则判断，支出刚性短期很难改变，社会保障、医疗卫生等与人口老龄化相关领域的支出需求依然较旺，脱贫攻坚、稳增长、科技创新等任务也需要财政支出的支持，一般公共预算财政支出预计将继续扩张，财政支出规模预计达到 24 万亿元以上。

（二）2020 年财政政策建议

按照中央经济工作会议中 2020 年“积极的财政政策要大力提质增效”的要求，本报告提出以下几点建议。

一是适当适度扩大财政赤字，稳定经济增长。实施精准减税，开展逆周期调节。适当扩大财政支出和财政赤字规模，可以将财政赤字率扩大到 GDP 的 3% 或以上水平，体现财政扩大总需求的积极取向。

二是加大力度调整优化财政支出结构，用结构调整来应对收支总量矛盾。建议进一步退出一般竞争性领域，有保有压，调整优化支出结构；循序渐进、量力而行改善民生，立足于保基本、兜底线、促公平，多做雪中送炭，不搞锦上添花；要加大社会保障、医疗卫生、农业发展、环境保护等领域的顶层设计，花钱买机制，增加资金配置效率。要加大农业、科技等领域财政资金整合力度，更好发挥资金效率。进一步改革财政支出方式，减少财政资金使用过程中“跑冒滴漏”，多使用市场化方式，带动民营资本、民营主体的参与，提高资金使用效率。加快退出经济领域支出，重点保障民生支出，提高财政资金的配置效率和使用效率，用结构调整来应对收支总量矛盾。

三是扎实推进财税体制改革，加快消费税向地方转移进度，增强基层财力，按党的十九大报告的要求，加快建立现代财政制度，建立权责清晰、财力协调、区域均衡的中央和地方财政关系，特别是事权应适当向中央集中，将基层的事务集中到当地地方性事务上来，减轻基层财政压力。切实防范和化解地方政府债务风险。

四是继续防范地方政府隐性债务风险。建议加大对违法违规融资担保行为的查处问责力度，终身问责、倒查责任，坚决遏制隐性债务增量，堵住后门。出台加快推进融资平台公司市场化转型等制度办法，创新金融工具，稳妥处置债务存量。完善地方政府债券信息披露和信用评级制度，健全地方政府债务风险评估和预警机制，建立激励与约束机制。

2020年中国货币政策展望[①]

刘顺通 鲍 勤 汪寿阳

报告摘要：2019年我国经济平稳发展，货币政策保持稳健，强化逆周期调节，取得了较好的成效：一方面，宏观杠杆率趋稳，结构优化；另一方面，金融对实体经济形成有力支持，通过差别化的货币政策积极促进了经济结构调整。

从2019年货币政策操作来看，再贷款是央行投放基础货币的重要方式，央行选择表内对冲的方式维持基础货币增速的稳定。2019年央行积极运用再贷款、再贴现和补充抵押贷款等工具进一步深化普惠金融的实施，优化再贷款定价机制，引导金融机构切实降低贫困地区融资成本。2019年我国央行灵活开展公开市场操作，共实行了两次全面降准，两次定向降准。此外，贷款基础利率（loan prime rate，LPR）的报价方式、央行的货币政策调控方式也在从以数量型调控为主向以价格型调控为主转变。2019年11月的LPR报价双降5个基点，保持流动性合理充裕。

从2019年货币政策传导的中间目标来看，市场流动性充裕稳定，无论是广义货币量还是社会融资规模都保持平稳增长，较好地适配名义GDP增速，贷款平均增速为13.03%，贷款结构优化，贷款利率总体稳定。从最终目标来看，2019年，我国宏观经济平稳发展，根据国家统计局初步核算，全年GDP实际增速为6.1%，2019年12月CPI上行到4.5%，主要是由食品价格上涨引发的结构性通胀，核心CPI保持在1.5%附近，总体可控。PPI持续回落，2019年为−0.3%。投资方面，2019年我国固定资产投资增长放缓，全年固定资产投资完成额累计同比增长5.4%。非金融企业部门杠杆率下降，居民部门和政府部门杠杆率上升，实体经济部门总杠杆率上升。

展望2020年，受到新冠肺炎疫情冲击，国内经济面临短期下行压力，中国经济向高质量发展转型。物价水平前高后低，维持在较高位置，预计2020年全年CPI上涨3.9%，但PPI和PPIRM维持弱态。我国货币政策仍然将保持稳健，保证社会融资规模合理增长，为经济体提供充裕合理的流动性，继续平衡好总量和结构之间的关系。对2020年的主要货币政策指标的预测结果表明：2020年广义货币量M2期末余额为213.72万亿元，同比增长8.4%；社会融资规模存量246.4万亿元左右，同比增长10.8%，其中人民币贷款存量174.2万亿元左右，同比增长13%。

为了更好地熨平由外部冲击和内部经济结构性调整带来的负向冲击，同时更好地优化经济结构、促进国民经济整体良性循环，作者提出以下政策建议：第一，继续实施稳

① 本报告得到中国科学院预测科学研究中心、中国科学院国家数学与交叉科学中心和中国科学院管理、决策与信息系统重点实验室的资助。

健的货币政策，但考虑到物价存在一定通胀压力，在为市场提供充裕的货币流动性的同时，也要稳定物价。建议更多地使用结构性工具，精准调控，平衡通胀与增长的关系。第二，在货币政策操作工具创新的基础上，简化货币政策工具手段，改善市场主体对货币政策的预期；积极推进疏通货币政策传导路径，增强货币政策工具传导效率。第三，引导银行更多地运用 LPR，继续深化利率市场化改革，打破隐性贷款利率下限，实现“两轨合一轨”，降低融资成本，服务实体经济。

一、2019 年货币政策回顾

2019 年，中国经济总体保持平稳发展，经济结构调整稳步推进，投资稳中趋缓，消费就业保持稳定，物价结构性上涨，短期经济下行压力增大。面对中美经贸摩擦加剧、不确定性增加等不利的外部环境，我国经济增长总体保持韧性，内需对经济拉动作用上升，投资有所改善。我国央行坚持稳中求进的总基调，货币政策保持稳健，加强了逆周期调节，积极服务实体经济建设。

（一）货币发行

随着国内经济结构的调整，我国央行基础货币供给结构也在发生重要变化。2000~2012 年，外汇占款是央行最重要的基础货币投放方式，2012 年后，随着外汇流入逐步放缓甚至小幅流出，央行开始通过逆回购、对金融机构贷款及再贴现等方式向市场投放流动性。逆回购、对金融机构贷款及再贴现是当前我国央行基础货币投放的重要方式，通过表内对冲（即增加对金融机构债权，对冲外汇流入放缓）的方式维持基础货币增速的稳定，保持了货币增速与名义 GDP 增速基本匹配。

2019 年央行总资产（总负债）规模与 2018 年同期基本持平（图 1）。从资产负债表的负债端来看，2019 年货币当局储备货币余额基本保持稳定（图 2），截至 2019 年底约占央行总负债的 83%。从资产端来看，主要包括国外资产（外汇、黄金和其他国外资产）、货币当局对政府债权、对其他存款性公司债权、对其他金融性公司债权及其他。其中，占比最大的国外资产主要由外汇占款构成，2019 年外汇占款基本保持在 22 万亿元左右，与 2018 年基本持平（图 3）。对其他存款性公司债权主要是指央行对商业银行的再贷款类操作，主要包括央行贷款、公开市场操作、常备借贷便利、中期借贷便利和补充抵押贷款等五大类。自 2016 年起，对其他存款性公司债权在央行总资产中的占比快速提升，2019 年后稳定在 30% 左右（图 4）。从央行的资产负债表来看，2019 年我国外汇占款比例基本保持稳定，央行更多采用再贷款类工具来投放基础货币，货币发行的主导能力逐步增强，有利于更好地应对外部冲击，平滑内部波动，维持经济系统流动性的合理充裕。

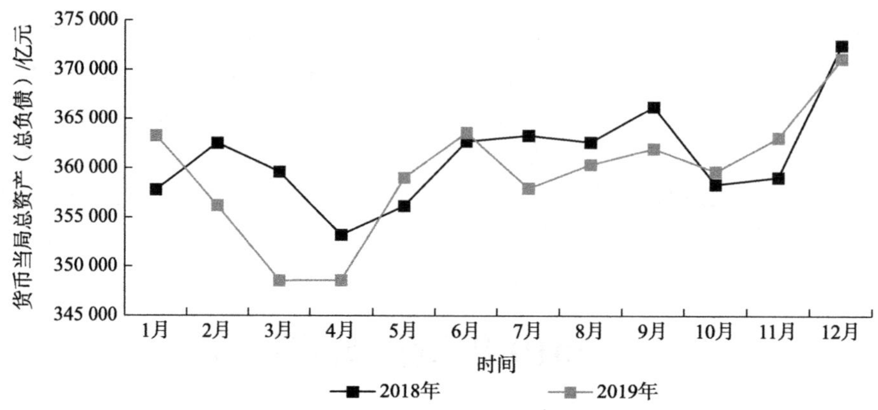

图 1　货币当局总资产（总负债）

资料来源：根据中国人民银行发布数据整理计算

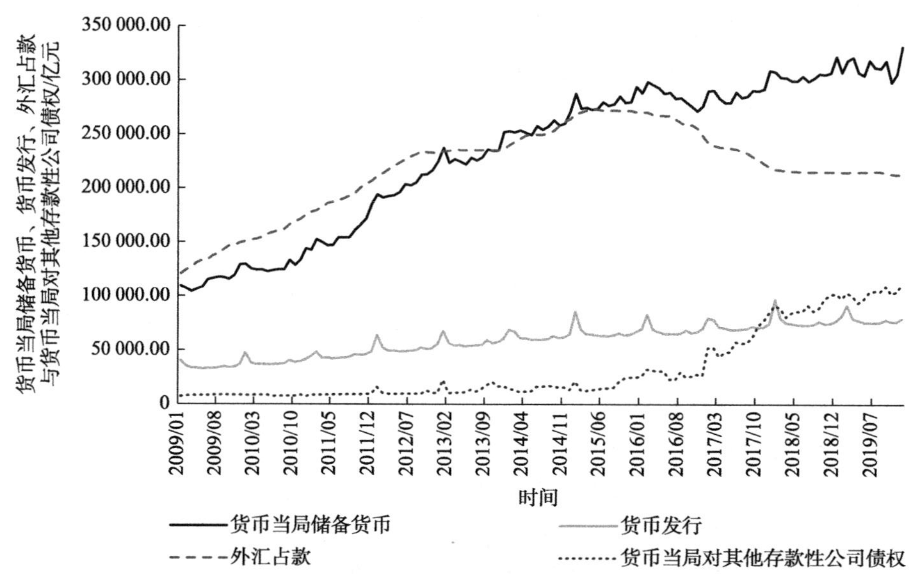

图 2　货币当局储备货币、货币发行、外汇占款与货币当局对其他存款性公司债权

资料来源：根据中国人民银行发布数据整理计算

（二）货币政策操作①

随着我国货币政策操作工具的创新和完善，目前我国已基本形成以公开市场操作作为常规货币政策工具、以存款准备金率调整和其他创新型货币政策工具（表 1）调整作为结构性货币政策工具、以其他传统货币政策工具作为补充的较为完备的货币政策操作

① 参考中国人民银行货币政策分析小组的报告，分别是：2019 年第一季度中国货币政策执行报告（2019 年 5 月 17 日）、2019 年第二季度中国货币政策执行报告（2019 年 8 月 9 日）、2019 年第三季度中国货币政策执行报告（2019 年 11 月 16 日）、2019 年第四季度中国货币政策执行报告（2020 年 2 月 19 日）。

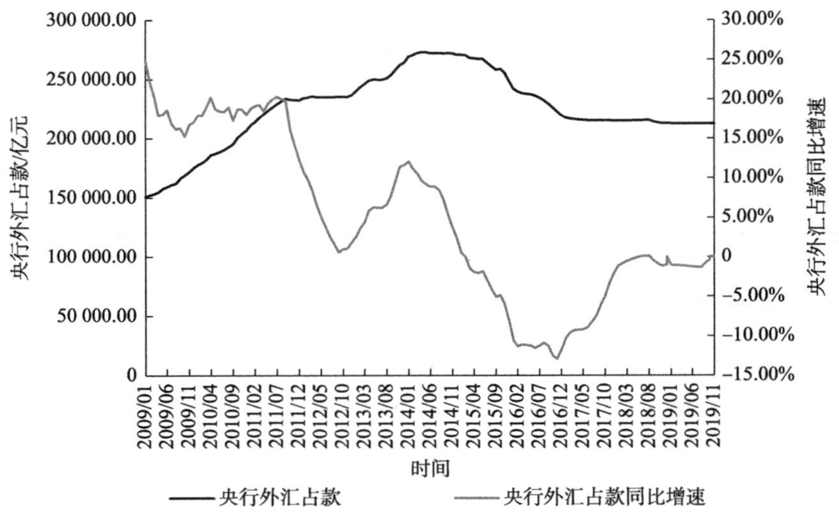

图 3　央行外汇占款

资料来源：根据中国人民银行发布数据整理计算

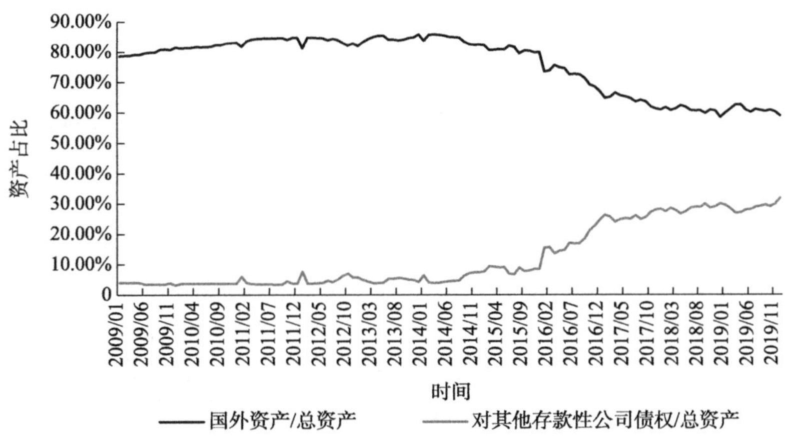

图 4　货币当局总资产中国外资产和对其他存款性公司债权占比

资料来源：根据中国人民银行发布数据整理计算

体系。通过货币政策操作来调节经济金融体系的流动性，使得社会融资规模增速与 GDP 名义增速基本匹配。2019 年，我国货币政策保持稳健，央行资产负债表的结构在持续优化，金融系统内的民营和小微企业、“三农”、扶贫等薄弱环节得到补强。本报告首先分析普惠金融在补充金融薄弱环节的进展和创新型货币政策工具的应用，再依次分析公开市场操作、法定存款准备金率调整的效果。

表 1　政策工具的对比汇总

政策工具	常备借贷便利	中期借贷便利	定向中期借贷便利	抵押补充贷款
主动发起方	商业银行	央行	央行	央行
期限	1~3 个月	3、6、12 个月，可展期	1 年，可展期至 3 年	3~5 年

续表

政策工具	常备借贷便利	中期借贷便利	定向中期借贷便利	抵押补充贷款
资金用途	商业银行自用	政策性银行、全国性商业银行	小微、民营企业	特定政策或项目建设
利率决定方	央行	利率招标	利率招标，小于中期借贷便利	央行

资料来源：根据央行公开资料整理

1. 深化普惠金融

普惠金融通过“精准滴灌”，能够更好地为民营企业和小微企业“输血”，为“三农”、扶贫等薄弱环节提供金融支持。2019 年，我国央行积极运用再贷款、再贴现和抵押补充贷款等工具进一步深化普惠金融的实施，优化再贷款定价机制，引导金融机构切实降低贫困地区融资成本。根据 2019 年第三季度中国货币政策执行报告，截至 2019 年 9 月末，全国支农再贷款余额 2207 亿元，支持小微企业再贷款余额 2634 亿元，扶贫再贷款余额 1387 亿元，再贴现余额为 4427 亿元。

抵押补充贷款（pledged supplemental lending，PSL）是为开发性金融支持棚改提供长期稳定、成本适当的资金来源。抵押补充贷款主要是为支持国民经济重点领域、薄弱环节和社会事业发展而对金融机构提供的期限较长的大额融资。抵押补充贷款采取质押方式发放，合格抵押品包括高等级债券资产和优质信贷资产。2019 年我国累计投放抵押补充贷款 3275 亿元，比 2018 年减少 3644 亿元，截至 12 月 31 日，抵押补充贷款余额共计 35 374 亿元。

除抵押补充贷款外，定向中期借贷便利（targeted medium-term lending facility，TMLF）也是普惠金融的重要货币政策工具之一。2018 年底，央行创设了定向中期借贷便利，针对大型商业银行、股份制商业银行和大型城市商业银行为小微企业和民营企业的贷款。由于定向中期借贷便利比中期借贷便利的利率优惠 15 个基点，定向中期借贷便利为金融机构扩大对民营企业和小微企业的信贷投放提供了优惠利率的长期资金的稳定来源，改善了对小微企业和民营企业的金融支持，降低了融资成本。2019 年，我国央行分三次共投放定向中期借贷便利资金 8226 亿元，利率均为 3.15%，根据规定，到期后可根据需求续做两次。

2. 灵活运用创新型货币政策工具

2019 年，我国央行继续综合运用常备借贷便利和中期借贷便利等创新型货币政策工具以增强流动性管理的灵活性和有效性。

常备借贷便利（standing lending facility，SLF）是一类用于管理短期流动性的货币政策工具，与公开市场操作由央行发起不同，它是由金融机构主动发起的、金融机构与央行之间“一对一”的交易。我国的常备借贷便利主要面向政策性银行和全国性商业银行，以抵押方式发放，期限为 1~3 个月，常备借贷便利的利率水平通常为利率走廊上限。2019 年，我国累计开展常备借贷便利操作 4228.10 亿元，年末余额为 1021.10 亿元。

中期借贷便利（medium-term lending facility，MLF）是央行用来提供中期基础货币的政策工具。中期借贷便利主要面向符合宏观审慎管理要求的商业银行和政策性银行，通过招标以质押方式发放，由金融机构使用优质债券作为合格质押品。中期借贷便利的利率水平作为中期政策利率可用于调节市场利率。中期借贷便利是承担结构性货币政策、向符合国家政策导向的实体经济部门提供低成本资金、降低融资成本的重要渠道。2019 年 11 月 5 日，央行开展 1 年期中期借贷便利操作 4000 亿元，中标利率 3.25%，较上期下降 5 个基点，为 2018 年 3 月以来首次调整中标利率。截至 2019 年末，我国中期借贷便利期末余额为 36 900 亿元。

3. 公开市场操作灵活开展

公开市场操作是目前我国央行调节银行体系流动性、引导货币市场利率走势、促进货币供应量合理增长的主要日常操作的货币政策工具之一。2019 年，我国积极创新工具、引导市场预期、优化公开市场操作，如图 5 所示，通过货币投放和回笼有效熨平了短期因素对市场流动性的扰动，有效维护了短期市场利率的平稳运行（图 6）。

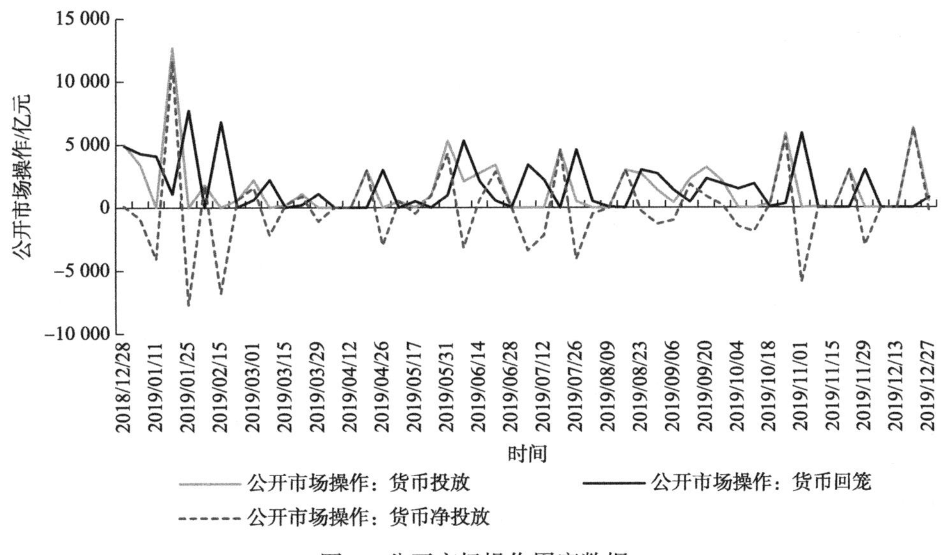

图 5　公开市场操作周度数据

资料来源：Wind 数据库

具体来看，央行在加大中长期流动性投放，通过降准、中期借贷便利、抵押补充贷款等工具扩充金融机构中长期资金的同时，还通过灵活地开展逆回购操作，特别是配合使用临时准备金动用安排等工具，以较好地实现针对流动性季节性波动的“削峰填谷”，确保银行体系流动性总量在合理充裕水平上的基本稳定。例如，2019 年 1 月 14 日，央行重启 28 天期逆回购，提前布局跨年资金面，维持春节期间流动性充裕。此外，央行加强了通过贷款市场报价利率作为市场利率引导的作用。再如，2019 年 11 月 20 日，针对三季度经济增速放缓，LPR 报价再次小幅下行 5 个基点，以引导市场利率，促进市场主体形成合理的利率预期。

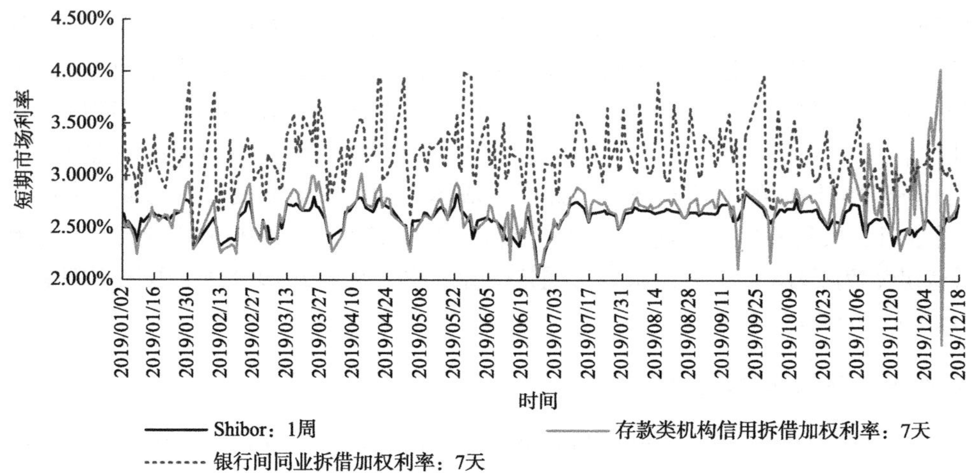

图 6　短期市场利率数据

资料来源：Wind 数据库

Shibor：Shanghai interbank offered rate，上海银行间同业拆放利率

4. 存款准备金率调整

法定存款准备金率的调整是我国央行常用的货币政策工具之一，2019 年我国央行共实行了三次降准。

第一次是 2019 年 1 月 4 日，央行宣布全面下调金融机构存款准备金率 1 个百分点，其中，分别于 1 月 15 日和 1 月 25 日各下调 0.5 个百分点。此次央行以降准置换中期借贷便利（2019 年第一季度到期的中期借贷便利不再续做），净释放长期资金约 8000 亿元。此外，为了更好地实现货币政策目标，在降准的同时调整普惠金融定向降准小微型企业贷款考核标准，由“单户授信小于 500 万元”调整为“单户授信小于 1000 万元”，扩大普惠金融覆盖面，使小微企业受益。

第二次是 2019 年 5 月 15 日，央行决定将服务县域的农商行与农村信用社的存款准备金率并档，降低存款准备金率 2~3.5 个百分点至 8%。这一调整分别于 5 月 15 日、6 月 17 日和 7 月 15 日实施到位，总计释放长期流动性约 3000 亿元，降准农商行将其全部用于民营和小微企业贷款。自此，我国存款准备金“三档两优”的新框架基本形成。（“三档”是指根据银行规模大小来划分三档存款准备金率，“两优”是指普惠金融定向降准政策和贷款比例考核政策。）

第三次是 2019 年 9 月 6 日，央行全面下调金融机构存款准备金率 0.5 个百分点（不含财务公司、金融租赁公司和汽车金融公司），另额外对仅在省级行政区域内经营的城市商业银行定向下调存款准备金率 1 个百分点，于 10 月 15 日和 11 月 15 日分两次实施到位。此次全面降准约释放资金 8000 亿元，定向降准约释放资金 1000 亿元。其中，对城商行定向降准是完善“三档两优”存款准备金框架的重要举措。

法定存款准备金率的调整能够释放长期流动性，有利于稳定市场预期，且相对于中期借贷便利及逆回购等货币政策工具而言，其操作成本较低，能够节约成本。经过三次降准以后，截至 2019 年 12 月 31 日，我国大型存款类金融机构人民币存款准备金率为 13%，中小型存款类金融机构准备金率为 101%。

5. 利率市场化与 LPR 改革

随着我国经济从高速增长向高质量发展转型，我国央行的货币政策调控方式也在从以数量型调控为主逐渐转变为以价格型调控为主。从 1996 年放开银行间同业拆借市场利率开始逐步放开贷款利率、存款利率，再到 2013 年和 2015 年分别放开贷款利率下限和存款利率上限，我国的利率市场化取得了较大进步，但目前仍保留存贷款基准利率，仍存在贷款基准利率与市场利率并存这一双轨制问题。2019 年，我国央行在推进利率市场化的进程中又迈出了坚实的一步。2019 年 8 月 17 日，央行发布改革完善贷款市场报价利率（LPR）形成机制公告，增加 5 年期的中长期限 LPR 报价，并引入民营和外资银行以增加报价行数目，同时要求各银行新发放的贷款主要参考 LPR 定价。LPR 形成机制改革的目的是发挥 LPR 对贷款利率的引导作用，以提高利率传导效率，降低实体经济融资成本。截至 2019 年 12 月底，LPR 改革以来已发布四次报价，2019 年 11 月 20 日 1 年期 LPR 为 4.15%，5 年期以上 LPR 为 4.80%，LPR 利率双降 5 个基点，在我国经济面临较为复杂严峻的国际国内形势的情况下，以降息这一政策操作来稳定经济增长具有重要的意义，特别是 5 年期以上的中长期贷款利率的下降将更多惠及实体经济中的基建、制造业研发等需要长期投资的行业，能够有效支持实体经济的发展。LPR 改革有助于央行政策利率及时有效地传导到货币市场、债券资本市场和信贷市场，从而更好地疏通货币政策的传导渠道。

（三）货币政策传导及其效果

从货币政策的最终目标来看，2019 年，我国宏观经济保持了平稳的增长，根据国家统计局初步核算，前三季度 GDP 实际增速为 6.2%。物价在食品项的拉动下有一定幅度的上浮，但总体可控，2019 年 12 月 CPI 上行到 4.5%，其中食品 CPI 大幅上行到 17.4%（图 7），剔除食品和能源价格的核心 CPI 稳定在 1.3%。PPI 持续回落，2019 全年 PPI 同比下降 0.3%。从货币政策的中间目标来看，市场流动性充裕合理，无论是广义货币量还是社会融资规模都保持平稳增长，贷款平均增速为 12.4%，贷款结构优化，贷款利率总体稳定。从宏观经济系统的总体流动性来看，2019 年，我国广义货币供应量 M2 的平均增速为 8.7%，高于上年同期 0.6 个百分点。我国央行积极进行逆周期调节，同时坚决不搞“大水漫灌”，并维持金融体系的流动性合理充裕，2019 年金融机构贷款余额保持稳定，平均增速为 12.92%。

1. 广义货币量 M2 与货币乘数

2019 年，我国广义货币量 M2 同比增速趋于稳定，截至 2019 年底，M2 月均同比增速 8.37%，与 2018 年基本持平。一般而言，当 M1 较高的时候，实体经济活力较强，如图 8 所示，可以看到，M1 同比增速在 2018 年快速下降，2019 年初探底到 0.4%后缓慢

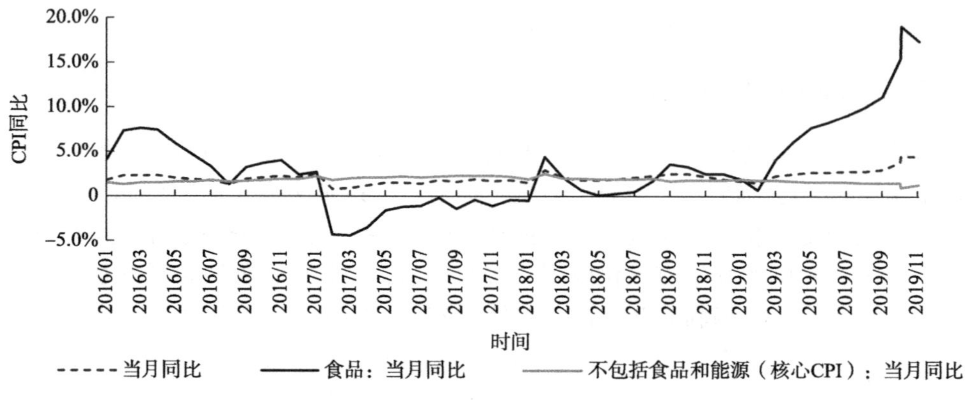

图 7 CPI 同比增速

资料来源：Wind 数据库

回升，3 月 M1 同比为 4.6%，之后小幅波动，截至 2019 年底，M1 同比增速降为 3.40%。M2/M1 如图 9 所示，2012 年以来，这一比例打破了以往在 2.5~3.0 内波动的常规态势，快速突破 3.0 并持续攀升，2015 年下半年这一比例开始回落，2019 年这一比例在 3.5 附近波动。从货币乘数来看，2019 年我国货币乘数处于上升态势，2019 年 11 月货币乘数上行到 6.45（图 8），达到历史高值，银行信贷投放扩张、银行存贷期限错配、央行流动性投放减少是货币乘数上升的主要原因。此外，观察 M2 与 GDP 名义增速能够较为客观、简洁地评估流动性，2019 年全年 M2 同比增长 8.37%，GDP 名义增速为 7.9%，较好地实现了流动性与经济发展的协调。

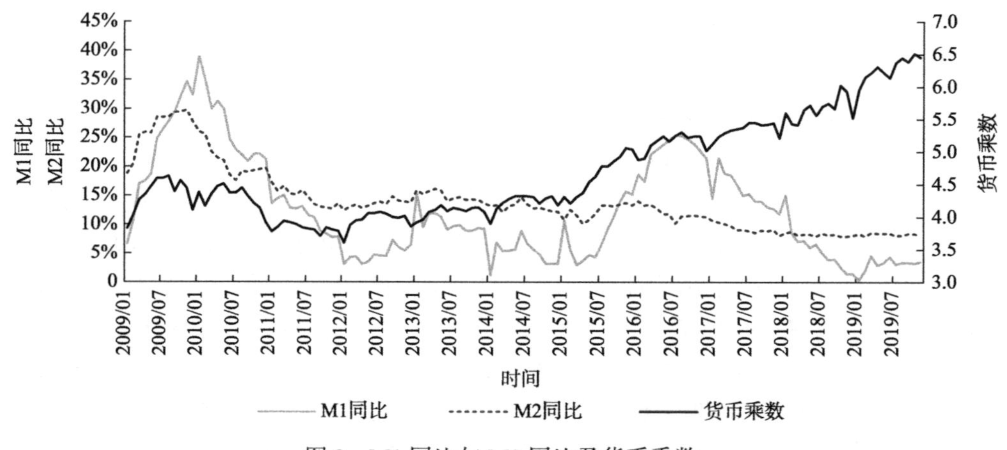

图 8 M1 同比与 M2 同比及货币乘数

资料来源：根据中国人民银行公布数据计算

2. 社会融资规模

社会融资规模是比广义货币量 M2 更宽口径的、全面反映经济系统从金融体系所获流动性的指标。2019 年，我国社会融资规模增速继 2018 年有所放缓后开始企稳回升，社会融资规模存量同比增长 10.70%，高于同期 M2 同比 2.33 个百分点，比 2018 年同期上升 0.8 个百分点（图 10）。

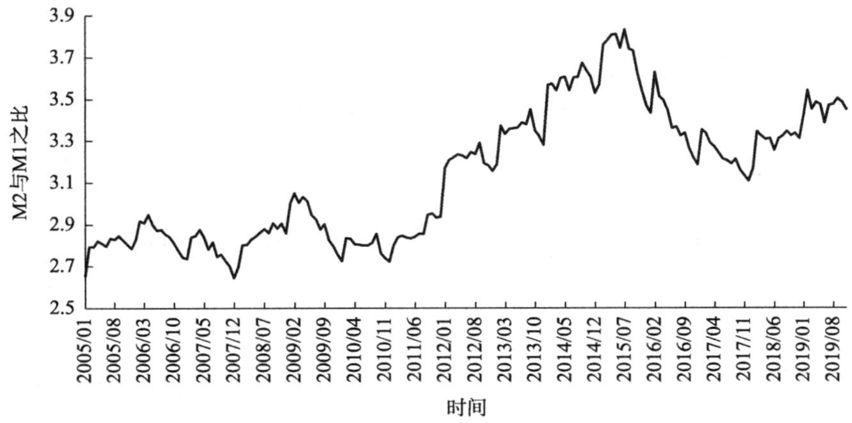

图 9　M2/M1

资料来源：根据中国人民银行公布数据计算

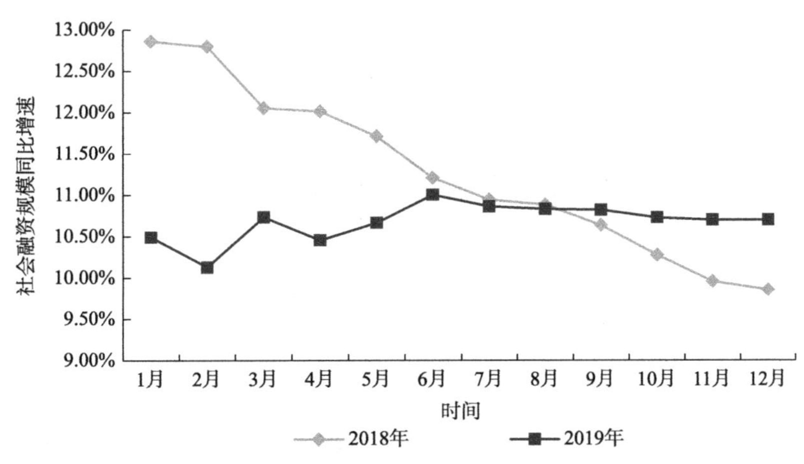

图 10　社会融资规模存量同比增速

资料来源：中国人民银行

从社会融资规模存量的主要构成来看，人民币贷款（截至 2019 年底在存量中占比 67.91%，下同）增速基本保持稳定在 13% 左右，外币贷款（占比 0.98%）持续负增长，委托贷款（占比 5.30%）持续负增长，信托贷款（占比 3.47%）和未贴现银行承兑汇票（占比 1.90%）增速大幅下降并由正转负，非金融企业境内股票（占比 3.49%）增速有所下降，企业债券（占比 10.40%）增速维持平稳。从社会融资规模增量来看，人民币贷款所占比重进一步增加，以 2019 年 11 月为例，当月新增人民币贷款占社会融资规模的 88.38%，比 2018 年同期高 8 个百分点。

3. 宏观杠杆率与融资成本

2019 年，受到我国经济增速持续放缓的影响，我国宏观体系杠杆率整体上行，根据中国社会科学院国家资产负债表研究中心测算结果（图 11）：2019 年实体经济部门杠杆率累计攀升 6.8 个百分点。分部门来看，家庭部门杠杆率持续上升，同比增速略有下滑，

2019 年累计上升 3.1 个百分点至 57.0%。我国的居民杠杆率在全球处于中游水平，接近发达国家水平，处于新兴经济体中的高位。居民部门债务的上升在短期会拉动经济增长，在长期可能会挤出消费与投资，进而拉低经济增速。非金融企业杠杆率小幅波动，2019 年累计上升 0.8 个百分点至 151.3%，但低于 2017 年高位 6.2 个百分点。去杠杆的效果初显，企业表外融资持续下降，融资结构持续改善。结构性去杠杆与稳增长并不矛盾，稳妥去杠杆对提高中长期经济增长质量具有十分积极的作用。政府部门杠杆率上升幅度较缓，2019 年共上升了 2.2 个百分点至 39.3%，其中地方政府杠杆率升至 22.6%，中央政府杠杆率增升至 16.7%。

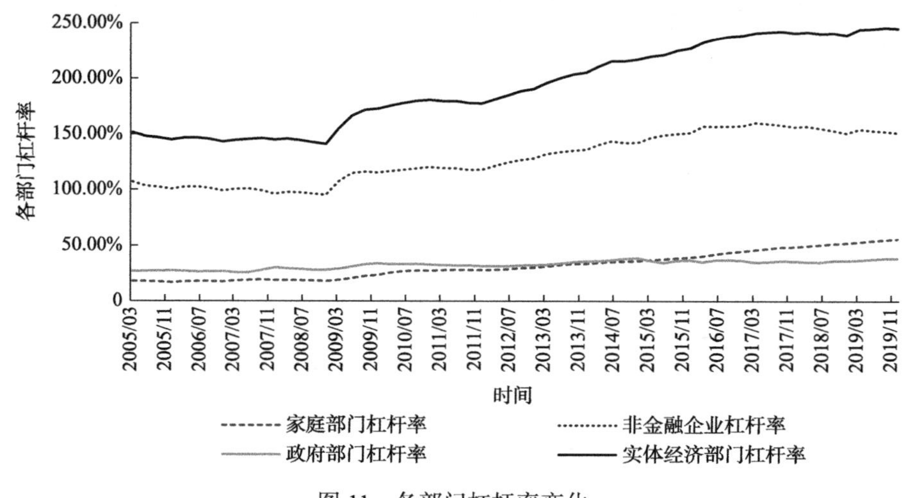

图 11　各部门杠杆率变化

资料来源：中国社会科学院国家资产负债表研究中心

从融资成本来看，2019 年我国规模以上工业企业利润累计值为 6.2 万亿元，与 2018 年同期相比下降 3.30%。2019 年工业企业利息支出 2.04 万亿元，与 2018 年同期相比下降 4.21%。从数据来看，工业企业的利息支出仍然较高，蚕食了营业利润。2019 年温州民间借贷利率均值为 15.76%，相较于 2018 年下降 0.09 个百分点，整体保持稳定，在维持社融整体规模与名义 GDP 相匹配的同时，应继续改善融资结构，降低实体企业运行的资金成本。

二、2020 年货币政策展望

（一）外部不确定性增加，国内经济增速进一步放缓

展望 2020 年，外部方面，随着中美第一阶段经贸协议正式签署，中美贸易摩擦的不确定性下降。中美之间经贸关系的变化极大地影响市场预期和市场信心，中美贸易摩擦即便缓和，科技战仍将影响全球产业链，另外需要警惕相对紧张的国际形势对全球经济

的冲击。例如，IMF 在 2019 年 10 月发布的《世界经济展望》（*World Economic Outlook*）报告中，也多次强调贸易摩擦给全球经济可能带来的负面影响。展望 2020 年，全球经济仍然面临较大的不确定性，从外需的角度来看，我国出口面临诸多挑战。IMF 把中国 2019 年、2020 年经济增速预测分别下调 0.1 个百分点和 0.2 个百分点至 6.1%和 5.8%，这是中国加入 WTO 以来首次经济增速被下调至 6%以下。

在国内，随着我国经济结构转型的持续深化和诸多经济改革政策措施的实际落地，我国经济在 2020 年将继续朝着结构性调整的方向发展，总体经济增速将可能企稳。从供给面来看，中美贸易摩擦对我国制造业造成一定冲击。2019 年 11 月，我国制造业采购经理指数反弹至 50.2%，在连续六个月低于荣枯线之后，重新回到扩张区间，比 2018 年同期提高 0.2 个百分点，其中，新订单指数下降至为 51.3%，比上个月提升 1.9 个百分点，新出口订单指数小幅反弹至 48.8%（自 2018 年 6 月起一直位于 50% 线以下），比 2018 年同期回升 0.1 个百分点。房地产开发综合景气指数回升到 101.16，且 2019 年均在 100 以上，房地产开发企稳。

从需求端来看，消费方面，2019 年我国消费增速比 2018 年有所放缓，2019 年全年社会消费品零售总额累计同比增长 8.0%，比 2018 年同期下降 1 个百分点。2019 年，国家发展和改革委员会、国务院等部门先后出台措施，提振汽车、家电、消费电子产品等领域的消费。预计 2020 年我国消费名义增速将保持基本稳定，但受到物价上涨的影响，实际消费增速增长有限。投资方面，2019 年我国固定资产投资增长略放缓，全年固定资产投资完成额累计同比增长 5.4%，比 2018 年同期下降 0.5 个百分点。房地产开发投资完成额比 2018 年有所回升，月均增速达到 10.95%。预期 2020 年我国名义投资增速和实际投资增速均将比 2018 年有所回升。2019 年以人民币计价的出口金额累计同比增长 5%，比 2018 年同期增长率下降 12%，进口金额与 2018 年同期基本持平，2019 年贸易差额 3787 亿美元，比 2018 年同期大幅增加 881 亿美元，进出口对我国经济的拉动有所下降。

（二）CPI 维持高位运行，CPI 与 PPI 持续背离

展望 2020 年，预期我国物价水平前高后低，维持在较高位置。预计 2020 年全年 CPI 上涨 3.9%，其中翘尾因素影响 2.2 个百分点。翘尾因素是 2020 年 CPI 维持高位的重要因素。预期 2020 年国内工业品产能充足，但猪肉产能下降较多，恢复生产的时间和产量均存在不确定性，猪肉价格仍是 CPI 最大不确定因素。供给面因素仍将支持工业品的弱势和猪肉的高位。全球经济维持低位运行，美元保持强势，出口弱势还很难明显改善，受制于收入增速回落和家庭债务负担挤出消费需求不旺，需求对价格的拉动力仍显偏弱。预计 2020 年钢铁、煤炭等大宗商品价格小幅下跌，PPI 和 PPIRM 涨幅将比 2019 年缓慢回升，全年分别下跌 1.1%和 0.6%。总体上，2020 年我国仍将维持 CPI 和 PPI 背离的局面，CPI 有因农产品价格波动而波动上行的风险，PPI 有因经济疲软继续下降的风险。居民面临着通货膨胀，企业面临着通货紧缩，这给宏观调控特别是货币政策带来了很大困难。

（三）全球降息潮放缓

截至 2019 年 11 月 20 日，全球 48 个经济体先后降息 85 次，其中美国降息 3 次，联邦基金利率目标区间累计下调 75 个基点，但美国联邦储备系统（以下简称美联储）将降息定义为“预防性降息”，并在 2019 年 10 月 30 日的会议上暗示未来将暂停降息。欧元区、日本等经济体接近零利率下限，未来继续降息的可能性不大。金融危机后，美联储维持了长达 7 年的近乎“零利率”的政策水平（图 12），这在历史上前所未有。2015 年 12 月 17 日，美联储开启加息周期，2019 年 7 月 5 日联邦基金利率达到最高值 2.42%，之后快速下降。美联储的降息进程引发全球降息潮，全球负利率在深度、广度上史无前例，全球资产和经济格局面临重构。预计 2020 年上半年美国失业率将上升，经济增长承压。从 2019 年 12 月的联邦公开市场委员会会议来看，美联储官员对货币政策达成了一致的意见：认为美国经济数据较好，并应等待此前降息的作用完全出现，且不认为 2020 年应继续降息。

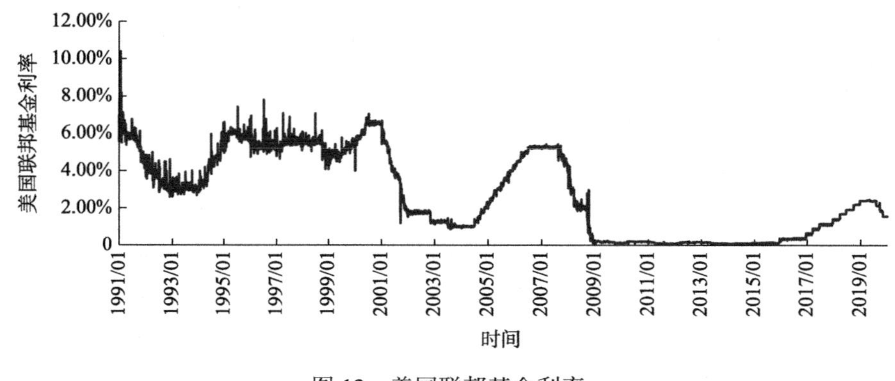

图 12　美国联邦基金利率

（四）预计 2020 年我国将继续实施稳健的货币政策

预期 2020 年，为实现经济高质量发展，在“稳中求进”的总基调下，在“稳就业、稳金融、稳外贸、稳外资、稳投资、稳预期”的目标下，我国货币政策仍然将保持稳健，保证社会融资规模合理增长，为经济体提供充裕合理的流动性，继续平衡好总量和结构之间的关系，为经济高质量发展营造适宜的货币金融环境。综合运用公开市场操作、准备金率调整、常备借贷便利、中期借贷便利、定向中期借贷便利等多种货币政策工具，保持松紧适度，加强逆周期调节，在推动高质量发展的同时注重防范化解重大经济金融风险，妥善应对经济短期下行压力，决不搞“大水漫灌”。注重引导公众预期，防止结构性通胀演变为全面通胀，进一步提升利率市场化水平，引导银行更多地运用 LPR，降低实体经济的融资成本，增加对民营企业、小微企业的支持。

2020 年，预期央行进一步深化利率市场改革，进一步完善贷款市场报价利率形成机制引导银行更多地运用 LPR，疏通货币政策传导渠道，提高货币政策传导效率，推进贷

款利率“两轨合一轨”，以市场化手段降低实体企业融资成本，更好地服务实体经济。预期央行通过利率手段引导、调节市场利率并以此调控经济系统运行。在货币政策操作方面，预期将会更多地使用结构性工具，精准投放金融资源，优化融资结构，调整金融体系。在推动经济高质量发展的同时，有序去杠杆，防范和化解重大经济金融风险。继续深化人民币汇率形成机制改革，以市场供求为基础，保持人民币汇率弹性，稳定市场预期。

2020 年伊始，新冠肺炎疫情已经对实体经济短期带来严重的冲击，预期我国宏观经济运行将面临更为艰巨的挑战。疫情不会改变我国经济长期发展的趋势，但是短期影响较大，预计 2020 年第一季度 GDP 增速将大幅放缓，但在疫情结束后也会迎来反弹。受制于疫情的严格防控措施，短期内将抑制消费、投资和贸易活动，也会直接影响劳动力市场，特别是中小企业将受到较大的影响，“稳增长”“稳就业”的迫切性进一步上升。此外，由于停产、停工，供给端受到较大冲击，在维持稳健的货币政策时，也要兼顾通胀目标，不宜“大水漫灌”。综合来看，我国货币政策空间仍然十分充足，整体稳健的货币政策要更加灵活适度，加大逆周期调节力度，缓解融资难、融资贵，为疫情防控、复工复产和实体经济发展提供精准金融服务。

三、2020 年主要货币政策指标预测

（一）广义货币量 M2

对广义货币量 M2 的预测主要通过以下三种方式：①通过 ARIMA 模型预测 M2；②通过 M2 与 M1 的相对关系预测；③通过 M2 与 GDP 的相对关系预测。综合这三种方式的预测结果，可以得到如下结论：预测 2020 年广义货币量 M2 期末余额为 213.72 万亿元，同比增长 8.4%。

（二）社会融资规模

社会融资规模口径调整，目前只公布了根据新口径调整的 2017 年 1 月以后的数据，故可用来建模的数据较少，因此，对社会融资规模的预测主要通过以下两种方式：①通过社会融资规模存量的历史数据使用趋势模型预测；②基于社会融资规模存量构成的结构特征，通过使用其主要细分项目的预测值，结合分项所占比重预测社会融资规模总存量。结合这两种方式的预测结果，可以得到如下结论：预测 2020 年，社会融资规模存量达 246.4 万亿元左右，同比增长 10.8%，其中人民币贷款 174.2 万亿元左右，同比增长 13%。预期总量规模增加不大，但会提升资金利用效率，货币结构性宽松。

四、政策建议

展望 2020 年，国内经济面临短期下行压力，中国经济向高质量发展转型，为了更好地熨平由外部冲击和内部经济结构性调整带来的负向冲击，同时更好地优化经济结构、促进国民经济整体良性循环，提出以下政策建议。

第一，继续实施稳健的货币政策，但考虑到物价存在一定通胀压力，在为市场提供充裕的货币流动性的同时，也要稳定物价，防止通胀从食品向其他商品扩散。建议更多地使用结构性货币政策工具，实现精准调控，更好地平衡通胀与增长的关系。继续优化制造业、新消费领域、创新创业及国家重大发展计划的金融服务。加强金融支持就业优先政策，推动更高质量和更加充分的就业。

第二，在货币政策操作工具创新的基础上，精准滴灌，改善金融系统生态，优化金融系统结构；积极推进疏通货币政策传导路径，增强货币政策工具传导效率；切实防范化解重大金融经济风险。在金融方面落实房地产长效管理机制，不将房地产作为短期刺激经济的手段。

第三，引导银行更多地运用 LPR，继续深化利率市场化改革，打破隐性贷款利率下限，实现“两轨合一轨”，发挥好市场利率定价自律机制作用，维护公平定价秩序，保持银行负债端成本基本稳定。督促银行降低贷款附加费用，确保小微企业融资成本下降，更好地服务实体经济。

第四，积极推进金融开放的同时，管控好金融风险，完善以市场供求为基础的、有管理浮动汇率制度，稳定是市场预期保持人民币汇率在合理均衡水平上基本稳定。稳步推进人民币资本可兑换项目，完善人民币跨境结算的政策框架，支持人民币国际化。

第五，应对新冠肺炎疫情带来的短期冲击，要积极利用公开市场逆回购操作等手段稳定金融市场情绪，准确释放货币政策信号。另需积极使用结构性货币政策工具，如低成本专项再贷款、中小银行进行定向降准等，为受疫情影响较大的中小企业提供足量的过渡资金，使其在疫情结束后能够快速地重新投入生产和经营，尽快恢复到正常的轨道上来。

2020 年中国国际收支形势展望①

鲍　勤　刘顺通　郑嘉俐　汪寿阳

报告摘要：2020 年，全球经济增长缓慢。IMF 2020 年 4 月预测 2020 年全球经济增速为−3.0%，OECD 2020 年 3 月预测 2020 年全球经济增速为 2.4%。在这样的背景下，全球贸易增速放缓，贸易保护主义加强，预期全球贸易增速低于全球经济增速。受中美贸易摩擦影响，全球贸易格局正在重塑。2020 年，全球经济和贸易发展的不确定性依然较高，世界主要发达经济体的货币政策趋于宽松。

2020 年，预测我国国际收支仍将继续保持基本平衡，经常账户呈现顺差格局。货物贸易方面，2019 年我国货物贸易呈现衰退型顺差态势，即货物贸易贷方小幅增长而货物贸易借方明显下降。预测 2020 年我国货物贸易仍将维持顺差，但顺差规模比 2019 年将有所下降，为 2.8 万亿元左右，货物贸易借方有望实现正增长。服务贸易方面，2019 年我国服务贸易持续优化转型，旅行项目借方负增长，逆差有望缩小；运输项目受我国贸易结构性转变影响，贷方明显增长；其他顺差项目和逆差项目总体保持稳定，预计 2020 年我国服务贸易逆差规模与 2019 年相比将持平略减，为 1.8 万亿元左右，服务贸易格局将持续优化。

跨境资金流动方面，2019 年我国外汇市场供求基本平衡，跨境资金流动保持稳定，银行结售汇保持平衡。展望 2020 年，主要的影响因素有两个方面：一是国际收支状况决定的基本面因素；二是人民币汇率波动等预期因素。考虑到经常账户的顺差格局和基本稳定的人民币汇率，预期 2020 年我国跨境资金流动将保持基本稳定，银行结售汇将继续保持平衡。根据中国科学院预测科学研究中心构建的中国跨境资金流动预警指标体系，2020 年上半年不存在较大的跨境资金流出压力。

基于以上分析，提出如下政策建议：一是建议进一步扩大开放，以确定性的对外开放政策应对不确定的中美贸易摩擦演化情景；二是建议利用与东盟等国贸易加强的契机推进服务贸易发展，如运输、金融等；三是建议利用贸易区域结构转型的契机，积极推进人民币跨境结算，夯实人民币国际化基础；四是建议加强国际收支和跨境资本流动的监管，放松管制与加强监管同步。

① 本报告得到中国科学院预测科学研究中心、中国科学院国家数学与交叉科学中心和中国科学院管理、决策与信息系统重点实验室的资助。

一、2020年世界经济发展展望

（一）全球经济增长面临较大的不确定性

2019年，全球经济增速出现明显下滑，根据IMF于2019年10月发布的《世界经济展望》，预测2019年全球经济增速仅为3.0%，为2010年以来的最低水平。根据该报告，IMF预测2020年全球经济增速为−3.0%，其中，发达经济体增速将维持在1.7%，新兴经济体增速将从2019年的3.9%提高至2020年的4.6%。具体来看，在发达经济体中，美国经济增速将从2019年的2.4%下滑至2020年的2.1%；欧元区经济增速将从2019年的1.2%提升至2020年的1.4%；日本经济增速将从2019年的0.9%下滑至2020年的0.5%。在新兴经济体中，中国经济增速将从2019年的6.1%放缓至2020年的5.8%；印度经济增速将从2019年的6.1%提升至2020年的7.0%；俄罗斯经济增速将从2019年的1.1%提升至2020年的1.9%；巴西经济增速将从2019年的0.9%提升至2020年的2.0%；南非经济增速将从2019年的0.7%提升至2020年的1.1%。

2019年以来，全球经济不确定性指数震荡上行，全球经济的不确定性在增加。美国贸易政策的反复变动，导致美国贸易政策不确定性指数剧烈波动（图1）。2020年，受新冠肺炎疫情影响，全球经济面临的不确定性进一步加大，这将直接影响全球经济与金融市场。为此，与IMF在2019年几次下调对未来的经济增长预期一致，OECD也将其对2019年的经济增速预期下调至2.9%，而将2020年的经济增长预期从3.5%下调至3%。

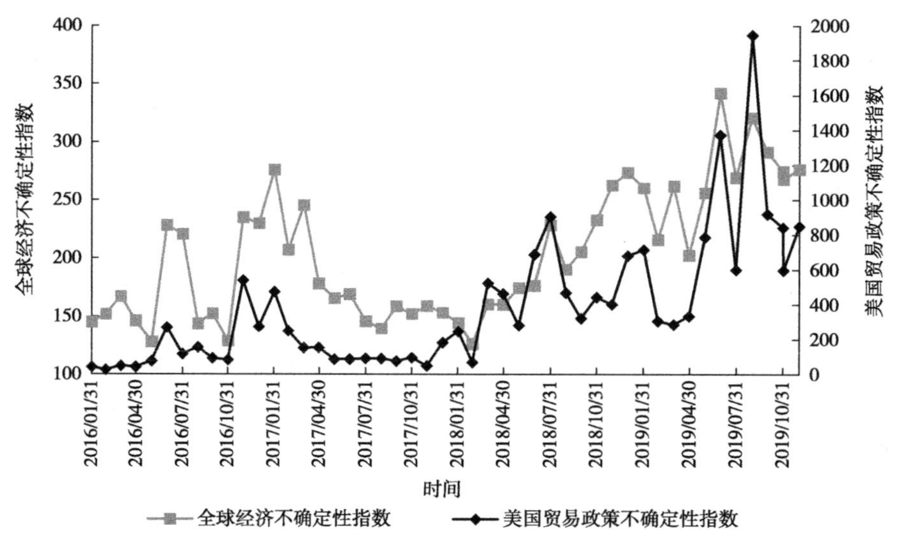

图1　全球经济不确定性指数与美国贸易政策不确定性指数

资料来源：http://www.policyuncertainty.com/index.html[2020-02-22]

（二）全球贸易格局或将重塑

全球贸易在 2017 年达到顶峰之后，在 2018 年和 2019 年持续放缓，根据 IMF 的预测，预计 2019 年全球的贸易增长率仅为 1.25%。根据 WTO 在 2019 年 11 月发布的货物贸易晴雨表指数，可以看到全球贸易仍处于疲弱状态。2020 年，全球贸易将比 2019 年有所复苏，根据 IMF 2020 年 4 月预测，2020 年全球贸易增速将为−3.0%，而 OECD 则预测 2020 年全球贸易增速为 2.4%。

受制于疲弱的经济增长和加剧的贸易保护主义与贸易摩擦，全球贸易增长在 2020 年难有出色的表现。在当前较为庞大的全球贸易体量下，贸易规模的缓慢增长伴随着贸易政策的刚性约束，与各国经济的结构性增长路径相伴，或将重塑未来的全球贸易格局。从世界经济史来看，全球贸易重心曾经经历了从欧亚大陆移向美国的进程，又从中国加入 WTO 时开始逐步移回欧亚大陆。目前，中国和美国是主导全球贸易格局塑造的主要力量。2019 年持续升温的中美经贸摩擦一方面导致中美两国之间的贸易急剧缩水，另一方面也导致全球贸易格局出现快速调整。受到美国对原产自中国的众多商品加征高税率关税这一政策的影响，商品贸易格局重塑：出于风险规避的目的，许多制造商重新规划其全球产业链布局，这意味着不仅当前的贸易受到影响，未来的贸易结构与规模也必然受到中美贸易摩擦的严重影响。

展望 2020 年，国际贸易危中有机，挑战与机遇并存。中国仍在积极推动“一带一路”倡议，提升中国与沿线国家的贸易水平。数据表明，2019 年，中国与欧盟、东盟等经济体之间的贸易不降反升，这说明贸易的区域结构在发生快速改变。2019 年底，中国、澳大利亚、日本、韩国、新西兰与东盟国家签署自由贸易协定，成立全球最大的自贸区，亚太地区的经贸关系将变得更紧密。与此相对地，则是美国与加拿大、墨西哥这三国签署《美墨加贸易协定》，推动北美贸易一体化。国际贸易正逐步从由 WTO 规则塑造的多边体系向由区域自贸协定塑造的双边体系转变。相比于北美而言，亚太地区与欧洲具有更紧密的地理关系，因而天然更容易形成欧亚大陆自贸区。随着全球贸易格局的重塑，国际金融格局也可能发生变化，若能积极利用贸易格局重塑中的机会，积极提高人民币在跨境结算中的地位，就能顺势夯实人民币国际化的基础。例如，受中美贸易摩擦中关税的影响，我国的部分产业转移到东南亚国家，这就导致过去“中国–美国”的贸易链条变成了“中国–东南亚国家–美国”，在新增的贸易链条中，由于中国经济的影响力，在贸易结算中或许可以有更好的安排来促进人民币作为计价货币的使用。

（三）世界主要经济体货币政策展望

展望 2020 年，世界主要发达经济体的货币政策趋于宽松，多国央行先后宣布降息，全球货币政策趋于同步宽松。

美元是当前的主要国际货币，因此，美国的货币政策将直接影响全球经济系统的流动性。美联储在 2019 年 7 月、9 月和 10 月共进行了三次连续降息，截至 2019 年底联邦基金利率已下调至 2019 年底的 1.5%~1.75%。美联储货币政策的目标是通胀率（核心个人消费开支价格指数）为 2%，而 2019 年 11 月这一数值仅为 1.6%，低于通胀目标，可见未来仍然存在宽松的空间。但从 2019 年 12 月的联邦公开市场委员会会议来看，所有美联储官员对货币政策达成了一致的意见：他们均认为美国经济数据较好，并应等待此前降息的作用完全出现，且不认为 2020 年应继续降息。由于美元特殊的国际地位，美联储通过预期引导就能实现与实际货币政策相似或者更好的效果。无论 2020 年美联储是否降息，总体来看美国都将倾向于通过美元释放更多的流动性，这是由美国的实体经济所决定的：2020 年，预计美国的财政预算赤字将进一步扩大——通过宽松货币政策稀释债务将是美国大概率的选择。

从欧元区来看，欧洲央行在 2019 年 9 月宣布将存款利率降低至−0.5%的水平，这是 2016 年 3 月以来的首次下调，并将主要再融资利率和边际贷款利率分别维持在 0 和 0.25% 不变。与此同时，欧洲央行重启量化宽松政策，已于 2019 年 11 月开始每月以 200 亿欧元的规模净购买资产。预期 2020 年欧洲央行仍将延续宽松态势，在主要利率接近于零或为负的情况下，欧洲央行将以量化宽松这一非常规货币政策工具为主。

二、2019 年中国国际收支形势分析与 2020 年展望

国际收支是一国与外部经济体之间的经济往来的集中反映，在国际收支平衡表中，经常账户包括货物、服务、初次和二次收入等，用贷方表示资金流入我国，借方表示资金流出我国，资本和金融账户包括资本账户和金融账户，后者又可细分为直接投资、证券投资、金融衍生工具、其他投资和储备资产等。为便于与我国宏观经济统计数据相比较，本报告采用人民币计价的国际收支数据进行分析。

2019 年，我国国际收支账户呈现出经常账户顺差、跨境资金流动平稳的格局，国际收支保持基本平衡。经常账户方面，根据国家外汇管理局公布的第四季度初步数，2019 年我国经常账户顺差 12 242 亿元，占同期 GDP 的比重为 1.2%。其中，货物贸易顺差 34 604 亿元，比 2018 年同期扩大 5604 亿元；服务贸易逆差 17 882 亿元，比 2018 年同期缩小 1365 亿元。从资本和金融账户来看，2019 年，资本账户逆差 23 亿元，比 2018 年略增 15 亿元，非储备性质的金融账户（含第四季度净误差与遗漏）逆差 1929 亿元，其中，直接投资顺差 4065 亿元，比 2018 年缩小 2899 亿元。从储备资产来看，2019 年，我国储备资产净增加 1362 亿元。以下分别从货物贸易、服务贸易、直接投资、证券投资及其他投资等非储备金融账户等四个方面对 2019 年我国国际收支形势进行分析并对 2020 年进行展望。

（一）货物贸易将维持顺差格局

2019 年，我国货物贸易呈现衰退型顺差，根据国家外汇管理局公布的中国国际货物和服务贸易数据，1~12 月，我国货物贸易顺差 34 604 亿元，为 2016 年以来同期的最高值。货物贸易差额受到货物贸易贷方和借方两个方面的影响，具体来看，2019 年，我国

货物贸易贷方增速明显放缓但仍保持了小幅增长，如图 2 所示，2019 年 1~12 月货物贸易贷方累计 169 410 亿元，增速 5.7%，比 2018 年同期增速下降 1.5 个百分点。我国货物贸易借方增速低于贷方，如图 3 所示，2019 年 1~12 月货物贸易借方累计 134 806 亿元，比 2018 年同期上涨 1.1%。

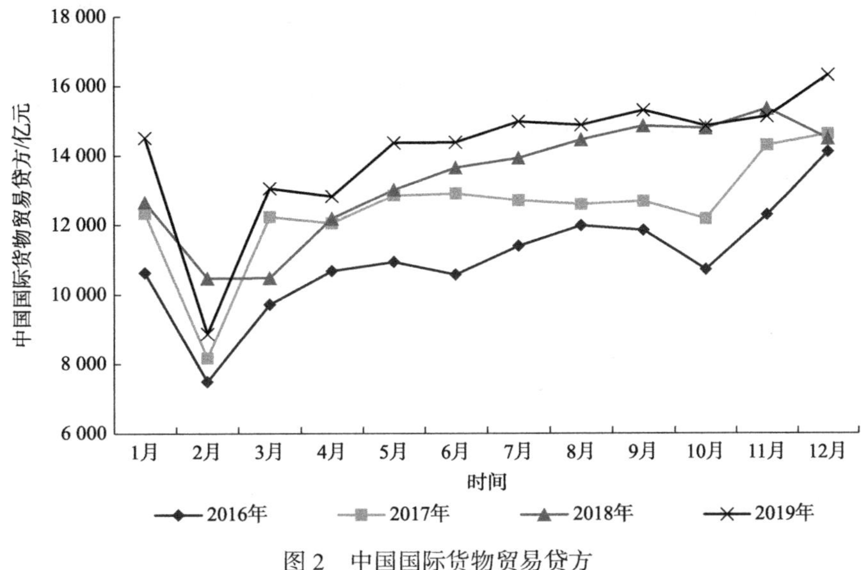

图 2　中国国际货物贸易贷方

资料来源：国家外汇管理局

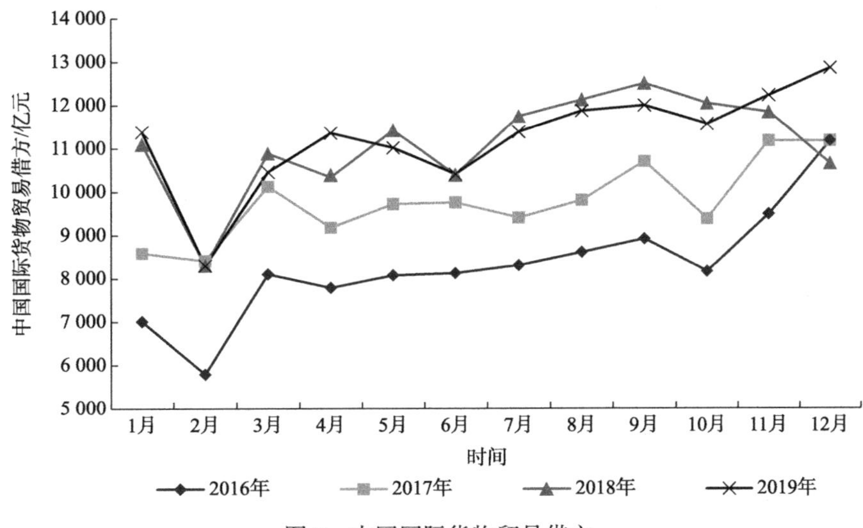

图 3　中国国际货物贸易借方

资料来源：国家外汇管理局

展望 2020 年，我国货物贸易发展面临的不确定性在下降，中美经贸磋商已经达成第一阶段协议，美方经贸政策的不确定性有所下降。但新冠肺炎疫情可能对我国外贸造成一定的冲击，预计 2020 年我国货物贸易借方和贷方都将保持正的增长速度，货物贸易仍将维持顺差，但顺差规模比 2019 年将有所下降，为 2.8 万亿元左右。

（二）服务贸易优化转型，逆差有望缩小

2019 年，我国服务贸易逆差有所缩小，1~12 月累计服务贸易逆差 17 882 亿元，比 2018 年同期缩小 1365 亿元，这是 2010 年以来我国服务贸易逆差首次缩窄。服务贸易差额受到服务贸易借方和贷方两个方面的影响，具体来看，2019 年，我国服务贸易贷方保持稳定增长，如图 4 所示，1~12 月我国服务贸易贷方 16 699 亿元，比 2018 年同期增长 8.5%，增速提高 0.9 个百分点。我国服务贸易借方不增反降，如图 5 所示，1~12 月我国服务贸易借方累计 34 581 亿元，比 2018 年同期缩减 0.2%。

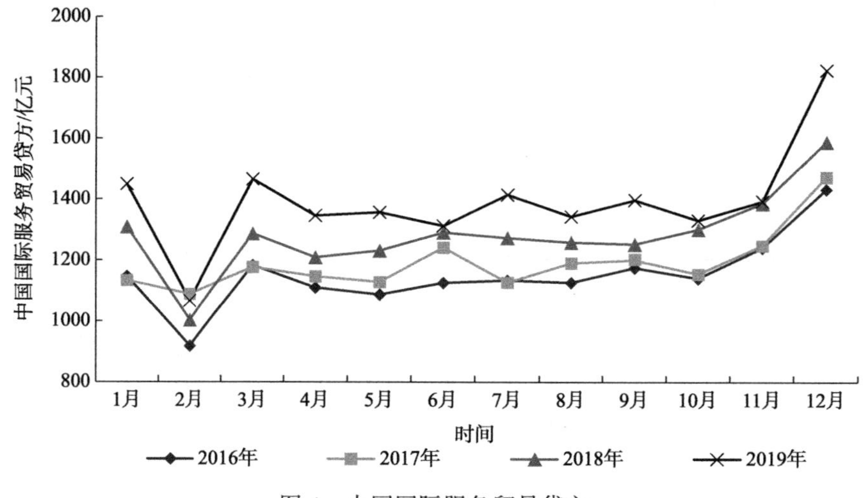

图 4　中国国际服务贸易贷方

资料来源：国家外汇管理局

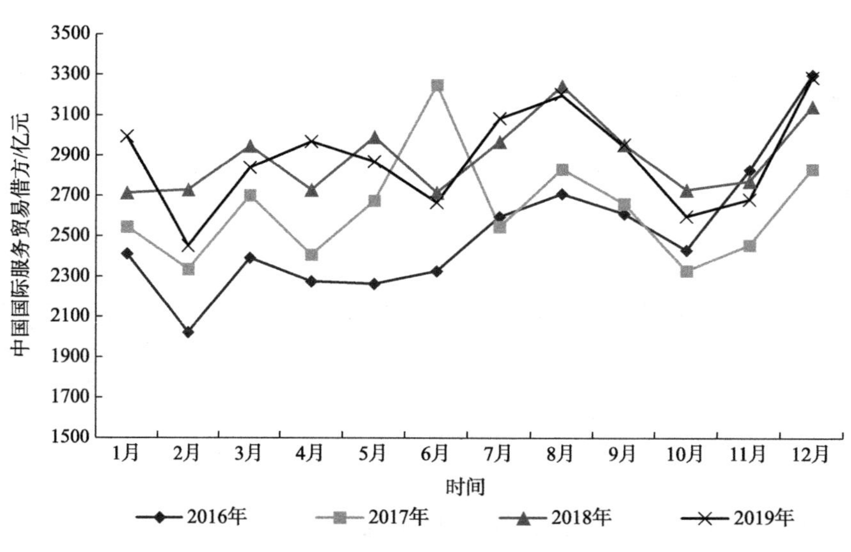

图 5　中国国际服务贸易借方

资料来源：国家外汇管理局

从服务贸易构成来看，2019 年我国服务贸易格局呈现出优化的特征：其一，长期以

来对我国服务贸易逆差贡献最大的旅行项目在 2019 年出现逆差规模缩减的特征，1~12 月，我国旅行项目逆差 14 925 亿元，比 2018 年同期缩减 747 亿元，其中，旅行项目贷方缩减 224 亿元，旅行项目借方缩减 971 亿元。

其二，我国服务贸易逆差的第二大项目运输项目在 2019 年也呈现优化态势，借方持平略降而贷方稳定增长。受此影响，1~12 月，我国运输项目逆差 4065 亿元，比 2018 年同期缩减 297 亿元；1~12 月，运输项目贷方累计增长 13.1%，连续三年保持 10%以上的正增长。运输项目贷方的增长或与我国贸易结构转变有关，近年来，特别是受到中美经贸摩擦的冲击以来，部分产业转移至东南亚国家，我国与东盟国家之间的经贸往来明显加强，与东盟国家的贸易可能更依赖于我国自己的运输服务业，从而促进了我国运输项目的优化。如图 6 所示，横轴表示 2015 年 1 月至 2019 年 11 月我国与东盟国家进出口金额占我国总进出口金额的比例（当月数据），纵轴表示同期我国运输项目贷方，可以看到，两者之间存在着非常明显的正向相关关系。

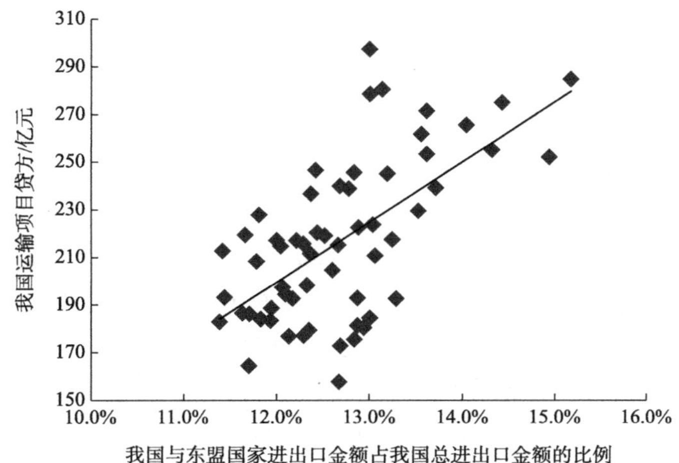

图 6　我国运输项目贷方与我国贸易结构关系

资料来源：根据 Wind 数据库数据整理

其三，从其他服务项目来看，基本保持稳定。我国的顺差项目包括加工服务，维护和维修，建设，金融服务，电信、计算机和信息服务，其他商业服务等。如图 7 所示，2019 年 1~12 月，这些顺差项目差额累计 3797 亿元，比 2018 年同期增长 229 亿元，增幅为 6.4%。我国的其他逆差项目包括保险和养老金服务，知识产权使用费，个人、文化和娱乐服务，别处未提及的政府服务等，如图 7 所示，2019 年 1~12 月，这些逆差项目差额为−2689 亿元，比 2018 年同期缩小 91 亿元。

展望 2020 年，预期我国服务贸易仍将持续优化转型，服务贸易逆差规模将不会再大幅攀升，旅行项目逆差有望缩小，运输项目改善格局将进一步持续，而其他项目仍将保持稳定。总体来看，预计 2020 年我国服务贸易逆差规模与 2019 年相比将持平略减，为 1.8 万亿元左右，服务贸易格局将持续优化。

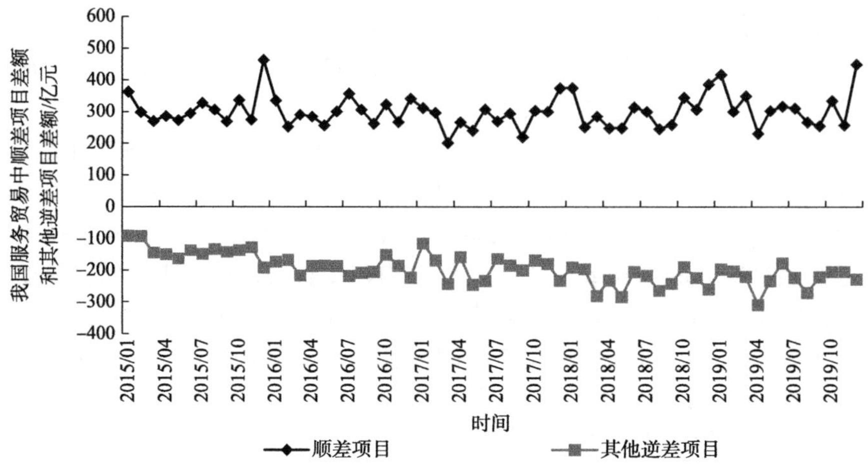

图 7　我国服务贸易中顺差项目差额和其他逆差项目差额

资料来源：国家外汇管理局

（三）直接投资稳定

2019 年我国直接投资总体保持基本稳定，根据国家外汇管理局公布的第四季度初步数，2019 年直接投资净流入 4066 亿元。从外国在华投资来看，如图 8 所示，2019 年，我国直接投资负债规模为 10 799 亿元，比 2018 年同期缩减 2558 亿元，可见我国的直接投资净流入已基本实现在较高的存量水平下的宽幅波动。从我国对外投资来看，如图 9 所示，2019 年，我国直接投资资产规模为 6733 亿元，比 2018 年增长 341 亿元。2020 年，尽管我国经济增速将可能进一步放缓，但相比其他国家而言，中国仍然是增速相对较高、经济发展前景稳定、预期较好的经济体，特别是随着我国进一步落实对外开放的经济政策，预期我国与外部经济体之间的经贸投资往来都将随之加强。预计 2020 年我国直接投资仍将保持稳定。

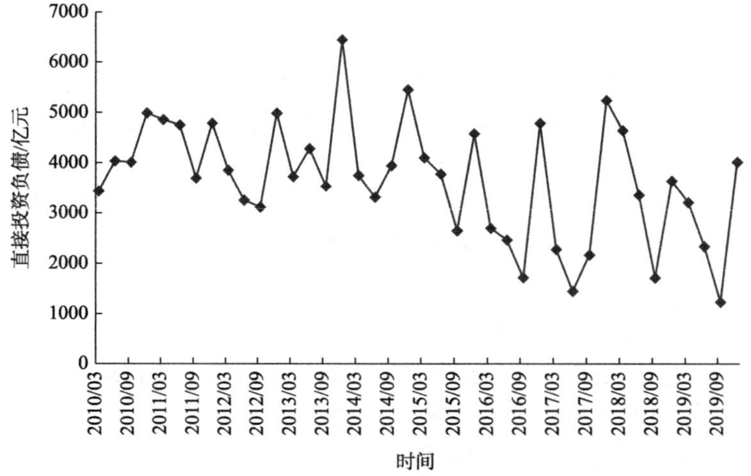

图 8　我国直接投资负债

资料来源：国家外汇管理局

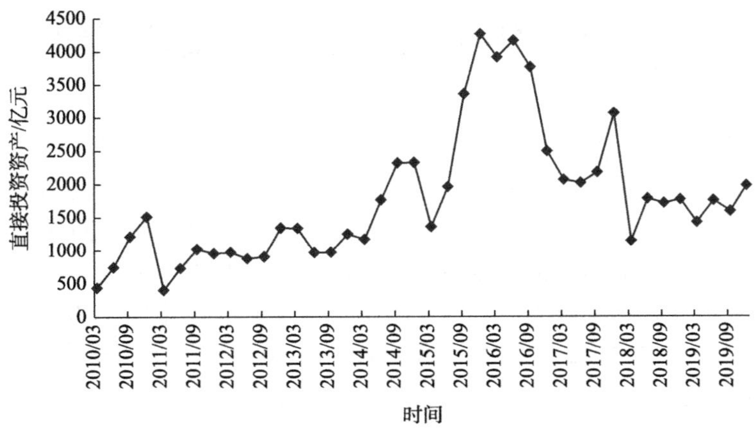

图 9 我国直接投资资产

资料来源：国家外汇管理局

（四）证券投资、其他投资等非储备金融账户的重要性逐渐加强

2019 年，我国除直接投资外的其他非储备金融账户（包含证券投资、金融衍生工具、其他投资）稳定发展，如图 10 所示，2019 年前三季度，其他非储备金融账户累计净流出资金 692 亿元。具体来看，证券投资净流入资金 2955 亿元，金融衍生工具净流出资金 68 亿元，其他投资净流出资金 3579 亿元。2020 年，随着我国对外开放度持续增强，特别是金融业对外开放进入实质性施行阶段，预期证券投资、其他投资等非储备金融账户的重要性将逐渐加强，资金流入、流出的规模都将有所增强。

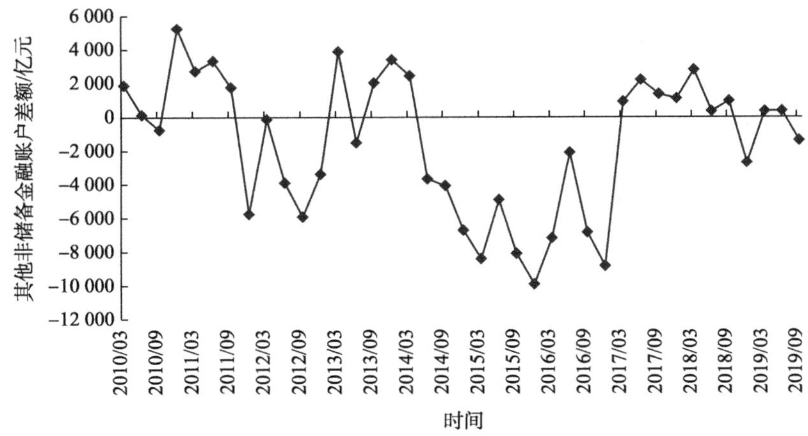

图 10 其他非储备金融账户差额

资料来源：国家外汇管理局

三、2020 年中国跨境资金流动展望

国际收支平衡表基于复式记账原则和权责发生制记录了国际经贸往来，但实际的跨境资本流动需要基于收付实现制原则记录，这体现在我国境内银行代客涉外收入支出数据中，其具体项目与国际收支平衡表相似。跨境资金收付并不一定意味着对人民币或美元的额外需求，银行结汇与售汇数据更多受到经济主体自发结售汇动机的影响，因而更为间接却能更好地反映国际收支对我国跨境资本流动和人民币汇率的影响。因此，这一部分将综合跨境资金收付数据与结售汇数据对我国 2019 年跨境资金流动状况进行分析，并结合中国科学院预测科学研究中心建立的中国跨境资金流动监测预警指标体系对 2020 年跨境资金流动状况进行展望。

2019 年，我国外汇市场供求基本平衡，跨境资金流动保持基本平稳。从银行代客涉外收付款数据来看，2019 年 1~12 月，我国银行代客涉外收入累计 249 772 亿元，支出累计 248 128 亿元，分别比 2018 年同期增加 19 586 亿元和 12 142 亿元。其中，货物和服务贸易在涉外收入中占比 71.2%，在涉外支出中占比 71.8%。以美元作为币种的交易在涉外收入中占比 68.1%，在涉外支出中占比 61.4%。从结售汇数据来看，2019 年 1~12 月，我国银行结汇 127 634 亿元，售汇 131 477 亿元，结售汇差额表现为净售汇 3843 亿元，与 2018 年相比持平略降 57 亿元。其中，银行代客净售汇 2973 亿元，比 2018 年同期扩大 1728 亿元。具体来看，货物贸易结汇 90 373 亿元，售汇 79 172 亿元，净结汇 11 201 亿元，货物贸易净结汇比 2018 年下降 3270 亿元；服务贸易结汇 7759 亿元，售汇 20 909 亿元，净售汇 13 150 亿元，服务贸易净售汇比 2018 年下降 1582 亿元。

展望 2020 年，我国跨境资金流动仍将保持稳定。影响我国跨境资本流动的主要有两个方面的因素：一是国际收支状况决定的基本面因素；二是人民币汇率波动等预期因素。

从基本面因素来看，我国经济拥有足够的韧性和强大的潜力，经济稳定发展、长期向好的趋势不会发生改变，这将为国际收支的稳定提供强大支撑，预计 2020 年我国国际收支仍将保持基本稳定，这将为人民币汇率和跨境资金流动的稳定提供良好的基础。根据前面的分析，2020 年，在全球经济和贸易增长疲弱的背景下，主要经济体的货币政策相对宽松，为全球提供了相对宽裕的流动性环境，这加大了跨境资金流动的可能性。2020 年，中美经贸摩擦带来的不确定性仍然是影响我国国际收支稳定和跨境资金流动的重要因素，这一方面体现在对进出口贸易的直接冲击上，另一方面则体现在直接投资、证券和金融投资等金融账户上。和美国发起对华贸易摩擦相比，我国许多对外的政治经济措施可能更加着眼于长期良好的国际贸易经济金融格局的构建，如与多国的自贸协定谈判、国内自贸区的发展、海南岛的进一步开放等，这些政策对国际收支和跨境资本流动必然产生影响，但这些影响可能是缓慢的、渐进的。

从市场基本面来看，人民币汇率形成机制更加完善，汇率弹性增强，市场参与主体在外汇市场上的行为更加理性有序。从人民币汇率波动及相关预期因素来看，2019 年，人民币汇率整体呈现先升后降的波动态势。如图 11 所示，中国外汇交易中心（China Foreign Exchange Trade System，CFETS）人民币汇率指数与参考特别提款权（special drawing right，

SDR）货币篮子和参考国际清算银行（Bank for International Settlements，BIS）货币篮子的人民币汇率指数走势接近。以CFETS人民币汇率指数为例，2018年底为93.28点，2019年4月最高涨至95.70点，至2019年底为91.39点，比2018年底下降1.89个点。人民币实际有效汇率指数的走势进一步印证了人民币汇率稳定波动的事实，如图12所示，2019年11月，人民币实际有效汇率指数为122.68，比2018年底提高1.59；但受到中美经贸摩擦的影响，美元对人民币汇率在2019年12月为7.01，比2018年底贬值1.9%。展望2020年，全球央行开启降息潮，多国央行推行负利率，将进一步压低无风险利率，而我国的债券等大类资产仍有相对较高的收益率，加大我国资产的吸引力，将有利于支撑人民币汇率。展望2020年，预期人民币汇率仍将保持基本稳定。在中美经贸不确定性下降、中国经济持续稳定发展、美元国际货币地位和国际信心仍显坚挺的背景下，人民币对美元并不存在大幅度升值或贬值的压力，预期人民币对美元汇率的中枢值将在6.8~7.1波动。

图11　人民币汇率指数周度值

资料来源：数据来自Wind数据库或根据Wind数据库数据整理

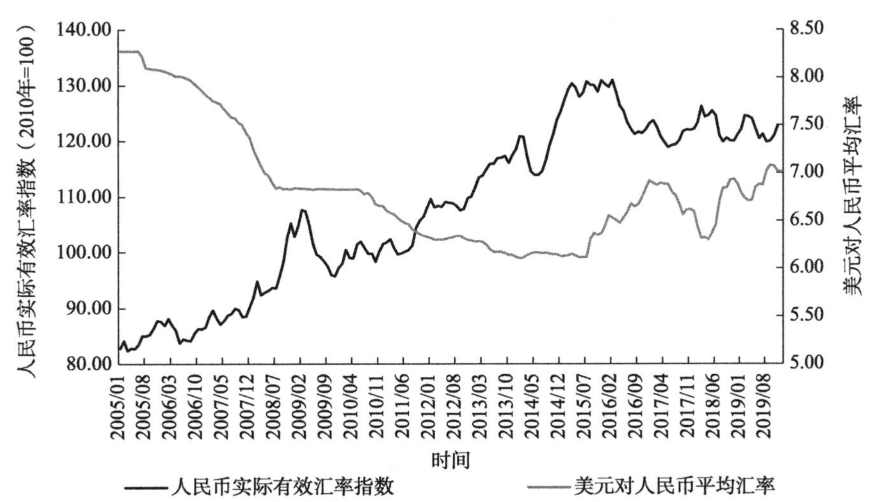

图12　人民币实际有效汇率指数与美元对人民币平均汇率

资料来源：数据来自Wind数据库或根据Wind数据库数据整理

考虑到经常账户的顺差格局和基本稳定的人民币汇率，预计 2020 年我国跨境资金流动将保持基本稳定，银行结售汇将继续保持平衡。

根据中国科学院预测科学研究中心构建的中国跨境资金流动预警指标体系，从表征当前我国跨境资金流动状况的一致合成指数来看，如图 13 所示，根据截至 2019 年 12 月的数据，2019 年 12 月，我国跨境资金流动一致合成指数为 87.7，比 11 月略降 0.1，比近期最低点（2019 年 4 月）高 2.3，比近期最高点（2017 年 10 月）低 3.5，表明当前我国并不存在明显的跨境资金流出或流入压力。从具有 3~5 个月预警期的先行合成指数来看，2019 年 12 月，先行合成指数为 93.0，比上个月回升 1.0，已连续 7 个月回升。结合扩散指数来看，先行扩散指数自 2017 年 12 月跌下 50 线以来一直在 50 线以下，于 2019 年 7 月上穿 50 线并一直上行，这意味着我国跨境资金流出趋势已出现拐点，未来存在流入可能。综合判断，2020 年上半年我国并不存在较大的跨境资金流出压力，跨境资金流动将基本保持平衡。

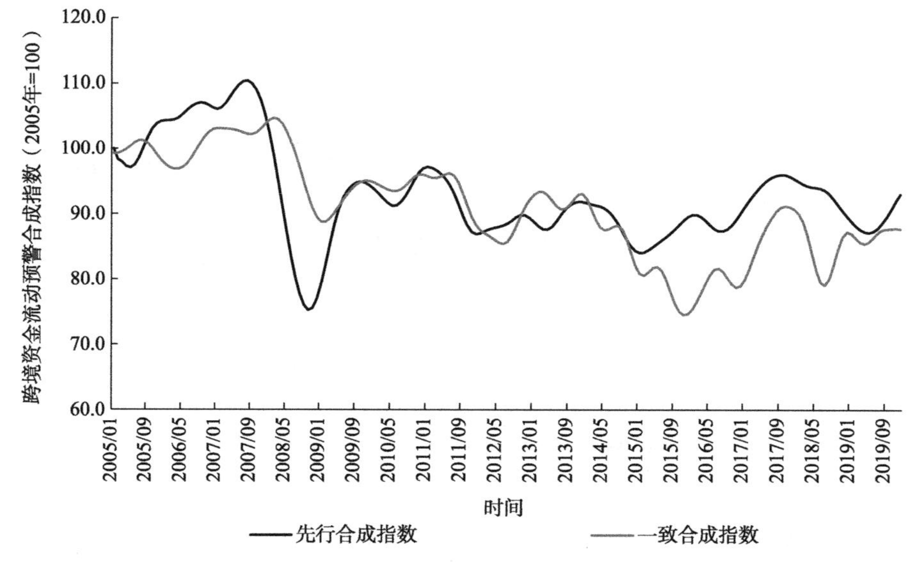

图 13　我国跨境资金流动预警合成指数

资料来源：根据中国科学院预测科学研究中心跨境资金流动监测预警系统测算

四、政策建议

2020 年初新冠肺炎疫情的暴发给我国经济系统短期带来了较大的压力，但并不会改变我国经济长期向好的基本面格局，因此，对我国国际收支稳定的影响是有限的，这从疫情暴发后人民币汇率基本稳定的走势也可以看出。但是，疫情形势仍然存在着较大的不确定性，若疫情不能得到有效控制或再次蔓延扩散，也可能拖累我国经济较长的一段时间，进而影响我国的外贸和投资。为更好地应对复杂多变的国际形势，提出以下四个方面政策建议。

一是保持外汇管理政策的连续性、稳定性，保障各个市场主体的用汇需求，与此同时，应该进一步扩大开放，以确定性的对外开放政策应对不确定的中美贸易摩擦演化情景。

二是扩大贸易收支便利化试点，支持区域开放创新和特殊区域建设。利用与东盟等国贸易加强的契机推进服务贸易发展，特别是运输、金融等服务贸易项目，以加快我国服务贸易结构的优化转型，并间接加强我国与东盟国家的经贸往来。

三是稳妥有序推进资本项目开放，落实直接投资领域准入前国民待遇加负面清单管理，完善合格境外机构投资者制度，深化跨国公司资金集中运营管理。利用贸易区域结构转型的契机，积极推进人民币跨境结算，增加人民币作为结算货币在国际贸易中的使用，夯实人民币国际化基础。

四是扩大开放的同时防范跨境资本流动风险，加强国际收支和跨境资本流动的监管，放松管制与加强监管同步，维护健康、稳定、良性的外汇市场秩序。

行业经济景气分析与预测

2020年中国农业生产形势分析与展望[①]

杨翠红　高　翔　陈锡康　姜青言　张　瑜

报告摘要：2019年，农业种植结构进一步优化，粮食播种面积稳定略减；气候条件适宜，没有出现大范围灾情，粮食单产水平提高；全国粮食产量持平略增，再创历史最高水平。全国粮食总产量13 277亿斤（1斤=0.5千克），比2018年增加119亿斤，增长0.9%。谷物产量12 274亿斤，比2018年增加73亿斤，增长0.6%。分季节来看，全国夏粮总产量2835亿斤，比2018年增加58.6亿斤，增幅2.1%；早稻总产量525亿斤，比上年减少46.5亿斤，减幅8.1%；秋粮产量9919亿斤，增产109亿斤，增幅1.1%。在棉花方面，2019年全国棉花产量588.9万吨，比2018年减少21.3万吨，下降3.5%。棉花种植结构进一步向优势区域新疆棉区集中，新疆棉花产量占全国的84.9%，比上年提高1.2个百分点。在油料方面，2019年我国油料种植面积1293万公顷，增加6万公顷，油料产量3495万吨，增幅1.8%。

展望2020年，我们对粮食、棉花和油料的主要分析和预测如下。

第一，预计2020年我国粮食播种面积可能将持平略增。如果天气正常，不出现大的自然灾害，且在中国粮食进口配额不出现大幅提高的情况下，预计2020年全年粮食产量将持平略增。其中，夏粮增产，秋粮产量将持平略增，早稻产量增加。2020年我国粮食生产既有有利因素的支持，又面临着一些不利因素的严峻考验。有利条件主要为：中央和各省市继续重视和加强对农业改革与粮食生产的支持力度；我国粮食生产基本面良好，为长期稳定粮食产量打下坚实基础；农业科技发展将继续助推我国部分粮食提高单产；中美贸易摩擦缓解国内粮食价格与进口到岸完税价格倒挂现象；小麦、稻谷将继续实行最低收购价政策等，这些因素将对粮农的种粮积极性有所刺激。不利因素为：粮价上升乏力，种植成本再度攀升，农民种粮收益难以得到有效改善；农业供给侧结构性改革或进一步调减高产作物面积；当前中美贸易摩擦暂时缓解，中国或将自美国进口大量农产品等。

第二，预计2020年我国棉花播种面积将减少，棉花产量将持平略减。主要依据为：棉花价格从2019年5月开始出现阶梯式回落，目前已回落至2016年中棉花价格反弹前水平，不利于维持棉农种植积极性；棉花进口替代进一步扩大，或将持续冲击国产棉花销售市场；中美贸易摩擦加速国际纺织服装行业格局重构，我国纺织服装出口同比下降将影响棉花产业；棉花种植区域结构进一步调整，新疆棉区高产将有效带动棉花增产；受中美贸易摩擦缓和影响，我国棉花下游产品出口将迎来一定程度回升。

---

① 本报告得到国家自然科学基金（项目编号71988101，61873261，1673269）的资助，特此致谢！

第三，预计 2020 年我国油料播种面积将持平略增，其中油菜籽播种面积减少，花生播种面积略增。如果后期天气正常，预计油料产量将持平略增。主要依据有：油菜籽价格总体呈小幅下降趋势，种植收益仍不乐观，难以刺激农民的种植积极性，预计 2020 年油菜籽播种面积减少；花生价格持续走高，农民种植花生的收益可观，预计 2020 年花生播种面积将略增。

为保证 2020 年及今后农业生产形势的稳定发展，本报告提出如下建议。

（1）建议坚持“以我为主、立足国内、确保产能、适度进口、科技支撑”的粮食安全观。当前及未来较长一段时期，国际政治经济形势的不确定性将会增强，中美贸易摩擦或将在中长期持续甚至升级。对于粮食这一关乎民生基本的战略性物资，需要严控各类风险，坚持“以我为主、立足国内、确保产能、适度进口、科技支撑”的粮食安全观，做到“中国人要把饭碗端在自己手里”。

（2）建议坚持“粮食的生产能力是粮食安全最核心保障”的基本方针，从稳定粮食播种面积、加快农业科技创新、推动粮食的规模生产等多个层面提升我国粮食的综合生产能力和粮食竞争力。

（3）建议在疫情可控的前提下尽可能减少疫情对粮食生产的影响。确保各地方贯彻落实已出台的相关政策，建立健全政策执行监督机制，在控制疫情的前提下，切实保障农业生产资料的供应和农业生产的正常运行。

一、2019 年中国农业生产形势回顾

（一）2019 年，我国粮食产量持平略增。其中，夏粮产量持平略增，早稻产量下降，秋粮产量持平略增

2019 年，农业种植结构进一步优化，粮食播种面积稳定略减；气候条件有利于粮食生产，没有出现大范围灾情，粮食单产水平提高；全年粮食产量持平略增，再创历史最高水平。

根据国家统计局发布的数据[①]，2019 年全国粮食播种面积 174 095 万亩（1 亩≈0.067 公顷），比 2018 年减少 1462 万亩，减少 0.8%。其中谷物播种面积 146 771 万亩，比 2018 年减少 2736 万亩，下降 1.8%。全国粮食总产量 13 277 亿斤，比 2018 年增加 119 亿斤，增长 0.9%。其中，谷物产量 12 274 亿斤，比 2018 年增加 73 亿斤，增长 0.6%。全国粮食单位面积产量 381 公斤/亩（1 公斤=1 千克），比 2018 年增加 6.6 公斤/亩，增长 1.8%。其中谷物单位面积产量 418 公斤/亩，比 2018 年增加 10.1 公斤/亩，增长 2.5%。

① 国家统计局关于 2019 年粮食产量数据的公告. http://www.stats.gov.cn/tjsj/zxfb/201912/t20191206_1715827.html[2019-12-06].

分季节看，2019 年夏粮和秋粮产量略增，早稻产量下降。2019 年全国夏粮播种面积、单位面积产量、总产量如下①：全国夏粮播种面积 39 531 万亩，比 2018 年减少 523.3 万亩，下降 1.3%。其中，谷物播种面积 35 120 万亩，比 2018 年减少 650.2 万亩，下降 1.8%。全国夏粮单位面积产量 358.6 公斤/亩，比 2018 年增加 12.0 公斤/亩，增长 3.5%。其中谷物单位面积产量 377.2 公斤/亩，比 2018 年增加 14.1 公斤/亩，增长 3.9%。全国夏粮总产量 2835 亿斤，比 2018 年增加 58.6 亿斤，增长 2.1%。其中，谷物产量 2650 亿斤，比 2018 年增加 52.2 亿斤，增长 2.0%。

国家统计局发布的全国早稻生产数据显示②，2019 年全国早稻播种面积 6675 万亩，比 2018 年减少 512.0 万亩，下降 7.1%。全国早稻单位面积产量 393 公斤/亩，比 2018 年减少 4.3 公斤/亩，下降 1.1%。全国早稻总产量 525 亿斤，比 2018 年减少 46.5 亿斤，下降 8.1%。

2019 年，全国秋粮产量为 9919 亿斤，比 2018 年增产 110 亿斤，增长 1.1%。此外，分地区来看，内蒙古和东北地区粮食在 2018 年因灾减产的基础上，恢复性增产较多，共计增产 116 亿斤，占全国粮食增加量的 97.2%③。粮食生产结构进一步优化：低质低效的早稻面积持续调减，优质高效单季稻面积持续增加；非优势区的稻谷、玉米播种面积进一步调减，生产进一步向优势区域集中；全国优质专用小麦种植比例提高，优质稻谷种植面积扩大，大豆种植面积大幅增加。

（二）2019 年我国棉花播种面积、产量均持平略减，棉花种植结构持续向新疆集中

根据国家统计局发布的数据④⑤，2019 年全国棉花种植面积为 5008.8 万亩，比 2018 年减少 22.8 万亩，下降 0.5%；全国棉花产量 588.9 万吨，比 2018 年减少 21.3 万吨，下降 3.5%。棉花种植结构进一步向优势区域新疆棉区集中，最大产棉区新疆的棉花种植面积比 2018 年增加 73.8 万亩，增长 2.0%，占全国的比重达 76.1%，较上年提高 1.8 个百分点。新疆棉花产量占全国的 84.9%，比上年提高 1.2 个百分点。其他棉区受种植效益和农业结构调整等因素的影响，棉花种植面积比 2018 年减少 96.6 万亩，下降 7.5%。其中长江流域棉区种植面积比 2018 年减少 48.6 万亩，下降 8.7%；黄河流域棉区种植面积比 2018 年减少 42.2 万亩，下降 6.2%。

---

① 国家统计局关于 2019 年夏粮产量数据的公告. http://www.stats.gov.cn/tjsj/zxfb/201907/t20190712_1675926.html[2019-07-13].

② 国家统计局关于 2019 年早稻产量数据的公告. http://www.stats.gov.cn/tjsj/zxfb/201908/t20190826_1693486.html[2019-08-26].

③ 解读：2019 年全国粮食产量再创新高. http://www.stats.gov.cn/tjsj/zxfb/201912/t20191206_1716156.html[2019-12-06].

④ 国家统计局关于 2019 年棉花产量的公告. http://www.stats.gov.cn/tjsj/zxfb/201912/t20191217_1718007.html[2019-12-17].

⑤ 国家统计局农村司高级统计师黄秉信解读棉花生产情况. http://www.stats.gov.cn/tjsj/sjjd/201912/t20191217_1718008.html[2019-12-17].

2019 年棉花的减产主要是由灾害性气候导致的单产下降。全国棉花单位面积产量 117.6 公斤/亩，比 2018 年减少 3.7 公斤/亩，下降 3.1%。其中，最大产棉区新疆的棉花单位面积产量 131.3 公斤/亩，比上年减少 5.5 公斤/亩，下降 4.0%。

（三）2019 年油料播种面积持平略增，油料总产量持平略增

根据国家统计局发布的数据①，2019 年全国油料种植面积 1293 万公顷，增加 6 万公顷。油料产量 3495 万吨，增产 1.8%。2018 年 8 月~2020 年 1 月，花生价格在前期震荡下跌后开始反弹，整体呈震荡上升趋势（图 1）。受价格、利润双利好驱动，以及之前年份种植结构调整引起花生种植面积不断增长的影响，预计 2019 年我国花生种植面积、产量将持平略增。

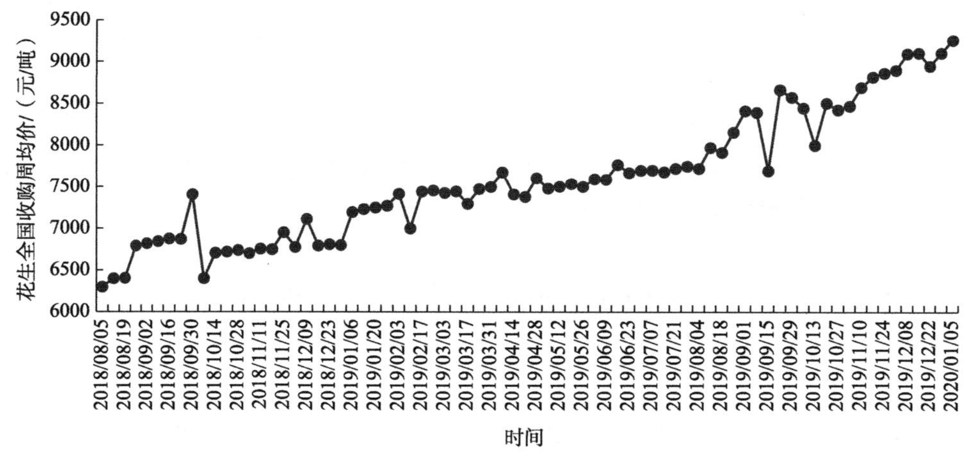

图 1　2018 年 8 月~2020 年 1 月花生全国收购周均价走势图

近年来一直处于疲弱状态的国内油菜籽价格在 2018 年 8 月后仍未有起色，整体仍呈震荡下跌趋势（图 2）。2015 年我国取消了油菜籽托市收购政策之后，油菜籽市场表现疲软且走货缓慢，农民种植油菜籽的积极性减弱。近年来，我国油菜籽种植面积、产量和价格逐年下降，但国内油菜籽价格与进口油菜籽完税到岸价格依然倒挂，农民种植积极性难以提振。根据农业农村部发布的《2019 年 8 月大宗农产品供需形势分析月报》，8 月，9%关税下的加拿大油菜籽到我国口岸的税后价格每斤 1.75 元，比国内油菜籽进厂价每斤低 0.59 元，价差比上月缩小 0.02 元。预计 2019 年我国油菜籽播种面积将持平，但产量可能持平略增。

① 中华人民共和国 2019 年国民经济和社会发展统计公报. http://www.stats.gov.cn/tjsj/zxfb/202002/t20200228_1728913.html[2020-02-28].

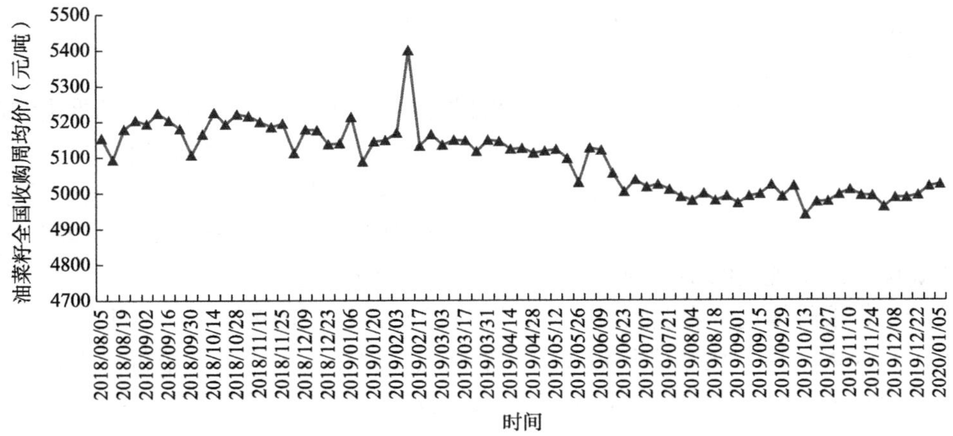

图 2 2018 年 8 月~2020 年 1 月油菜籽全国收购周均价走势图

资料来源：根据中华粮网（https://price.sinograin.com.cn/sinoprice/price.aspx）数据整理

二、2020 年中国农业生产形势分析与预测

（一）2020 年粮食生产形势分析与预测

由于目前农业生产的判断还缺乏资料，很多粮食作物在 2020 年的种植趋势尚存在严重不确定性。初步预计 2020 年我国粮食播种面积可能将持平略增。如果天气正常、不出现大的自然灾害，且在中国粮食进口配额不出现大幅提高的情况下，预计 2020 年全年粮食产量将持平略增。其中，夏粮增产，秋粮产量将持平略增，早稻产量增加。

2020 年我国粮食生产的有利条件有以下几个方面。

（1）中央继续重视和加强对农业改革和粮食生产的支持力度。

2018 年 12 月 19~21 日，中央经济工作会议在北京召开，会议指出："扎实推进乡村振兴战略。要坚持农业农村优先发展，切实抓好农业特别是粮食生产，推动藏粮于地、藏粮于技落实落地，合理调整'粮经饲'结构，着力增加优质绿色农产品供给。"①2019 年 3 月 8 日，习近平总书记在参加第十三届全国人民代表大会第二次会议河南代表团审议时指出"要扛稳粮食安全这个重任。确保重要农产品特别是粮食供给，是实施乡村振兴战略的首要任务""稳步提升粮食产能，在确保国家粮食安全方面有新担当新作为""要推进农业供给侧结构性改革。发挥自身优势，抓住粮食这个核心竞争力，延伸粮食产业链、提升价值链、打造供应链，不断提高农业质量效益和竞争力，实现粮食安全和现代高效农业相统一"。②

① 中央经济工作会议在北京举行 习近平李克强作重要讲话. http://news.cctv.com/2018/12/21/ARTI93Cwl0GAzC5dJpsxF9Aj181221.shtml?spm=C94212.PZmRfaLbDrpt.S83334.1[2018-12-25].

② "跟总书记上两会"系列三 感悟习近平"两会时间"里的"三农"情怀. http://cpc.people.com.cn/n1/2019/0309/c164113-30966319.html[2020-05-25].

每年的中央一号文件体现了中央对农业的重视。2004~2019 年，中央连续十六年发布以“三农”为主题的中央一号文件，强调“三农”问题在我国社会主义现代化时期的重中之重地位。2015~2017 年的中央一号文件聚焦农业供给侧结构性改革的推进和深入；2018 年的中央一号文件针对乡村振兴战略的实施给出相关意见；2019 年的中央一号文件对巩固发展农业农村好形势，确保顺利完成到 2020 年承诺的农村改革发展目标任务进行了全面部署；2020 年的中央一号文件题为《中共中央 国务院关于抓好“三农”领域重点工作确保如期实现全面小康的意见》，继续聚焦三农问题。

政府工作报告体现了农业农村支持政策的有效落实。2019 年 3 月 5 日，在第十三届全国人民代表大会第二次会议开幕式上，李克强总理作了政府工作报告，报告中指出：“抓好农业特别是粮食生产。近 14 亿中国人的饭碗，必须牢牢端在自己手上。要稳定粮食产量，新增高标准农田 8000 万亩以上。稳定生猪等畜禽生产，做好非洲猪瘟等疫病防控。加快农业科技改革创新，大力发展现代种业，实施地理标志农产品保护工程，推进农业全程机械化。培育家庭农场、农民合作社等新型经营主体，加强面向小农户的社会化服务，发展多种形式规模经营。支持返乡入乡创业创新，推动一二三产业融合发展。务工收入是农民增收的大头。要根治农民工欠薪问题，抓紧制定专门行政法规，确保付出辛劳和汗水的农民工按时拿到应有的报酬。”[①]

（2）我国粮食生产基本面良好，为长期稳定粮食产量打下坚实基础。

国家统计局农村司高级统计师黄秉信 2018 年 8 月 24 日发布报告[②]，对我国粮食生产基本面进行了分析。报告称：“在新的历史时期，党中央依据农业生产情况的新变化，提出了‘以我为主、立足国内、确保产能、适度进口、科技支撑’的粮食安全新战略，确立了‘谷物基本自给，口粮绝对安全’的国家粮食安全新目标，持续加大对农业生产的投入支持力度，不断改革完善强农惠农富农政策体系，粮食综合生产能力再上新台阶，取得新突破，国家粮食安全的能力显著提高、物质基础更加雄厚。”

根据该报告的相关分析，目前我国粮食生产基本面良好，主要体现在以下几个方面：一是目前我国实行最严格的耕地保护制度，有底气实现“藏粮于地”；二是我国农田水利条件明显改善，奠定稳产高产基础；三是农业机械普遍使用，农业生产机械化率较高；四是我国农业科技进步加快，科技驱动作用增强；五是我国新型农业经营主体蓬勃发展，规模经营发展迅速；六是我国农业供给侧结构性改革深入推进，农业生产向提质增效转变。

在这些良好基本面的支撑之下，加上党中央和国务院对农业生产的重视，以及全国人民的共同努力，我国粮食生产仍将继续保持平稳健康发展。

（3）农业科技发展将继续助推我国部分粮食提高单产。

《2019 年种植业工作要点》中指出，“巩固提高生产能力。配合做好粮食生产功能区和重要农产品生产保护区划定工作，确保按期完成 10.58 亿亩划定任务。加快建设集

① 十三届全国人大二次会议开幕会 文字实录. http://www.xinhuanet.com/politics/2019lh/zb/20190305b92977/index.htm [2019-03-05].

② 黄秉信：我国粮食生产基本面良好. http://www.stats.gov.cn/tjsj/sjjd/201808/t20180824_1618790.html[2018-08-24].

中连片、旱涝保收、稳产高产、生态友好的高标准农田，优先建设口粮田，全年新增高标准农田8000万亩以上，到2020年确保建成8亿亩高标准农田”。

2018年12月29日，国务院发布的《国务院关于加快推进农业机械化和农机装备产业转型升级的指导意见》指出“到2020年，农机装备产业科技创新能力持续提升，主要经济作物薄弱环节‘无机可用’问题基本解决。全国农机总动力超过10亿千瓦，其中灌排机械动力达到1.2亿千瓦”“全国农作物耕种收综合机械化率达到70%，小麦、水稻、玉米等主要粮食作物基本实现生产全程机械化”“到2025年，农机装备品类基本齐全，重点农机产品和关键零部件实现协同发展，产品质量可靠性达到国际先进水平，产品和技术供给基本满足需要，农机装备产业迈入高质量发展阶段。全国农机总动力稳定在11亿千瓦左右，其中灌排机械动力达到1.3亿千瓦”“全国农作物耕种收综合机械化率达到75%，粮棉油糖主产县（市、区）基本实现农业机械化”。

除了农业机械科技的发展，种业培育技术的创新也将为我国粮食单产添油助力。2019年10月12日，袁隆平接受包括长沙晚报在内的省内外媒体联合采访时表示：“突破亩产记录是无止境的，现在我们的超级稻正向亩产1200公斤，也就是每公顷产量十八吨进军，我在有生之年还要冲击超级稻每公顷20吨大关。”①

在这些农业科技持续发展的推动下，我国粮食单产有望更上一层楼，对保障我国粮食安全和粮食自给水平做出重要贡献。

（4）2019年中美贸易摩擦加剧，对美农产品进口相关措施成为中国主要反制手段，倒逼了国内对粮食安全的重视程度，缓解了国内粮食价格与进口到岸完税价格倒挂现象。

2019年，中美贸易摩擦进一步加剧。由于美国是我国农产品进口（尤其是大豆、玉米等）的主要进口源之一，对美农产品进口的相关措施成为中国的主要反制手段之一。2019年8月6日，国务院关税税则委员会声明称对8月3日后新成交的美国农产品采购暂不排除进口加征关税，中国相关企业已暂停采购美国农产品。另外，中美贸易摩擦的加剧也进一步提高了我国对粮食安全（尤其是大豆）的重视程度。2019年中央一号文件明确提出实施大豆振兴计划后，农业农村部办公厅制定了《大豆振兴计划实施方案》，振兴目标为到2020年，全国大豆种植面积达到1.4亿亩，全国大豆平均亩产力争达到135公斤，食用大豆蛋白质含量、榨油大豆脂肪含量力争分别提高1个百分点。

由于中国对自美农产品进口加征反制关税，国内粮食价格与进口粮食到岸完税价格倒挂现象得到缓解。以小麦为例，2019年10月31日我国小麦的市场价平均约为2315元/吨，而2019年10月31日美国2号软红冬小麦11月交货的离岸价格（free on board，FOB）为227.5美元/吨，合人民币1605元/吨，但受对美进口商品加征关税的影响，美国小麦到岸税后价约为2779元/吨，略高于国内小麦市场价。但值得注意的是，尽管由于对美进口商品加征关税，国内粮价与美国小麦到岸税后价格倒挂的现象有所缓解，但国内小麦价格与国外小麦价格差距依然巨大，我国小麦价格比美国国内价格高44.2%。因此，在这种背景下，面临加征关税的进口企业将首选更换进口来源地进行进口替代，而非选择国内小麦进行替代，这将削弱我国农业生产因中美贸易战所获得的利好。

① 90后袁隆平：有生之年冲击超级稻每公顷20吨大关. https://www.icswb.com/h/100104/20191012/624461.html[2019-10-12].

（5）小麦、稻谷将继续实行最低收购价政策。

2019 年 10 月 12 日，国家发展和改革委员会公布 2020 年国家继续在小麦主产区实行最低收购价政策。综合考虑粮食生产成本、市场供求、国内外市场价格和产业发展等因素，经国务院批准，2020 年生产的小麦（三等）最低收购价为 112 元/50 公斤，保持 2019 年水平不变。2020 年 2 月 18 日，国务院常务会议召开，会议指出，2020 年稻谷最低收购价保持稳定，视情可适当提高。鼓励有条件的地区恢复双季稻。

国家发展和改革委员会、国家粮食局 2016 年 10 月 13 日印发的《粮食行业“十三五”发展规划纲要》(以下简称《纲要》)提出，“十三五”期间要“继续执行并完善稻谷、小麦最低收购价政策，积极稳妥推进玉米收储制度改革，调整完善大豆目标价格政策，完善油菜籽收购政策”。针对改革完善粮食收购制度，《纲要》提出，“稳步推进粮食收购资金来源多元化，满足粮食收购资金需求”“适应粮食生产组织方式变化，创新粮食收购方式，引导企业与种粮大户、家庭农场、农民合作社等新型粮食生产经营主体对接，开展订单收购、预约收购、代收代储、代加工等个性化服务，构建渠道稳定、运行规范、方便农民的新型粮食收购网络体系。依法开展粮食收购资格审核，规范收购秩序”。

最低收购价的实行将保证农民种粮的基本收益，为粮农的种粮积极性打下一剂强心针。同时，最低收购价的调整也将更好地发挥市场机制作用，进一步激发市场活力，引导粮食供给结构优化，使我国粮食生产更具竞争力，保障我国粮食安全。

粮食生产的不利因素有以下几个方面。

（1）截至 2019 年 10 月，粮食价格基本稳定但上涨乏力，粮农的种粮积极性得以维持但难以提振。

2018 年 11 月~2020 年 2 月，粮食主产区的三种粮食价格均总体稳定运行（图 3）。2020 年 2 月 9 日，全国小麦、玉米、粳稻收购周均价分别为 2368.61 元/吨、1885.19 元/吨和 2706.91 元/吨，比 2019 年 2 月 3 日分别下降 2.3%、上涨 0.5%和下降 7.2%。从 2019 年全年来看，三种粮食的价格走势总体较为稳定，小麦价格在 2019 年 6 月上旬出现小幅阶梯式下滑后保持稳定，并于 10 月底开始逐渐回升；玉米价格呈周期性稳定波动；粳稻价格整体呈下降趋势但幅度较小。一方面，粮价的稳定有利于维持农民的种粮积极性，从而保证粮食种植面积不会出现较大波动；但另一方面，粮食价格上涨乏力，甚至出现小幅下降趋势，粮农的种粮积极性难以得到提振。

（2）粮价上升乏力，种植成本再度攀升，压缩农民种粮收益。低收益将持续挫伤粮农生产积极性。

根据《全国农产品成本收益资料汇编 2019》资料，2018 年我国三种粮食（稻谷、小麦和玉米）每 50 公斤主产品平均出售价格为 109.66 元，比 2017 年下降 1.72%，亩均产值为 1008.18 元，比 2017 年下降 5.69%，降幅较大。其中，小麦由于天气条件较差，单产降幅较高，亩均产值下降 15.8%；玉米和稻谷亩均产值分别下降 3.62%和 3.96%。与此同时，三种粮食的亩均总成本为 1093.77 元，较上年增长 1.13%。亩均产值的下降与亩均成本的上升压缩了粮农的种粮收益。2018 年三种粮食的全国亩均现金收益为 481.69 元，比 2017 年减少 76.85 元，降幅为 13.76%；亩均净利润亏损 85.59 元，相比 2017 年亩均净利润亏损 12.53 元，亏损大幅提高。

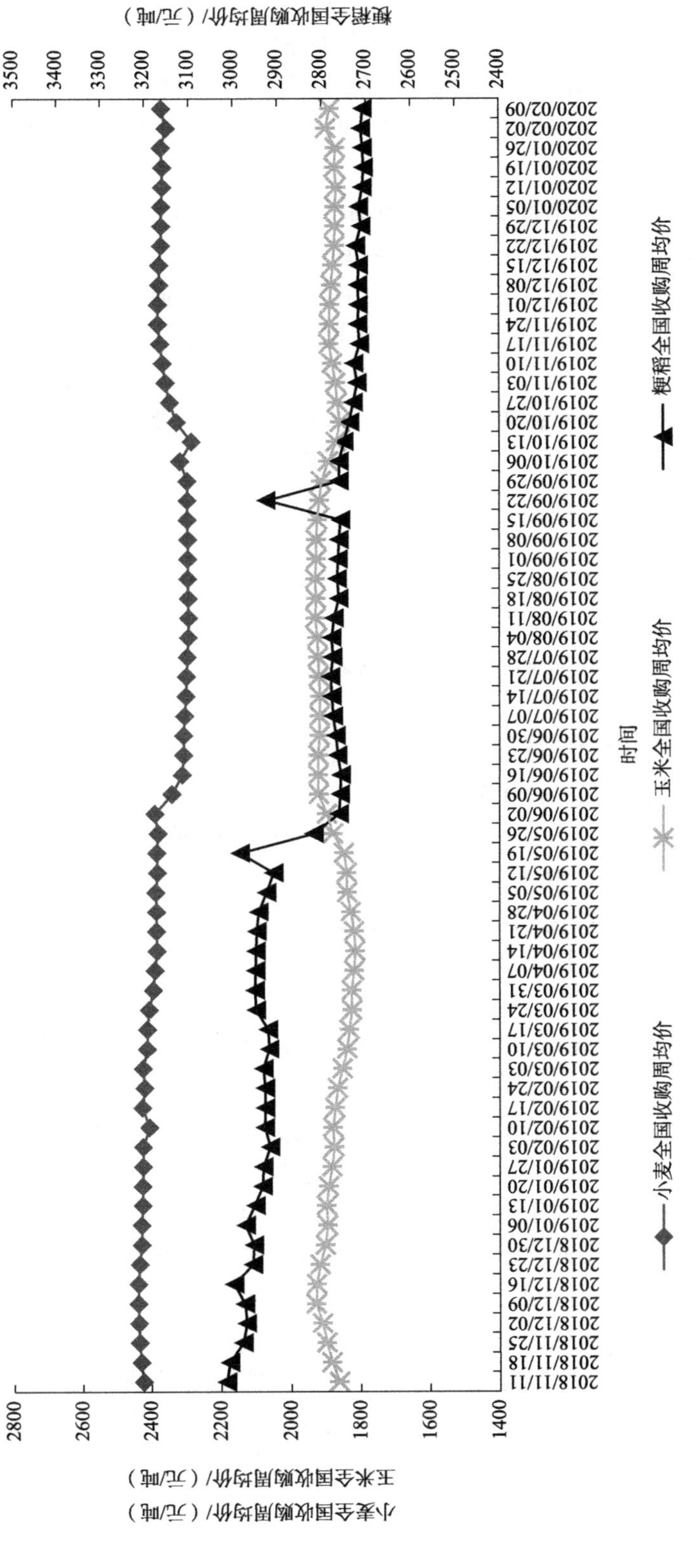

图3　2018年11月~2020年2月三种主要粮食全国收购周均价走势图

资料来源：根据中华粮网（https://price.sinograin.com.cn/sinoprice/price.aspx）数据整理

和其他作物相比，我国粮食生产的机会成本较高。2018 年我国三种粮食亩均现金收益低于种植棉花的亩均现金收益 777.29 元，低于两种油料的亩均现金收益 696.12 元。2019 年，我国粮食价格基本保持稳定，但是上涨仍然乏力。预计 2020 年粮食价格上升空间不大，粮农的收益情况难以得到大幅度提升，持续的低收益将进一步降低粮农的种粮积极性。

（3）农业供给侧结构性改革推动我国种植结构调整，但或将挤压高产作物种植空间。

近年来，我国农业供给侧结构性改革逐步推行，农产品种植结构不断优化。《2019 年种植业工作要点》指出，“提升大豆和油料供给能力。落实加强油料生产保障供给的意见，组织实施大豆振兴计划，推进大豆良种增产增效行动，进一步提高大豆补贴标准，扩大东北、黄淮海地区大豆面积，研发推广高产高油高蛋白新品种。大力发展长江流域油菜生产，推进新品种新技术示范推广和全程机械化。扩大黄淮海地区花生种植。力争全年大豆和油料面积增加 500 万亩以上”。2019 年中央一号文件明确提出实施大豆振兴计划后，农业农村部制定了《大豆振兴计划实施方案》，振兴目标为到 2020 年全国大豆种植面积达到 1.4 亿亩。根据农业农村部农情调度情况看，2020 年大豆面积有望超过 1.3 万亩，比上年增长 1000 万亩。同时，2019 年 10 月 25 日，在农业农村部前三季度农业农村经济形势新闻发布会上，该部种植业管理司副司长刘莉华表示：“为了推动大豆振兴计划的实施，中央财政安排东北地区大豆生产者补贴资金 170 多亿元，比上年增加近 40 亿元。”

近年来，农业种植结构的调整或将挤压高产作物的种植空间。2016~2018 年，全国玉米种植面积分别同比减少 1.8%、4.0%和 0.6%；2017 年和 2018 年，全国小麦种植面积也分别同比减少 0.8%和 1.0%[①]。2019 年，全国玉米种植面积 6.19 亿亩，比 2018 年减少 1269 万亩，下降 2.0%；小麦 3.56 亿亩，比 2018 年减少 809 万亩，下降 2.2%；稻谷 4.45 亿亩，比 2018 年减少 744 万亩，下降 1.6%。因此，如果大豆、油料等作物的种植结构调整对高产作物种植面积产生挤出效应，单产水平的差距可能会对我国粮食产量造成一定程度的负面影响。

（4）2020 年新冠肺炎疫情导致的人员流动限制和交通、物流管制将对粮食生产造成负面影响。

这次疫情将对我国粮食生产造成一定的负面影响，主要的影响因素包括人员流动限制和交通运输限制可能导致的农业生产物资延迟到位甚至短缺。粮食生产的受影响程度和疫情的持续时间密切相关。由于我国政府采取的强力有效的措施，再加上国际社会的支持，我们相信疫情可以在短期内（预计在第一季度，视为基准情景）得到有效控制。如果疫情在第一季度得到有效控制，则与各地粮食生产周期重叠不大，不会对粮食生产活动造成较大影响。但值得注意的是，一般来说，河南、山东等夏粮主产区在春节过后将浇灌“第一茬水”，这关系 2020 年夏粮的稳定生产。当前疫情的发展可能会影响“第一茬水”的浇灌，后期仍需结合当地墒情与天气情况进行分析。但是，当前我国疫情发展仍存在较大不确定性，若疫情延续到第二季度（视为悲观情景），则可能会对我国粮食

① 数据根据第三次全国农业普查结果进行了修正，修正数据已通过《2018 中国统计年鉴》等资料对外公布和使用。

生产造成较大影响。除了与夏粮的生产周期重叠外，东北和两湖地区（粮食产量占我国粮食总产量三成）的水稻播种时间一般在 4~5 月，则疫情对人员流动的限制将会对春耕形成较大掣肘。与此同时，延续的交通运输和物流管制会限制农业生产物资和设备的调用，对粮食生产造成负面影响。

（5）中美经贸高层磋商达成“实质性的第一阶段”协议，中美贸易摩擦暂时缓解，中国将自美国进口大量农产品。

2020 年 1 月 15 日，中美第一阶段经贸协议在美国白宫签署。根据协议内容，在未来的两年，中国需要在 2017 年的基础上平均增加自美农产品进口 160 亿美元。一直以来，美国是我国农产品的主要进口来源地之一。如果中国从美国购入大量农产品以平衡中美贸易顺差，将会加重我国国产农产品与进口农产品之间的竞争。由于我国粮食产品的国内外价格倒挂严重，国内粮食生产将会面临更加剧烈的冲击。但具体的影响评估还要视后期的进口产品结构而定。根据中美第一阶段经贸协议，中国将从美国进口部分小麦、玉米、大米，但数量严格控制在关税配额范围内①。2019 年 12 月 13 日在国务院新闻办公室举行的关于中美经贸协定的新闻发布会上，农业农村部副部长韩俊介绍：“中美同为农业大国，两国农业的互补性是非常强的，可以说中美是天然的农业合作伙伴，具有广阔的合作空间。”②“总之，我们会坚守谷物基本自给、口粮绝对安全，把饭碗牢牢地端在自己手里，而且要装自己的粮食，要守住国家粮食安全的底线。”韩俊在参加清华“三农”论坛 2020 期间接受财新记者采访时表示③，玉米、小麦、大米三大主粮的进口配额不会调整。

（二）2020 年棉花生产形势分析与预测

棉花产量在历经多年下降后，于 2017 年和 2018 年实现回升。2019 年我国棉花产量下降 3.5%，但棉花价格出现较大幅度回落。初步预计，如果天气情况正常，2020 年我国棉花播种面积将继续下降，产量持平略减。主要可供判断的依据如下。

（1）棉花价格从 2019 年 5 月开始出现阶梯式回落，目前已回落至 2016 年棉花价格反弹前水平，不利于维持棉农的种植积极性。

以我国 3128B 级皮棉的价格为例（图 4），受中美贸易摩擦、纺织市场消费低迷影响，棉花价格于 2019 年 5 月起出现阶梯式回落。截至 2020 年 1 月 1 日，下跌至 13 601 元/吨，同比下跌 11.5%，与 2015 年同期（2016 年棉花价格大幅反弹前）水平相当。棉花价格的回落将压缩棉农的种植收益，不利于维持棉农的种植积极性。

① 中美重塑经贸关系的重要一步——中美第一阶段经贸协议文本解读. http://www.ce.cn/xwzx/gnsz/gdxw/202001/16/t20200116_34140830.shtml[2020-01-16].

② 国务院新闻办就中美经贸磋商有关进展情况举行新闻发布会. http://www.gov.cn/xinwen/2019-12/14/content_5461033.htm[2020-04-29].

③ 中农办副主任韩俊：中美第一阶段谈判成果不涉及增加粮食进口配额. http://china.caixin.com/2020-01-07/101501611.html[2020-01-07].

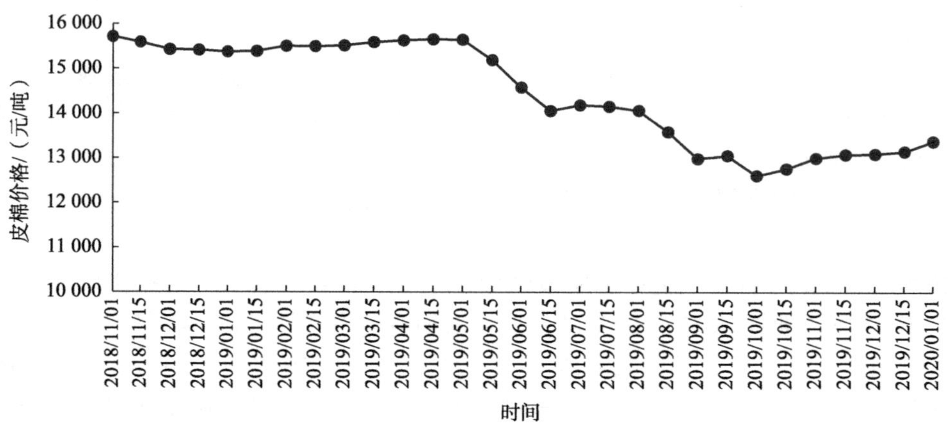

图 4　2018 年 11 月~2020 年 1 月我国 3128B 级皮棉价格趋势图（月初和月中价格）

资料来源：根据中国棉花协会（http://www.china-cotton.org/search）数据整理

（2）2019 年受中美贸易摩擦影响，棉纱线出口下降；2020 年或因中美贸易摩擦缓和迎来一定程度回升。棉花进口替代进一步扩大，或将持续冲击国产棉花销售市场。

受中美贸易影响，2019 年我国棉纱线出口有所下降。海关总署 2019 年 12 月出口主要商品量值表显示①，2019 我国棉纱线出口量（累计至 12 月）约 37.5 万吨，同比减少 6.7%。2019 年 11 月 7 日，商务部发言人高峰对外透露说，过去两周中美双方牵头人就妥善解决各自核心关切的问题，进行了认真、建设性的讨论，同意随协议进展，分阶段取消加征关税。如果中美贸易摩擦在 2020 年出现缓和，将利好我国棉花及下游产品的国外需求，利好我国棉花生产。

另外，海关总署 2019 年 12 月进口主要商品量值表显示②，2019 年我国棉花进口（累计至 12 月）在 2018 年全年同比增长 36.2%的基础上开始出现下降，2019 年我国棉花进口 185 万吨，同比下降 5.4%，但仍远高于我国的棉花出口量。国外棉花的进口替代形势依然严峻，或将持续冲击国产棉花的销售市场，对棉农的植棉积极性会造成一定负面影响。

（3）中美贸易摩擦加速国际纺织服装行业格局重构，我国纺织服装出口同比下降。纺织服装业的供给侧结构性改革和产业转移引导有待推进，国内服装自主品牌有待进一步发展。

根据海关总署 2019 年 12 月出口和进口主要商品量值表，2019 年我国服装及衣着附件出口（累计至 12 月）总额 1514 亿美元，同比下降 4%。根据中国棉花协会的相关报道，由于目前部分纺织服装品已经被中美贸易摩擦波及，孟加拉国、越南、缅甸等东南亚发展中经济体正在从中获得巨大收益，订单激增。根据《财经》杂志的报道，从 2019 年上半年的贸易数据来看，中美贸易摩擦正在迫使关税清单内的皮类制品和帽类的进口

① （13）2019 年 11 月出口主要商品量值表（人民币值）. http://www.customs.gov.cn/customs/302249/302274/302277/302276/2851356/index.html[2020-01-23].

② （14）2019 年 11 月进口主要商品量值表（人民币值）. http://www.customs.gov.cn/customs/302249/302274/302277/302276/2851365/index.html[2020-01-23].

转移速度加快，其中低端产品份额被柬埔寨、印度尼西亚、越南、孟加拉国等替代，中高端产品份额被意大利所吸收。

我国纺织服装行业在中美贸易摩擦下的产能对外转移将直接降低国内的棉花产能需求，对我国棉花产量产生一定程度的负面影响。另外，我国服装出口目前大多仍是贴牌出口，我国服装自主品牌的国际影响力发展依然任重道远。考虑到我国生产投入要素价格不断推高及生产环保安全压力不断增大，在中美贸易摩擦推动世界纺织服装业格局变化的契机下，纺织服装企业的供给侧结构性改革及有效的产业转移引导有待持续推进，这将对我国棉花产业带来潜移默化的影响。

（4）植棉面积总体仍呈现西北内陆棉区增加，长江、黄河流域棉区减少的趋势，新疆棉区棉花高产将有效带动全国棉花增产。

近年来，我国棉花的种植面积和产量均向新疆棉区集中，其他主要棉花种植区域的种植面积和产量逐年减少。2016 年国家统计局公布的全国棉花种植面积和产量分别为 337.61 万公顷和 534.3 万吨，其中新疆棉区为 180.52 万公顷和 359.4 万吨，分别占 53.5%和 67.3%。2019 年，新疆棉区的植棉面积和产量分别为 254.05 万公顷和 500.2 万吨，占全国的比例双双提升至 76.1%和 84.9%。预计 2020 年这一比例将进一步提升。

由于新疆棉区的棉花单产和棉花质量普遍远高于全国平均，新疆棉区面积的增加将有效抵消长江、黄河流域棉区面积的减少对棉花产量的负面影响，我国棉花的种植面积和产量向新疆棉区集中是农业种植结构优化的大势所趋。

（三）2020 年油料生产形势分析与预测

预计 2020 年我国油料播种面积持平略增，其中油菜籽播种面积减少，花生播种面积略增。如果后期天气正常，预计油料产量将持平略增。

2015 年国家取消油菜籽托市收购，实行“省级政府+中央补贴”相结合的政策，油菜籽收购数量降低幅度较大，价格震荡下跌，种植户收益下降，2016~2018 年油菜籽种植面积和产量双双下滑。2017 年 3 月以来，油菜籽价格总体仍呈震荡、小幅下降趋势。截至 2020 年 1 月 5 日，油菜籽收购周均价为 5024.60 元/吨，较上年同期略降 3.6%。

油菜籽种植收益不容乐观。根据各主产省对油菜籽成本收益情况的统计，在大多数省市，2019 年油菜籽的收益情况仍未摆脱亏损。例如，四川省 2019 年 8 月 6 日发布的《2019 年四川省油菜籽生产成本收益情况分析》显示，2019 年四川省油菜籽亩均产量增加，产值微增，但总成本上升，亏损幅度加大。2019 年四川省油菜籽亩均生产成本为 1192.82 元，同比上升 3.46%；亩均净利润为−325.93 元，亏损增加 39.07 元。湖北省 2019 年 7 月 31 日发布的《2019 年湖北省油菜籽生产和市场调查》显示，2019 年湖北省油菜籽销售价格比上年略有下降，生产成本稍有上涨，实际收益比上年略低，农民种植意愿不强。

此外，我国油料作物（主要是花生、油菜籽等）主要分布于黄河流域和长江中下游流域，是新冠肺炎疫情较为严重的地区，在疫情第一季度得到有效控制的基准情景下，油料生产受影响较小；在悲观情景下，疫情持续时间将与油菜籽生产周期重叠，加上餐饮业需求缩减，将对油料作物的生产造成负面影响。

由图 1 可见，2018 年 8 月以来花生价格持续震荡上涨，2020 年 1 月 5 日，花生平均收购周均价为 9264.71 元/吨，较上年同期增长 28.8%。花生价格持续走高，农民种植花生的收益可观，在国家政策助力的条件下，预计 2020 年花生播种面积将略增。

三、政 策 建 议

（1）坚持“以我为主、立足国内、确保产能、适度进口、科技支撑”的粮食安全观。

当前及未来较长一段时期，国际政治经济形势的不确定性将会增强，中美贸易摩擦或将在中长期持续甚至升级。对于粮食这一关乎民生基本的战略性物资，需要严控各类风险，坚持“以我为主、立足国内、确保产能、适度进口、科技支撑”的粮食安全观，做到“中国人要把饭碗端在自己手里”。

（2）坚持“粮食的生产能力是粮食安全最核心保障”的基本方针，从稳定粮食播种面积、加快农业科技创新、推动粮食的规模生产等多个层面提升我国粮食的综合生产能力和粮食竞争力。

2018 年 9 月 25 日，习近平总书记在黑龙江省考察北大荒精准农业农机中心时指出“中国人要把饭碗端在自己手里，而且要装自己的粮食”[①]。但目前我国稳定发展粮食生产面临着一些制约，其中重要制约因素之一是耕地。未来我国粮食产量的增加将主要依靠粮食单产的提高，粮食播种面积继续增加的余地相对较小，但仍需要稳定粮食的播种面积，保障基本的粮食生产能力。另外，我国农业生产规模化、机械化程度不足，农业经营分散，缺乏规模效益，粮食生产成本和价格均偏高、竞争力低。鉴于此，一方面，建议加快农业科技创新步伐，增加粮食生产中的科技含量，继续有效提高我国的粮食单产，稳定并提高我国粮食生产的综合能力；另一方面，继续大力推动农业生产向规模化、机械化发展，形成粮食生产的规模效益，降低粮食生产成本，同时促进粮食种植结构优化，从价格和质量两个维度提升粮食竞争力。

（3）贯彻落实已出台的疫情控制相关政策，在疫情可控的前提下尽可能减轻疫情对粮食生产的影响。

确保各地方贯彻落实已出台的相关政策，建立健全政策执行监督机制，在控制疫情的前提下，切实保障农业生产资料的供应和农业生产的正常运行。同时密切关注当前禽流感的发展规模，确保不出现多种疫情叠加的情况。各地应根据本地优势农产品的生产特点，结合当地疫情防控情况，有序推进各类农产品生产的保障措施，维护农业生产的稳定。尽快恢复疫情较轻省（自治区、直辖市）的正常生产生活，建议在保证疫情管控力度的同时，及时恢复企业的生产。

---

① 习近平：中国人要把饭碗端在自己手里 而且要装自己的粮食. http://www.12371.cn/2018/09/26/VIDE153793458235 1115.shtml[2020-04-29].

2020年中国工业行业景气分析与展望

张逸飞　崔如鸿　包皓文　池文豪　唐爱星　徐　鹏　刘　晗
王　珏　陆凤彬　白　云　陶　睿　王　震　姜福鑫　周　浩

报告摘要：2019年我国工业生产保持在合理区间运行，全年全国规模以上工业增加值同比增长5.7%，增速较2018年回落0.5个百分点。分三大门类看，采矿业增加值增长5.0%，制造业增长6.0%，电力、热力、燃气及水生产和供应业增长7.0%。高技术制造业和战略性新兴产业增加值分别比上年增长8.8%和8.4%，增速分别比规模以上工业快3.1个百分点和2.7个百分点。受国际形势复杂多变及国内经济结构调整、供给侧结构性改革和市场需求波动等因素影响，2019年工业企业景气状况始终在“趋冷”状态运行，表明当前工业企业的整体运行下行压力较大，但年内变化趋势呈现缓中趋稳、回升向好的态势。

展望2020年，全球经济增长将较为疲弱，贸易摩擦风险威胁全球贸易，在此背景下，国际市场有效需求将依然疲弱。从国内来看，新冠肺炎疫情带来的企业停工、延迟复工等不利影响对工业生产造成了较大的冲击，且疫情全球蔓延，全年工业企业收入、利润和投资或将遭遇较大挑战。同时，在经济结构转变和工业技术进步的过程中，仍将面临新旧动能转换、结构性改革的诸多问题和困难。在复杂国际形势下，外需的影响程度正逐步加大，对工业品的出口影响也已充分显现。计量模型预测显示，在新冠肺炎疫情得到有效控制的情景下，预计2020年规模以上工业增加值同比增长在3%左右，呈现前低后高、稳中趋缓的态势。

对于未来我国工业行业的发展建议：继续坚持供给侧结构性改革不动摇，依法依规组织生产，继续去杠杆，加快产业调整转型升级，继续淘汰落后产能，建立防范产能过剩的长效机制，加快企业兼并重组、提高产业集中度和竞争力，保住供给侧结构性改革带来的成果；培育壮大战略新兴产业，引领经济增长与技术创新，加大对重点技术突破的支持力度，加快先导科技布局，掌握核心关键技术，也要构建产学研用协同创新的新型创新平台，加快技术创新与推广；持续提升传统消费，大力培育新兴消费，同时要挖掘新的消费增长点，不断激发潜在消费。此外，应不断深化收入分配制度改革，完善有利于提高居民消费能力的收入分配制度，增加低收入群体收入，扩大中等收入群体规模，为扩大消费提供根本动力。

一、2019 年中国工业行业经济运行状况分析

2019 年，我国工业行业整体运行出现明显滑坡，但年底略有回升。2019 年 1~11 月规模以上工业增加值累计同比增长 5.6%，增速较 2018 年同期回落 0.7 个百分点，是金融危机以来达到的最低水平。2019 年 11 月全国规模以上工业增加值同比增长 6.2%，增速较 2018 年同期增加 0.8 个百分点，环比增速也有所回升。中美贸易摩擦导致的出口行业外需收缩是工业增加值增速回落的主要原因。

从工业三大门类来看，2019 年 1~11 月，制造业增加值累计同比增长 5.9%，增速较 2018 年同期回落 0.7 个百分点，多个行业面临较大下行压力。例如，汽车行业受宏观经济放缓、市场趋向饱和、国六排放提前实施等因素影响，整体呈现持续下滑态势，1~11 月累计同比增速较 2018 年同期大幅回落 5.2 个百分点。电力、热力、燃气及水生产和供应业增加值累计同比增长率为 7.0%，增速较 2018 年同期回落 3.0 个百分点，其中，电力、热力生产和供应业增加值累计同比增长 6.4%，增速较 2018 年同期回落 3.3 个百分点，以上数据表明随着供给侧结构性改革的不断推进，电力、热力生产和供应业增速减缓。采矿业增加值累计同比增长 4.9%，增速较 2018 年同期提高 2.8 个百分点。

受全球经济持续放缓及中美贸易摩擦等因素影响，国内外市场需求收缩，对制造业产生较大冲击。2019 年我国制造业景气回落明显，经济下行压力较大。2019 年 12 月制造业采购经理指数为 50.2%，较上月持平［图 1（a）］。但 2019 年整体水平明显低于 2018 年同期。制造业生产继续保持扩张态势，但是扩张步伐趋缓，新订单指数、新出口订单指数、进口指数等分项指数均低于 2018 年同期水平。其中，12 月生产指数为 53.2%，依然位于扩张区间；新订单指数为 51.2%，较上月下降 0.1 个百分点，制造业市场需求收缩［图 1（b）］；反映外部需求变化的新出口订单指数为 50.3%，较上月上升 1.5 个百分点；进口指数为 49.9%，较上月上升 0.1 个百分点，1~12 月均位于荣枯分界线以下。同时，主要原材料购进价格指数和出厂价格指数明显回落，12 月主要原材料购进价格指数为 51.8%，较上月上升 2.8 个百分点，整体低于 2018 年同期；出厂价格指数为 49.2%，较上月上升 1.9 个百分点，已持续 6 个月低于 50%。未来一段时期，外贸环境对于进出口的影响仍存在较大不确定性，国内外市场需求可能将继续走弱，加上国内冬季限产，制造业仍然面临较大压力。

（一）营业收入与利润

从工业企业营业收入来看，2019 年 1~11 月工业企业营业收入为 95 万亿元，累计同比增速 4.4%，较 2018 年同期增速大幅回落 4.8 个百分点（图 2）。其中，汽车行业营业收入累计同比增速为−2.6%，石油和天然气开采业增速为−0.9%，化工行业增速为−0.7%，较 2018 年同期累计同比增速分别大幅下降 7.6 个百分点、25.3 个百分点和 11 个百分点，增速降幅较为明显。

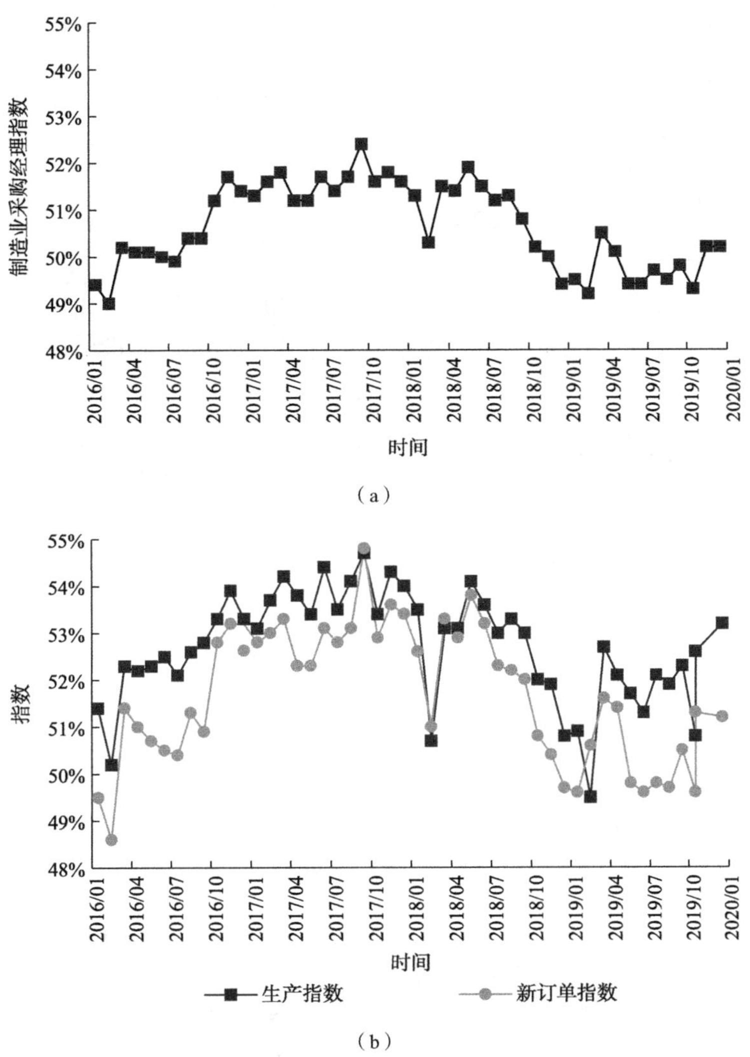

图 1　制造业采购经理指数、生产指数及新订单指数

资料来源：国家统计局

受经济疲软、出口行业受到冲击等因素影响，2019 年 1~11 月工业企业利润总额为 5.61 万亿元，累计同比下降 2.1%（图 3），较 2018 年同期累计同比增速 11.8%大幅下降 13.9 个百分点。利润总额不升反降主要源于石油、钢铁和汽车等行业的利润大幅下滑：2019 年 1~11 月石油行业利润总额为 1200.5 亿元，累计同比下降 47.2%，主要受原油价格下跌、炼油业效益下降和中美贸易摩擦等因素影响；钢铁行业利润总额为 235.3 亿元，累计同比下降 42.3%；另外受能源和原材料市场的波动和国内需求降低等因素的影响，汽车制造业和化工行业利润出现明显下降，利润总额累计同比分别下降 13.9%和 23.3%。部分行业利润仍有增长，如电力、热力生产和供应业，有色金属行业，等等。其中，2019 年 1~11 月，电力、热力生产和供应业利润累计同比增速为 20.6%，有色金属行业增速为 8.7%。

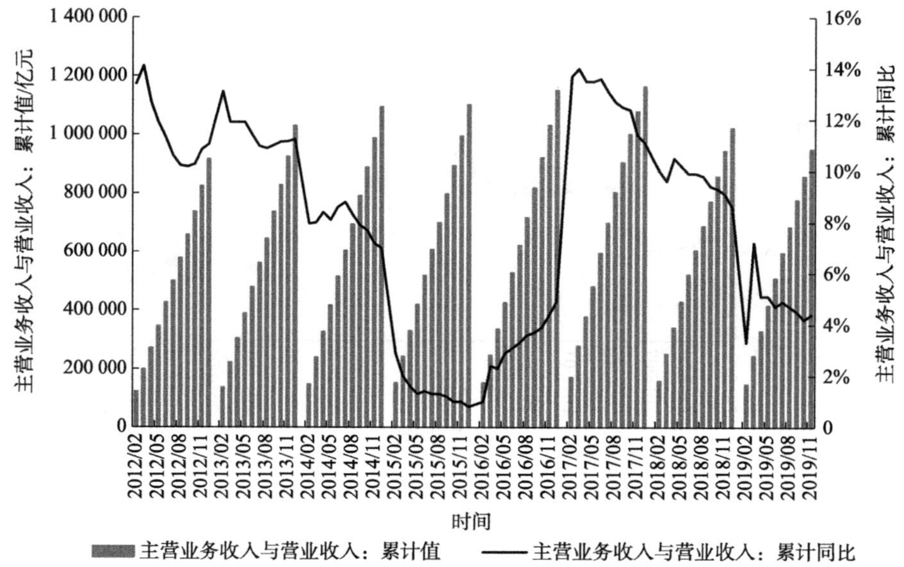

图 2　主营业务收入与营业收入及累计同比增幅

资料来源：Wind 数据库

2018 年 12 月以后主营业务收入停止更新，用营业收入代替

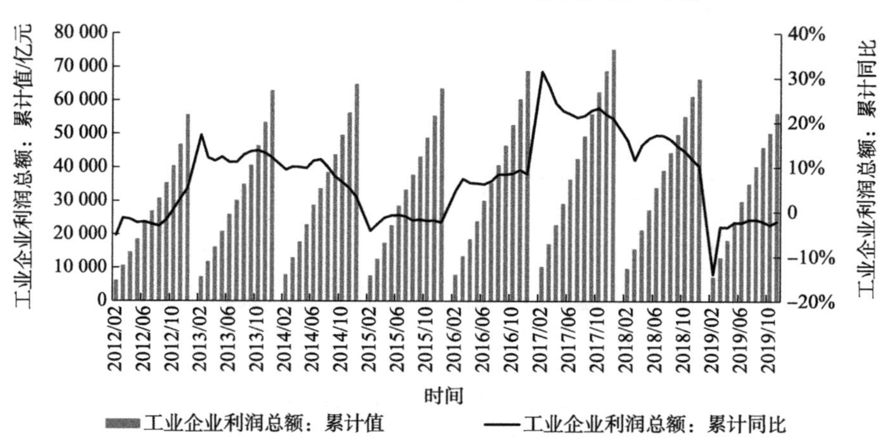

图 3　工业企业利润总额及累计同比增幅

资料来源：Wind 数据库

（二）固定资产投资

受国家促进有效投资积极政策、深化供给侧结构性改革等因素影响，2018 年第二产业固定资产投资完成额增速有回升态势。然而，2019 年全球经济持续放缓、贸易摩擦等因素导致企业利润增速下降，第二产业投资动力不足。截至 2019 年 11 月，第二产业固定资产投资完成额累计同比为 2.4%，较 2018 年同期下降 3.8 个百分点（图 4）。

由于中美贸易摩擦引发的出口增速承压，利润增速持续低位运行，民间投资信心不足及工业企业主动去库存等因素作用，2019 年 1~10 月，非金属矿物制品业固定资产投

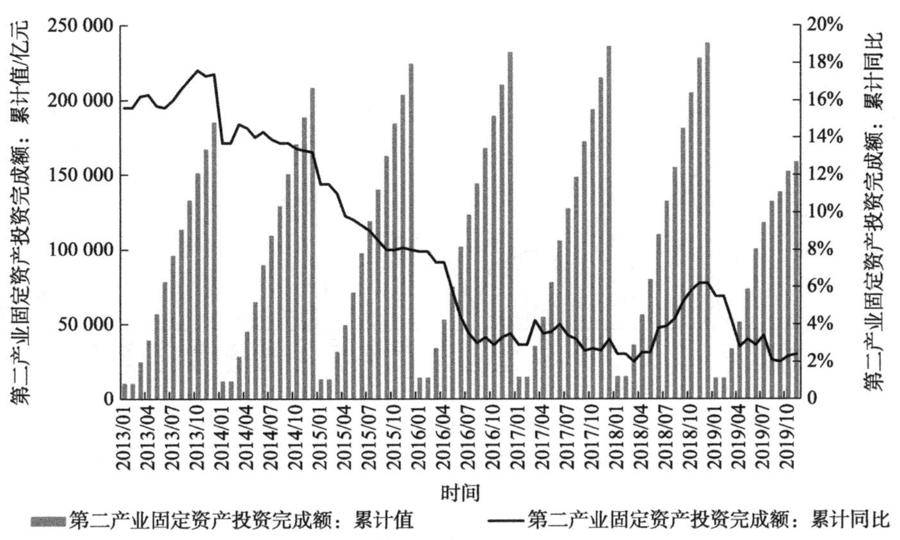

图 4 第二产业固定资产投资完成额及累计同比增幅

资料来源：Wind 数据库

资完成额累计同比较 2018 年回落 13.6 个百分点。计算机、通信与其他电子设备制造业回落 5.3 个百分点。受汽车行业产能过剩影响，叠加汽车市场趋于饱和，汽车制造业固定资产投资完成额累计同比较 2018 年回落 3.7 个百分点。基本金属需求乏力，新能源金属由于阶段性的供给过剩，价格出现较大下跌，有色金属行业固定资产投资完成额累计同比较 2018 年下降 3.3 个百分点。由于市场需求低迷、化工行业利润下降等因素，化工行业固定资产投资完成额累计同比较 2018 年下降 1.2 个百分点。

2019 年基建投资有所回升，重大项目密集开工，在产业结构优化及技术改造需求加大的带动下，2019 年 1~10 月，钢铁行业、煤炭开采和洗选业固定资产投资完成额累计同比增幅较大，较 2018 年同期分别增加 14.1 个百分点、20.5 个百分点。受益于燃料成本改善及“煤–电”产业链的协同效应等因素，2019 年 1~10 月，电力、热力的生产和供应业的固定投资完成额累计同比与 2018 年相比增长 13.3 个百分点。由于国家降税减费、鼓励技改升级等支持政策推动及投资结构不断优化，投资动力得到增强，石油行业、医药制造业固定资产投资完成额累计同比与 2018 年相比也出现加快的趋势，分别加快 8.6 个百分点、6.0 个百分点。服装行业固定资产投资完成额累计同比较 2018 年同期小幅上涨 0.6 个百分点，与 2018 年同期基本持平。

（三）工业销售产值出口交货值

2019 年，全球经济持续放缓，外需疲软，中美贸易摩擦加剧，出口受阻，以及 2018 年“抢出口”效应带来的高基数压制，我国工业销售产值出口交货值累计同比增速呈现明显下行态势（图 5），11 月累计同比为 1.50%，较 2018 年同期下降了 7.0 个百分点。

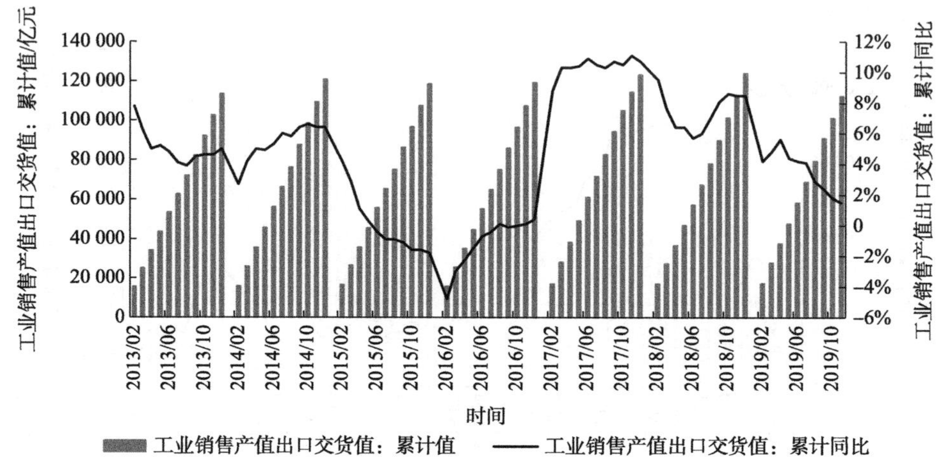

图 5 工业企业出口交货值及累计同比增幅

资料来源：Wind 数据库

部分行业工业销售产值出口交货值同比增速下滑明显。截至 2019 年 11 月，煤炭开采和洗选业的出口交货值累计同比增速为−59.0%，较 2018 年同期下降了 21.0 个百分点。2019 年 1~11 月，化工行业、钢铁行业、非金属矿物制品业、有色金属行业及汽车制造业的工业销售产值出口交货值累计同比增速由正转负：截至 2019 年 11 月，化工行业工业销售产值出口交货值累计同比增速为−4.3%，较 2018 年同期下降了 19.5 个百分点；钢铁行业工业销售产值出口交货值累计同比增速为−12.9%，较 2018 年同期下降了 17.3 个百分点；非金属矿物制品业工业销售产值出口交货值累计同比增速为−2.3%，较 2018 年同期下降了 11.9 个百分点；有色金属行业工业销售产值出口交货值累计同比增速为−1.4%，较 2018 年同期下降了 7.8 个百分点；汽车制造业的工业销售产值出口交货值累计同比增速为−1.9%，较 2018 年同期下降了 7.2 个百分点。2019 年 1~11 月，电力、热力的生产和供应业，计算机行业及医药制造业的工业销售产值出口交货值仍持续增长，但累计同比增速出现了不同程度的下降：2019 年 11 月，电力、热力的生产和供应业工业销售产值出口交货值累计同比增速为 1.5%，较 2018 年同期下降了 14.6 个百分点；计算机行业的工业销售产值出口交货值累计同比增速为 1.6%，较 2018 年同期下降了 8.8 个百分点；医药制造业工业销售产值出口交货值累计同比增速为 5.5%，较 2018 年同期下降了 6.1 个百分点。

受到“一带一路”倡议及国内油气勘探开发力度加大的影响，石油行业工业销售产值出口交货值则出现大幅上升趋势。2019 年 11 月，石油行业工业销售产值出口交货值累计同比增速为 50.3%，相比于 2018 年同期上涨了 55.2 个百分点。服装行业工业销售产值出口交货值累计同比增速一直较为稳定，在−1.0%左右，2019 年 11 月累计同比增速为−1.7%，和 2018 年同期增速基本持平。

（四）工业企业产成品存货

截止到 2019 年 11 月，我国工业企业产成品存货金额累计同比增速为 0.3%，低于 2018

年同期 8.3 个百分点（图 6）。随着供给侧结构性改革的不断推进，2018 年 9 月~2019 年 5 月处于中国第六轮库存周期的“去库存阶段”，而 2019 年的库存周期正处于从上半年的“主动去库存”向下半年“被动去库存”的转换过程中。钢铁行业、有色金属行业、化工行业、汽车制造业和计算机行业等的产成品存货的变化趋势由之前的上升转为下降，煤炭开采和洗选业一直呈下降态势。截止到 2019 年 11 月，钢铁行业和有色金属行业 2019 年 1~11 月产成品存货累计同比增速分别下降 5.0%和 9.9%，相比 2018 年同期分别降低 5.4 个百分点和 13.1 个百分点；化工行业 2019 年 1~11 月产成品存货累计同比增速下降 1.7%，较 2018 年同期下降 16.8 个百分点；汽车制造业显示为两极式的变化，其在 2018 年 1~11 月产成品存货累计同比增速上升 7.9%，而在 2019 年同期转为下降 8.1%；计算机行业由高位上升转为开始负增长，2019 年 1~11 月产成品存货累计同比增速下降 0.60%，较 2018 年同期下降 13.7 个百分点；煤炭开采和洗选业 2019 年 1~11 月产成品存货累计同比增速下降 4.50%，比 2018 年同期上升 1.1 个百分点。

分析发现，上游材料较长时间处于行业底部水平，整体去库存水平接近尾声，而部分中下游行业开始处于主动补库存阶段。其中，服装行业、纺织业、医药制造业和非金属矿物制品业等产成品存货虽然仍然呈现上升趋势，但增速有所放缓。2019 年 1~11 月，服装行业和纺织业产成品存货累计同比增速分别为 0.5%和 4.2%，较 2018 年同期分别下降 5.8 个百分点和 2.9 个百分点；医药制造业 2019 年 1~11 月产成品存货累计同比增速为 10.6%，较 2018 年同期放缓 4.8 个百分点；非金属矿物制品业 2019 年 1~11 月产成品存货累计同比增速为 4.7%，较 2018 年同期放缓 0.5 个百分点；石油和天然气开采业产成品存货累计同比呈现增长态势。截止到 2019 年 11 月，石油和天然气开采业产成品存货累计同比增速为 7.6%，高于 2018 年同期 8.9 个百分点，增速较快。

（五）资产负债率

得益于国内供给侧结构性改革的不断深化，2019 年我国工业企业资产负债总体情况较好。从工业企业资产和负债的整体增长情况来看，2019 年 1~11 月，工业企业的负债合计同比增速较资产合计同比增速低 0.7 个百分点左右（图 7），其中，受 1~2 月工业企业利润总额大幅下降的影响，2~3 月负债合计同比增速逼近资产合计同比增速，表明企业盈利能力产生较大风险。

从工业企业资产负债率来看，2019 年 1~11 月工业企业资产负债率水平相对平稳（图 8），维持在 56.8%~57.0%。从各行业数据来看，大部分行业的资产负债率都在合理区间内稳定波动。2019 年 1~11 月，资产负债率高于 60%的行业有：钢铁行业、煤炭开采和洗选业、石油行业、有色金属行业等。其中，钢铁行业与煤炭开采和洗选业资产负债率呈现下降趋势，而石油行业资产负债率呈现上升趋势，有色金属行业资产负债率则较为平稳：2019 年 11 月，钢铁行业资产负债率达到最低值 61.8%，较 2018 年同期下降 1.7 个百分点；煤炭开采和洗选业资产负债率降到 64.3%，较 2018 年同期下降近 0.9 个百分点；石油行业资产负债率上升到 66.4%，较 2018 年同期增加 3.2 个百分点；有色金

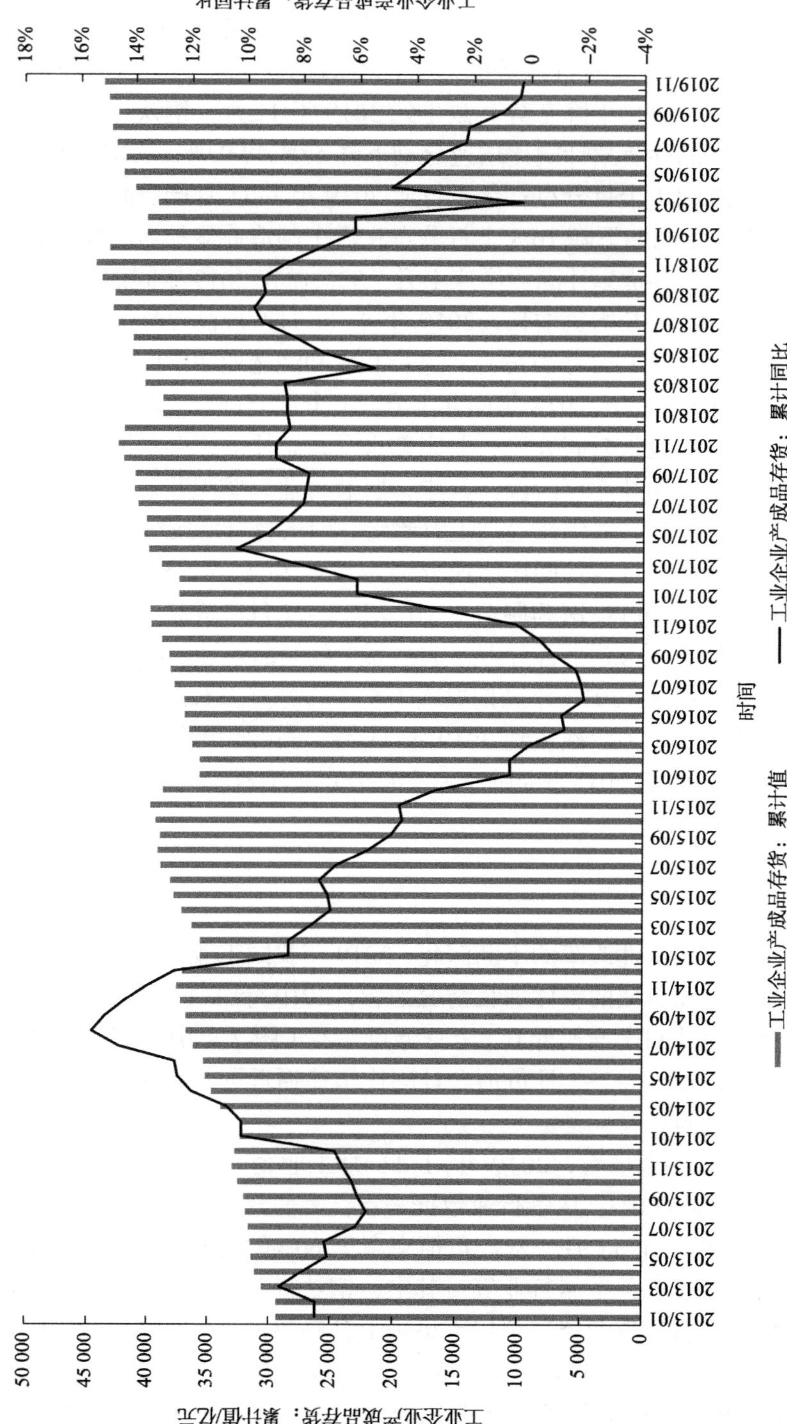

图6 工业企业产成品存货累计值及累计同比增幅

资料来源：Wind数据库

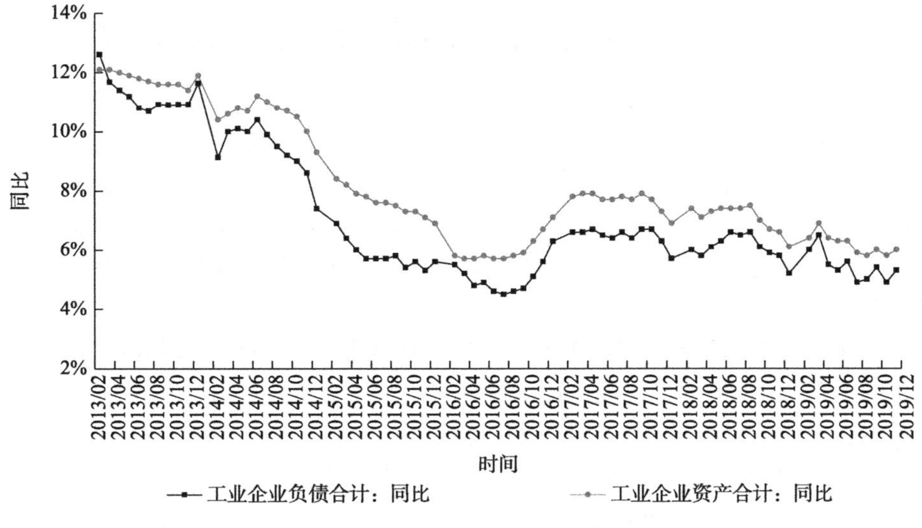

图7　工业企业负债合计与资产合计同比增幅
资料来源：Wind数据库

属行业资产负债率上升到65.1%，较2018年同期增加1.2个百分点。

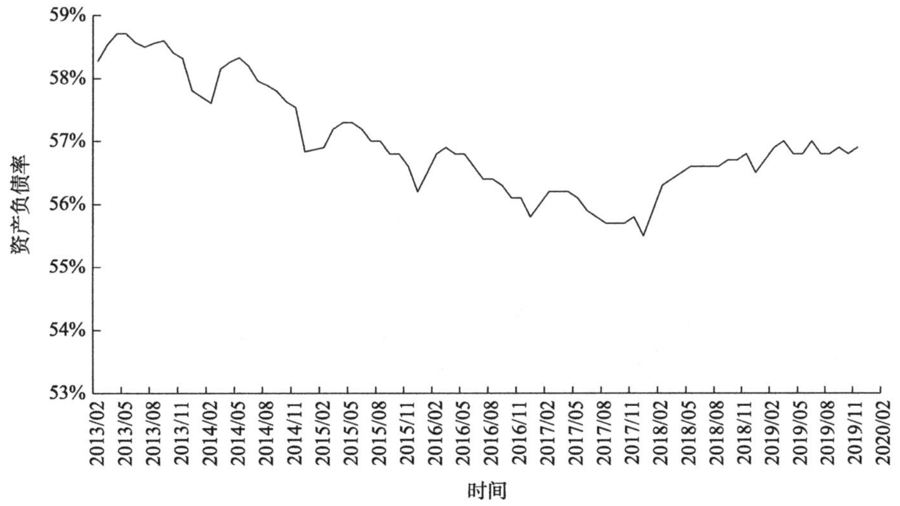

图8　工业企业资产负债率
资料来源：Wind数据库

2019年1~11月，资产负债率低于50%的行业有：服装行业和医药制造业。其中，服装行业资产负债率呈上升趋势，于2019年11月达到49.7%，较2018年同期上升0.33个百分点；医药制造业资产负债率相对稳定，在42.0%左右。而大部分行业，如计算机行业，化工行业，汽车制造业，非金属矿物制品业和电力、热力的生产和供应业等，资产负债率基本落在50%~60%的合理区间，企业经营状况较为稳定。

二、工业企业综合警情指数与景气信号灯

中国科学院预测科学研究中心构建了反映我国工业企业经济运行状况的综合警情指数和景气信号灯，由规模以上工业增加值、工业企业利润总额、工业企业营业收入、工业生产者出厂价格指数、工业销售产值出口交货值、工业企业应收账款净额、工业企业亏损面（逆转）、工业企业资产负债率（逆转）、工业企业产成品库存（逆转）、固定资产投资完成额 10 个预警指标构成。

工业企业综合警情指数在 2016 年第三季度从浅蓝灯“趋冷”区域运行至绿灯“正常”区域，并持续至 2018 年第二季度（图 9）。自 2018 年下半年至 2019 年 11 月，工业企业景气状况再次进入浅蓝灯“趋冷”区域并持续下降。这表明，当前我国工业企业受国际宏观经济低迷及国内经济结构调整、供给侧结构性改革和市场需求波动等因素影响，工业生产稳中趋紧，工业行业下行压力较大。另外，由于去杠杆、去库存等措施不断加强，高技术制造业、战略性新兴产业等利润出现好转，部分企业经营状况有所改善，中美贸易摩擦有望缓和，预期未来行业景气将下行趋缓并逐步趋稳。

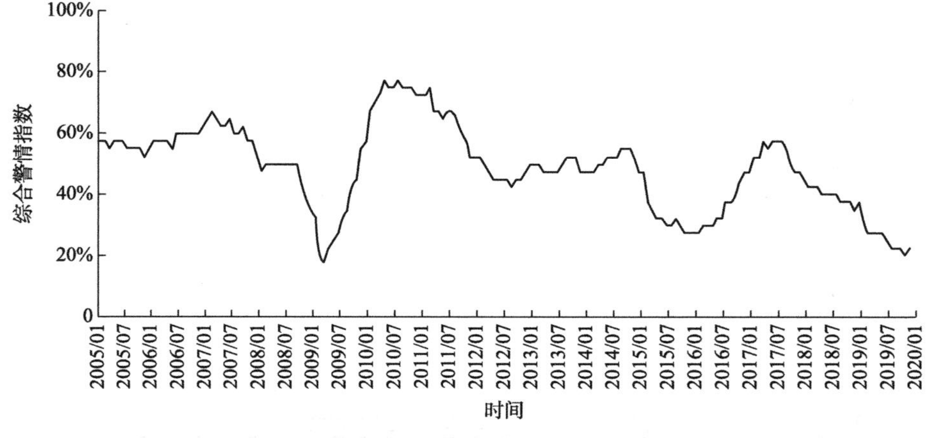

图 9　工业企业综合警情指数

在 2018 年 12 月~2019 年 11 月，由对构成景气信号灯的 10 个指标的表现（表 1）分析可知，由于能源、基础性原材料等价格疲软，工业生产者出厂价格指数在 2019 年 10 月从绿灯区进入浅蓝灯区。受国内经济结构调整影响，固定资产投资完成额累计增速出现持续下滑趋势，在 2018 年底进入“过冷”区域，且在 2019 年 1~11 月继续维持“过冷”状态；规模以上工业增加值从 2019 年 1 月进入“过冷”状态，而 2019 年 2~11 月，虽有短暂小幅回暖，但总体依然处于“过冷”水平。由于国际贸易形势存在多种不确定性，国内供需关系波动调整及市场预期尚未明朗等,工业销售产值出口交货值在 2019 年 7~11 月，已从原来绿灯“正常”状态转为浅蓝灯“趋冷”状态；工业企业亏损面（逆转）在 2019 年持续下降，由绿灯“正常”区域逐步进入蓝灯“过冷”区域，表明工业企业亏损面有扩大趋势；除此之外，工业企业利润总额、工业企业营业收入和工业企业应收账款

净额分别在 2018~2019 年先后从“正常”状态转向“趋冷”或“过冷”状态。然而，受益于供给侧结构性改革中去库存、去杠杆等措施的继续推进，工业企业产成品存货（逆转）从 2019 年 1 月起从“正常”状态进入“趋热”状态，并于 2019 年 10 月进入“过热”区域，表明工业产成品存货不断下降；工业企业资产负债率（逆转）在 2019 年 5 月从蓝灯“过冷”状态转为浅蓝灯“趋冷”状态，而至 2019 年 11 月进一步转为“正常”状态，表明工业企业资产负债率有所减缓。

表 1　工业企业景气信号灯

指标名称	2018 年	2019 年										
	12 月	1 月	2 月	3 月	4 月	5 月	6 月	7 月	8 月	9 月	10 月	11 月
1. 规模以上工业增加值	◎	⊗	◎	◎	◎	⊗	⊗	⊗	⊗	⊗	⊗	⊗
2. 工业企业利润总额	○	◎	⊗	⊗	⊗	⊗	⊗	⊗	⊗	⊗	⊗	⊗
3. 工业企业营业收入	○	◎	◎	◎	◎	◎	◎	◎	◎	◎	◎	◎
4. 工业生产者出厂价格指数	○	○	○	○	○	○	○	○	○	○	◎	◎
5. 工业销售产值出口交货值	○	○	○	○	○	○	○	◎	◎	◎	◎	◎
6. 工业企业应收账款净额	○	◎	⊗	⊗	⊗	⊗	⊗	⊗	⊗	⊗	⊗	⊗
7. 工业企业亏损面（逆转）	○	○	○	○	○	○	◎	◎	◎	◎	⊗	⊗
8. 工业企业资产负债率（逆转）	⊗	⊗	⊗	⊗	⊗	◎	◎	◎	◎	◎	◎	○
9. 工业企业产成品存货（逆转）	○	⊙	⊙	⊙	⊙	⊙	⊙	⊙	⊙	⊙	●	●
10. 固定资产投资完成额	⊗	⊗	⊗	⊗	⊗	⊗	⊗	⊗	⊗	⊗	⊗	⊗
综合警情指数	◎	◎	◎	◎	◎	◎	◎	◎	◎	◎	◎	◎
	38	30	28	28	28	28	25	23	23	23	20	23

注：●（过热）　⊙（趋热）　○（正常）　◎（趋冷）　⊗（过冷）

三、2020 年工业行业发展展望与政策建议

（一）2020 年工业增加值增速预测

展望 2020 年，全球经济增长将较为疲弱，贸易摩擦风险威胁全球贸易，在此背景下，国际市场有效需求将依然疲弱。从国内来看，新冠肺炎疫情带来的企业停工、延迟复工等不利影响对工业生产造成了较大的冲击，且疫情正在全球蔓延，全年工业企业收入、利润和投资或将遭遇较大挑战。同时，在经济结构转变和工业技术进步的过程中，仍将面临新旧动能转换、结构性改革的诸多问题和困难。在复杂国际形势下，外需的影响程度正逐步加大，对工业品的出口影响也已充分显现。计量模型预测显示，在新冠肺炎疫情得到有效控制的情景下，预计 2020 年规模以上工业增加值同比增长在 3%左右，呈现前低后高、稳中趋缓的态势。

（二）未来工业行业发展政策建议

1. 针对中小企业出台应对疫情支持企业政策

加大金融支持，确保融资成本降低、支持低息贷款等；减轻企业负担，减免企业房租并给予适度财政补贴、减免企业税费、延期交纳税款等，防止或降低资金链断裂风险，帮助企业渡过难关；疫情期间稳定职工队伍，实施失业保险费返还政策、缓缴社会保险费、与职工协商调整薪酬和轮岗轮休等。

2. 坚持供给侧结构性改革不动摇，提高产业集中度和竞争力

在国家大力推进供给侧结构性改革的大背景下，煤炭、钢铁、水泥、化工、造纸等传统行业景气度持续提升，供给侧结构性改革实施的成效已经显现。未来应继续坚持供给侧结构性改革不动摇，依法依规组织生产，继续去杠杆，加快产业调整转型升级，继续淘汰落后产能，建立防范产能过剩的长效机制，加快企业兼并重组、提高产业集中度和竞争力，保住供给侧结构性改革带来的成果。

3. 培育壮大战略性新兴产业，引领经济增长与技术创新

大力发展新兴产业已成为各主要国家寻找新的增长点、培育竞争新优势的战略选择。2008~2017 年，我国战略性新兴产业增长平均每年带动 GDP 增速超过 1 个百分点，增长贡献度接近 20%，有力支撑了我国经济高质量发展。2019 年战略性新兴产业保持稳定、向好发展态势，持续引领经济高质量发展。根据《“十三五”国家战略性新兴产业发展规划》，到 2020 年，我国战略性新兴产业增加值占 GDP 比重将达到 15%，产业规模将快速壮大，大批新增长热点蓬勃涌现，为稳增长、调结构、促转型发挥了重要作用，成为拉动经济增长的新动能。未来应加快自主创新体系建设，形成可持续的创新合力，既要加大对重点技术突破的支持力度，加快先导科技布局，掌握核心关键技术，也要构建产学研用协同创新的新型创新平台，加快技术创新与推广。

4. 全面优化消费市场，促进消费升级

近年来居民收入增长和社会就业情况维持在较高水平，居民收入增长较快，居民消费将得以持续快速增长。同时供给侧结构性改革和促进消费一系列利好政策的积极效应进一步显现，居民消费潜力进一步释放，消费保持平稳较快增长，这对我国经济社会发展产生了积极影响和贡献。未来，应切实满足基本消费，持续提升传统消费，大力培育新兴消费，同时要挖掘新的消费增长点，不断激发潜在消费。此外，应不断深化收入分配制度改革，完善有利于提高居民消费能力的收入分配制度，增加低收入群体收入，扩大中等收入群体，这样才能为扩大消费提供根本动力。

2020年中国房地产市场预测与政策展望[①]

董纪昌　李秀婷　董　志　尹利君　胡美婷　李盛国　刘晓亭

报告摘要：2019年以来，我国房地产市场运行的政策环境整体趋紧：中央坚持住房居住属性，不将房地产作为短期刺激经济的手段，房地产调控保持"房住不炒""因城施策"的基调；以"稳地价、稳房价、稳预期"为目标，加快建立多主体供给、多渠道保障、租购并举的住房供给制度；住房、土地、财税三大领域的制度建设取得明显进展，为进一步落实房地产长效管理机制奠定了更加坚实的基础；中央聚焦房地产金融风险，加强房地产金融监管与金融风险防范，房地产行业资金定向监管全面保持从紧态势。房地产开发投资额增速稳中有升，土地购置面积持续负增长，房屋新开工面积增速回落，房屋施工面积保持增长，竣工面积同比下降，商品房销售面积和销售额增速持续回落，商品房销售均价保持低速增长态势。

影响2020年我国房地产市场走势的因素主要包括以下四个方面：首先，在供给层面，中长期库存高位运行，房地产企业融资持续趋紧，资金压力加大，对房屋新开工、房地产开发投资产生下行压力；其次，在需求层面，住房金融政策稳中趋紧，购房融资成本上升，租赁市场的发展及保障性住房供给的增加将分流部分商品房需求，商品房销售难以大幅回升，此外由于一线、二线、三线、四线城市面临的社会、经济环境具有差异性，一线、二线城市商品房需求将持续小幅上涨，三线、四线城市由于人口吸引力较弱，需求规模相对固定，当前需求的高规模释放可能会透支未来需求空间，造成市场下行压力，但仍有保持平稳的基础；再次，在调控政策层面，2020年房地产调控将以"稳货币、强监管、推改革、增保障"为核心，强调因城施策、理性施策和结构优化，强化房地产金融监管和风险防控，大力发展租赁市场，加大住房保障力度；最后，2020年初暴发的新冠肺炎疫情势必对我国房地产市场产生冲击，全国主要城市房企在营销端、投资端、开复工等各方面均受到疫情影响，难以完成预定销售目标，拿地规模较上年同期有所下降，随着疫情的持续发展，短期对社会各行各业的不利影响较大，居民预期收入减少，经济的不确定性加大了房价的不确定性，大多数民众推迟置业计划，导致消费意愿或购房需求降低。

预计2020年我国房地产调控政策将呈现出以下特征：严控房地产金融风险，重点推进企业端和居民端杠杆率的降低；继续坚持"房住不炒"，深化"因城施策"，优化租购并举，满足居民多层次住房需求；从中长期引导住房、土地供需平衡的长效机制，2020

① 本报告得到国家自然科学基金（项目编号：71850014，71974180，71573244，71871210）、中国科学院青年创新促进会优秀会员项目的资助。

年的长效机制建设仍将聚焦供给端的制度性改革，进一步改善住房供给结构，激活城乡土地资源。总体来说，2020 年中央将继续坚持不将房地产作为短期刺激经济的手段，逐步完善房地产长效管理机制，同时各地按照“因城施策”的基本原则适度保持政策优化的灵活性。

预计 2020 年房地产开发投资完成额约 139 465 亿元，同比增长 5.5%，增幅较 2019 年下降约 4.4 个百分点；全国商品房销售额约为 160 843 亿元，同比增长约 0.7%，增幅较 2019 年下降约 5.8 个百分点；全国商品房销售面积约为 166 240 万平方米，同比下降约 3.1%；房屋新开工面积约为 223 292 万平方米，同比下降约 1.7%，增幅较 2019 年下降约 10.2 个百分点；全国商品房销售均价约为 9675 元/米^2，同比增长约 3.9%，增速较 2019 年回落约 2.7 个百分点。

一、2019 年房地产市场回顾

2019 年 1~12 月，全国房地产市场延续调整态势，整体呈现稳中震荡的特征。具体而言，房地产企业开发投资进度放缓，房地产开发投资增速有所下降；房地产供求保持相对平衡，不同区域和不同城市之间差别较大，重点城市成交规模小幅调整，三线、四线城市市场去化压力加大；商品房价格整体表现稳定，新建住宅价格累计涨幅在一线城市保持平稳，在二线、三线城市均收窄。受房地产调控政策及房地产金融监管的影响，房地产企业融资环境持续收紧、融资成本上升，房地产项目开工进度纷纷放缓，房地产开发投资增速下降。叠加对未来房地产市场的不确定预期，房地产企业购置土地积极性下降，土地购置面积累计同比增速持续为负，土地成交溢价率下降，土地市场回归理性。以“房住不炒”为定位的调控政策取得明显成效，全国商品房销售规模小幅调整、商品房价格整体表现平稳。但在“因城施策”、城镇化、城市经济发展水平等因素影响下，城市内部分化格局越加强化，一线城市和部分二线城市商品房交易规模和价格表现更加平稳，部分二线城市和多数三线城市房地产市场逐步进入调整阶段。

（一）房地产开发投资

1. 房地产开发投资增速有所下降

2019 年房地产开发投资小幅波动，房地产开发投资额累计同比增速在 1~4 月有所提升，5~12 月一直处于下降趋势。2019 年全国房地产开发投资额累计值达到 132 194.26 亿元，比 2018 年同期增长 9.90%，增速上涨 0.4 个百分点，其中住宅开发投资额累计值为 97 070.74 亿元，比 2018 年同期增长 13.90%，增速上涨 0.5 个百分点。

如图 1 所示，2019 年 1~12 月房地产开发投资额和住宅开发投资额累计同比增速总体呈下滑趋势，但波动幅度均较小。受房地产企业资金、土地购置费、新开工规模存压的影响，房地产开发投资额和住宅开发投资额累计同比增速均有所回落。

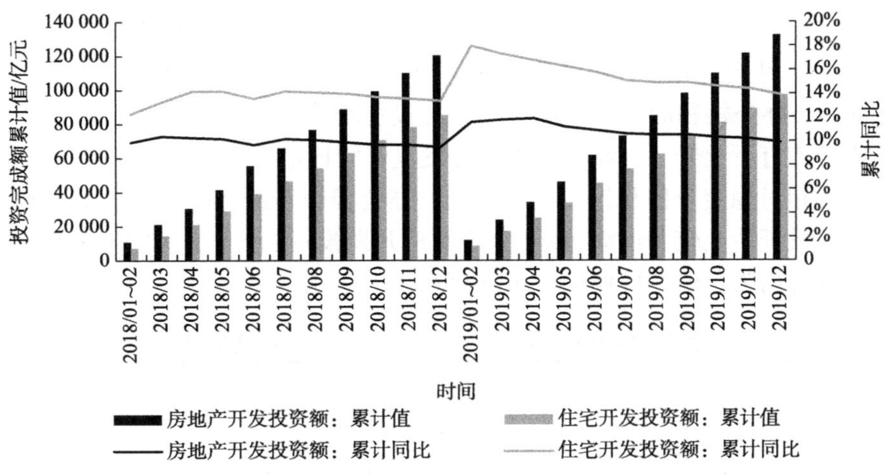

图 1　2018~2019 年房地产开发投资额和住宅开发投资额

资料来源：Wind 数据库

2019 年 1~12 月，东部地区房地产开发投资额为 69 313.00 亿元，中部地区房地产开发投资额为 27 588.00 亿元，西部地区房地产开发投资额为 30 186.00 亿元。表 1 反映了 2010~2019 年各地区的房地产开发投资情况。2019 年房地产开发投资额占比在东部地区有所下降，中部地区保持相对稳定，西部地区提高达到 2010~2019 年来最高值。2019 年以来，全国范围内房地产市场调整区域增多，且更多集中于中部和东部地区省市，西部地区各线城市房地产开发投资滞后效应明显，房地产开发投资仍保持较高的增速。

表 1　2010~2019 年各地区房地产开发投资情况

年份	房地产开发投资额/亿元			房地产开发投资额占比		
	东部地区	中部地区	西部地区	东部地区	中部地区	西部地区
2010	28 009.07	10 516.65	9 741.35	58.03%	21.79%	20.18%
2011	35 606.66	13 197.33	12 935.79	57.67%	21.38%	20.95%
2012	40 541.36	15 762.82	15 499.61	56.46%	21.95%	21.59%
2013	47 971.53	19 044.80	18 997.05	55.77%	22.14%	22.09%
2014	52 940.55	20 662.29	21 432.78	55.71%	21.74%	22.55%
2015	53 231.29	21 038.12	21 709.43	55.46%	21.92%	22.62%
2016	56 233.43	23 286.01	23 061.17	54.82%	22.70%	22.48%
2017	58 022.55	23 884.01	23 876.57	54.85%	22.58%	22.57%
2018	64 355.00	25 180.00	26 009.00	55.70%	21.79%	22.51%
2019	69 313.00	27 588.00	30 186.00	54.54%	21.71%	23.75%

资料来源：Wind 数据库

注：数据不包含港澳台地区。西部地区包括内蒙古、广西、重庆、四川、贵州、云南、西藏、陕西、甘肃、青海、宁夏、新疆 12 个省（自治区、直辖市）；中部地区包括山西、安徽、江西、河南、湖北、湖南、吉林、黑龙江 8 个省；东部地区包括北京、天津、河北、辽宁、上海、江苏、浙江、福建、山东、广东和海南 11 个省（直辖市）

如表 2 所示，2019 年 1~12 月商品房开发用于住宅的投资同比增速整体呈现下降趋势，2019 年 1~2 月住宅开发投资同比增速为 18.05%，2019 年 12 月住宅开发投资同比增速仅为 9.40%。办公楼和商业营业用房的开发投资增速大幅波动。总体来看，办公楼开发投资同比增速有所上升，商业营业用房开发投资同比增速大幅提高。2019 年住宅市场投资情况保持相对稳定，但相较于住宅市场，办公楼的开发投资情况波动较大，商业营业用房的开发投资情况较为惨淡，商业营业用房开发投资同比增速除 2019 年 9 月为正值以外，其他月份均为负值，商业用地市场存在较大问题。

表 2　2019 年 1~12 月各类型商品房开发投资情况

时间	开发投资总额/亿元			开发投资同比增速		
	住宅	办公楼	商业营业用房	住宅	办公楼	商业营业用房
2019/01~02	8 711.01	668.71	1 315.23	18.05%	2.48%	−8.96%
2019/03	8 544.83	493.07	1 156.61	16.65%	−8.69%	−10.92%
2019/04	7 669.45	444.86	1 038.52	15.73%	−1.97%	−9.73%
2019/05	8 854.83	498.96	1 139.28	14.91%	−7.38%	−9.31%
2019/06	11 386.70	709.35	1 533.73	14.41%	9.33%	−10.03%
2019/07	8 299.47	518.01	1 135.05	11.36%	2.42%	−4.71%
2019/08	8 720.47	527.55	1 137.46	13.68%	5.91%	−11.42%
2019/09	9 958.95	586.31	1 340.18	14.58%	2.57%	1.51%
2019/10	8 520.44	540.89	1 191.06	12.65%	7.73%	−3.67%
2019/11	8 566.12	567.95	1 130.20	11.88%	11.13%	−4.20%
2019/12	7 838.46	606.93	1 108.54	9.40%	5.84%	−0.22%

资料来源：Wind 数据库

2. 房地产开发利用外资增速提高，自筹资金占比小幅下降

2019 年 1~12 月，房地产开发企业资金共 178 608.59 亿元。其中，国内贷款 25 228.77 亿元，占总资金的 14.13%，累计同比增速 5.10%；利用外资 175.72 亿元，占总资金的 0.10%，累计同比增速 62.70%；自筹资金 58 157.84 亿元，占总资金的 32.56%，累计同比增速 4.20%；包括单位自有资金、定金及预收款等在内的其他资金 95 046.26 亿元，占总资金的 53.21%，累计同比增速 10.49%。房地产开发企业不同来源的资金占比具体情况如图 2 所示。与 2018 年同期资金来源相比较，在占比方面，自筹资金有所下降；在累计同比增速方面，利用外资增长明显。

如表 3 和表 4 所示，从房地产开发投资的各项资金来源看，总投资增速加快主要是因为利用外资的快速增长，且各项资金增速大幅波动。2019 年第一季度房地产企业融资环境延续了 2018 年底的回暖趋势，中国人民银行下调金融机构存款准备金率 1 个百分点，并且政府多次提出要继续实施稳健的货币政策，鼓励发行公募房地产投资信托基金（real estate investment trusts，REITs）产品及保险资金增持优质企业的股票。但从 2019 年 4 月

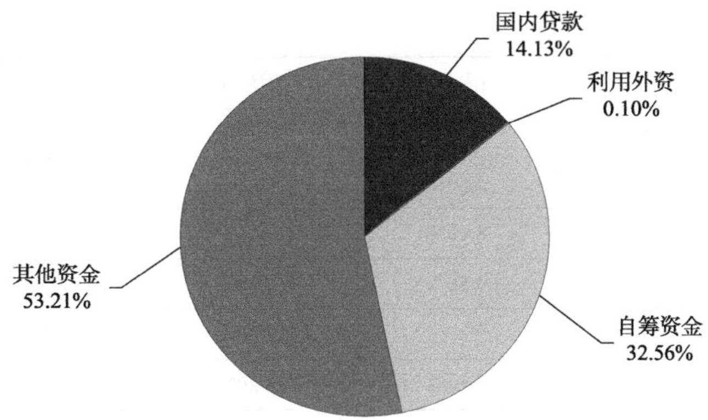

图 2 2019 年房地产开发企业资金来源

资料来源：Wind 数据库

开始，随着金融机构违规放款给房地产企业的事件频出及土地市场上高溢价地块的多次出现，房地产企业的融资环境开始有所收紧，中国银行保险监督管理委员会出台多项文件要求银行、信托、租赁等金融机构不得违规进行房地产融资，重点申明了要对银行、信托等金融机构对房地产行业的放款加强监管工作。2019 年第三季度房地产企业融资环境延续收紧态势，政府出台了多项政策加强了对房地产企业融资的监管，尤其是在海外债、信托贷款及开发贷方面。综上所述，各种因素造成 2019 年 1~12 月不同来源的房地产开发投资资金处于不断波动的趋势中。

表 3 2019 年各月房地产开发企业资金主要来源情况（单位：亿元）

时间	总投资	国内贷款	利用外资	自筹资金	其他资金
2019/01~02	24 497.31	4 976.33	52.18	7 279.10	12 189.70
2019/03	38 948.05	7 133.82	33.29	11 794.59	19 986.35
2019/04	52 466.37	8 954.79	33.84	15 687.02	27 790.72
2019/05	66 688.61	10 761.64	29.68	20 276.11	35 621.18
2019/06	84 965.52	13 329.68	42.66	26 730.65	44 862.53
2019/07	99 800.46	15 377.40	61.33	31 031.63	53 330.10
2019/08	113 723.66	17 321.83	81.15	36 035.57	60 285.12
2019/09	130 570.72	19 689.33	103.58	42 023.80	68 754.01
2019/10	145 150.55	21 287.79	131.37	46 996.30	76 735.09
2019/11	160 531.20	23 012.61	161.22	52 511.27	84 846.09
2019/12	178 608.59	25 228.77	175.72	58 157.84	95 046.26

资料来源：Wind 数据库

表 4 2019 年各月房地产开发企业资金主要来源累计同比增速

时间	总投资	国内贷款	利用外资	自筹资金	其他资金
2019/01~02	2.10%	−0.50%	328.10%	−1.50%	5.23%
2019/03	5.90%	2.50%	108.30%	3.00%	8.91%

续表

时间	总投资	国内贷款	利用外资	自筹资金	其他资金
2019/04	8.90%	3.70%	103.70%	5.30%	12.79%
2019/05	7.60%	5.50%	38.80%	4.10%	10.25%
2019/06	7.20%	8.40%	51.80%	4.70%	8.31%
2019/07	7.00%	9.50%	83.60%	2.80%	8.76%
2019/08	6.60%	9.80%	129.30%	3.10%	7.83%
2019/09	7.10%	9.10%	138.20%	3.50%	8.79%
2019/10	7.00%	7.90%	63.20%	3.30%	9.13%
2019/11	7.00%	5.50%	57.50%	3.70%	9.41%
2019/12	7.60%	5.10%	62.70%	4.20%	10.49%

资料来源：Wind 数据库

（二）房地产供需情况

1. 土地购置面积累计同比持续负增长，土地市场持续低温

2019 年 1~12 月，全国房地产开发企业土地购置面积累计 25 822.29 万平方米，同比增长−11.40%，较 2018 年下降 25.60 个百分点，如图 3 所示。2019 年全年土地购置面积累计同比均是负增长，但跌幅逐月收窄。总体来看，当前土地成交热度依旧保持低位，但一部分房地产企业逆周期购置土地的意愿有所复苏，不同等级城市的表现不尽相同。一线城市供地情况保持稳定，但很大一部分是保障性地块；二线城市受成交结构变动及调控政策等多方面因素的影响土地溢价率大幅回落；三线、四线城市市场预期不佳导致土地市场热度明显不及 2018 年同期，成交体量同比大幅减少。

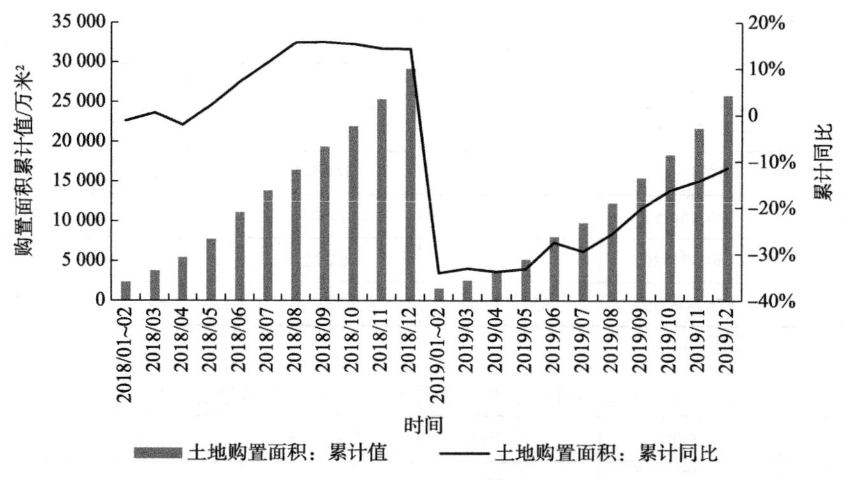

图 3　2018~2019 年土地购置面积及同比增速

资料来源：Wind 数据库

2. 房屋新开工面积小幅波动，竣工面积增速大幅提高

2019 年上半年，我国房屋新开工面积增速处于高位。但受房地产企业到位资金情况的持续恶化及境内外的融资受限，下半年房屋新开工面积累计同比增速呈现高位回落态势。2019 年 1~9 月，房屋新开工面积累计同比增速仅为 8.60%，住宅新开工面积累计同比增速仅为 8.80%。资金面的匮乏叠加市场下行压力使得房地产企业放慢新开工节奏。2019 年 10 月，房屋新开工面积增速下降的趋势有所转变，房屋新开工面积累计同比增速升高至 10.00%，住宅新开工面积累计同比增速达到 10.50%。但 2019 年 12 月，房屋新开工面积累计同比增速下降至 8.50%，住宅新开工面积累计同比增速下降至 9.20%，具体如图 4 所示。

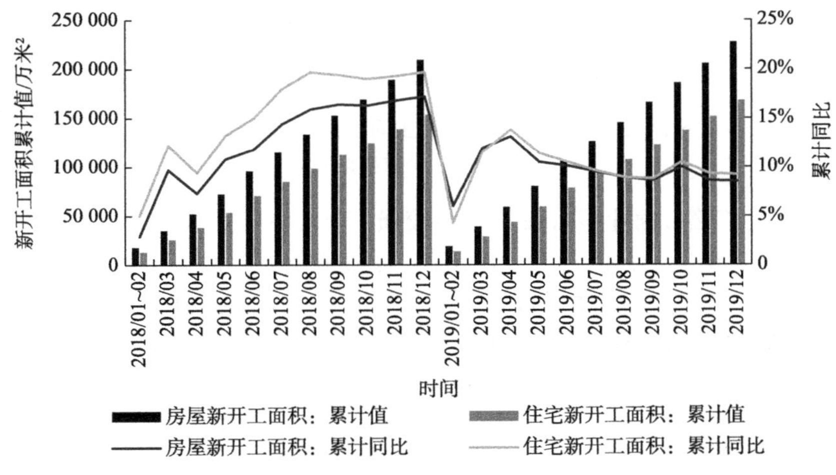

图 4　2018~2019 年房屋新开工面积累计值及同比增速

资料来源：Wind 数据库

如图 5 所示，2019 年 1~12 月，我国房屋竣工累计面积为 95 941.53 万平方米，房屋竣工面积累计同比增速为 2.60%。2019 年 12 月的房屋竣工面积累计同比增速较 2019 年年初提高了 14.5 个百分点。2019 年 12 月房屋竣工面积达到 32 095.04 万平方米，房屋竣工面积同比增速达到 20.23%。房屋竣工面积具有周期性，与房地产企业项目建设周期和拿地周期密切相关。根据 2017~2019 年房地产土地购置面积和房屋新开工面积的变化来看，2019 年底至 2020 年第一季度房屋竣工面积增速将会大幅提高。

3. 房地产贷款增幅持续平稳回落

如图 6 和图 7 所示，2019 年末，房地产开发贷款余额为 11.22 万亿元，同比增速为 10.10%，同比增速比第三季度末低 1.6 个百分点。其中，住房开发贷款余额为 8.40 万亿元，同比增长 14.60%，同比增速比第三季度末低 3.3 个百分点。截至 2019 年 12 月底，个人住房贷款余额为 30.20 万亿元，同比增速为 16.70%，同比增速较第三季度末下降 0.1 个百分点，较上年末回落 1.1 个百分点。从房地产供给角度来看，2019 年房地产企业资金来源渠道不断收紧，房地产贷款余额增速持续回落，尤其是房地产开发贷款余额增速回落较为明显。从房地产需求角度来看，在中国人民银行 2019 年 1 月全面降准 1 个百分

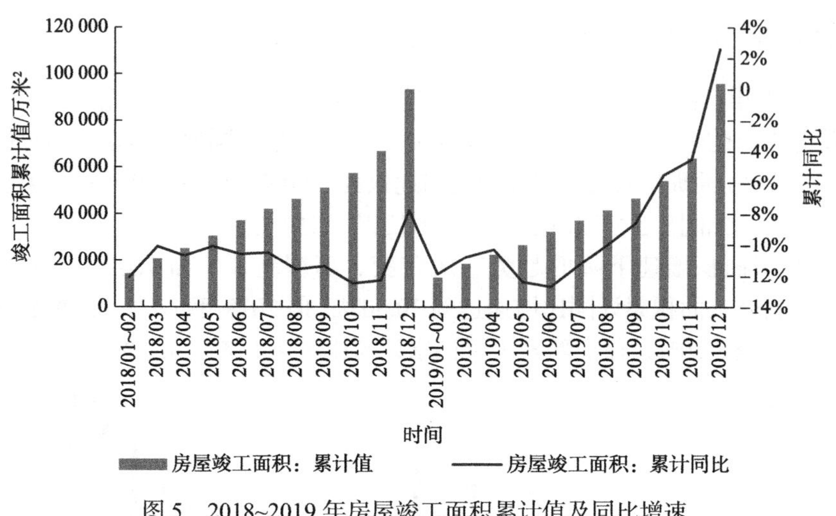

图 5　2018~2019 年房屋竣工面积累计值及同比增速

资料来源：Wind 数据库

点后，流动性较为充裕，商业银行放贷意愿较强，个人住房贷款余额新增额在 2019 年第一季度反弹至 11 700 亿元，但自 2019 年第二季度开始，受政策调控的影响及居民对于房地产市场预期的变化，个人住房贷款余额新增额有所下降，2019 年第三季度个人住房贷款余额新增额仅为 9900 亿元。2019 年第四季度房地产金融政策有所放松，个人住房贷款余额新增额明显提高，达到 11 500 亿元。

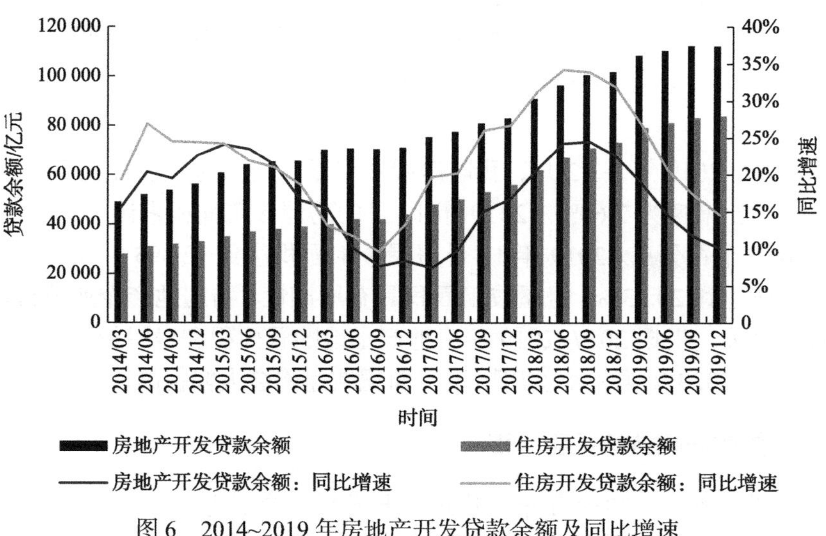

图 6　2014~2019 年房地产开发贷款余额及同比增速

资料来源：Wind 数据库

4. 商品房待售面积累计同比增速处于不断上升趋势

如图 8 所示，2019 年 1~11 月商品房待售面积累计值及住宅待售面积累计值整体呈下降趋势，累计同比增速均为负值但呈现不断上升趋势。截至 2019 年 11 月，商品房待售面积累计值和住宅待售面积累计值分别为 49 221 万平方米和 22 281 万平方米，累计同

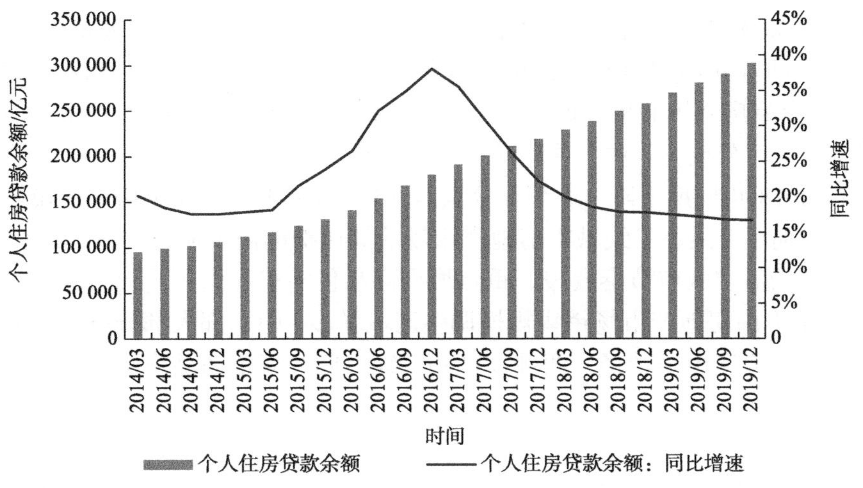

图 7　2014~2019 年个人住房贷款余额及同比增速
资料来源：Wind 数据库

比增速分别为−6.50%和−12.60%。2019 年 12 月受房屋竣工面积的大幅增加，商品房待售面积累计值及住宅待售面积累计值较 2019 年 11 月有所增加。截至 2019 年 12 月，商品房待售面积累计值和住宅待售面积累计值分别为 49 821 万平方米和 22 473 万平方米，累计同比增速分别为−4.90%和−10.40%。与 2018 年同期相比，2019 年 1~12 月商品房待售面积和住宅待售面积累计同比增速大幅提高，商品房库存面积有所增多，去化周期不断加长。截至 2019 年 12 月底，重点城市商品住宅短期库存尚处于合理区间，三线、四线城市库存去化时间持续延长。

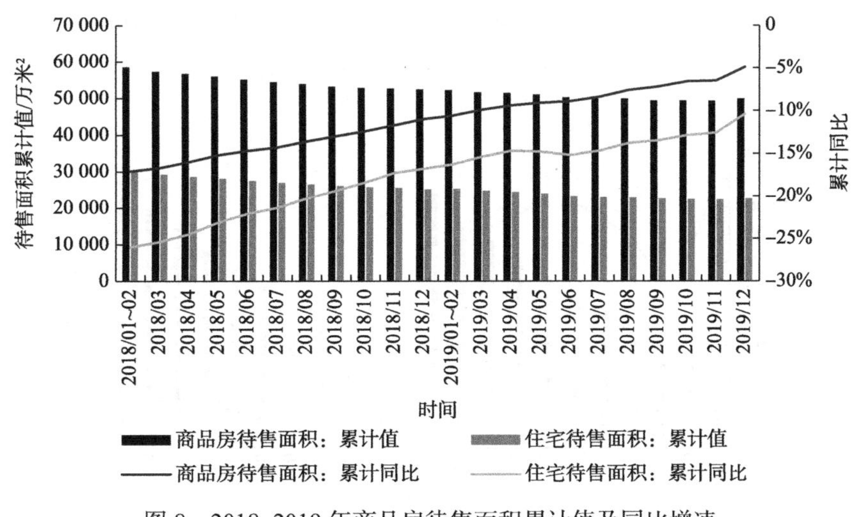

图 8　2018~2019 年商品房待售面积累计值及同比增速
资料来源：Wind 数据库

5. 商品房销售规模稳中震荡，略有调整

如图 9 所示，2019 年 1~12 月，商品房销售面积累计值为 171 557 万平方米，累计同比增速为-0.10%，较 2018 年同期下降 1.4 个百分点，其中，住宅累计销售面积为 150 144.32 万平方米，累计同比增速为 1.50%，较 2018 年同期下降 0.7 个百分点。如图 10 所示，2019 年 1~12 月，商品房销售额累计值为 159 725 亿元，累计同比增速为 6.50%，较 2018 年同期下降 5.7 个百分点，其中，住宅销售额累计值为 139 439.97 亿元，累计同比增速为 10.70%，较 2018 年同期下降 4.4 个百分点。2019 年 3~4 月，我国房地产市场呈现短暂回暖态势，特别是一线、二线城市房地产市场前期压抑的需求明显释放。2019 年 5 月以来，房地产市场需求入市节奏放缓，重点城市商品住宅成交面积同比下降。整体来看，2019 年全国范围内房地产市场销售规模调整区域增多，中东部大部分省市商品房销售面积和销售额同比增速由增转降，西部地区的三线、四线城市商品房销售面积和销售额同比仍实现增长。

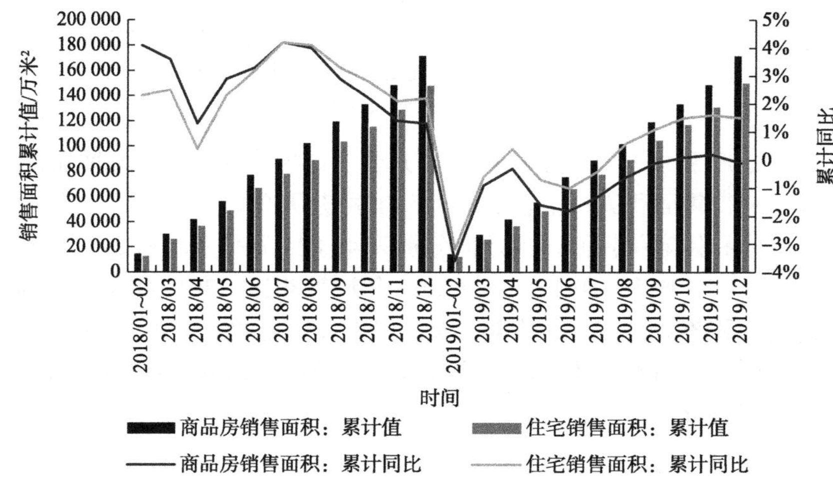

图 9　2018~2019 年商品房销售面积及累计同比增速

资料来源：Wind 数据库

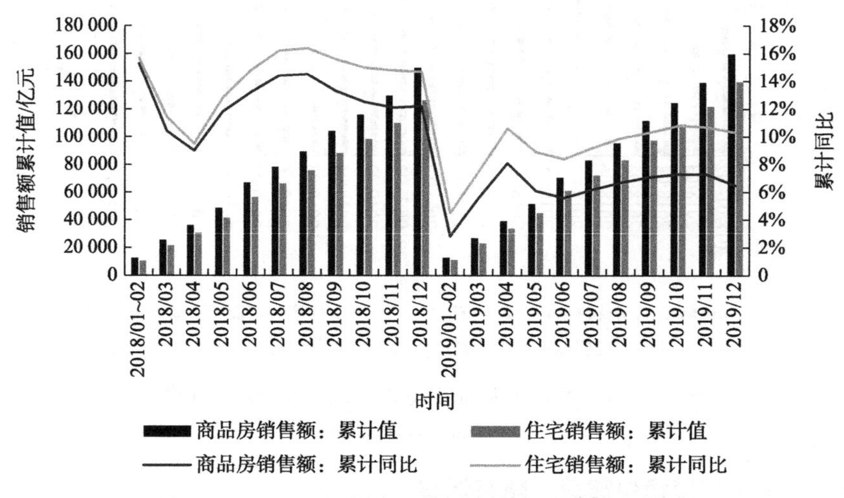

图 10　2018~2019 年商品房销售额及累计同比增速

资料来源：Wind 数据库

分区域来看，如表 5 和表 6 所示，截至 2019 年 12 月，我国东部地区、中部地区、西部地区和东北部地区商品房销售面积分别为 66 607.00 万平方米、50 037.00 万平方米、47 410.00 万平方米、7503.00 万平方米，累计同比增速分别为−1.50%、−1.30%、4.40%和−5.30%。2019 年东部地区、中部地区、西部地区和东北部地区商品房销售额为 83 833.00 亿元、35 505.00 亿元、34 488.00 亿元、5899.00 亿元，销售额累计同比增速分别为 5.80%、4.90%、10.80%、2.80%。在商品房销售规模方面，2019 年东部地区的城市商品房销售市场开始调整，东部商品房销售面积累计同比增速一直为负，西部地区的城市商品房销售市场保持较高热度，商品房销售面积累计同比增速一直为正，且处于上升趋势。在商品房销售额方面，2019 年东部地区商品房销售额累计同比保持较高增速，中部地区和东北部地区商品房销售额累计同比增速波动明显，西部地区商品房销售额累计同比增速小幅波动。

表 5　2019 年全国各区域商品房销售面积情况

时间	商品房销售面积累计值/万米^2				商品房销售面积累计同比			
	东部地区	中部地区	西部地区	东北部地区	东部地区	中部地区	西部地区	东北部地区
2019/01~02	5 437.25	3 900.79	4 368.19	395.92	−9.70%	−0.60%	2.20%	−4.80%
2019/03	11 636.15	8 496.44	8 736.28	960.07	−6.80%	2.80%	4.30%	0.30%
2019/04	16 685.77	11 836.36	12 032.14	1 531.19	−4.30%	2.40%	3.80%	−4.20%
2019/05	22 095.47	15 412.49	15 788.22	2 221.88	−5.50%	0.10%	3.80%	−8.10%
2019/06	30 143.51	21 480.73	21 098.61	3 062.74	−4.60%	−0.50%	2.30%	−8.30%
2019/07	35 317.25	25 105.78	24 613.03	3 746.86	−4.20%	−0.10%	2.80%	−7.80%
2019/08	40 303.31	28 790.84	28 283.53	4 470.88	−3.60%	0.50%	3.80%	−6.60%
2019/09	47 034.70	33 815.55	33 003.89	5 324.39	−2.90%	0.50%	4.60%	−5.90%
2019/10	52 415.04	37 959.99	36 785.52	6 090.13	−2.10%	0.60%	3.80%	−5.00%
2019/11	58 394.00	42 441.00	41 238.00	6 832.00	−1.30%	−0.30%	3.80%	−4.50%
2019/12	66 607.00	50 037.00	47 410.00	7 503.00	−1.50%	−1.30%	4.40%	−5.30%

资料来源：Wind 数据库

表 6　2019 年全国各区域商品房销售额情况

时间	商品房销售额累计值/亿元				商品房销售额累计同比			
	东部地区	中部地区	西部地区	东北部地区	东部地区	中部地区	西部地区	东北部地区
2019/01~02	6 843.54	2 659.71	2 993.39	306.70	−1.20%	6.60%	10.20%	−2.40%
2019/03	14 280.28	5 897.03	6 093.44	768.01	1.10%	10.90%	12.20%	6.30%
2019/04	21 023.28	8 334.42	8 553.24	1 229.93	6.00%	10.40%	11.80%	3.30%
2019/05	27 788.33	10 871.65	11 317.48	1 795.37	4.60%	6.20%	10.80%	2.30%
2019/06	37 715.88	15 353.42	15 178.07	2 450.70	4.70%	6.10%	8.40%	0.90%
2019/07	44 429.12	17 965.78	17 760.42	3 007.03	5.20%	6.70%	9.30%	0.50%

续表

时间	商品房销售额累计值/亿元				商品房销售额累计同比			
	东部地区	中部地区	西部地区	东北部地区	东部地区	中部地区	西部地区	东北部地区
2019/08	50 738.82	20 682.29	20 362.82	3 589.02	5.50%	7.40%	9.90%	2.30%
2019/09	59 170.58	24 279.35	23 780.94	4 260.41	6.00%	7.20%	10.60%	2.50%
2019/10	65 844.39	27 117.76	26 610.96	4 844.14	6.80%	6.80%	10.10%	3.30%
2019/11	73 341.00	30 314.00	29 943.00	5 408.00	7.10%	5.60%	10.60%	3.40%
2019/12	83 833.00	35 505.00	34 488.00	5 899.00	5.80%	4.90%	10.80%	2.80%

资料来源：Wind 数据库

（三）房地产价格波动

1. 商品房价格整体表现平稳

如图 11 所示，2019 年 12 月全国商品房销售均价 9310.28 元/米²，较 2018 年同期增长 6.56%，增速下降 4.14 个百分点。2019 年全国商品房销售均价总体保持上升趋势。2019 年 1~3 月，全国商品房销售均价低于 9100 元/米²；4 月，全国商品房销售均价上涨至 9300.33 元/米²；5~12 月，全国商品房销售均价未超过 9400 元/米²。

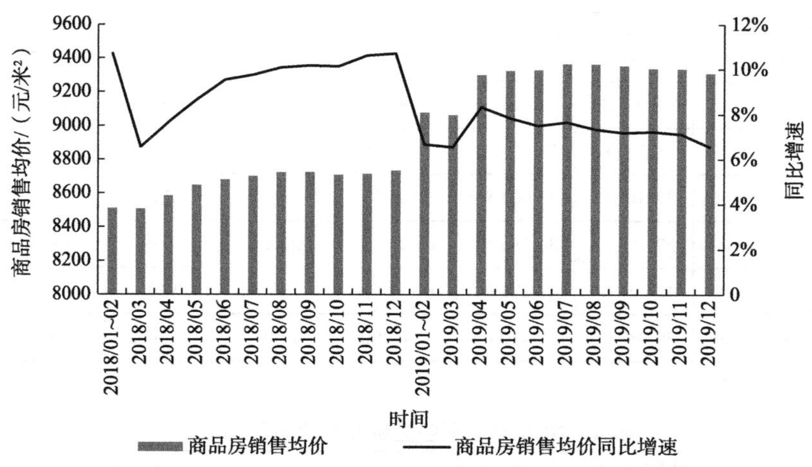

图 11　2018~2019 年全国商品房销售均价及同比增速

资料来源：Wind 数据库

2. 百城住宅价格累计涨幅较 2018 年同期均有所收窄

从百城住宅价格指数[①]来看，2019 年 12 月全国 100 个城市（新建）住宅平均价格为 15 168 元/米²，同比上涨 3.34%，环比上涨 0.42%，之前 13 个月环比涨幅一直维持在低

① 反映全国 100 个重点城市在水平及其不同时点的变化情况，其中价格水平以 100 个城市在售新房样本楼盘报价均值表示。

于 0.40%的范围内，整体价格较为平稳，如图 12 所示。2018 年 1 月~2019 年 11 月百城住宅价格同比指数一直处于下降趋势，2019 年 12 月的同比指数相比 2019 年 11 月有小幅上升；2019 年上半年百城住宅价格环比指数整体处于上升趋势，2019 年 8 月至 2019 年 10 月百城住宅价格环比指数开始大幅下降。从供应方面来看，2019 年重点城市整体推盘量有所下降；从需求方面来看，房地产市场整体去化速度减缓，重点城市购房者入市积极性降低，去化效果一般，非重点城市库存存在去化风险。2019 年最后两个月受企业资金回笼等因素影响，重点城市整体推盘量有所增加，百城住宅价格环比指数大幅上升。

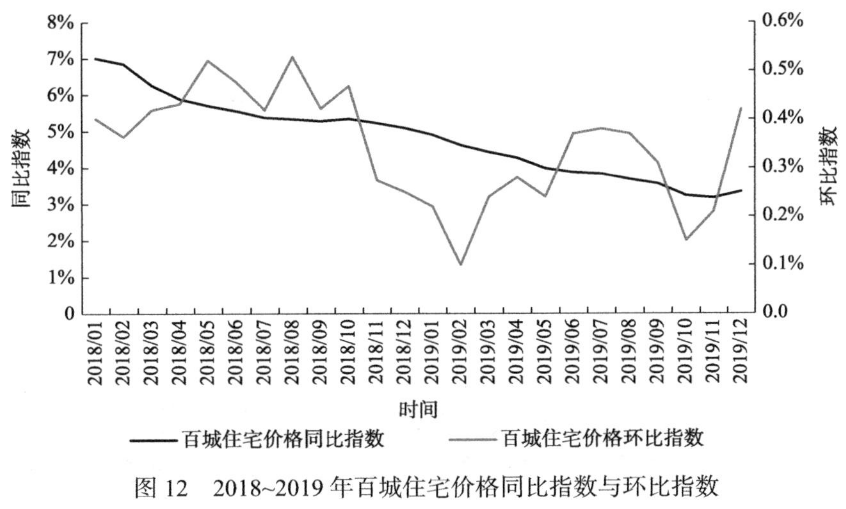

图 12　2018~2019 年百城住宅价格同比指数与环比指数

资料来源：Wind 数据库

3. 一线城市百城住宅价格同比指数涨幅保持平稳，二线、三线城市涨幅均收窄

从各级城市来看，如表 7 所示，2019 年 12 月一线城市住宅平均价格为 41 660.50 元/米^2，二线城市住宅平均价格为 14 157.45 元/米^2，三线城市住宅平均价格为 9478.36 元/米^2。如图 13 所示，2019 年 1~12 月一线城市百城住宅价格同比指数涨幅较 2018 年同期略有扩大，二线、三线城市百城住宅价格同比指数累计涨幅均收窄。具体来看，一线城市 2019 年 1~12 月百城住宅价格同比指数上涨 0.71%，较上年同期扩大 0.31 个百分点。二线城市 2019 年 12 月百城住宅价格同比指数上涨 4.24%，较 2018 年同期收窄 2.84 个百分点。三线城市 2019 年 12 月百城住宅价格同比指数上涨 4.60%，较 2018 年同期收窄 4.11 个百分点，涨幅收窄幅度最显著。

表 7　2019 年各级城市住宅平均价格（单位：元/米^2）

时间	一线城市	二线城市	三线城市
2019/01	41 418.75	13 611.09	9 109.43
2019/02	41 454.00	13 618.59	9 133.45
2019/03	41 451.50	13 648.82	9 171.27
2019/04	41 465.75	13 684.27	9 214.65

续表

时间	一线城市	二线城市	三线城市
2019/05	41 455.25	13 748.82	9 247.54
2019/06	41 486.25	13 858.82	9 278.82
2019/07	41 615.75	13 897.36	9 314.19
2019/08	41 565.50	13 984.09	9 348.39
2019/09	41 621.00	14 030.50	9 394.82
2019/10	41 553.50	14 069.55	9 429.82
2019/11	41 570.50	14 101.09	9 446.86
2019/12	41 660.50	14 157.45	9 478.36

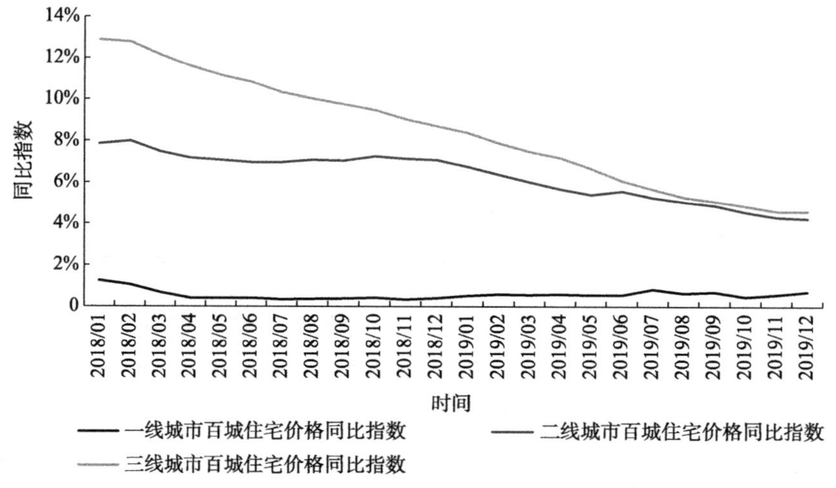

图 13　2018~2019 年百城住宅价格同比指数（一线、二线、三线城市）

资料来源：Wind 数据库

（四）2019 年房地产市场运行特征分析

1. 政策调控下市场呈现“成交小幅波动、价格保持稳定”的态势

2019 年房地产市场“房住不炒”“因城施策”调控主基调未变，2019 年 7 月中共中央政治局会议明确提出不将房地产作为短期刺激经济的手段，热点城市调控政策再次升级。受政策调控的影响，城市周期轮动平缓了房地产市场整体变动的幅度，一线城市和三线、四线城市成交规模回调显著，二线城市基本持平，全国商品房成交规模持续稳中震荡。2019 年全国商品房销售面积约为 17.2 亿平方米，同比增速为−0.10%。2019 年 12 月 70 个大中城市新建商品住宅销售价格涨幅稳中有落，一线城市新建商品住宅销售价格涨跌互现，二线、三线城市新建商品住宅销售价格同比涨幅回落。在二手商品住宅价格方面，一线城市二手商品住房价格同比上涨幅度略微扩张，二线、三线城市二手

商品住房同比小幅上涨。

2. 融资环境收紧造成房地产企业资金压力引发一系列连锁反应

房地产企业融资环境持续收紧，信托、境外债、开发贷等融资渠道持续受限，房地产企业融资成本上升，大型房地产企业放缓房地产项目开工进度、小型房地产企业频繁出现债务违约破产重组情况。房地产企业投资开工积极性明显降低，房地产开发投资额及新开工面积增速放缓；购置土地积极性下降，底价成交地块比重明显上升，从而使得土地成交均价有所下调，土地成交溢价率下降，土地市场回归理性。

3. 一线、二线城市市场规模保持稳定，三线、四线城市库存去化时间持续延长

2019 年，一线城市房地产市场经过长时间调整之后，房屋新开工与销售规模差持续扩大，土地供应的逐渐改善使市场规模呈现小幅回升态势，商品房销售面积触底回升，如北京的商品房销售面积同比实现增长。二线城市商品房销售规模占全国三成以上，土地成交规模持续高位运行，并且市场需求旺盛，市场规模仍保持在高位，如南京、苏州、杭州、天津等城市短期库存显著不足，土地成交规模增加，供应量提升促使市场需求平稳释放。三线、四线城市由于 2017 年、2018 年需求持续高规模释放，2019 年商品房销售面积同比增长不足 1%，库存去化时间连续多个月提升，去库存周期不断延长。同时，绝大多数三线、四线城市基本面较差，市场规模逐渐步入调整。

二、2019 年房地产调控政策回顾与 2020 年房地产调控政策展望

2019 年，在经济下行压力持续加大的背景下，房地产政策继续坚持“房住不炒”的总基调，以“稳地价、稳房价、稳预期”为目标，加快房地产长效管理机制形成，并强调不将房地产作为短期刺激经济的手段。房地产金融监管继续从严，房地产市场风险整体可控；LPR 逐步完善，房地产个人住房贷款利率“换锚”基本平稳；推进住房制度改革，加大租赁住房供给，因地制宜发展共有产权房，住房供给结构不断优化；推进农村土地制度改革，城乡一体化发展进程加快。地方政府遵循因城施策、分类指导原则，优化房地产调控措施，从严房地产市场监管，推进公租房、共有产权房建设，同时加强人才引进力度和区域发展规划，促进房地产市场平稳健康发展。整体而言，2019 年房地产政策调控效果明显，市场平稳发展，长效管理机制逐步完善。展望未来，房地产市场将继续坚持“房住不炒”“因城施策”总基调，稳调控、强监管。

本部分将对 2019 年房地产调控相关政策进行回顾，并对 2020 年房地产调控政策进行展望。

（一）2019 年房地产调控政策回顾

表 8 为 2019 年 1 月至 2020 年 2 月与房地产市场发展相关的重要事件及其主要内容。

表 8　2019 年 1 月~2020 年 2 月房地产政策重要事件

日期	重要事件	主要内容
2019 年 1 月 3 日	中共中央 国务院关于坚持农业农村优先发展做好“三农”工作的若干意见[6)]	全面推开农村土地征收制度改革和农村集体经营性建设用地入市改革，加快建立城乡统一的建设用地市场
2019 年 1 月 9 日	自然资源部办公厅关于进一步规范储备土地抵押融资加快批而未供土地处置有关问题的通知[1)]	为更好实施建设用地“增存挂钩”机制，加快批而未供土地处置，严禁新增以政府储备土地抵押融资行为，加快存量抵押储备土地依法解押并形成合理有效供 严禁以政府储备土地违规融资，严禁将储备土地作为资产注入国有企业，妥善处理存量土地储备贷款，促进依法解押并合理供应，加强土地储备信息报送
2019 年 1 月 11 日	自然资源部办公厅 住房和城乡建设部办公厅关于福州等 5 个城市利用集体建设用地建设租赁住房试点实施方案意见的函[2)]	原则同意福州、南昌、青岛、海口、贵阳等 5 个城市利用集体建设用地建设租赁住房试点实施方案 坚持房子是用来住的、不是用来炒的定位，按照区域协调发展和乡村振兴的要求，促进建立多主体供给，多渠道保障、租购并举的住房制度，实现城乡融合发展、人民住有所居，增加人民群众的获得感 严格落实试点城市人民政府主体责任，统筹推进试点工作，要将项目选址、开工建设、运营管理等各环节监管落到实处。健全合同履约监管机制，保护租赁利益相关方合法权益；建立租金监测监管机制，租赁项目要合理确定租金，建立公开透明的租金变动约束机制，支持长期租赁 严禁违规提供“租金贷”
2019 年 1 月 24 日	中共中央 国务院关于支持河北雄安新区全面深化改革和扩大开放的指导意见[3)]	落实职住平衡要求，推动雄安新区居民实现住有所居。针对多层次住房需求建立多主体供应、多渠道保障、租购并举的住房制度，个人产权住房以共有产权房为主 严控周边房价，严加防范炒地炒房投机行为 完善土地出让、租赁、租让结合、混合空间出让、作价出资入股等多元化土地利用和供应模式 创新购房与住房租赁积分制度 创新投融资机制
2019 年 1 月 28 日	关于印发《进一步优化供给推动消费平稳增长 促进形成强大国内市场的实施方案（2019 年）》的通知[4)]	进一步满足农业转移人口市民化住房消费需求，加快发展住房租赁市场 支持部分大中城市多渠道筹集公租房和市场租赁住房房源，将集体土地建设租赁住房作为重点支持内容
2019 年 2 月 15 日	住房和城乡建设部办公厅关于《城乡给水工程项目规范》等 38 项住房和城乡建设领域全文强制性工程建设规范公开征求意见的通知[5)]	住宅建筑应以套内使用面积进行交易
2019 年 3 月 5 日	国务院总理李克强作政府工作报告[7)]	更好解决群众住房问题，落实城市主体责任，改革完善住房市场体系和保障体系，促进房地产市场平稳健康发展。继续推进保障性住房建设和城镇棚户区改造，保障困难群体基本居住需求。城镇老旧小区量大面广，要大力进行改造提升，更新水电路气等配套设施，支持加装电梯，健全便民市场、便利店、步行街、停车场、无障碍通道等生活服务设施。健全地方税体系，稳步推进房地产税立法

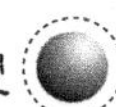

续表

日期	重要事件	主要内容
2019 年 4 月 12 日	《关于调整住房公积金个人住房贷款政策进一步优化服务有关问题的通知》政策解读 [8)]	支持职工购买政策性住房，调整贷款申请缴存条件，进一步实施差别化贷款政策，调整贷款年限和月还款额上限，进一步方便职工办理业务
2019 年 4 月 15 日	中共中央 国务院关于建立健全城乡融合发展体制机制和政策体系的意见 [10)]	建立集体经营性建设用地入市制度，推动城中村、城边村、村级工业园等可连片开发区域土地依法合规整治入市
2019 年 4 月 18 日	自然资源部发出通知 制定实施 2019 年住宅用地“五类”调控目标 [9)]	调整确定 2019 年住宅用地供应“五类”调控目标：消化周期在 36 个月以上的，应停止供地；36~18 个月的，要适当减少供地；18~12 个月的，维持供地持平水平；12~6 个月的，要增加供地；6 个月以下的，要显著增加并加快供地
2019 年 5 月 7 日	住房和城乡建设部 国家发展改革委 财政部 自然资源部关于进一步规范发展公租房的意见 [11)]	继续做好城镇中等偏下及以下收入住房困难家庭的保障工作 加大对新就业无房职工、城镇稳定就业外来务工人员的保障力度 加强公租房建设运营管理 落实各项支持政策 加强组织领导
2019 年 7 月 6 日	银保监会：加强房地产信托领域风险防控 [12)]	加强房地产信托领域风险防控，针对部分房地产信托业务增速过快、增量过大的信托公司，银保监会开展了约谈警示
2019 年 7 月 9 日	国家发展改革委关于对房地产企业发行外债申请备案登记有关要求的通知 [13)]	房地产企业发行外债只能用于置换未来一年内到期的中长期境外债务；房地产企业在外债备案登记申请材料中要列明拟置换境外债务的详细信息；房地产企业发行外债要加强信息披露，在募集说明书等文件中需明确资金用途等情况
2019 年 7 月 16 日	两部门就《中华人民共和国土地增值税法（征求意见稿）》公开征求意见 [14)]	在中华人民共和国境内转移房地产并取得收入的单位和个人，为土地增值税的纳税人，应当依照本法的规定缴纳土地增值税 土地增值税实行四级超率累进税率 房地产开发项目土地增值税实行先预缴后清算的办法
2019 年 8 月 1 日	住房和城乡建设部关于印发房屋交易合同网签备案业务规范（试行）的通知 [15)]	明确房屋网签备案适用范围；完善房屋网签备案系统，建立和完善楼盘表；实行房屋网签备案系统用户管理；规范房屋网签备案基本流程；提高房屋网签备案服务水平
2019 年 8 月 26 日	关于《〈中华人民共和国土地管理法〉、〈中华人民共和国城市房地产管理法〉修正案（草案）》的说明 [16)]	缩小土地征收范围、规范土地征收程序；关于集体经营性建设用地入市，明确入市的条件，明确集体经营性建设用地入市后的管理措施
2019 年 11 月 4 日	国务院台办、国家发展改革委出台《关于进一步促进两岸经济文化交流合作的若干措施》[17)]	持台湾居民居住证的台湾同胞在购房资格方面与大陆居民享受同等待遇
2019 年 12 月 12 日	中央经济工作会议在北京举行 习近平李克强作重要讲话 [18)]	要加大城市困难群众住房保障工作，加强城市更新和存量住房改造提升，做好城镇老旧小区改造，大力发展租赁住房。要坚持房子是用来住的、不是用来炒的定位，全面落实因城施策，稳地价、稳房价、稳预期的长效管理调控机制，促进房地产市场平稳健康发展
2020 年 2 月 2 日	2 月 3 日中国人民银行将开展 1.2 万亿元公开市场操作投放流动性 [19)]	为维护疫情防控特殊时期银行体系流动性合理充裕和货币市场平稳运行，2020 年 2 月 3 日中国人民银行将开展 1.2 万亿元公开市场逆回购操作投放资金，确保流动性充足供应

续表

日期	重要事件	主要内容
2020 年 2 月 3 日	关于配合做好疫情防控工作加强中央国家机关住房公积金服务保障的通知[20]	为疫情防控一线工作者和医疗机构提供服务保障，加大住房公积金个人住房贷款支持力度 对受疫情影响的单位和职工给予政策支持，减免贷款逾期利息，支持受困单位战胜疫情 加强住房公积金线上线下业务保障

资料来源：中华人民共和国中央人民政府网、中华人民共和国住房和城乡建设部、中国人民银行、自然资源部、银保监会、新华网等

1）自然资源部办公厅关于进一步规范储备土地抵押融资加快批而未供土地处置有关问题的通知. http://gi.mnr.gov.cn/201901/t20190115_2386986.html[2019-01-09]

2）自然资源部办公厅 住房和城乡建设部办公厅关于福州等 5 个城市利用集体建设用地建设租赁住房试点实施方案意见的函. http://gi.mnr.gov.cn/201901/t20190116_2387957.html[2019-01-11]

3）中共中央 国务院关于支持河北雄安新区全面深化改革和扩大开放的指导意见. http://www.gov.cn/gongbao/content/2019/content_5366472.htm[2019-01-24]

4）关于印发《进一步优化供给推动消费平稳增长 促进形成强大国内市场的实施方案（2019 年）》的通知. http://www.gov.cn/xinwen/2019-01/29/content_5361940.htm[2019-01-29]

5）住房和城乡建设部办公厅关于《城乡给水工程项目规范》等 38 项住房和城乡建设领域全文强制性工程建设规范公开征求意见的通知. http://www.mohurd.gov.cn/zqyj/201902/t20190218_239492.html[2019-02-15]

6）中共中央 国务院关于坚持农业农村优先发展做好“三农”工作的若干意见. http://www.gov.cn/zhengce/2019-02/19/content_5366917.htm[2019-02-19]

7）国务院总理李克强作政府工作报告（实录）. http://www.chinanews.com/gn/2019/03-05/8771667.shtml[2019-03-05]

8）《关于调整住房公积金个人住房贷款政策进一步优化服务有关问题的通知》政策解读. http://www.zzz.gov.cn/html/zcfg/zcjd/14813.html[2019-04-12]

9）自然资源部发出通知 制定实施 2019 年住宅用地“五类”调控目标. http://www.gov.cn/xinwen/2019-04/18/content_5384110.htm[2019-04-18]

10）中共中央 国务院关于建立健全城乡融合发展体制机制和政策体系的意见. http://www.gov.cn/zhengce/2019-05/05/content_5388880.htm[2019-05-05]

11）住房和城乡建设部 国家发展改革委 财政部 自然资源部关于进一步规范发展公租房的意见. http://www.mohurd.gov.cn/wjfb/201905/t20190517_240600.html[2019-05-07]

12）银保监会：加强房地产信托领域风险防控. http://www.xinhuanet.com//2019-07/06/c_1124718575.htm[2019-07-06]

13）国家发展改革委关于对房地产企业发行外债申请备案登记有关要求的通知. http://www.gov.cn/xinwen/2019-07/13/content_5408912.htm[2019-07-13]

14）两部门就《中华人民共和国土地增值税法（征求意见稿）》公开征求意见. http://www.gov.cn/xinwen/2019-07/16/content_5410346.htm[2019-07-16]

15）住房和城乡建设部关于印发房屋交易合同网签备案业务规范（试行）的通知. http://www.mohurd.gov.cn/wjfb/201908/t20190816_241430.html[2019-08-01]

16）关于《〈中华人民共和国土地管理法〉、〈中华人民共和国城市房地产管理法〉修正案（草案）》的说明. http://www.npc.gov.cn/npc/c30834/201908/2fb81f095e0c4221ab845a51f7396b27.shtml[2019-08-26]

17）国务院台办、国家发展改革委出台《关于进一步促进两岸经济文化交流合作的若干措施》. http://www.gov.cn/xinwen/2019-11/04/content_5448419.htm[2019-11-04]

18）中央经济工作会议在北京举行 习近平李克强作重要讲话. http://finance.people.com.cn/n1/2019/1212/c1004-31503693.html[2019-12-12]

19）2 月 3 日中国人民银行将开展 1.2 万亿元公开市场操作投放流动性. http://www.pbc.gov.cn/goutongjiaoliu/113456/113469/3966122/index.html[2020-02-02]

20）关于配合做好疫情防控工作加强中央国家机关住房公积金服务保障的通知. http://www.zzz.gov.cn/html/xwzx/tzgg/15003.html[2020-02-03]

（二）2020 年房地产调控政策展望

2019 年房地产政策的主基调是“房住不炒”，不将房地产作为短期刺激经济的手段，并在此基调上落实“一城一策”、城市主体责任的长效机制。中央层面：坚持宏观审慎原则强化金融监管，防范房地产系统性风险，支持城乡融合发展、完备土地管理制度，加快住房租赁体系建设、保障人民住有所居。地方层面：“因城施策”有收有放，人才落户放松，抢人大战再掀高潮，棚改工作和租赁体系建设深入开展。中国房地产市场调控效果明显，楼市成交明显放缓，政府主体责任有效夯实，地方因城施策调控的差异化更加明显。一线、二线城市和热点城市房地产市场调控政策仍从紧执行；三线、四线城市房地产市场存在较大下行压力，库存风险浮出水面，调控政策以微调放松为主；房地产供给侧基础性制度构建方面取得突破性进展，土地资源进一步盘活。2019 年 12 月突发的新冠肺炎疫情引起的全国隔离管控措施对 2020 年第一季度及全年的房地产市场将会产生冲击，考虑到 2020 年是全面建成小康社会和“十三五”规划收官之年，全年仍将以“稳”为第一要务，在此背景下，预计 2020 年房地产市场调控政策主要有以下几方面特点。

1. 全年政策会先松后紧，整体较 2019 年宽松

受疫情影响，全国采取了临时隔离管控措施，2020 年第一季度房地产市场处于开发商售楼关闭、中介机构暂停营业、房地产企业延迟复工的状态，整体上交易规模及交易价格将短期内向下，全国房地产企业库存去化节奏被打乱，资金无法正常回笼、销售回款的流动性将被破坏。预计 2020 年上半年房地产调控政策相对宽松以应对疫情冲击，国家将会采取下调贷款利率、增加信用贷款和中长期贷款、对还款困难企业实行展期或续贷和减免税费等方式，以支持房地产企业战胜新冠肺炎疫情影响；随着疫情的控制和经济秩序的恢复，预计 2020 年下半年的调控政策会相对收紧，整体出现先松后紧，全年的调控会比上一年宽松。

2. 保持房地产市场政策稳定，实行逆周期调节方式

展望 2020 年，外部环境更趋复杂严峻，国内经济下行压力加大，预计未来房地产市场仍将以“稳”为第一要务，把“稳地价、稳房价、稳预期”的目标落到实处，维护宏观经济更高质量的发展。中央层面将会实施积极有效的财政政策、灵活适度的货币政策，适时预调微调，运用逆周期调节工具，保持房地产市场平稳运行。防范化解房地产市场金融风险的工作重点不会改变。地方层面，预计各级政府会重视地方政府专项债券作用，带动民间投资从房地产市场转向实体经济，加快补短板、调结构、惠民生重大项目建设，扩大有效投资。

3. 坚持“房住不炒”，“一城一策”，租购并举，满足居民多层次住房需求

中央层面将继续坚持“房住不炒”政策定位，抑制投机性购房，加快完善房地产长效管理机制；持续加大对住房租赁市场的金融支持和行业规范制定，有效监管，不断优化住房租赁市场。在地方层面，基于不同城市房地产市场发展差异，未来地方调控的“一

城一策”特征将越发明显，尤其在人才安居政策方面，同时各级政府将综合各地的经济社会发展水平、土地供应状况、人口变化情况、住房供需状况等因素制定住房相关政策，满足不同人群的合理居住需求，对改善型住房需求限制会有所放松。2020 年实施的《土地管理法》将释放巨大的集体建设用地资源和资产潜力，各地实施细则的制定将推动建立多主体供应、多渠道保障的租购并举住房制度。

4. 严防房地产金融风险

在宏观经济形势良好时期，一些房地产企业盲目扩张，积累的风险增强。近期经济下行压力加大、融资渠道萎缩，部分企业资金周转困难、债券违约。从家庭部门债务来看，个人住房贷款余额占家庭部门债务的一半以上，家庭部门杠杆率持续上升，增幅仍处于高位区间，低收入家庭债务负担沉重。中央重视控金融、防风险，确保不发生系统性金融风险，房地产行业仍是去杠杆的重要领域之一。预计 2020 年中央将在金融层面对房地产实行逆周期调节防范风险，对企业端房地产融资渠道的监管力度不会放松，但房地产企业融资环境整体会有所改善，同时房贷利率将延续前期下行趋势，稳中有降，在资金利率相对低廉的大环境下，居民房贷业务将略有提升。各地政府将持续坚持宏观审慎原则，多举措并举缓解房地产市场债务负担过重的问题，对商品房预售资金的监管力度不会放松。

三、2020 年房地产市场预测

2019 年 1~12 月我国房地产市场运行平稳，没有出现较大波动。2019 年中共中央政治局会议又多次强化“房住不炒”这一定位，落实房地产长效管理机制，不将房地产作为短期刺激经济的手段。地方政府因城施策，加快建立多主体供给、多渠道保障、租购并举的住房制度。房地产行业各项指标在合理区间内稳步上升，但上升幅度有所减弱，房屋销售面积出现自 2015 年以来的首次负增长。一线、二线城市库存去化周期处在合理区间，三线、四线城市库存去化周期持续延长，供地节奏略有放缓，土地流拍增加、楼面价格继续下滑，土地市场持续低位运行。2019 年末暴发的新冠肺炎疫情虽然对房地产市场的供给端和需求端造成一定的影响，但考虑到第一季度为房地产行业的传统销售淡季，若疫情于第一季度内得到有效控制，对 2020 年房地产市场影响将有限。预计 2020 年房地产市场在供给端，房企资金压力较大，影响开工规模持续扩张，投资将实现中低速增长；在需求端，调整预期基本确立，全国销售规模将呈现下行趋势。

（一）房地产市场影响因素分析

1. 房地产市场长期影响因素分析

1）人口因素

人口规模、人口结构、人口迁移等人口因素是影响房地产市场需求的关键要素。其

中，人口迁移与人口老龄化是未来一段时间影响房地产市场波动的主要因素。从全国层面看，随着房地产刚性需求的释放、适龄购房人口的下降及人口抚养比上升引起的人口红利逐年减弱，未来房地产市场发展将逐步由刚性需求向改善型需求调整，房地产市场需求正步入调整期。从人口结构看，人口老龄化与房价之间存在显著的负相关关系，未来我国的人口年龄结构将逐步呈现出老年人口比例持续升高、中青年人口比例持续下降的局面，将延缓住房需求的快速上升。同时，人口迁移也是影响区域房地产市场需求的重要因素，近期诸多二线、三线城市出台了人才新政，这些人才政策的实施将加快人才的流动，影响区域人口布局，同时我国城市人才资源正进一步向省会城市与新兴城市聚集，有利于推动区域房地产市场需求的稳步上升。

2）新型城镇化建设

新型城镇化建设带动经济快速增长、产业规模增速提升与资本集聚、居民收入水平提升，同时将有利于改善城市基础设施与软件环境，提升房地产市场内在价值；人口城镇化将推动刚性需求入市，并通过需求拉动效应与成本推动效应影响房地产市场价格。其中，一线城市经历前两年（2018 年和 2019 年）的市场调整，预期逐步趋于稳定，高端项目入市审批逐渐松动，改善型需求入市积极性也将提高，有助于市场置业信心的进一步恢复。同时，随着户籍制度改革的实施，人口城镇化将进入新的发展阶段，有利于房地产市场需求的稳定。预计 2030 年我国常住人口城镇化率会达到 70% 左右，户籍人口城镇化率会达到 60% 左右。从长期看，新型城镇化建设与人口城镇化进展将推动房地产需求的稳步提升，促进房地产市场发展。

3）住房制度改革深化，逐步实施有效供给政策

2019 年以来中央强调要加快完善住房保障体系和住房市场体系，稳妥实施房地产市场平稳健康发展长效机制的工作方案，长效机制由“建立完善”转向“稳妥实施”：住房和城乡建设部稳妥实施房地产市场平稳健康发展长效机制的工作方案，坚持完善住房的市场体系和住房保障体系，大力培育和发展住房租赁市场，重点解决新市民的住房问题；逐步完善建设用地供应格局，集体经营性建设用地可直接入市流转，重申严禁以政府储备土地违规融资，加快盘活批而未供土地以形成有效供应，加快建成城乡统一建设用地市场，完善现有建设用地供应格局；逐步扩大住房保障范围，加快推动住房保障立法，大力发展住房租赁市场，深入整治住房租赁市场乱象，因地制宜发展共有产权住房，保障新市民住房需求。

2. 房地产市场短期影响因素分析

1）宏观经济运行

2019 年我国宏观经济运行稳中求进，GDP 增速为 6.10%，三大产业同比增速较 2018 年均有小幅下降，第三产业中的房地产业 GDP 同比增速为 3.00%，较 2018 年降低 1.40 个百分点。2019 年 12 月 CPI 为 4.50%，增速连续 2 个月在 4.00%以上；2019 年 12 月采购经理指数为 50.20%，较 11 月基本持平。在消费、投资和净出口三大需求方面，2019 年 1~12 月固定资产投资同比增长 5.40%，其中制造业投资增长 3.10%，房地产开发投资同比增长 9.90%。2019 年我国多项经济指标均承受一定压力，经济增速存在下滑预期，面

对这种经济形势，中央在财政、货币政策端持续发力。展望 2020 年我国宏观经济运行仍存在较大的不确定性，经济下行压力较大，2019 年 7 月的中共中央政治局会议提出“不将房地产作为短期刺激经济的手段”，房地产投资或许会面临更大的挑战，但 2020 年整体经济发展呈现企稳预期，稳增长、防风险仍将是 2020 年工作的重点。

2）房地产市场供给

2019 年供地节奏有所放缓，流拍增加，土地市场持续低温，1~12 月，全国房地产开发企业土地购置面积累计达 25 822.29 万平方米，同比增长−11.40%，较 2018 年下降 25.60 个百分点，住宅用地流拍宗数占比为 6.50%，下半年以来流拍宗数比例有所提升。2019 年 1~12 月房地产累计开发投资保持平稳增长，增长率较上年高出 0.40 个百分点，新开工面积增速较上年有所回落。销售下行预期、供地节奏震荡加之中长期库存高位运行将减慢房地产开工进程；高规模的在施工程和严峻的竣工压力将削弱房地产开发投资的高速增长，此外，由于土地购置费和新开工规模的存压也不利于房地产开发投资的高速增长。预计 2020 年，房地产开发投资和新开工面积将继续保持低位增长，增幅较 2019 年将有所回落。

3）房地产市场需求

2019 年 1~12 月受房地产调控政策与购房者预期的影响，商品房销售面积同比增速自 2015 年以来首次出现同比增速为负。其中，一线、二线城市经历前两年的市场调整，商品销售面积同比均增长。近年来调控趋稳预期有助于市场置业信心的进一步恢复，一线城市房屋新开工与销售规模差持续扩大，且土地供应改善后持续保持在较高的水平。另外，住宅用地供应结构趋于完善，高端项目入市审批逐渐松动，改善型需求入市积极性也将提高，进而或带动一线城市房价小幅上涨，有效拉动了一线城市销售规模的继续回升。长期以来，二线城市商品房销售面积在全国中的占比达 30%以上，此外人口持续大规模流入，市场需求旺盛，房企拿地积极，土地成交规模持续高位运行，短期受以上因素影响需求积极性进一步提高。预计 2020 年，二线城市中长期购房需求仍有强有力支撑，整体将呈现出热点城市稳中有增、西部普遍回落及部分城市理性运行的格局。三线、四线城市城镇化水平偏低，且多数城市城镇化率提升速度较快，带动购房需求的提升，由于三线、四线城市人口吸引较弱，需求规模相对固定，这种需求持续高规模的释放会透支未来空间，可能会造成市场下行压力。此外，棚改货币化延时效应进一步减弱，棚改对市场的利好影响将持续减量。预计 2020 年，三线、四线城市受需求透支及政策优势减退的影响，房企降价促销带来的规模效应逐渐减弱，销售、价格下行压力将逐步显现。

4）房地产市场调控政策

2019 年我国住房政策基调依旧坚持“房住不炒”“坚决遏制房价上涨”“不将房地产作为短期刺激经济的手段”。在货币端，稳健的货币政策由“松紧适度”转为“灵活适度”，保持流动性合理充裕，支持实体经济的发展，为高质量发展、供给侧结构性改革营造适宜的货币环境。在金融端，房地产金融监管保持收紧，强化风险管控，9 月央行规定房贷利率由基准利率变为参考 LPR，但利率水平不能下降。财政政策聚焦减税降费，更加注重结构调整，2019 年 12 月的中央经济工作会议强调积极的财政政策要大力提质增效，

更加注重结构调整，坚决压缩一般性支出，做好重点领域保障，支持基层保工资、保运转、保基本民生。棚改规模收缩，严格把握棚改范围和标准，严控地方政府隐性债务，城镇老旧小区改造加快，逐步扩大有效投资。

5）新冠肺炎疫情

新冠肺炎疫情自2019年12月于武汉暴发以来，已快速蔓延至全国31个省区市及境外多个国家与地区，疫情的持续势必对我国房地产市场产生冲击。为防范疫情扩散、蔓延，全国已有几十个城市住建部门、房协下发文件要求暂停售楼处销售，停止线下房产交易，暂停建筑施工和复工，中央为保持流动性，强化金融支持，加大货币信贷支持力度。

在供给端，疫情全面暴发以来，全国各地政府相继发文明确各类企业不早于2月10日复工，后随着疫情发展各地再次延迟两周及以上的复工时间，新开工进程放缓。从企业角度来看，2020年初销售下滑，整体资金面偏紧，加之此次疫情影响，上半年房企投资信心一定程度上会受挫，投资规模和投资节奏将会进一步放缓。房企销售回款进度受影响，土地市场的回暖滞后于销售市场，房企拿地节奏也将进一步放缓。在需求端，随着疫情的持续发展，短期对社会各行各业的不利影响较大，居民预期收入减少，经济的不确定性加大了房价的不确定性，大多数民众推迟置业计划，导致消费意愿或购房需求降低：2020年1月，百强房企销售业绩整体出现下滑，当月百强房企权益口径销售业绩合计4262.20亿元，同比下滑16.2%；全国（百城）成交土地数量682宗，与上年同期成交1378宗相比数量大幅下滑50.51%；同期，全国（百城）成交土地规划建筑面积5629.66万平方米，同比下滑53.73%；从溢价率的角度看，2020年1月一线、二线、三线城市平均成交溢价率分别为8.99%、12.76%和20.65%，分别同比下降3.89个百分点、0.58个百分点和4.52个百分点，2020年首月土地市场表现较上年同期有所降温，由于关闭售楼处和居民居家防疫及受购房预期影响，住房需求短期被抑制，楼市“小阳春”不复存在。

当前我国宏观经济基本面存在下行压力、房地产调控政策坚持“房住不炒”、房企资金回笼压力较大，再加之新冠肺炎疫情波及范围较广、售楼处和中介机构暂时关闭、开复工延迟、购房需求减弱等不利因素，预计2020年全年房地产市场交易规模将出现回落，销售规模下行将集中出现在第一季度，在疫情较为严重的省市，房地产市场供给和需求受到的抑制也将更加明显。考虑到第一季度为房地产行业的传统销售淡季，若疫情于第一季度内得到控制，加之房地产作为经济发展的压舱石，在“稳地价、稳房价、稳预期”的三稳目标下，以及宏观和楼市政策的及时调整下，房价整体平稳运行的态势不会改变。

（二）2020年房地产市场变量预测

基于对以上长、短期房地产影响因素的分析，假定疫情于第一季度得到有效控制且房地产市场调控政策不存在较大程度的调整下，运用经济计量预测模型分别对房地产开发投资、需求、供给和价格四个方面分别进行了预测，以下将预测结果分为四个部分并做详细介绍。

1. 房地产开发投资预测

预计 2020 年房地产开发投资完成额约为 139 465 亿元，同比增长约 5.5%，增幅较 2019 年下降约 4.4 个百分点（图 14）。

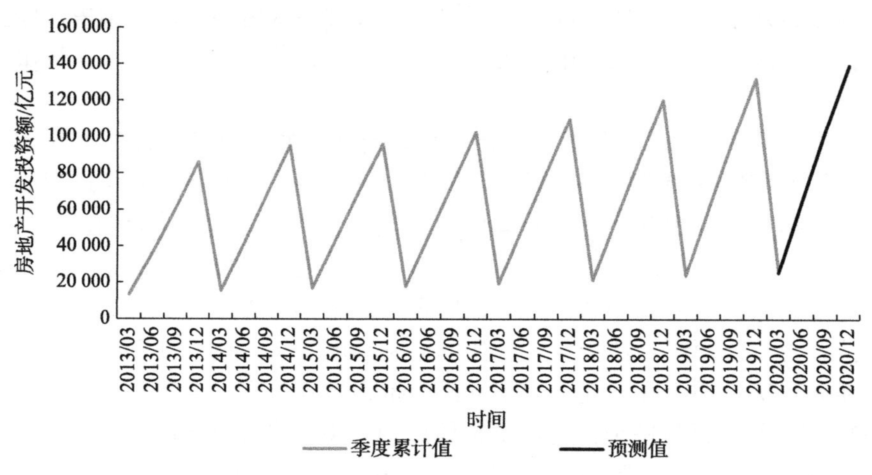

图 14　2020 年房地产开发投资额预测

资料来源：Wind 数据库

2. 房地产需求预测

预计 2020 年全年商品房销售面积约为 166 240 万平方米，同比下降约 3.1%（图 15）。预计 2020 年全年商品房销售额约为 160 843 亿元，同比增长约为 0.7%，增幅较 2019 年下降约 5.8 个百分点（图 16）。

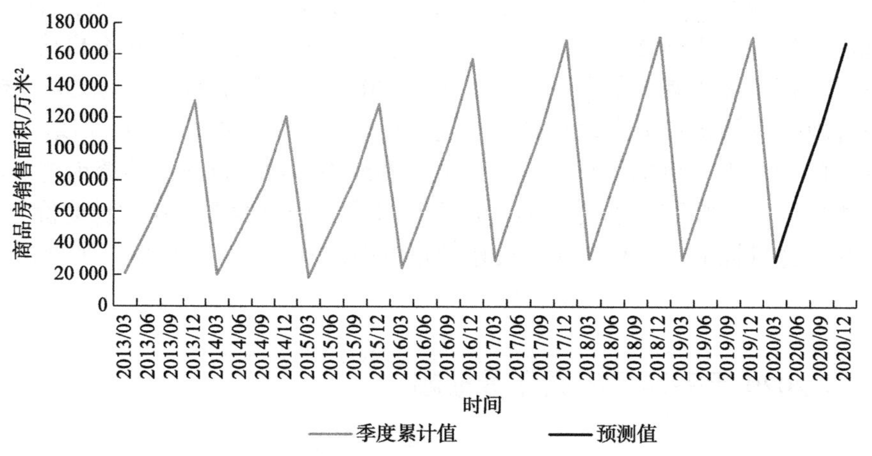

图 15　2020 年商品房销售面积预测

资料来源：Wind 数据库

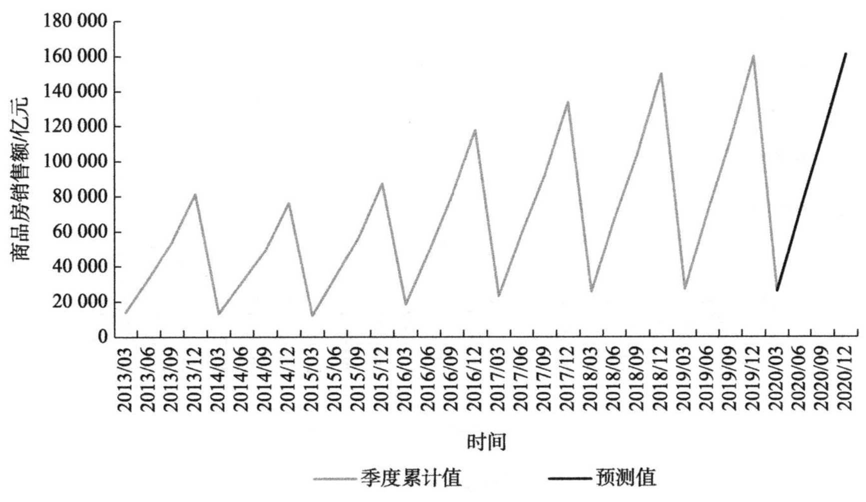

图 16　2020 年商品房销售额预测

资料来源：Wind 数据库

3. 房地产供给预测

预计 2020 年房地产市场新开工面积约为 223 292 万平方米，同比下降约 1.7%，增幅较 2019 年下降约 10.2 个百分点（图 17）。

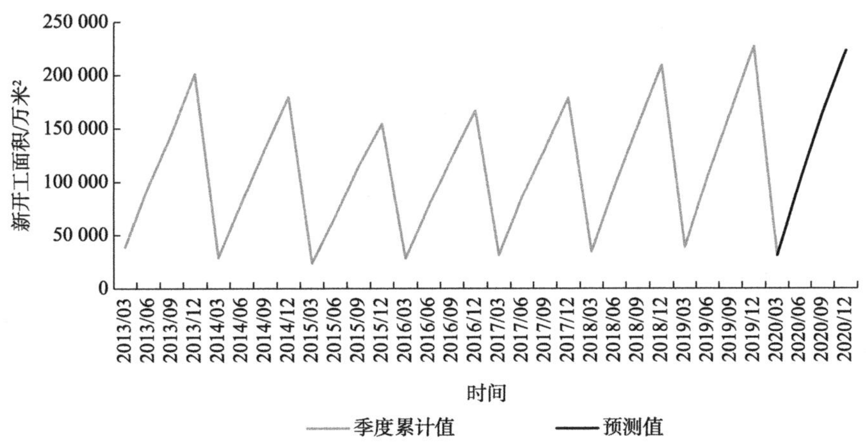

图 17　2020 年房地产市场新开工面积预测

资料来源：Wind 数据库

4. 房地产价格预测

预计 2020 年，商品房平均销售价格约为 9675 元/米^2，同比增长约 3.9%，增幅较 2019 年下降约 2.7 个百分点（图 18）。

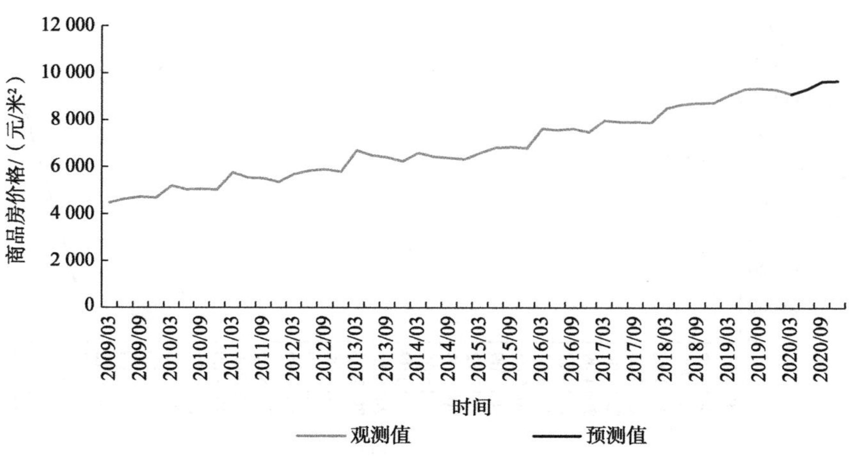

图 18　2020 年全国商品房平均销售价格预测

资料来源：Wind 数据库

2020年中国物流业发展分析与展望

冯耕中　刘伟华　王婧锟　刘馨允　金若莹　汪寿阳①

报告摘要：2019年，是中华人民共和国成立70周年，也是全面建成小康社会关键之年。2019年全年，GDP增速为6.1%，国民经济虽保持总体平稳，但低于上年同期水平。物流业整体运行较为平稳，2019年物流业景气指数（logistics prosperity index，LPI）大部分时间保持在荣枯分界线（50%）以上，其中前三季度增长态势弱于上年，第四季度迎来大幅回升。从社会物流总需求来看，2019年社会物流总额增长稳中回落，消费相关物流需求支撑继续增强，但转型升级态势有所减弱；在国家各项降本增效政策的大力支持下，社会物流总费用增速回落，运行效率小幅改善。伴随着新兴技术的逐步成熟，智慧物流与数字化战略转型继续推进，同时网络货运平台监管力度开始加大，区块链技术开始引发高层关注。物流与供应链整体技术变革加快，物流枢纽城市投入建设，交通强国建设还需要进一步落实。2019年，中美贸易摩擦继续影响进出口相关业务，引发国家供应链安全关注。

2020年，中国经济将从高速增长转向高质量发展，物流业继续以提质增效作为首要目标。受新冠肺炎疫情综合影响，全年LPI略高于荣枯分界线水平，预示着物流业将总体保持平稳态势，预计2020年全年平均LPI指数为52.0%，低于上年平均水平，物流业景气程度相对下降。与此同时，物流市场规模将实现小幅扩张，社会物流总额同比增长5.5%，增速略显乏力，预计2020年社会物流总额可实现313.3万亿元。2020年全年社会物流总费用预计为14.8万亿元，占GDP比例将延续回落走势，预计2020年社会物流总费用占GDP比例可进一步下降至14.0%。2020年，中美贸易摩擦和新冠肺炎疫情深度影响物流外需趋势，物流对资本的吸引力降温，物流领域将迎来资本寒冬；同时，消费对物流需求增长的拉动作用将不断巩固，物流市场内需略有提高，技术驱动下的新兴物流模式将为物流业的发展提供新的机遇。从市场运行环境来看，物流业高质量发展，国内市场创新与潜在危机并存，供应链创新与应用工作持续推进，企业物流新业态还有待发展，同时物流业发展环境优化，降本增效工作力度持续加大；从驱动因素来看，基础设施建设仍需再度发力，国家枢纽经济的发展将有助于为物流业的稳定发展奠定基础；物流智能化改造需持续推进以加速智慧物流的普及；此外在各项产业融合的背景下，物流实体经济可以保持稳定发展。

① 冯耕中博士，西安交通大学管理学院教授；刘伟华博士，天津大学管理与经济学部教授；王婧锟、刘馨允、金若莹为天津大学管理与经济学部硕士研究生；汪寿阳博士，中国科学院预测科学研究中心研究员。本报告受国家社会科学基金重大项目（18ZDA060）资助。

针对以上趋势，本报告提出以下建议：从建设现代经济体系出发，加快推进“十四五”规划的研究与制定；加大物流内需体系建设，挖掘物流业与其他产业融合的深度价值；重视平台经济发展规律，推动平台规范化运营；建立物流高质量发展的配套支撑体系，促进物流业理性化发展；重视智慧供应链创新与应用，加快进行相关政策研究与布局的步伐；出台外贸便利化服务政策，完善多层次智慧物流与供应链应急管理体系。

一、2019 年中国物流业发展回顾

（一）物流业总体形势分析

1. 国民经济稳中趋缓，物流业增速放缓

如图 1 所示，面对国内外风险挑战明显增多的复杂局面，我国国民经济运行保持总体平稳，2019 年全年 GDP 为 99.09 万亿元，同比增长 6.1%，继续保持中高速增长，但相较于上年回落 0.5 个百分点，增速有所放缓，表明国内经济下行压力有所加大。如图 1 所示，分季度看，第一季度同比增长 6.4%，第二季度增长 6.2%，第三季度增长 6.0%，第四季度增长 6.0%。

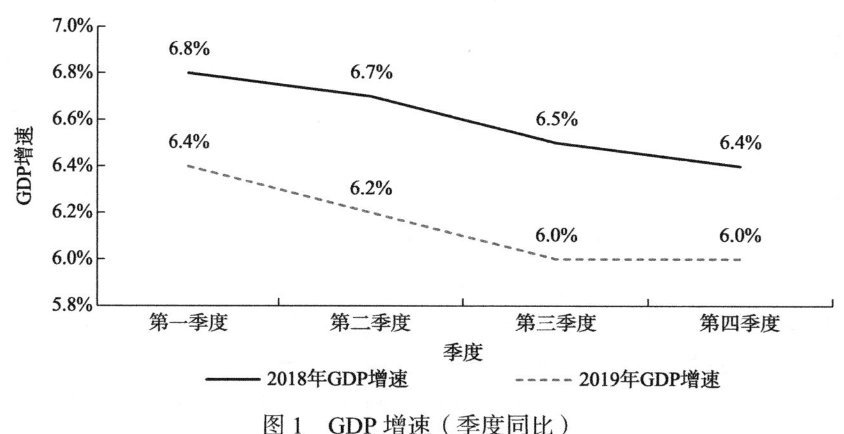

图 1　GDP 增速（季度同比）

资料来源：国家统计局

从产业结构看，我国经济结构继续调整优化，产业发展持续升级，但三大产业的增速均有所下降。其中，第一产业增加值增长 3.1%，比上年回落 0.4 个百分点；第二产业增加值增长 5.7%，比上年回落 0.1 个百分点；第三产业增加值增长 7.1%，比上年回落 0.5 个百分点。同时，市场内需潜力继续巩固，全年最终消费支出对经济增长的贡献率为 57.8%，高于资本形成总额 26.6 个百分点，尽管较 2018 年显著下降了 18.4 个百分点，但居民消费仍是经济增长的重要动力，我国消费结构持续优化。在扩大消费的同时，国家也积极增加补短板、惠民生、增后劲的有效投资，民生保障扎实有力，城乡区域差距继续缩小，经济运行的质量和效益得到持续改善。总的来说，尽管 2019 年国民经济各方面

的增速均有所放缓，但我国经济运行的主要宏观指标仍处于合理区间，结构调整稳步推进，经济运行保持总体稳定。

从制造业的采购经理指数来看，受全球经济下行压力和中美贸易摩擦的影响，2019 中国制造业采购经理指数平均水平低于 2018 年，且仅有 4 个月处于荣枯分界线（50%）以上（图 2）。除 11 月和 12 月外，同比增长率均呈现负增长态势，表明 2019 年制造业经济的总体形势在下降，制造业经济增长动力有待加强。

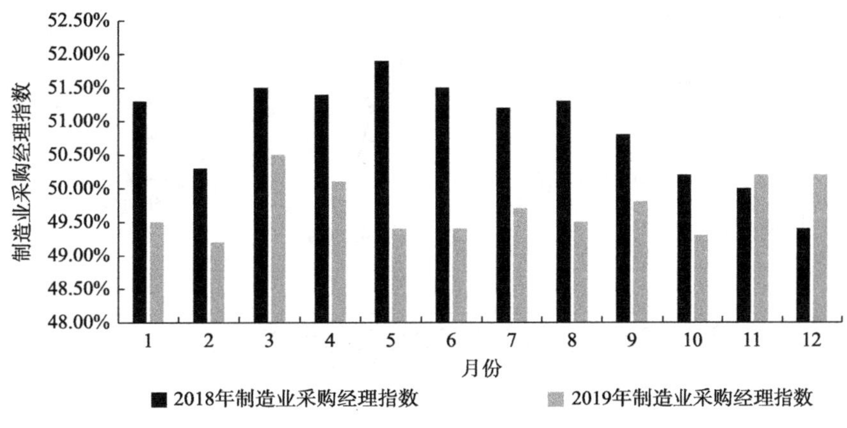

图 2　2018~2019 年制造业采购经理指数

资料来源：国家统计局

图 3 显示了综合采购经理指数及其同比增长情况，总体来看，2019 年综合采购经理指数均高于 50%，处于荣枯分界线之上。其中制造业景气回落，非制造业继续在扩张区间运行。全年有 9 个月的综合采购经理指数相较于 2018 年同期有所下降，这表明我国企业生产经营活动虽总体延续扩张态势，但增长速度有所放缓。2019 年 10 月的综合采购经理指数为 52.0%，比上月回落 1.1 个百分点，处于历年同期偏低水平，生产经营的扩张态势明显放缓。

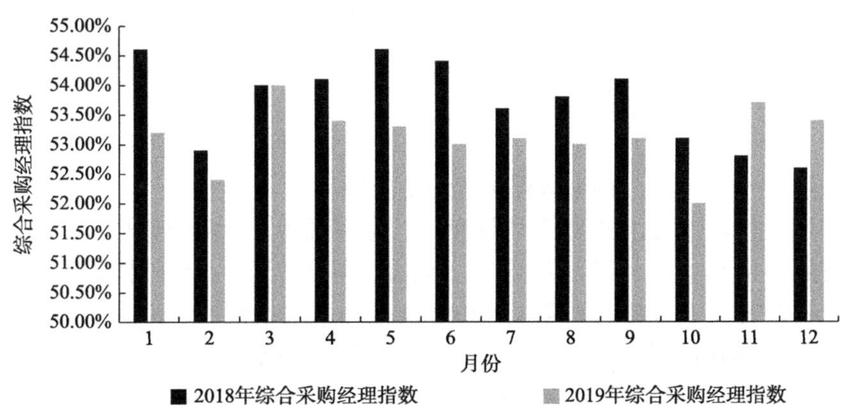

图 3　2018~2019 年综合采购经理指数

资料来源：国家统计局

物流业既是保障国民经济增长的基础性行业，又是经济的晴雨表。物流业整体发展形势可以用 LPI 来反映。如图 4 所示，LPI 的变化情况反映出 2019 年中国物流业运行总体仍处于较为景气的状态。但相较于 2018 年同期，LPI 总体相对较低，且各月波动较小，反映出 2019 年物流业增长较为均衡，且增长态势弱于上年。

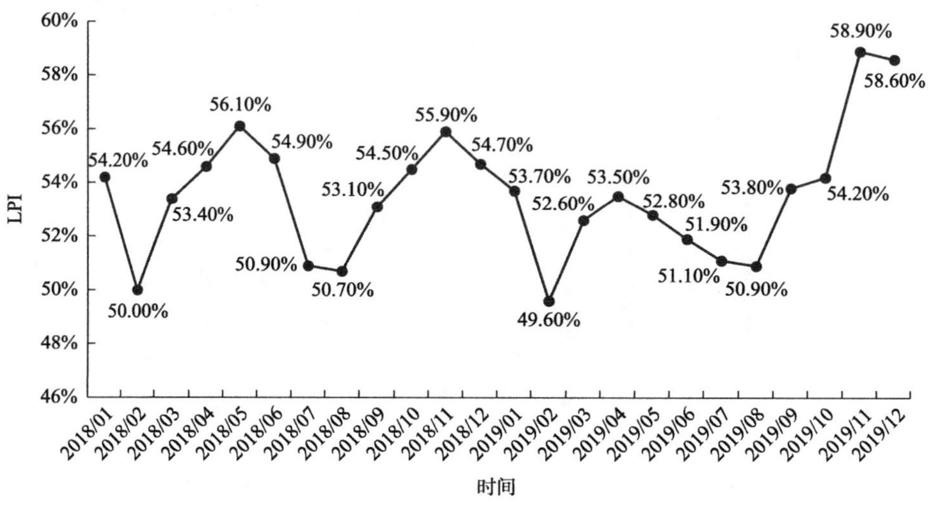

图 4　2018~2019 年 LPI

资料来源：中国物流信息中心

2019 年的大部分时间 LPI 均保持在荣枯分界线（50%）以上，处于扩张区间，虽然前三季度扩张速度有所放缓，但物流业整体运行仍较为稳定，从第四季度开始，LPI 迎来大幅回升。从月度数据来看，受春节假期影响，1~2 月 LPI 回落，整体数值偏低，2 月 LPI 一度跌破 50%，降至收缩区间。3~4 月，受物流需求持续增加的影响，LPI 迅速回升，达到全年的一个高点。5~8 月，LPI 始终保持在荣枯分界线以上，但表现为连续回落趋势，LPI 增速放缓。9~11 月，随着“金九银十”及两节传统旺季的来临，物流业内生动力有所增强，生产建设用大宗商品、与民生相关的消费品等需求趋旺，物流活动总体呈现出“需求好、效益好、预期好”的态势，LPI 迅速回暖，升至 2019 年的最高水平，扭转了 4 个月的连续回落走势。

2019 年 12 月的 LPI 为 58.6%，较 11 月回落 0.3 个百分点；中国仓储指数为 52.5%，较 11 月回落 1.9 个百分点。LPI 略有回落的主要原因是“双十一”电商促销结束后，相关的装卸搬运及运输服务业指数有所回落，但物流业仍在高景气区间运行，反映出供应链上下游经济活动保持活跃。从分项指数看，除了资金周转率指数有所回升外，其他各分项指数普遍较上月略有回落。其中，设备利用率指数回落 0.3 个百分点，回落至 56.2%。节前出现临时性物流人员供需缺口，从业人员指数比上月回落 0.5 个百分点，回落至 52.2%。固定资产投资完成额指数为 53.5%，比上月回落 1.2 个百分点，显示出物流企业的固定资产投资完成速率有所减缓。资金周转率指数为 55.3%，较上月回升 0.6 个百分点，显示出企业在临近年底时加快了资金周转速率，资金环境有所改善。从后期走势看，新订单指数和业务活动预期指数分别为 56.8% 和 56.2%，保持较高景气

水平，反映企业对后期市场预期总体较好，但仍然要重点关注 2020 年第一季度相关行业物流需求和从业人员情况。总体而言，尽管受经济下行影响，2019 年前期 LPI 增速疲软，但在智慧物流、电商物流、新零售等物流新业态迅速崛起及传统物流需求继续稳定的影响下，物流业呈现在波动中略有上升的趋势，整体走势较为平稳，对后市预期总体较好。

如表 1 所示，从季度数据上看，2019 年前三季度的季度 LPI 较为平均，其中，第二季度的 LPI 稍高，平均值为 52.73%，第三季度略有回落。与 2018 年同期相比，2019 年第一季度和第二季度的 LPI 均有所降低，其中第二季度降幅高达 2.47%，显示 2019 年上半年物流业增长态势不及 2018 年同期；2019 年第三季度的 LPI 略高于 2018 年同期，发展态势略有好转。2019 年第四季度的 LPI 相较于同年第三季度出现大幅增长，表明物流业发展态势在年末有所好转，并显示出强劲的增长势头。总的来说，2019 年我国 LPI 较为稳定，前期增速稳中回落，后期增速较快。

表 1　2018~2019 年分季度 LPI 比较表

2018 年	LPI 平均值	2019 年	LPI 平均值	差值
第一季度	52.53%	第一季度	51.97%	−0.57%
第二季度	55.20%	第二季度	52.73%	−2.47%
第三季度	51.57%	第三季度	51.93%	0.37%
第四季度	55.03%	第四季度	57.23%	2.20%

资料来源：中国物流信息中心

2. 物流企业盈利水平减弱，吸纳就业能力有所下降

2019 年以来，物流业服务价格指数偏低，企业盈利能力偏弱问题依然较为突出，行业发展的困难与压力较大。其中，2019 年 4~9 月，物流服务价格指数均位于荣枯分界线以下，显示出物流企业服务价格整体处于下降通道，物流服务价格水平整体偏低。

从不同行业看，公路、水运价格均处于较低水平。2019 年，中国沿海（散货）运价指数为 1059.98 点，同比下降 7.8%。中国公路物流运价指数为 97.7 点，与 2018 年全年水平基本持平，但总体处于 2016 年以来的较低水平。受到价格水平偏低、业务量增速放缓等因素的影响，物流企业盈利水平较弱。2019 年 6~9 月主营业务利润指数均处于荣枯分界线以下，前三季度均值为 49.3%，同比下降 0.6 个百分点。

此外，2019 年以来，物流从业人员水平总体趋缓。2019 年上半年物流从业人员水平持续回落，物流行业吸纳就业的能力有所下降。前三季度从业人员指数 49.2%，比上年同期下降 0.5 个百分点，为 2013 年以来的最低水平。但第三季度以来指数有所回升，行业吸纳就业能力略有回暖。总体而言，2019 年以来，受到业务增速放缓等预期影响，劳动力供应偏紧，物流行业就业形势总体偏弱。

（二）物流市场运行特征分析

1. 社会物流需求增速稳中回落，消费结构转型态势趋缓

如图 5 所示，总体来看，2019 年社会物流总需求延续平稳增长，但增速较 2018 年有所放缓，进入中高速发展阶段。从规模总量看，2019 年我国社会物流总额达到 298.0 万亿元，从增速看，全年社会物流总额同比增速为 5.9%，增速比上年回落 0.5 个百分点；从年内走势看，上半年增速仍维持 6% 以上，前三季度回落至 6% 以内，前四季度小幅回升。

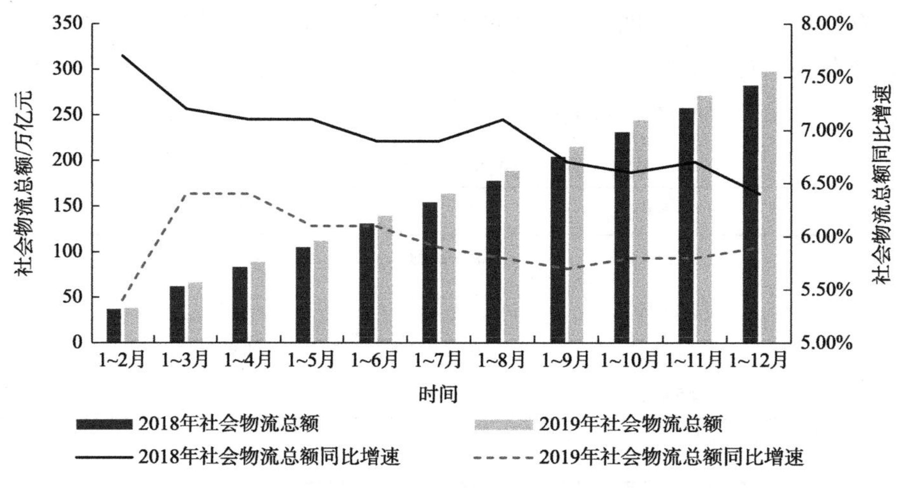

图 5　2018~2019 年社会物流总额及同比增速

资料来源：中国物流信息中心

从产业结构看，工业物流需求贡献率进一步趋缓，与民生相关的物流需求增速略有回落，进口、消费相关物流需求的支撑作用继续增强，转型升级态势持续发展。以新产业、新业态、新模式为主要内容的新动能正在快速集聚，持续发展壮大，成为支撑物流需求结构调整的重要力量。2019 年，工业品物流仍是物流需求的主要力量，全年工业品物流总额为 269.6 万亿元，同比增长 5.7%，增速比上年回落 0.5 个百分点；内需对物流需求增长的拉动作用继续巩固，进口货物物流总额 14.3 万亿元，增长 4.7%，比上年提高 1 个百分点，部分原材料和能源产品进口持续增加，同时消费品进口也保持 19%的较高增长率；与民生相关的物流需求增长态势趋缓，2019 年单位与居民物品物流总额同比增长 16.1%，增速比上年回落 6.7 个百分点。节能环保和低碳经济小幅提升了再生资源物流需求，再生资源物流总额 1.4 万亿元，同比增长 13.3%，增速比 2018 年回落 1.8 个百分点。

2. 社会物流总费用增速回落，运行效率小幅改善

如图 6 所示，2019 年社会物流总费用呈现上升趋势，其中，第一季度增速较快，第二季度以后物流总费用增速有所回落，物流运行效率得到小幅改善。2019 年社会物流总

费用为 14.6 万亿元，同比增长 7.3%，增速比上年回落 2.5 个百分点，比第一季度回落 1 个百分点。

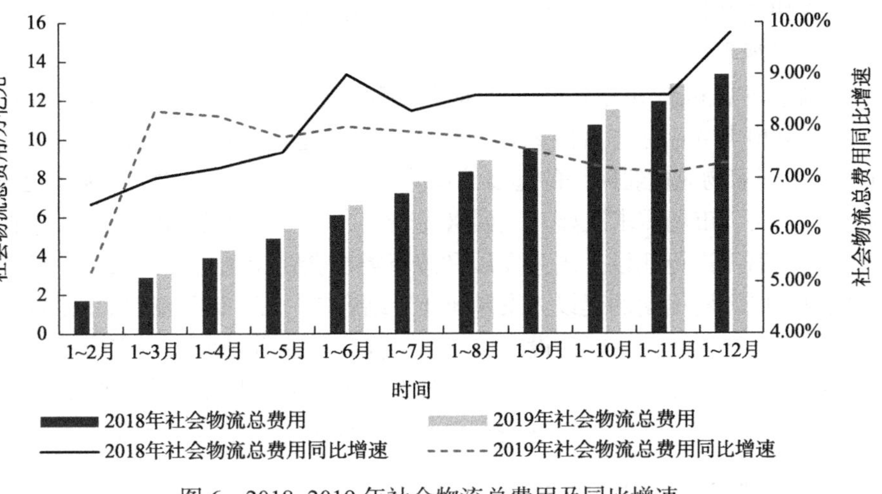

图 6　2018~2019 年社会物流总费用及同比增速

资料来源：中国物流信息中心

从构成看，2019 年运输费用为 7.7 万亿元，同比增长 7.2%，增速比上年小幅提升 0.7 个百分点；保管费用为 5.0 万亿元，同比增长 7.4%，增速比上年下降 6.4 个百分点；管理费用为 1.9 万亿元，增长 7.0%，增速比上年下降 6.5 个百分点。社会物流总费用与 GDP 的比率为 14.7%，比上年下降 0.1 个百分点。从近年走势来看，物流成本由快速下降期转入平台期：2017 年之前，社会物流总费用与 GDP 的比率连续下降，2018~2019 年则有所提高。在未来一段时期，这一比率仍可能在 14%~15%的区间波动。

（三）物流业热点问题分析

1. 交通强国建设有待推进，物流枢纽城市投入建设

目前我国现代化仓储、多式联运、转运等设施不足，高效、顺畅、便捷的综合交通运输网络尚不健全，布局合理、功能完善的物流园区体系尚未建立，物流基础设施之间不配套，难以有效衔接。中共中央、国务院印发的《交通强国建设纲要》明确表示，“到 2035 年，基本建成交通强国”。交通强国，意味着交通业在国民经济中发挥更大作用，国家拥有发达的快速网、完善的干线网、广泛的基础网，城乡区域交通协调发展达到新高度，支撑国家现代化建设能力显著增强。《交通强国建设纲要》提出“构建互联互通、面向全球的交通网络”，做出了“以丝绸之路经济带六大国际经济合作走廊为主体，推进与周边国家铁路、公路、航道、油气管道等基础设施互联互通”“推进 21 世纪海上丝绸之路建设”的重要部署，对于推动“一带一路”互联互通高质量发展、加快建成世界前列的交通强国意义重大。需要注意的是，《交通强国建设纲要》对未来的发展路径提出了具体可量化的目标：到 2035 年，基本形成“全国 123 出行交通圈”（都市区 1 小时通勤、

城市群 2 小时通达、全国主要城市 3 小时覆盖）和“全球 123 快货物流圈”（国内 1 天送达、周边国家 2 天送达、全球主要城市 3 天送达）。补齐交通强国建设中的物流短板，实现“全球 123 快货物流圈”这一目标，既符合交通产业未来的发展方向，也是物流业服务国民经济的客观需要。

此外，国家发展和改革委员会、交通运输部联合印发《国家物流枢纽网络建设实施方案（2019—2020 年）》，标志着国家物流枢纽布局和建设工作全面启动。根据实施方案，2019~2020 年是国家物流枢纽网络的起步建设阶段，国家物流枢纽原则上基于已投入运营、基础设施相对完备、市场需求旺盛、发展潜力较大、区域带动作用较强、在行业内具有一定影响力的物流枢纽进行建设。国家发展和改革委员会、交通运输部 2019 年在国家物流枢纽承载城市人民政府编制的建设方案基础上，结合“一带一路”建设、京津冀协同发展、长江经济带发展、粤港澳大湾区建设、长三角一体化发展等重大政策实施需要，统筹研究确定了第一批 15 个左右国家物流枢纽建设名单。国家支持物流业发展的诸多政策有待落实，相关问题还没有实质性改善，这些都对我国物流业进一步发展带来了严峻挑战。

2. 中美贸易战引发国家供应链安全关注

2019 年 5 月 10 日，中美贸易战升级，美国正式对中国输美的 2000 亿美元商品加征 25%的关税，中国也将反制。这一事件也让贸易及航运从业者再次绷紧了神经。

2019 年，外贸发展的外部环境复杂、严峻，不确定、不稳定因素依然较多，一些国家保护主义、单边主义抬头，国际贸易和投资都可能受到拖累，加上我国外贸规模基数抬高等客观因素，2019 年我国部分外贸业务的增长速度有所放缓。

中美贸易战的硝烟下，全球供应链受到阻碍，最直接地体现为产业生产降幅带来的货运量减少。以钢铁和铝来讲，港口集装箱的数量有所下降，长期来看，货运量和依赖其就业的岗位受到损失，受害者包括码头工人及整条供应链涉及的其他员工。就具体产业来看，航空物流、海运等跨境物流业受到冲击，国内与相关出口行业的品牌及有物流合作的物流企业也会有一定影响。

如表 2 所示，2019 年上半年，我国进出口总额为 21 611.478 18 亿美元，同比下降 2.0%。其中出口额为 11 711.530 02 亿美元，增长 0.1%；进口额为 9 899.948 16 亿美元，下降 4.3%；贸易顺差额为 1 811.580 00 亿美元。6 月当月，我国进出口总额为 3 746.956 54 亿美元，下降 4.0%。其中出口额为 2 128.358 63 亿美元，下降 1.3%；进口额为 1 618.597 91 亿美元，下降 7.3%；贸易顺差额为 509.760 00 亿美元。

表 2　2019 年上半年我国进出口情况

项目	6 月当月		1~6 月累计	
	金额/亿美元	同比	金额/亿美元	同比
进出口总额	3 746.956 54	−4.0%	21 611.478 18	−2.0%
出口额	2 128.358 63	−1.3%	11 711.530 02	0.1%
进口额	1 618.597 91	−7.3%	9 899.948 16	−4.3%
贸易顺差额	509.760 00		181 158 000	

目前来看，中国仍然只是全球供应链中的一环，而且在不少领域还处在中下游阶段。这使得中美间的贸易战不仅会影响中国企业，也会影响和中国处于同一条供应链的上游其他国家的企业。

3. 智慧物流与数字化战略转型继续推进

2019 年 2 月，国家发展和改革委员会等印发的《关于推动物流高质量发展促进形成强大国内市场的意见》提出“鼓励物流和供应链企业在依法合规的前提下开发面向加工制造企业的物流大数据、云计算产品，提高数据服务能力，协助制造企业及时感知市场变化，增强制造企业对市场需求的捕捉能力、响应能力和敏捷调整能力”“鼓励和引导有条件的乡村建设智慧物流配送中心”“鼓励各地为布局建设和推广应用智能快（邮）件箱提供场地等方面的便利”。

2019 年 5 月 28 日，以“数字化再加速”为主题的“2019 全球智慧物流峰会”在浙江杭州国际博览中心举行。菜鸟网络科技有限公司（以下简称菜鸟）总裁万霖透露，未来菜鸟将重点实施物联网战略。万霖指出，智慧物流下一步必须走“数字化+创新”之路，其中数字化是基础，是为未来的模式、服务和技术创新做准备。物联网是物流要素数据化的重要手段。数字化是智慧物流的初心和基石，所有的数字化，都在为未来的智能化做必要准备。

与国际先进水平相比，中国在物流信息化、智能化长期发展战略上尚未形成体系，整体规划能力低。物流信息化建设相对缓慢，行业信息化标准、规范不健全，信息类专业人才相对缺乏；信息资源缺乏统筹开发，共享率低，更新速度慢。物流信息化整体应用水平尚处于较低层次，特别是中小物流企业的信息化水平很低，先进的信息技术应用较少，应用范围有限，信息化对企业运营生产环节的渗入层次较低。缺乏开放式公共物流信息平台体系，缺乏统一的快速反应物流管理信息平台，尚未实现信息共享、一体化服务。加快物流业规则制定、打造数字化供应链不仅只是当下物流产业发展的一大重点，综合考虑运用物联网、云计算、无人机、机器人等技术及设备来提升货物运送的质量和水平，也将是今后一段时间内物流产业发展的重要内容。

4. 网络货运平台监管力度加大，平台经济规范化发展

为贯彻落实党中央、国务院领导关于“互联网+”高效物流的重要指示、批示精神及关于促进平台经济规范健康发展的指导意见，2019 年 9 月 6 日，交通运输部、国家税务总局联合印发《网络平台道路货物运输经营管理暂行办法》，以规范网络平台道路货物运输（以下简称网络货运）经营，维护道路货物运输市场秩序，促进物流业降本增效。

《网络平台道路货物运输经营管理暂行办法》将试点期间的“无车承运人”更名为“网络平台道路货物运输经营者”，其概念包含三要素：第一，依托互联网平台整合配置运输资源；第二，以承运人身份与托运人签订运输合同，委托实际承运人完成道路货物运输；第三，承担承运人责任的道路货物运输经营活动。《网络平台道路货物运输经营管理暂行办法》明确提出网络货运经营不包括仅为托运人和实际承运人提供信息中介和交易撮合等服务的行为。《网络平台道路货物运输经营管理暂行办法》明确了省级交通运输主管部门应按照相关技术规范的要求建立和完善省级网络货运信息监测系统，实现与网络货运经营者信息平台的有效对接；网络货运经营者、实际承运人有违反道路运输法律法规规章规定的，由县级以上负有道路运输监督管理职责的机构按照《公路安全保护条例》《中华人民共和国道路运输条例》《道路货物运输及站场管理规定》《道路危险货物运输管理规定》等相关法律法规规章的规定查处。此外，《网络平台道路货物运输经营管理暂行办法》支持成立行业协会，鼓励行业协会商会等社会组织引导企业贯彻落实国家法规制度及标准规范，加强行业自律，规范企业经营行为，推动网络货运发展模式创新。

5. 区块链技术引发高层关注，物流与供应链技术变革加快

2019 年 10 月 24 日，中共中央政治局就区块链技术发展现状和趋势进行第十八次集体学习。中共中央总书记习近平在主持学习时强调，区块链技术的集成应用在新的技术革新和产业变革中起着重要作用。我们要把区块链作为核心技术自主创新的重要突破口，明确主攻方向，加大投入力度，着力攻克一批关键核心技术，加快推动区块链技术和产业创新发展。习近平强调，要加强对区块链技术的引导和规范，加强对区块链安全风险的研究和分析，密切跟踪发展动态，积极探索发展规律。习近平还强调，要加强区块链标准化研究，提升国际话语权和规则制定权。要加快产业发展，发挥好市场优势，进一步打通创新链、应用链、价值链。要构建区块链产业生态，加快区块链和人工智能、大数据、物联网等前沿信息技术的深度融合，推动集成创新和融合应用。要加强人才队伍建设，建立完善人才培养体系，打造多种形式的高层次人才培养平台，培育一批领军人物和高水平创新团队①。

2016 年，中国物流与采购联合会和多家物流、供应链、区块链企业联合成立了区块链应用分会。经过三年的实践，在中物联区块链分会的积极推动下，区块链技术在物流供应链领域多项应用落地，在物流供应链金融、物流及商品溯源、供应链协同平台、电子单据票据等领域都相继推出基于区块链技术的产品，涌现出了顺丰速运有限公司、京东物流有限公司、中都物流有限公司等区块链创新应用企业，引领区块链技术在物流供应链领域的发展方向。以区块链为代表的新一代信息技术结合云计算、大数据、物联网等技术，从仓储、运输、配送、跨境及物流金融各个维度为行业补充新鲜血液。目前，区块链技术在物流供应链领域主要应用于流程优化、供应链协同、物流与供应链征信、电子存证、物流与供应链金融、物流跟踪与商品溯源等多个方面。例如，顺丰速运有限公司表示，该公司基于自身的业务发展诉求和战略布局，实现了区块链技术在多个场景的应用落地，逐步构筑起区块链从学术论文到代码、从代码到软件、从软件到产品、从产品到平台的全工程化技术壁垒。

---

① 习近平在中央政治局第十八次集体学习时强调 把区块链作为核心技术自主创新重要突破口 加快推动区块链技术和产业创新发展. http://www.xinhuanet.com//2019-10/25/c_1125153665.htm[2019-11-07].

二、2020 年中国物流业发展预测

（一）物流业总体经济形势预测分析

1. 物流景气程度相对下降，物流市场规模小幅扩张

2018 年全年 LPI 平均值为 53.58%，2019 年 LPI 相较于上年略有下降，全年平均水平为 53.47%，预计 2020 年仍有下滑趋势，主要是受到国内外经济发展形势的影响。第一，我国经济增长整体放缓。根据国家统计局数据，2019 年 GDP 为 99.09 万亿元，按可比价格计算，比 2018 年同比增长 6.1%，增速较上年回落 0.5 个百分点；2020 年第一季度 GDP 为 20.65 万亿元，比 2019 年同期缩减 6.8%，出现暂时的负增长，后期有望复苏。第二，从世界范围看，受经济下行压力影响，全球增长放缓是广泛现象。2019 年，美欧日等主要经济体经济增长明显放缓，多数新兴经济体也呈现经济弱势增长；从主要经济领域看，工业生产继续放缓，国际大宗商品价格普遍下跌，贸易摩擦的持续导致世界贸易额持续负增长，市场信心不振，全球利率水平下移，国际金融市场动荡。鉴于实体疲弱、贸易摩擦曲折反复、地缘政治危机频发、未来经济下行趋势难以扭转，全球经济增速有可能大幅放缓。2020 年以来，多个国际机构和组织纷纷先后下调世界经济全年增长预期。3 月 2 日，OECD 在《全球经济展望报告》中预计，在最好的情况下，2020 年全球经济将仅增长 2.4%，相比 2019 年 11 月时的预测下调了 0.5 个百分点，这也是 2009 年以来的最低水平。WTO 在 4 月 8 日发布了 2020~2021 年贸易增长预测，乐观预测 2020 年全球贸易将暴跌 13%，而悲观预测将暴跌 32%。IMF 于 4 月 14 日发布《世界经济展望》，与 1 月发布的最近一次预测相比，该机构对 2020 年的全球经济增长进行了史上最大幅度的下调，预计 2020 年全球经济将萎缩 3%，为 20 世纪 30 年代大萧条以来最糟的经济衰退[①]。第三，受到中美贸易摩擦的持续影响，2019 年至 2020 年外需继续转弱。海关总署数据显示，2019 年，中国货物贸易进出口总额为 31.54 万亿元人民币，比 2018 年增长 3.4%，增速比上年下滑 6.3 个百分点。其中，出口额为 17.23 万亿元，同比增长 5%，增速比 2018 年下滑 2.1 个百分点；进口额为 14.31 万亿元，同比增长 1.6%，增速比 2018 年下滑 11.3 个百分点；贸易顺差额为 3.5 万亿元，比上年扩大 25.4%。2020 年第一季度，我国货物进出口总额为 6.57 万亿元，比 2018 年同期下降 6.4%，降幅较前 2 个月收窄 3.1 个百分点。其中，出口额为 3.33 万亿元，同比下降 11.4%；进口额为 3.24 万亿元，同比下降 0.7%，贸易顺差额为 983 亿元，收窄 80.6%。受中美贸易争端和全球新冠疫情的持续影响，我国进出口贸易额显著下降。同时，美、欧等发达经济体的采购经理指数仍处于 2016 年以来的历史低位，经济景气仍然低迷，伴随美国居民收入增速回落，私人消费或将加速下挫，外需或进一步走弱，对我国贸易链的压制或将继续存在。第四，当前我国经济运行基本面良好，但新冠肺炎疫情对全年经济的影响不容忽视，其影响是短期的、

---

① IMF、世行等机构预测：今年全球 GDP 增速将为负值. https://baijiahao.baidu.com/s?id=1664116673624846949&wfr=spider&for=pc[2020-04-16].

阶段性的，影响集中在 2 月、3 月。在党中央决策部署下，全国上下集中精力打赢疫情阻击战，进入 2020 年的第二季度以后，疫情已得到明显控制，市场需求将集中释放，生产、投资与消费加快增长，带动经济平稳较快回升。

疫情和国内外经济下行压力的影响，以及外需持续转弱给我国物流业发展带来的不利影响，将直接导致 LPI 的下降。基于对 2014~2019 年 LPI 均值的分析，预计 2020 年全年平均 LPI 为 52.00%，处于荣枯分界线之上，但低于 2019 年平均水平。与此同时，物流业市场规模将实现小幅扩张，社会物流总费用增速略有反弹，社会物流总费用占 GDP 比例稳中下行。根据 2009~2019 年社会物流总额数据，预计 2020 年社会物流总额增速在 5.5%左右，较 2019 年略有回弹，预计全年社会物流总额可实现 313.3 万亿元，社会物流运行保持稳中有进的趋势，但增速略显乏力。社会物流总费用占 GDP 比例将延续回落走势，根据 2013~2019 年社会物流总费用数据，预计 2020 年社会物流总费用为 14.8 万亿元，增速略有回升。同时，自 2019 年以来，在全球经济下行、国内结构性矛盾突出及中美贸易摩擦升级的背景下，虽然我国经济下行压力有所加大，但主要指标仍保持总体平稳，特别是在一系列稳就业、稳金融、稳外贸、稳外资、稳投资、稳预期的政策作用下，经济持续运行在合理区间，预计 2020 年 GDP 可以实现 105.3 万亿元。因此，预计 2020 年社会物流总费用占 GDP 比例可以进一步下降至 14.0%，物流业降本增效阶段性成效初步显现。

2. 中美贸易摩擦和新冠肺炎疫情深度影响物流外需趋势，物流对资本吸引力降温

2018 年美国启动针对中方的“301”调查，对从中国进口的约 600 亿美元的商品加征关税，以此打击中国的高科技和先进生产制造行业，并将加征关税的目标锁定在科技、通信和知识产权领域，如高性能医疗器械、生物医药、新材料、工业机器人、新能源汽车和航空产品等。这可能会给我国物流业中的人工智能、区块链等智慧物流技术的探索带来一定阻力。因此，中美贸易摩擦可能产生深远的经济影响，一方面，它为我国进出口物流业的发展带来了负面影响，使得中国物流业的外需整体下滑，对物流业造成了巨大影响。2019 年，我国货物贸易进出口总额为 31.54 万亿元人民币，比 2018 年增长 3.4%，增速比上年下滑 6.3 个百分点；中美贸易总额为 5412.23 亿美元，同比下降 14.6%，其中，中国对美国出口额为 4185.09 亿美元，同比下降 12.5%；自美国进口额为 1227.14 亿美元，同比下降 20.9%。2020 年第一季度，中美贸易总额为 6680.1 亿元人民币，同比下降 18.3%。另一方面，中美贸易摩擦的反复性和间断性，也为物流业带来了巨大的需求不稳定性，影响了国际供应链的平衡。

受新冠肺炎疫情影响，2020 年第一季度我国进出口物流需求受到重大影响。2020 年 1 月 31 日美国宣布禁止 14 天内曾到访中国的外国人入境。其他国家也出台了相关的出入境管制措施，国外的航空公司也纷纷调整中国航班运营。美国联合航空、加拿大航空、英国航空、法国航空、德国汉莎航空、荷兰皇家航空、西班牙伊比利亚航空等纷纷减少或者停飞中国航班。继各国入境管制和对中国船舶加强停靠限制之后，印度大幅上调关税，印度尼西亚、约旦、俄罗斯暂停进口部分中国商品，越南发出暂缓货物清关提醒。例如，印度政府在其 2020~2021 年政府预算中宣布，上调家具、鞋类、家电、手机

零配件、玩具等中国优势产品的进口关税，并进一步修订关税法（Section 28DA）有关反倾销及相关措施规定以限制进口，而目前印度对华反倾销调查数量仅次于美国，位居全球第二。2020 年 2 月 2 日约旦当局宣布，为了防止新冠肺炎疫情在约旦传播，暂停进口中国动植物产品，有关进口许可证已经暂停发放，直到另行通知。印度尼西亚对船舶的疫情防控措施升级更新，将导致船期可能延误 1~2 天。此外，印度尼西亚将暂停进口中国食品与饮料类商品，以防新冠病毒传播。俄罗斯最大超市 Magnit 宣布，暂停从中国进口蔬菜和水果。越南友谊口岸从 2020 年 2 月 4 日起暂缓办理货物清关手续，越南海防港则通报，从中国进口的货柜需要经过约 14 天的新冠病毒检疫后，才能允许报关进口至越南，而这 14 天的检疫期不会列入船舶到卸货港后的免费用箱时间（free time）的计算。总体上看，跨境供应链中的停飞、停航、拒收及关税上调，给跨境贸易造成了严重冲击，影响了我国商品出口竞争力。预计跨境供应链在 2020 年上半年仍将受到较大的影响，直接导致我国的外贸进出口物流需求减缓。2020 年下半年将呈现上涨的趋势，但总体来看，物流需求全年走低的趋势仍将不可避免。

近年来，物流业政策红利不断，吸引了红杉资本、普洛斯（Global Logistic Properties，GLP）、钟鼎创业投资管理有限公司等各路资本纷纷入局，上演激烈的资本掠夺战。然而，在经历了 2015~2017 年的投资热潮之后，物流业在 2018~2019 年的融资热度有所下降，投资方在做出投资决策时更加谨慎。如图 7 所示，2019 年，物流领域共发生了 72 笔融资事件，融资总金额在 585.0 亿元左右。与 2018 年相比，2019 年整个物流行业的融资数量持续减少，融资总额越发低迷，物流领域迎来资本寒冬[①]。2019 年的物流融资情况表现出以下特征：第一，投资密度下降，4 月、5 月、10 月都出现了长达半个月甚至一个月的投资空档期；第二，亿元融资减半，相较于 2018 年的 59 笔亿元融资，2019 年仅有 32 笔亿元融资案例，减少近一半[②]；第三，伴随着人工智能、大数据等技术加持的物流科技产品在物流场景中的落地应用，有技术加持的物流装备企业开始受到资本青睐。因此，在资本的选择下，未来物流企业将会按照“推动互联网、大数据、人工智能和实体经济深度融合”的要求，向着转型、跨界、融合、整合、物流科技等方向演进，构建全球产业体系，加强对资本的吸引力，以此加速物流业的转型升级。

3. 物流市场内需略有提高，技术驱动下的新兴物流持续发展

近年来，随着零售行业的不断变化，消费的时间和空间概念越来越模糊，无界零售成为零售行业发展的终极形态；在国家政策的支持下，物流业也将通过技术革新促进行业转型，以适应消费不断升级的市场形势。我国消费的基础性作用正不断加强，2019 年数据显示，我国单位与居民物品物流总额同比增长 16.1%，增速比社会物流总额高出 10.2 个百分点，虽然受经济疲软影响增速有所回落，但消费与民生领域物流需求仍是物流需求增长的重要驱动力，网上零售、跨境物流、冷链物流等新兴供给方式迎来发展契机。

---

① 45 笔融资，147 亿元，资本寒冬下的物流王朝|2019H1 物流领域融资盘点. https://www.iyiou.com/p/108027.html [2019-11-09].

② 年度盘点⑦：2019 物流行业投融资遇滑铁卢，全年 72 笔，总额 585 亿元. https://www.sohu.com/a/365108660_170557 [2020-04-20].

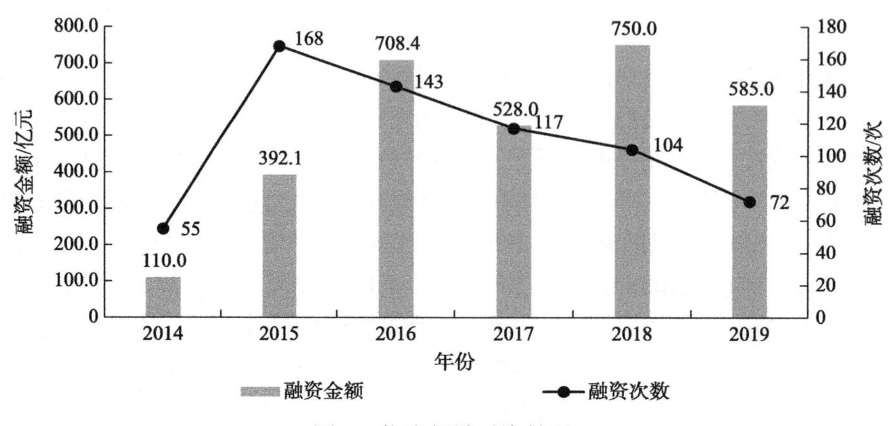

图 7　物流领域融资情况

近年来，随着电商市场日趋饱和，我国快递市场增速有所下滑，但仍保持着较高的增长速度，2019 年，全国快递服务企业业务量累计完成 635.2 亿件，同比增长 25.3%，比上年下降 1.3 个百分点。随着国人的消费升级，跨境电商快速发展，2019 年中国海关跨境电商零售进出口额达到了 1862.1 亿元，是 2015 年的 5 倍，平均增速为 49.3%，为跨境物流服务的发展奠定了基础。受全球经济下行和中美贸易摩擦的影响，跨境电商增速较 2018 年有所下滑，但仍保持着较高的市场增量，为物流业提供了业务增长空间。同时，电商国际化和“新零售”模式在生鲜食品行业的快速发展也催生了冷链物流服务需求。据中国物流与采购联合会冷链物流专业委员会统计，2018 年，我国冷链物流市场总规模达到 2886 亿元，同比增长 13.2%。根据指数平滑法，预计 2019 年我国冷链市场规模可达到 3372 亿元，到 2020 年，市场规模可达到 3980 亿元，增速始终保持在 10%以上。总的来说，虽然受经济大环境影响，电商、跨境物流、冷链物流等新兴物流方式的需求增速有放缓趋势，但总体仍将处于扩张区间。新兴物流方式带来的物流需求增量对物流综合服务能力提出了更高的要求，物流业急需与互联网大数据结合实现运营升级、与上下游结合实现整个产业链条的整合，以及供应链与其他产业跨界结合衍生新的消费场景等，因此智慧技术将会在物流业全场景中进行应用，促进物流业的转型升级和物流业务量的提升。

总体来看，消费升级背景下的技术革新、电商、冷链和跨境物流新模式等，为物流业的发展提供了新的机遇。预计未来几年，消费相关物流需求的支撑作用将不断增强，增长的内生动力较好，消费对物流需求增长的拉动作用将不断巩固，在线零售行业增速可能有所放缓，但依然保持在较高水平。快递、冷链、新零售等物流细分领域的界限将越来越模糊，现代物流需求有上升趋势，消费端对于物流的自动化、机械化及智能化需求将日益增强，物流转型升级态势将持续发展。

（二）物流市场运行特征分析

1. 物流业高质量发展，国内市场创新与潜在危机并存

2019 年，中国物流业高质量发展。两会前夕，国务院 24 个部门和单位联合出台《关

于推动物流高质量发展促进形成强大国内市场的意见》，明确提出要把推动物流高质量发展作为当前和今后一段时期改善产业发展和投资环境的重要抓手。这一时期，大数据、云计算等先进信息技术广泛应用，物流新模式、新业态加快发展，与此同时，物流企业的质量也得到提升，物流互联网等数字物流基础设施投入建设，国家物流枢纽网络投入建设。除此之外，无论是补基建投资短板，还是激发农村巨大消费市场，农村物流建设都已成为政策的重要发力点。以高质量物流业为中心的扶贫工作也得到持续关注，农村扶贫带来更多农产品进城的机会。2019 年，财政部、商务部确定为山东、江苏等 15 个省区市农商互联和农产品供应链建设工作提供财政资金支持，明确将商品化处理设施设备和冷链物流作为重点；交通运输部、国家邮政局、中国邮政集团公司联合印发了《关于深化交通运输与邮政快递融合 推进农村物流高质量发展的意见》，着力解决农村地区物流需求规模小、布局分散、物流配送成本高、运营效益差等问题。

2020 年，国家计划布局建设 30 个左右辐射带动能力较强的国家物流枢纽，基本建立布局合理、技术先进、便捷高效、绿色环保、安全有序的现代物流服务体系。此外，为促进形成国内强大市场，将着力形成一批适合我国国情的供应链发展新技术和新模式，供应链将成为供给侧结构性改革的重要支撑，同时培育 100 家左右的全球供应链领先企业，使重点产业的供应链竞争力进入世界前列。在物流业细分领域方面，整车市场虽然不被大众消费者熟知，却是规模最大的细分产业，市场规模在扩张，但其在公路运输中的份额却在下降。预计 2020 年，整车运输占公路运输市场的份额还会下降，与之相对，快递将保持较快的增长，但增速会继续下滑，这将为行业带来更多的挑战。而整车和零运输更受经济周期波动的影响，若实体经济不景气，这两个产业将面临 2015 年进入快速发展期以来少有的困境。总体而言，物流业越来越大的危机感正在酝酿着。展望 2020 年，我国物流业处于重要的战略机遇期，面临新的挑战，要坚持新发展理念，进一步深化改革、扩大开放，以供给侧结构性改革为主线，全面推进物流高质量发展。

2. 供应链创新与应用持续推进，企业物流新业态有待发展

2019 年 6 月，商务部办公厅下发的《商务部办公厅关于扎实推进供应链创新与应用试点工作的通知》提出，“为进一步推进试点取得实效，及时总结试点工作进展，研究制订相关支持政策和举措，尽早形成一批可复制推广的经验模式”。通知鼓励各地“培育一批现代供应链服务企业，促进流通与生产融合发展。鼓励和支持供应链服务企业优化研发设计、采购执行、物流仓储、分销营销和融资结算等一体化服务，加强从生产到消费的有效对接，促进供需匹配，适应消费升级，满足人民美好生活需要，促进形成强大国内市场”。同时，鼓励各地“培育一批供应链协同平台，带动中小民营企业共同发展”。

随着信息技术的发展，供应链已发展到与互联网、物联网深度融合的智慧供应链新阶段。预计 2020 年，要形成一批适合我国国情的供应链发展新技术和新模式，基本形成覆盖我国重点产业的智慧供应链体系。随着大数据、云计算、人工智能为特征的新一轮科技革命迅猛发展，以知识、技术、信息、数据等新的生产要素为支撑的经济新业态，正在深刻影响传统货运物流发展格局。《网络平台道路货物运输经营管理暂行办法》

的出台，对发展网络货运、深化道路货运供给侧结构性改革、推动货运物流高质量发展具有重要意义。按照党中央、国务院关于推动实施“互联网+”行动计划、发展“互联网+”高效物流及促进平台经济规范健康发展的有关部署，国家将鼓励现代信息技术在道路货运领域的创新应用，积极支持网络货运新业态创新发展。然而，企业越大，转弯越难。大公司都在构建基于数字的平台服务能力，持续的数据喂养，驱动企业越来越大，但是，当大环境流量不再增加，技术迭代带来的价值提升无法覆盖成本提升的时候，就会陷入危局。如果数据、资本、价值无法高于企业成本的增长，大公司就必须找到新的技术、节点来获得新一轮成长。这也是物流业中技术领域持续“换流行”的原因所在。

3. 物流业发展环境优化，降本增效力度持续加大

2019 年，国务院相继出台了多项关于优化物流业发展环境、大力发展物流业的政策，持续加大了物流业的降本增效力度。在发展环境方面，一系列政策包括：支持新业态新模式的发展，推进“互联网+”；推动制造业与现代服务业的融合发展，拓展“智能+”；加快建设制造强国、打造工业互联网平台；等等。然而，一直以来受经济、生产力、基础设施、市场化程度、信息化水平、需求等因素的影响，物流业呈现出的东部发展快、中西部发展慢、城市物流相对发达、农村物流滞后且水平低的局面没有得到明显改善。2019 年 11 月，推动运输结构调整学术研讨会在天津举行，国家发展和改革委员会、生态环境部、交通运输部、国铁集团、天津市政府、河北省政府、山西省政府等相关单位做了专题报告，围绕提升铁路运输能力、降低社会物流成本、优化货运产品供给、构建综合交通运输体系等议题进行了深入交流，提出了一系列政策建议和工作举措，达成了广泛共识，对于加快推动运输结构调整，促进铁路货运高质量发展，服务各地经济社会发展需求具有积极意义。

随着我国物流运作的效率不断提升，物流业的发展环境持续优化，预计 2020 年物流业的现状将有所改善。按照国务院有关工作部署，为深入推进物流降本增效工作，国家发展和改革委员会、交通运输部联合印发《关于做好物流降本增效综合改革试点工作的通知》，决定在山西、江苏等 6 省市组织开展物流降本增效综合改革试点，在事权范围内研究制定切实可行的创新改革举措，破除物流降本增效的瓶颈制约，试点期为 2019 年 9 月至 2021 年 8 月。对于未来实现降本增效的目标，科技是非常必要的手段，以互联网、物联网、云计算、大数据等先进信息技术为支撑的智慧物流，是物流业转型升级的必然趋势和未来竞争的战略制高点，大力发展智慧物流不仅有助于推进物流降本增效，而且对促进供需对接、产业升级、区域资源优化配置有着重要的现实意义。此外，降低物流成本必须多方协同、多措并举，并且将标准化作为重要的工具。规模较大的零售企业及国内各大电商平台可以出台一定的物流标准，利用自身影响力达成行业共识。要以公共信息平台标准化为重点，在智慧物流协同平台及数据中心建设的基础上，加强智慧物流技术标准、信息标准及业务协同标准的制定和推广。

（三）物流业发展的主要驱动力分析

1. 基础设施建设仍需发力，园区互联互通奠定发展基础

近年来我国物流运作效率不断提升，社会物流总费用与 GDP 比率总体稳中下行。但是，与发达国家相比仍有差距。2019 年 11 月 8 日，阿里巴巴集团对外宣布 233 亿元领投菜鸟，用以强化商业操作系统物流基础设施，从阿里阵营来看，菜鸟作为重要的物流保障环节，能更深入供应链前端，基于商流带来的技术能力去赋予电商基础设施建设。由此可见，一些领头企业已经认识到新一轮的技术革命需要继续与基础设施深度整合，为物流业的转型创造前所未有的发展机遇，这也将成为物流业继续发展的驱动力量。

目前，不少物流园区已经开始重视园区的信息化建设，构建园区信息共享平台，以全面提升园区管理水平，提升资源调度效率。据交通运输部此前统计，截至 2018 年，全国大概有 1600 个物流园区，但是距离高质量发展、发挥枢纽的地位和作用，还存在一些差距。中国物流与采购联合会、中国物流学会编制的《第五次全国物流园区（基地）调查报告（2018）》显示，我国物流园区信息化及设备投资占园区投资总额的比例平均值只有 8.2%；50%的信息平台服务功能数量不超过 4 项，仅有 11.6%的信息平台服务功能数量在 10 项以上。2019 年 9 月，国家发展和改革委员会、交通运输部联合印发《关于做好 2019 年国家物流枢纽建设工作的通知》，共有 23 个物流枢纽入选 2019 年国家物流枢纽建设名单。在当前国内外形势错综复杂的环境下，进行国家级物流枢纽的建设尤为重要。

枢纽的功能不只体现在物流的集聚上，还体现在实现物流园区的互联互通，以实现运输资源的优化和相关产业的协同发展。因此，预计 2020 年更需要抓紧统筹，做好国家物流枢纽建设工作，打造园区互联互通提升发展能级。这不仅可以加强国家物流枢纽间的业务对接、标准协调和信息互联，加快构建联通内外、交织成网、高效便捷的“通道+枢纽+网络”物流运作体系，还可以推动形成国家物流枢纽网络框架和基础支撑，促进区域均衡协调发展和全国统一市场建设，为经济高质量发展奠定坚实基础。

2. 物流智能化改造持续推进，推动智慧物流的快速普及

与过去科技含量较低的状况相比，目前物流业信息化建设有一定的进展，物流集成化和自动化水平有较大提升，信息化程度不断增强。但是与先进水平相比还有一定差距，主要体现在理念差距明显、基础支撑薄弱和人才缺乏严重等方面，高速铁路、大型高速船舶、绿色航空、无人驾驶、智能交通、智能仓储、智能分拣、物联网等将在物流领域得到更加广泛的推广和应用，新技术突破和信息网络技术的广泛应用将会促进物流业的进一步升级。2018 年以来，已经有不少公司开始参与到数字物流的产业链中，结合智能物联网应用与人工智能等技术，建立新的数字商业模式，为客户提供无缝体验，并提高其竞争力。

近年来，物流作为基础服务行业，每次突破性发展的背后，都是技术驱动的新一轮商业变革对供应链的新需求带动。预计 2020 年供应链与物流的变革，也会与智能化改造的快速进步密切相关。在国家政策的推动下，在制造业技术转型升级的背景下，中国智能制造产业得到了一定的发展，对产业发展和分工格局带来深刻影响。以仓储为例，在“互联网+”战略的带动下，国内的智能仓储与大数据、云计算等新一代互联网技术深度融合，整个行业都向着运行高效、流通快速的方向迈进。国家供给侧结构性改革、工业4.0和中国制造2025的驱动、“互联网+”和仓储4.0概念的催生，促进了网络与智能仓储硬件的高度融合，也为智能仓储发展指明了方向。

3. 产业融合逐步推进，物流服务实体经济能力保持稳定

物流产业融合，即物流产业系统内各个子系统之间，物流产业与其他产业系统之间的融合。当前物流产业融合模式主要分为以下几种：一是物流信息技术与物流产业融合；二是物流产业管理政策法规与物流产业融合；三是跨产业战略联盟、并购和虚拟产业联盟等物流产业融合模式。因此，互联网、移动互联、大数据、云计算、物联网、人工智能等将与物流业深度融合，都会给物流业升级带来重大促进作用。2019年初，国家发展和改革委员会联合中共中央网络安全和信息化委员会办公室、工业和信息化部等24个部门和单位，印发《关于推动物流高质量发展促进形成强大国内市场的意见》，要求提升高质量物流服务实体经济能力，促进现代物流业与制造业深度融合。国家发展和改革委员会经济运行调节局已经制定了相关的政策意见初稿，并已在相关部委征求意见，预计在2020年发布。

物流业是支撑国民经济发展的基础性、战略性、先导性产业。物流高质量发展不仅是经济高质量发展的重要组成部分，也是推动经济高质量发展不可或缺的重要力量。展望2020年，还需要继续弘扬党中央、国务院关于推动高质量发展的要求和中央经济工作会议精神，持续推进产业融合，促进物流业与制造业的深度融合，巩固物流降本增效成果，增强物流企业活力，提升行业效率、效益水平，畅通物流全链条运行，利用枢纽聚集的大量物流资源支撑制造业高质量集群化发展，提升物流服务实体经济能力。

三、物流业发展政策建议

2020年，我国经济发展增速放缓，当下物流业正经历从量变到质变转型升级的关键时期，政府政策的引导、扶持与约束，将促进我国物流业更加健康、稳定地发展。因此，特提出以下政策建议。

1. 从建设现代经济体系出发，推进“十四五”规划的研究与制定

2019年是“十四五”（2021~2025年）规划编制启动年，“十四五”规划编制工作要充分发挥引导作用。“十四五”时期，我国经济发展将进入高质量发展的关键时期，将更加追求质量和效益，特别是追求创新驱动、市场驱动的增长。建议政府相关部门从建设现代经济体系出发，注重供应链与物流模式的创新化与专业化发展，解决成本与效率方面的问题，从物流模式创新、技术创新、业态创新推动物流转型升级，助力我国物流走

向高质量发展；充分利用现代物流新兴技术，积极发展智慧物流及进行智能化改造；关注农产品冷链物流等新兴领域的发展，对农产品冷链物流基础设施建设和追踪监控体系建设提供支持。重点关注国家物流枢纽布局建设，对物流枢纽基础设施短板建设、物流枢纽运作主体与运行模式研究、物流枢纽与临港产业协同发展、物流枢纽用地供地支持政策等做出实际可行的规划建议。在提升行业效率的同时，促进行业信用问题的改善，为“十四五”规划的编制研究提出具有前瞻性、引导性和切实推进意义的指导意见。

2. 加大物流内需体系建设，挖掘物流业与其他产业融合的深度价值

产业融合发展已经成为必然趋势，物流产业与其他产业融合式发展也已经成为当下物流业的发展热点。伴随着科技水平、信息技术和经济全球化的发展，不同产业之间或同一产业的不同行业之间逐渐相互渗透、相互交叉，进而导致产业之间的界限逐渐淡化，最终形成产业发展的新业态。作为第三产业的重要组成部分，物流业的融合式发展成为必然，这与经济发展水平提升诱发人们各类需求的多维化有关。从产业内部看，融合式物流产业是包括运输、仓储、信息、流通、加工等产业在内的聚合型产业，随着经济发展水平、技术进步、发展平台等因素的综合作用，其融合趋势日益显著。在此背景下，用户物流需求的提升、信息技术的进步、物流基础设施的不断完善和物流技术的革新等对于物流产业与其他产业的融合具有重要的推动作用，继续推动产业融合，弘扬党中央、国务院关于推动高质量发展的要求和中央经济工作会议精神，有助于企业引进先进物流配送技术、方法、管理模式，并在物流产业融合的过程中实现“1+1>2”的产业可持续发展的协同效应。

3. 重视平台经济发展规律，推动平台规范化运营

当前消费互联网、工业互联网等平台，正在发挥越来越重要的作用。纵观国内市场，除了百度、腾讯、淘宝、天猫、京东、苏宁等高端消费互联网平台外，同时涌现了海尔 COSMOPlat、航天云网 INDICS、树根互联、徐工信息 Xrea、富士康 BEACON、华为 FusionPlant、浪潮等一批知名工业互联网平台。这些平台的出现有助于解决供需错位、推动产业升级。2019 年 7 月 17 日召开的国务院常务会议指出，互联网平台经济是生产力新的组织方式，是经济发展新动能，对优化资源配置、促进跨界融通发展和“双创”、推动产业升级、拓展消费市场尤其是增加就业都有重要作用，要遵循规律、顺势而为，支持推动平台经济健康发展。因此要围绕新业态、新模式、消费升级、发展环境等重点领域和关键环节，积极应用新技术大力发展平台经济，促进供给升级和消费升级，畅通经济循环。落实和完善国家包容审慎的监管要求，优化完善市场准入条件，创新监管理念和方式，积极推进监管与企业平台联通的“互联网+监管”，加快破除制约平台经济发展的体制机制障碍，优化环境鼓励发展平台经济新业态。加强政务治理平台建设，打破信息孤岛，推动政府部门与平台数据共享，推动平台的规范化运营。

4. 建立物流高质量发展的配套支撑体系，促进物流业理性化发展

中国物流业规模巨大，但是绩效并不理想，全球连接能力弱、现代化程度不高、物流成本偏高、中高端的体系化集约化物流服务与供应链服务严重不足等问题仍然突出。国家发展和改革委员会、中共中央网络安全和信息化委员会办公室、工业和信息化部、公安部、财政部、自然资源部等 24 个部门和单位印发《关于推动物流高质量发展促进形成强大国内市场的意见》，从统计制度、标准规范、发展评价、行业信用等 4 个方面，对建立物流高质量发展的配套支撑体系做出明确要求。在“十四五”及更长远的时期，我国仍需要继续建立完善物流发展支撑体系，做实、做细相关基础工作，为推动物流高质量理性化发展提供有力支撑。

5. 重视智慧供应链创新与应用，加快步伐进行相关政策研究与布局

党的十九大提出了一系列国家重大发展战略，为发展智慧物流，推进物流业高质量发展指明了方向。在过去一年中，我国智慧供应链得到了一定程度的发展。通过大数据、云计算、物联网、区块链、人工智能等新技术的应用，打造智慧物流供应链，提升整个物流业的效率，成为未来物流业的发展趋势。智慧供应链作为现代经济发展的一个重要方向，对于推动我国物流业降本增效，促进物流业高质量发展，具有重要而深远的意义。2019 年 8 月 18 日，修正快运股份有限公司正式发布修橙正裹品牌，修橙正裹配置的超现代智能装备，推动着行业迎来更快的发展，其乾坤场站通过箱体秒换和配置智能流水线，实现了园区车辆流通率提升至传统的 8 倍，分拣效率提高 2.5 倍，降低建设成本 38%。但是我国整体智慧供应链发展与发达国家相比仍有很大差距，稳步发展的同时仍然存在很多问题。在这一关键时期，我们要准确把握经济发展的基本趋势，重点关注供应链智慧化转型升级工作，全面推进智慧供应链的高质量发展，重视建设高质量的物流配套设施，全面加强智慧供应链体系建设，积极培养智慧供应链人才，推动智慧物流产业的高质量发展。在新情况、新问题、新挑战下，加快制定实施智慧供应链新科技、新思路的鼓励性政策，为智慧供应链的发展起到切实有效的推动作用。

6. 出台外贸便利化服务政策，完善多层次智慧物流与供应链应急管理体系

受全球经济复苏放缓、贸易保护主义抬头及国内经济下行压力加大等因素影响，我国外贸进出口和吸收外资面临较大挑战，而近期持续蔓延的新冠肺炎疫情与上述困难叠加，为 2020 年的外贸外资工作带来了新的压力，阶段性冲击不可避免。因此，要千方百计地稳定外资企业生产经营，着力解决外贸企业复工复产面临的各种困难，如用工和防疫需求等，尤其重点关注生产防护用品类外资企业，特事特办并组织其快速复工达产；另外，通过积极推进无纸化流程、优化出口退（免）税服务、加大信贷支持力度、出具不可抗力事实性证明书、实行更优惠的进口税收政策、加强贸易救济处置服务、延长外贸企业税款缴纳期限等一系列政策，帮助外贸企业减少损失，积极帮助外资企业应对疫情挑战。同时，优化创新招商引资工作，继续推动外资大项目落地，通过互联网平台推进网上招商，并建立政务服务快速通道，保障外资大项目按计划进展。

此外，针对新冠肺炎疫情暴露的物流业问题，建议由国家发展和改革委员会牵头，多方联合攻关，重构突发事件下的应急智慧物流与供应链服务体系，建立多层次智慧物流与供应链应急管理体系，完善应急物流与供应链的智慧分级响应机制和联防联控机制。

从应急物流与供应链的供给、需求、设施设备、信息、政策五个方面建立应急物流与供应链服务体系，利用大数据和可视化技术，加快建设集需求、捐赠、供应、物流为一体的应急物流与供应链协同调度平台，确保应急资源可找、可取、可用、可控，统筹服务应急需求。同时，各个行业也应结合行业特点建立行业应急供应链分级响应机制，完善应急企业参与的激励机制，加强各主体之间的协调沟通，从物资筹措、物资配送、回收处理等环节统筹调度，实现供应链全过程、可持续、高强度的保障。

2020 年国际大宗商品价格走势分析与预测[①]

陆凤彬　汪寿阳

报告摘要：受贸易争端带来的不确定性加剧、全球经济下行风险加大等因素影响，2019 年国际大宗商品平均价格较 2018 年明显下跌。作为国际大宗商品价格代表的路透/杰佛瑞商品研究局（Reuters/Jefferies Commodity Research Bureau，CRB）商品期货价格指数，2019 年平均为 179 点，较 2018 年平均的 193.8 点下跌 7.6%。在代表性大宗商品价格方面，2019 年美国 WTI 原油期货平均价格为 57 美元/桶，同比下跌 12.1%；布伦特原油期货平均价格为 64.2 美元/桶，同比下跌 10.5%。伦敦金属交易所（London Metal Exchange，LME）3 个月铜期货均价为 6022 美元/吨，同比下跌 8%。在农产品方面，美国芝加哥期货交易所（Chicago Board of Trade，CBOT）大豆、CBOT 玉米和 CBOT 小麦三大农产品均价分别为 889 美分/蒲式耳[②]、383 美分/蒲式耳和 494 美分/蒲式耳，同比分别变动−4.5%、4.1%和−0.3%。

展望 2020 年，预计全球经济增长乏力，国际大宗商品消费需求将较为疲软。2020 年全球主要经济体货币政策有望延续 2019 年下半年全球货币政策普遍宽松的局面，预计将支撑大宗商品价格。而突如其来的新冠肺炎疫情冲击中国经济，可能拉低全球经济，影响国际大宗商品消费。代表性大宗商品品种中，在原油方面，全球经济增长乏力，疫情拉低全球原油消费，原油需求增速放缓，加之美国原油产量将维持增加态势，抑制原油价格；石油输出国组织（Organization of Petroleum Exporting Countries，OPEC）和以俄罗斯为首的非 OPEC 产油国（OPEC+）深化减产协议、中东紧张局势未有效缓解等将可能支撑原油价格。在有色金属方面，受全球经济疲弱、疫情冲击中国经济等因素影响，全球铜需求预计将不足，加之新矿山投产，预计将抑制铜价；不过，全球铜矿工人罢工不断威胁铜矿生产、铜库存下跌等因素将可能支撑铜价。在农产品方面，如无全球性极端天气严重威胁生产，全球农产品供给料将依然保持充裕；农产品价格长时间低位运行抑制其下跌空间，预计农产品价格整体将保持稳定。

在全球经济弱复苏、主要经济体货币政策维持宽松、新冠肺炎疫情短期冲击等基准情景下，预计 2020 年国际大宗商品价格将整体维持底部震荡走势。预计 2020 年 CRB 商品期货价格指数将可能在 130~185 点波动，预计均值在 145 点左右，同比下跌约 19%。其中，2020 年美国 WTI 原油期货价格可能将主要在 20~50 美元/桶波动，均价预计在 31.5

① 本报告得到国家自然科学基金项目（71871213、71771208）、中国科学院预测科学研究中心、中国科学院国家数学与交叉科学中心和中国科学院管理、决策与信息系统重点实验室的资助。

② 1 蒲式耳（美国）$=3.523\,91\times10^{-2}$ 立方米。

美元/桶左右，同比下跌约 45%；布伦特原油期货均价预计在 35 美元/桶左右，同比下跌约 45%。LME 3 个月铜期货价格可能将在 4500~6000 美元/吨波动，均价约为 5400 美元/吨，同比下跌约 10%。在农产品方面，全球农产品供应可能维持充裕，如无全球性极端天气的严重威胁，CBOT 大豆、CBOT 玉米和 CBOT 小麦均价预计约为 880 美分/蒲式耳、360 美分/蒲式耳和 530 美分/蒲式耳，同比分别变动为−1%、−6%和 7%，将基本保持在多年的历史低位附近波动。特别值得关注的是，突如其来的新冠肺炎疫情影响中国乃至全球经济，如果短期内疫情得到有效控制，参照 2003 年非典的情景，则有可能主要影响 2020 年上半年大宗商品价格，中长期冲击将随疫情缓解而逐步回归基本面；但是，如果疫情短期内无法得到有效控制，国际大宗商品（特别是原油、铜等工业品）价格将面临更大下行压力。

一、2019 年国际大宗商品市场走势回顾

受全球经济增长放缓、中美贸易争端加剧等因素的影响，2019 年国际大宗商品整体均价较 2018 年明显下跌。年内国际大宗商品价格基本呈现冲高回落走势。作为国际大宗商品价格代表的 CRB 商品期货价格指数，2019 年平均为 179 点，较 2018 年平均的 193.8 点下跌 7.6%，下跌幅度较为明显。从各月走势看（图 1），CRB 商品期货价格指数呈现小幅上涨后回落而后反弹的走势。1~4 月 CRB 商品期货价格指数震荡上行，1 月均价为 177.8 点，4 月均价上涨至 186.9 点的年内高点，较 1 月均价上涨 5%；5 月开始 CRB 商品期货价格指数震荡回落，8 月回落至 170.7 点水平，较 4 月的年内高位下跌 8.7%；此后，CRB 商品期货价格指数开始缓慢震荡回升，12 月均价升至 183.3 点。

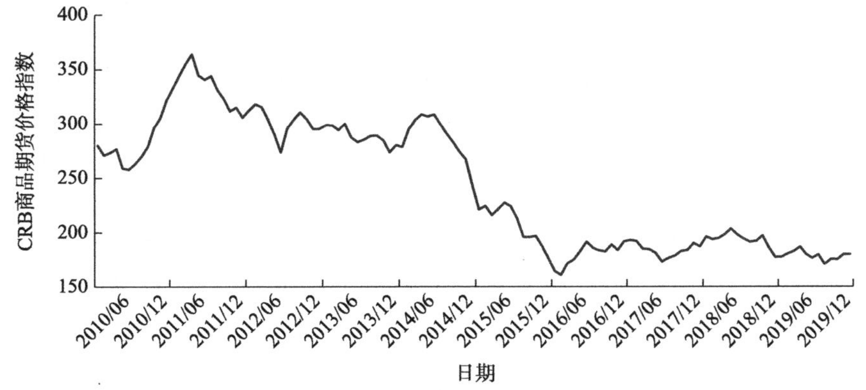

图 1　CRB 商品期货价格指数走势图

资料来源：Wind 数据库

2019 年全球经济增速明显放缓、中美贸易争端加剧等因素，抑制国际大宗商品消费需求，导致全球大宗商品价格整体出现明显下跌。虽然全球主要经济体开始采取宽松的货币政策以应对经济下行风险、刺激经济发展，但是全球经济增长前景依然疲弱，并且

未来依然面临较大下行风险。

全球主要经济分析预测机构先后下调 2019 年经济增速，显示出全球经济增长持续下滑的前景。IMF 2019 年 4 月 10 日发布的 4 月《世界经济展望》显示，2019 年下半年全球经济增长疲弱，并下调 2019 年全球经济增速预期 0.2 个百分点至 3.3%。IMF 2019 年 7 月发布的《世界经济展望》，再度下调全球经济增长预期。报告称，贸易紧张局势再度升级，全球技术供应链受到威胁，英国“脱欧”相关不确定性持续存在，以及地缘政治紧张局势加剧扰乱了能源价格等因素影响，全球经济增长依旧低迷，下行风险增加；预计 2019 年和 2020 年世界经济增速分别为 3.2%和 3.5%，较该机构 2019 年 4 月的预测值均下调 0.1 个百分点。IMF 2019 年 10 月 15 日发布的 10 月《世界经济展望》称，贸易壁垒上升、贸易和地缘政治不确定性增加、部分新兴市场和发展中经济体宏观经济压力及发达经济体结构性因素导致世界经济放缓。IMF 将 2019 年世界经济增速预测值下调至 3%，回落至 2008 年金融危机爆发以来的最低水平，较 2019 年 7 月预测值下调 0.2 个百分点；将发达经济体经济增速放缓至 1.7%，将新兴市场和发展中经济体经济增速分别放缓至 3.9%和 4.6%。

OECD 2019 年 9 月 19 日发布报告，认为发达经济体和发展中经济体增速持续放缓；在不确定性增大、贸易增长乏力和工业生产快速下滑背景下，投资呈现减少趋势；将 2019 年全球经济增速预期由此前的 3.2%大幅下调至 2.9%，并将 2020 年增速由 3.4%下调至 3%。OECD 2019 年 11 月 21 日发布的报告，认为贸易冲突、商业投资不振和持续的政治不确定性正在困扰着世界经济，全球经济增长正在面临陷入长期停滞的风险；同时下调 2020 年世界经济增长预期至 2.9%。

世界银行 2019 年 6 月 4 日发布的《全球经济展望》显示，全球增长依然保持疲弱势头，动力疲软，政策空间有限；全球工业活动和货物贸易在 2019 年动力不足，很多领域出现了减速。世界银行预计 2019 年的全球增长率为 2.6%，比该机构 2019 年 1 月发布的预测下调 0.3 个百分点。

在代表性大宗商品的价格方面，2019 年铜和原油等工业品价格同比明显下跌，小麦、玉米和大豆等农产品价格较为稳定，基本维持在多年的历史低位水平波动。具体而言，2019 年美国 WTI 原油期货平均价格为 57 美元/桶，同比下跌 12.1%；布伦特原油期货平均价格为 64.2 美元/桶，同比下跌 10.5%。LME 3 个月铜期货均价为 6022 美元/吨，同比下跌 8%。美国 CBOT 大豆、CBOT 玉米和 CBOT 小麦三大农产品均价分别为 889 美分/蒲式耳、383 美分/蒲式耳和 494 美分/蒲式耳，同比分别变动−4.5%、4.1%和−0.3%。

在原油价格走势方面，2019 年国际原油均价较 2018 年明显下跌，年内各月均价呈现冲高回落震荡走势（图 2）。2019 年 1 月 WTI 原油均价为 51.67 美元/桶，4 月均价涨至 63.87 美元/桶的年内高点，较 1 月均价上涨近 24%；而后回落震荡整理，10 月均价回落至 54 美元/桶左右，12 月受 OPEC+深化减产协议等因素的影响小幅回升至 59.8 美元/桶（图 2）。在此背后，OPEC+减产整体执行率超过市场预期，支撑了 2019 年 1~4 月的明显上涨行情。此后，在国际贸易摩擦加剧、全球经济增速下滑等因素影响下，全球石油需求增长前景蒙上阴影，市场呈现供大于求迹象，原油库存出现回升，国际油价走势承压下跌。国际能源署（International Energy Agency，IEA）2019 年 10 月 11 日在其月度

石油市场报告中，将 2019 年和 2020 年的全球石油日需求增长预测分别下调了 10 万桶，分别至 100 万桶和 120 万桶。公布的 OECD 石油库存数据显示，2019 年 1 月 OECD 石油库存为 442 500 万桶，2019 年 8 月增至 4517 万桶（图 3）。OECD 石油库存的增加反映了国际原油趋于供大于求的趋势。

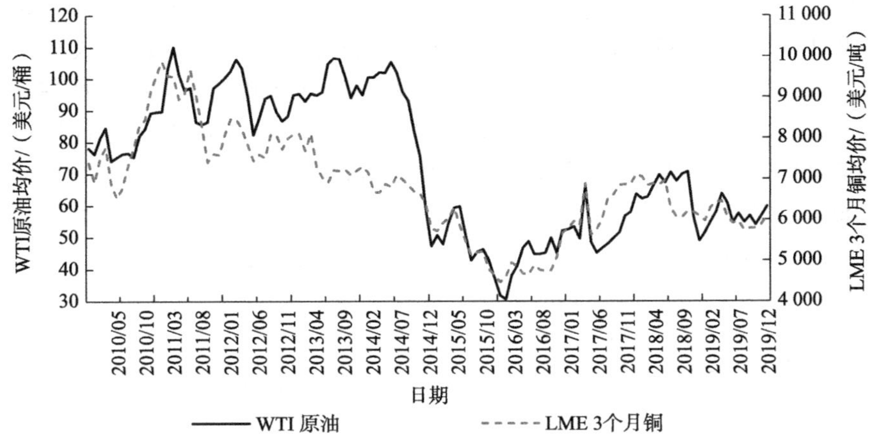

图 2　美国 WTI 原油均价和 LME 3 个月铜均价

资料来源：Wind 数据库

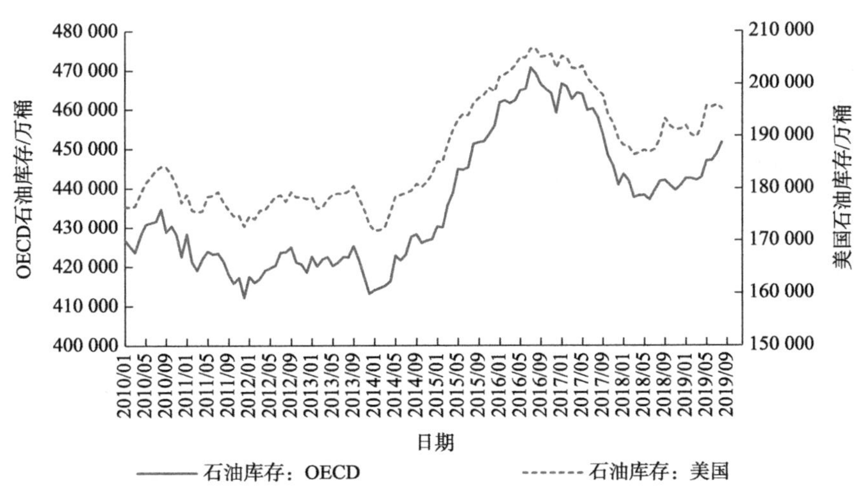

图 3　OECD 和美国石油库存

资料来源：Wind 数据库

在铜价格走势方面，2019 年 LME 3 个月铜期货均价较 2018 年明显下跌，年内各月走势也呈现冲高回落走势（图 2）。其中，2019 年 1 月 LME 3 个月铜期货均价为 5983 美元/吨，4 月均价回升至 6452 美元/吨的年内高位；此后受全球贸易紧张局势加剧等因素影响而持续下滑，8 月均价跌至 5727 美元/吨的年内低位水平；此后受中美达成了第一阶段经贸协议、中国经济出现企稳迹象等因素的影响，铜价出现反弹，12 月均价反弹至 6088 美元/吨，但较 4 月的年内高位下跌超过 5%。全球经济增速放缓、中美贸易摩擦等使得铜需求不足，铜价受明显抑制。其中，中国进口未锻轧铜及铜材增速明显放缓，并出现负值。中国海关公布数据显示，中国 2019 年 1~11 月进口未锻轧铜及铜材 445 万吨，较上年同期下滑 8.5%。2019 年全球铜矿罢工等事件不断威胁铜矿生产，但是全球铜需求不足依然抑制铜价。

在农产品价格走势方面，2019 年代表性农产品价格基本维持在多年来的低位水平。其中，CBOT 大豆、CBOT 玉米和 CBOT 小麦年内价格走势维持低位震荡（图 4）。2019 年 1 月 CBOT 大豆、CBOT 玉米和 CBOT 小麦均价分别为 908 美分/蒲式耳、379 美分/蒲式耳和 517 美分/蒲式耳，12 月均价分别为 911 美分/蒲式耳、378 美分/蒲式耳和 543 美分/蒲式耳，整体波动不大。在此背后，全球农产品产量增加，使得整体供给充裕，农产品价格维持低位运行。联合国粮食及农业组织（Food and Agriculture Organization of the United Nations，FAO）2019 年 11 月发布的月度报告显示，预计 2019 年世界谷物产量的最新预测为 27.14 亿吨，创历史新高，比 2018 年产量高出近 5700 万吨（2.1%）。由于中国、俄罗斯和乌克兰的单产高于此前预测，世界粗粮产量预测值上调。预计 2019 年世界粗粮产量为近 14.33 亿吨，同比增长 1.7%，增加 2450 万吨，仅略低于 2017 年创纪录的高水平。美国农业部 2019 年 11 月报告显示，预计 2019/20 年度美国大豆产量小幅下调，压榨量也下调，期末库存上调，并下调美国以外地区的产量、压榨量和库存量。虽然大豆库存下调，但是国际大豆价格受中美贸易摩擦的影响较为明显，一度小幅走低，在 2019 年 5 月均价跌至 830 美分/蒲式耳的年内低位水平。

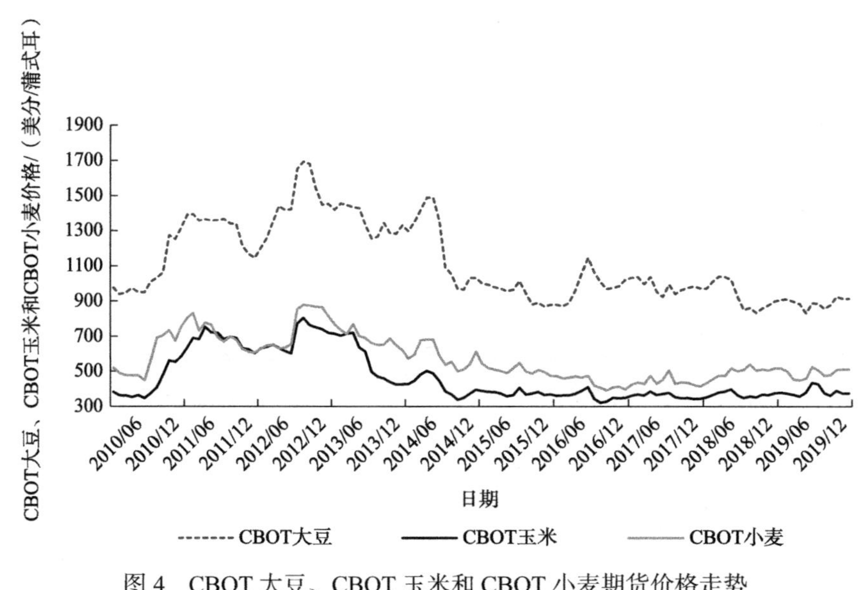

图 4　CBOT 大豆、CBOT 玉米和 CBOT 小麦期货价格走势

资料来源：Wind 数据库

二、2020 年国际大宗商品市场因素分析和展望

展望 2020 年，预计全球经济增长乏力，加之突发的疫情冲击，使得大宗商品消费需

求放缓，抑制大宗商品价格。2020 年全球货币政策有望延续 2019 年下半年的宽松局面，并受疫情影响而趋于宽松，在一定程度上将支撑大宗商品价格。在代表性国际大宗商品的供需方面，受全球经济增长疲弱的影响，全球原油、铜、农产品等大宗商品供给预计整体将保持充裕。

（一）2020 年全球经济增长将可能维持疲弱态势，大宗商品需求将不足

受世界贸易紧张局势、发达经济体结构性因素等影响，预计 2020 年全球经济依然面临较大的下行风险，经济增长预计将保持疲弱态势。国际权威机构纷纷下调 2019 年和 2020 年全球经济增速的预测值。

IMF 2019 年 10 月《世界经济展望》，将 2019 年世界经济增速下调至 3%，为 2008 年金融危机爆发以来最低水平，较 2018 年 3.6%的增速明显下滑。贸易壁垒上升、贸易和地缘政治不确定性增加、部分新兴市场和发展中经济体宏观经济压力及发达经济体结构性因素导致 2019 年世界经济放缓。预计世界经济增速有望在 2020 年提升至 3.4%，但较 2019 年 7 月的预测值低 0.1 个百分点。其中，预计 2019 年和 2020 年发达经济体经济增速均放缓至 1.7%，新兴市场和发展中经济体经济增速分别放缓至 3.9%和 4.6%。预计 2019 年和 2020 年中国经济增速分别为 6.1%和 5.8%。IMF 首席经济学家吉塔·戈皮纳特称，全球经济增长疲软主要由制造业活动放缓及全球贸易急剧恶化造成，预计到 2020 年中美贸易紧张局势将累计拖累全球 GDP 水平下降 0.8%。

OECD 2019 年 11 月 21 日发布的预测显示，贸易冲突、商业投资不振和持续的政治不确定性正在困扰着世界经济。全球经济增长正在面临陷入长期停滞的风险。预计 2019 年世界经济增长预期为 2.9%，2020 年世界经济增长预期从 3%调降至 2.9%，这两年的全球经济年度增长率都将维持自 2008 年金融危机以来最疲弱的态势。OECD 将 2019 年美国经济增长预期从 2.4%下调至 2.3%，同时预测 2020 年和 2021 年的美国经济都只是维持 2%的增长；OECD 调高欧元区的经济增长预期，认为欧元区 2019 年和 2020 年分别可以实现 1.2%和 1.1%的经济增长。法国经济前景基本没有变化；德国 2019 年的经济有望略有好转，但数据显示 2020 年德国经济依然面临挑战。预计中国 2019 年增长 6.1%，2020 年为 5.7%，分别较上次预测值下调 0.1 个百分点和 0.3 个百分点。

世界银行 2019 年 6 月预测报告，再次下调 2019 年和 2020 年全球经济增长预期，并警告全球经济面临重大下行风险，易受到贸易紧张局势和金融动荡影响。预计 2019 年和 2020 年全球经济增速分别为 2.6%和 2.7%，比世界银行 2019 年 1 月的预测值分别下调 0.3 个百分点和 0.1 个百分点。其中，发达经济体 2019 年经济增速预计放缓至 1.7%，2020 年将进一步降至 1.5%。新兴市场和发展中经济体 2019 年经济增速预计下滑至 4%，但 2020 年有望回升至 4.6%。中国 2019 年经济增速预计为 6.2%，2020 年进一步下降至 6.1%。未来全球经济增长仍然面临重大下行风险，包括贸易紧张局势可能进一步升级、金融压力重现及一些主要经济体经济增速降幅超出预期等。预计 2019 年全球贸易增长 2.6%，比世界银行 1 月的预测值下调 1 个百分点，为 2008 年全球金融危机以来最低增速。

整体而言，预计 2020 年全球经济增长乏力，将抑制全球大宗商品消费需求增长，从需求端抑制国际大宗商品价格。不过，中美已经达成了第一阶段经贸协议文本，中美贸易摩擦存在缓和的迹象，如果未来中美贸易谈判获得成功，将有助于 2020 年全球经济恢复和贸易增长，进而利于大宗商品消费需求增长。

（二）2020 年全球主要经济体货币政策预计将维持宽松态势

2020 年在全球主要经济体货币政策方面，美国和欧洲等主要经济体很可能延续 2019 年的宽松货币政策。

2019 年美联储开始由收紧的货币政策转为宽松货币政策，并多次降息。2019 年美联储 10 月 30 日宣布将联邦基金利率目标区间下调 25 个基点至 1.5%~1.75%的水平。这是美联储在 2019 年 7 月和 9 月之后第三次降息。美联储公布的 2019 年 10 月政策会议记录显示，美联储内部分歧日益加深，对美国利率的未来走势几乎没有提供任何指引："几位"官员倾向于在此次会议上维持利率不变，因为预测经济形势仍然良好；"少数"几位官员称降息会加剧金融稳定风险。不过，市场交易员维持对美联储在 2020 年第三季度末之前降息的预期。

目前欧洲央行维持负利率政策和量化宽松政策，预计将在 2020 年延续宽松货币政策。2019 年 9 月欧洲央行提出了一项大规模的新债券购买计划，重启量化宽松，将从 2019 年 11 月 1 日起每月购买 200 亿欧元债券，维持基准利率在 0.000%不变，将存款利率下调至−0.500%；预计利率将保持在目前或更低的水平。由于欧元区经济放缓，持续的低通胀，预计 2020 年欧洲央行依然将被迫维持宽松政策以刺激经济。2019 年底欧洲央行主要再融资利率维持在 0.00%，存款机制利率维持在−0.50%，边际借贷利率维持在 0.25%。富国银行表示，由于经济数据好转，官员缺乏明确信号，加之需要时间让 9 月的大规模宽松措施逐步传导至整个经济领域，预计欧洲央行将在 2020 年 3 月，而不是 2019 年 12 月降息。因此，预计欧洲央行 2020 年货币政策将维持宽松。

整体而言，全球主要经济体货币政策预计将维持宽松，应对经济下行风险，以刺激经济增长，将在一定程度上支撑国际大宗商品价格。

（三）2020 年全球原油、铜、农产品等大宗商品整体供给预计将保持充裕

在代表性大宗商品的市场供需方面，预计 2020 年全球原油需求疲弱，美国原油产量预计将大幅增加，有可能抵消 OPEC+的减产努力；全球经济复苏疲弱抑制铜需求，不过中国经济企稳迹象、铜矿罢工和铜企业减产等可能支撑铜价；大豆、玉米和小麦三大农产品供给整体较为充裕。但是突发的新冠肺炎疫情拉低中国乃至全球经济增长，抑制原油、铜等大宗商品需求。

（1）预计 2020 年全球经济疲弱可能使得原油需求不足，美国原油产量预计将继续增长，特别是疫情将抑制原油消费，全球原油市场供给预计将保持充裕；OPEC+深化减

产、中东紧张局势等料在一定程度上支撑油价。

2019 年 12 月 6 日，OPEC+达成进一步减产协议，决定在 2020 年第一季度加大减产力度。新协议则意味着 OPEC+将把减产量由 120 万桶/日扩大至 170 万桶/日，这一规模远远超出许多分析师的预期。此外，OPEC+还称其计划在 2020 年 3 月 5 日和 6 日召开的一次会议上对这项政策进行评估，以决定是否延长减产或重新考虑产量水平。2019 年 12 月 6 日，沙特阿拉伯能源大臣阿卜杜勒・阿齐兹亲王表示，只有在全球原油库存下降，油价反映市场紧俏时，OPEC+才会考虑放宽供应限制、增加产量。此外，沙特阿拉伯意外宣布，将在 OPEC+成员国达成一致的减产基础上额外自愿减产 40 万桶/日，这将是该国 2014 年以来最低产量水平。预计 OPEC+原油减产协议的执行将在 2020 年第一季度减少国际原油供给，支撑油价。不过，2020 年 OPEC+原油减产协议的执行情况及第一季度后协议的调整情况将影响全球原油生产和供给，值得特别关注。

美国能源信息署（Energy Information Administration，EIA）预计 2020 年美国原油将大幅增产。EIA 2019 年 11 月短期能源展望报告显示，2019 年 11 月美国原油产量料将创下逾 1300 万桶/日的新高纪录，且 2019 年和 2020 年的产量增幅将超过之前的预期。2019 年美国原油产量料将增加至 1229 万桶/日，较 2019 年 10 月预估上调了 3 万桶/日，并预计 2020 年美国原油产量将进一步增加至 1329 万桶/日。此外，EIA 将 2019 年全球原油需求增速预期下调 9 万桶/日至 75 万桶/日，并将 2020 年全球原油需求增速预期上调 7 万桶/日至 137 万桶/日。报告显示，OPEC 原油产量出现回升。由于沙特阿拉伯恢复了受到 Abqaiq 袭击的产量，10 月 OPEC 石油产量较上月增加 133 万桶/日，至 2952 万桶/日。沙特阿拉伯 10 月的产量为 980 万桶/日，高于之前的 850 万桶/日。伊拉克和阿联酋 10 月的产量分别增加了 5 万桶/日和 320 万桶/日，使伊拉克和阿联酋的产量分别达到 470 万桶/日和 320 万桶/日。受到制裁打击的伊朗和委内瑞拉 10 月产量均保持稳定，伊朗为 210 万桶/日，委内瑞拉为 65 万桶/日。EIA 预计，2019 年 OPEC 石油产量为 2980 万桶/日，2020 年为 2952 万桶/日。

IEA 2019 年 12 月公布月度原油市场报告，显示 2020 年全球原油市场仍可能面临过剩。IEA 将 2019 年全球原油需求增长预期下调至 100 万桶/日，2020 年全球原油需求增长预期下调至 120 万桶/日，均与此前持平。OECD 2019 年原油需求将下降 75 万桶/日，为 2014 年以来第一次下降。IEA 认为，即使 OPEC 全面实施新宣布的减产计划，2020 年全球石油市场仍将面临过剩。在供应方面，IEA 表示，维持 2019 年第三季度原油增长在 90 万桶/日，为一年以来最高；但预计 2019 年第四季度原油供应将趋于平淡。IEA 认为由于美国、英国北海及加拿大增产抵消了沙特阿拉伯减产的作用，11 月原油供应仍将维持稳定。而对于 2019 年与 2020 年的整体供应状况，IEA 预计 2019 年非 OPEC 供应量将增加至 190 万桶/日，2020 年供应增加预期则下调至 210 万桶/日，其中 3/4 的原油增长来源于中国，加纳、美国和 OPEC 盟友巴西的产量则将会减少。

中东紧张局势（特别是伊朗和伊拉克局势）仍有可能威胁全球原油生产和供给。2019 年，中东地区动荡频频，阿尔及利亚、伊拉克、黎巴嫩、伊朗先后发生大规模民众反政府示威游行，共造成上千人死亡、上万人受伤。2019 年 10 月初以来，伊拉克中部和南部多地爆发游行，抗议政府腐败、服务不力及高失业率。伊拉克政府随后提出经济改革措施，但未能平息民怨。上任刚满一年的总理阿迪勒·阿卜杜勒-迈赫迪 11 月底递交辞呈，各派开始围绕新总理人选博弈。2019 年 12 月 6 日晚伊拉克首都巴格达市中心的解放广场附近发生袭击。伊朗局势也出现不稳迹象。自 2019 年 11 月 15 日伊朗政府宣布上调汽油价格并实施新的配给制度以来，伊朗境内就爆发了大规模的抗议示威运动。据《人民日报》海外网消息，从 2019 年 11 月 17 日开始，伊朗有 50 多个城市出现了严重的打砸抢烧事件。美国和伊朗紧张关系并未缓和，美国近期再度对伊拉克施加制裁，这有可能激化美伊局势。2019 年 12 月 11 日美国国务院与财政部再度出手对伊朗施加制裁。

（2）在铜市场方面，全球经济增速放缓使得铜市场需求不足，新矿山投产，将抑制铜价；全球铜矿罢工、中国经济企稳、铜冶炼商联合减产等可能将支撑铜价。

2020 年全球经济增长乏力，中国等主要铜消费进口国的经济增速将很可能继续下滑，使得铜消费需求不足。世界金属统计局数据显示，2019 年前 8 个月全球铜消费量较上年同期减少 2%，而产量则同比增加 0.5%。国际铜业研究组织预测显示，由于全球铜需求疲软，预计 2020 年铜产量将出现 30 万吨的供应过剩，而若不考虑生产中断因素的话，将出现 60 万吨的供应过剩。在全球经济放缓、铜需求降低、供应过剩加剧等多重因素作用下，全球铜价将可能面临较大下跌压力。

2020 年新矿山投产有望增加全球铜供给，也给铜价带来一定下行压力。全球最大矿商必和必拓公司预计 2020 年铜产量将从 168 万吨增至 170 万~182 万吨，其中 Escondida 铜矿在 2020 年预计可达到 116 万~123 万吨。目前另一主要矿商——力拓集团正在澳大利亚西部进行 Winu 铜矿项目的发掘工作，其周边或将存在规模更大的矿区；同时位于蒙古的 Oyu Tolgoi 铜矿项目的地下工程也正在进行中，预计可在 2020 年初开始生产。根据 Mymetal 统计分析，2020 年扩产项目预计将带来超过 80 吨的新增产能。

而全球铜矿生产将很可能继续面临罢工、智利局势紧张等威胁，使得全球铜矿面临供应中断的不确定性风险。2019 年 10 月 22 日，全球最大矿商必和必拓公司旗下的全球最大的铜矿场埃斯康迪达（Escondida）举行罢工，以声援智利示威活动。而早些时候，智利卡门安达克罗铜矿（Carmen de Andacollo）及安托法加斯塔矿业公司（Antofagasta Minerals）旗下的安图科亚铜矿（Antucoya）两大铜矿场也相继罢工。2019 年 10 月 23~24 日，智利国家铜业公司（Codelco）的丘基卡马塔铜矿场（Chuquicamata）也加入举行的大罢工，丘基卡马塔矿场 2018 年的铜产量约占全球铜矿供应的 2%。另外，全球最大铜矿产国的智利局势紧张，有可能威胁全球铜矿生产和供给。2018 年智利铜矿产量占全球总产量的比重达 1/4。2019 年 10 月中旬以来，智利首都圣地亚哥出现一系列抗议活动，并在该国多地引发骚乱和大规模罢工。目前智利的大型铜矿基本上仍能维持生产和正常运营，不过一些铜矿发生事故，罢工、紧张的政治局势等不确定性依然威胁全球铜矿生产和供给，成为影响全球铜市场的一个重要的不确定因素。

中国经济出现企稳迹象、全球主要交易所不断下跌的库存、中美贸易摩擦缓和的迹象等将支撑铜价。目前公布数据显示中国经济企稳向好的迹象日趋明显，这将有利于铜价的反弹。国家统计局 2019 年 12 月 16 日发布的数据显示，中国 11 月工业、消费等经济指标大幅回升并高于预期。其中，2019 年 11 月规模以上工业增加值同比实际增长 6.2%，社会消费品零售总额同比增长 8%，均为 2019 年 6 月以来的最高值。根据公布数据显示，全球铜库存存在下滑趋势。2019 年 12 月 6 日，LME 铜库存持续减少，跌破 20 万吨关口，至 193 800 吨，刷新 5 月 29 日以来新低；上海期货交易所铜库存继续下降，跌幅 6.26%，至 112 667 吨，刷新年初以来低位。全球铜库存的不断下滑，有力支撑了铜价。另外，中国是全球最大铜消费和进口国，目前中美已经达成了第一阶段经贸协议，中美贸易摩擦将有可能缓和，这将有助于中国铜进口的增长，也将支撑铜价。

（3）2020 年全球农产品可能将维持供应充裕，全球经济增速疲弱使得农产品需求不足。

目前全球主要农产品将维持供应充裕。据 FAO、美国农业部公布的报告，目前全球谷物供应十分充裕，库存水平保持在历史较高水平。

FAO 2019 年 12 月 5 日发布的月度报告显示，全球谷物库存使用比居于高位，供应十分充裕。FAO 预计 2019 年世界谷物产量为 27.14 亿吨，创历史新高，比 2019 年 11 月的数字上升了 0.4%，比 2018 年下降的产量高出近 5700 万吨（2.1%）。环比增长主要反映了世界粗粮产量的上调，因为中国、俄罗斯和乌克兰的单产高于此前预测。按 2019 年 12 月 FAO 预测，水平，世界粗粮产量为近 14.33 亿吨，同比增长 1.7%（2450 万吨），略低于 2017 年创纪录的高水平。2019 年全球小麦产量预测也略有提高，达到 7.664 亿吨，比上年产量增加 4.8%（3480 万吨）。月度校正主要是由于欧盟产量估计数上调大大抵消了美国产量估计数的下调。2019/20 年度世界谷物利用量预计为 27.09 亿吨，与 2019 年 11 月相比几乎没有变化；仍比 2018/19 年度高出约 2100 万吨，增幅为历史新高。2019/20 年度全球小麦利用量预测为 7.58 亿吨，较 2019 年 11 月略有下降，但仍为创纪录水平，较 2018/19 年度估计值高出 1.4%。2019/20 年度粗粮总利用量预测定为 14.34 亿吨，仅比 2019 年第三季度略有上升，其他粗粮特别是大麦饲料利用量的预期增幅超过了玉米饲料利用量的预期降幅。到 2020 年季末时，世界谷物库存量预测较 2019 年 11 月增加了近 1400 万吨（1.6%），达到 8.63 亿吨；较 2019 年第三季度略有下降，为历史第三高水平。按照该水平，全球谷物库存使用比也将接近 31%的相对较高水平，凸显出较为宽松的供给条件。世界小麦库存预测较 2019 年 11 月上调 300 万吨，达到近 2.78 亿吨，主要基于若干主要出口国库存增加的预期。粗粮总库存量略高于 4.03 亿吨，较 2019 年 11 月预期高出近 1000 万吨，主要是因为中国和美国玉米库存量的上调。

美国农业部公布的 2019 年 11 月供需报告，预计 2019/20 年度全球小麦供应量上调、出口量增加、消费量略微上调及期末库存增加，主要由于欧盟供应量增加，且俄罗斯和乌克兰产量上调抵消了阿根廷和澳大利亚产量的下调。2019/20 年度欧盟和俄罗斯的产量预计分别上调至 1.53 亿万吨和 7400 万吨；澳大利亚的产量下降到 1720 万吨；受干旱气候影响，阿根廷的产量减少至 2000 万吨，但仍保持着历史最高水平。由于欧盟、俄罗斯和乌克兰的增产，全球出口量增加了 100 万吨，达到 1.807 亿吨，大大抵消了阿根廷和澳大利亚的减产。2019/20 年度全球消费量为 7.552 亿吨，较上年增长 3%。全球供应量增幅超过消费量，2019/20 年度期末库存增至创纪录的 2.883 亿吨，其中，中国占 51%。预计 2019/20 年度全球粗粮产量 2019 年 10 月减少 180 万吨至 13.949 亿吨。预计 2019/20 年度美国玉米产量下调，使用量减少，期末库存减少；玉米产量预估为 136.61 亿蒲式耳，较 2019 年 10 月减少 1.18 亿蒲式耳，单产减少 1.4 蒲式耳/英亩[①]至 167.0 蒲式耳/英亩。2019/20 年度国外粗粮产量预计增加，贸易量增加，库存较 2019 年 10 月减少。国外玉米产量上调，主要由于几个非洲国家及俄罗斯和土耳其的玉米产量增加，抵消了墨西哥、乌克兰和欧盟玉米产量下降的影响。墨西哥的玉米产量减少，主要由于夏季玉米的种植面积预计达到历史最低水平。预计俄罗斯产量上调，而乌克兰的产量下调。预计美国大豆产量小幅下调，压榨量也下调，期末库存上调。2019/20 年度美国大豆产量预计为 35.5 亿蒲式耳，下调小于 100 万蒲式耳，主要由于单产小幅下调，收割面积持平。2019/20 年度美国大豆压榨量下调，大豆期末库存预计为 4.75 亿蒲式耳，上调 1500 万蒲式耳。除了美国之外的其他国家的油料供应和需求情况如下，下调 2019/20 年度产量、压榨量和库存量。除了美国之外的其他国家的产量 2019/20 年度预计为 4.636 亿吨，其中有 340 万吨是大豆、棉籽、葵花籽和葡萄籽下调。2019/20 年度印度大豆产量下调 200 万吨至 900 万吨，主要是雨水过多导致的单产下降；加拿大大豆产量也下调，主要是由于单产下调。阿根廷葵花籽产量下调，澳大利亚和欧盟葡萄籽产量下调。除了美国之外 2019/20 年度下调大豆压榨量的国家有印度、中国和加拿大。除了美国之外 2019/20 年度的大豆期末库存下调的国家有阿根廷、加拿大和印度，抵消了巴西和埃及的上调。

在农产品种植方面，FAO 的报告显示，北半球国家正值 2020 年小麦作物种植季，该季作物将在 2020 年收获。在美国，冬小麦播种在 2019 年 11 月底基本完成，速度比前一年快，但与平均时间一致。早期迹象表明，鉴于价格看跌，播种面积可能较上年萎缩，而据报道，作物长势略逊于正常水平。在欧盟，继早期季节性降雨不足之后，2019 年 11 月降水量的改善有助于恢复土壤湿度水平，有利于冬季作物生长。然而，在欧盟远东和西部地区，干旱天气持续存在，导致种植条件不佳，可能阻碍作物早期生长。俄罗斯冬小麦作物长势良好，加上政府为刺激出口增长提供的持续支持，播种面积有望扩大。相比之下，在乌克兰，有限的降雨和高于平均水平的气温阻碍了主产区冬小麦的种植。在南美洲，粮价受强劲出口需求支撑而上涨，这预计将使阿根廷和巴西的玉米种植保持在较高水平，尽管不利的降雨条件阻碍了阿根廷的播种作业。同样，在非洲大陆最大的玉米生产国南非，玉米播种面积预计将增长，初步迹象表明，种植面积将超过五年平均水平。

在天气方面，厄尔尼诺现象发生的可能性有所提升，可能会威胁农产品生产。据英媒称，一个国际科学家团队的研究人员预测，复杂天气模式的厄尔尼诺现象很可能在 2020 年卷土重来，其可能性达到 80%。它将于 2020 年底达到顶峰，可能导致全球年平均气温升幅在 2021 年创下新纪录，还可能给太平洋周边国家——从秘鲁到印度尼西亚和澳大利亚——带来灾难性强降水和长期干旱，届时赤道太平洋中东部地区的海面温度将大大高于正常水平。厄尔尼诺现象往往威胁全球小麦、玉米生产，使得小麦和玉米减产，但是通常会有利于全球大豆生产。不过，由于精确天气预报极难，2020 年厄尔尼诺现象的发生与否依然存在很大不确定性。

中美贸易谈判的走势料将直接影响国际大豆价格。中国是全球最重要的大豆消费和

① 1 英亩=0.404 686 公顷。

进口国，2018~2019 年中美贸易摩擦加剧，使得中国从美国进口大豆量明显下滑，CBOT 大豆价格出现了下跌。目前中美贸易谈判出现好转迹象，如果未来中美贸易谈判成功，中国预计将恢复乃至加大美国大豆进口，很可能刺激 CBOT 大豆价格从目前较低的水平附近明显反弹。

（四）新冠肺炎疫情短期内拉低中国乃至全球经济增速，抑制大宗商品需求

北京时间 2020 年 1 月 31 日凌晨，世界卫生组织将新冠肺炎疫情列为“国际关注的突发公共卫生事件”。这场疫情在全球感染的人数目前已经超过 17 年前的非典疫情在全球感染的人数。国家卫生健康委员会公布的数据显示，截至 2020 年 2 月 21 日 24 时，据 31 个省（自治区、直辖市）和新疆生产建设兵团报告，确诊病例 53 284 例（其中重症病例 11 477 例），累计死亡病例 2345 例，累计报告确诊病例 76 288 例。并且，全球疫情存在继续蔓延风险，特别是日本和韩国疫情有加速扩散之势。据中央广播电视总台中国之声《新闻和报纸摘要》2 月 22 日报道，21 日日本全国累计确诊新冠肺炎病例超过 740 例；截至 21 日下午 4 点，韩国国内新增新冠肺炎确诊病例 100 例，累计确诊 204 例。

疫情直接抑制中国居民消费，导致交通运输中断和企业延迟复工，拉低中国经济增长预期，并可能拖累全球经济。摩根大通银行、花旗银行、渣打银行、高盛集团和牛津经济研究院等国外预测机构分别预计疫情将拉低我国 2020 年经济增速 0.1 个百分点、0.3 个百分点、0.3 个百分点、0.4 个百分点和 0.6 个百分点。巴克莱银行估算，疫情对全球经济增长的影响取决于我国受疫情影响程度，在极端情景下疫情将可能拖累全球经济增速约 0.3 个百分点，使 2020 年全球经济增长率下降至 3%。摩根士丹利集团预测显示，如果疫情持续 3~4 个月，全球经济增长在 2020 年第二季度可能进一步减少约 0.2~0.4 个百分点。彭博经济研究预计新冠肺炎疫情可能将我国第一季度 GDP 增速拉跌至 4.5%，低于上一季度的 6%的 GDP 增速，对美国和欧元区的负面影响可能为 0.1%；预计拉低我国全年增长 0.2 个百分点至 5.7%；除中国大陆以外，中国香港、韩国、日本乃至美国和欧元区也将受到影响。

疫情导致我国短期内原油、铜等大宗商品需求明显下滑，并影响全球大宗商品需求。特别地，中国是最大的原油进口国和第二大原油消费国，疫情导致中国对原油的消费需求下降，加之多家外国航空公司相继取消涉及中国的航班，国际原油市场短期明显承压。新冠肺炎疫情将导致全球原油需求大幅下滑，摩根大通银行将第一季度全球原油需求预期，从 115 万桶/日下调至 50 万桶/日，降幅超过五成；英国石油公司表示，中国新冠疫情引发的连锁反应拖累全球经济复苏，或将导致 2020 年全球原油需求减少 20 万~30 万桶/日，至多可占总量的 0.5%。此外，受疫情导致的复工推迟、道路封锁、下游企业开工暂不明朗等影响，我国铜、钢材等大宗商品也出现需求下滑和库存大幅积压。上海期货交易所公布的库存周报显示，截至 2020 年 2 月 14 日上海期货交易所铜库存 26.3 万吨，

较 1 月底铜库存激增 10.7 万吨，增长近 69%。

目前国内疫情已出现初步缓解迹象，不过疫情的全球蔓延风险依存，威胁全球经济。据国家卫生健康委员会数据统计，2 月 17 日 0~24 时，全国除湖北以外地区新增确诊病例 79 例，连续第 14 日呈下降态势。如果中国疫情发展得到有效控制和全球蔓延风险得到管控，加之国内采取了各项财政货币政策积极应对，参照 2003 年非典的情景，预计疫情对国际大宗商品市场的影响将可能主要集中在 2020 年上半年。随着疫情逐步得到控制和经济恢复，未来疫情对国际大宗商品市场的影响将会逐步消退。

三、2020 年国际大宗商品价格预测

在全球经济弱复苏、主要经济体维持宽松货币政策、新冠肺炎疫情短期冲击等基准情景下，预计 2020 年国际大宗商品价格整体将维持低位运行。2020 年 CRB 商品期货价格指数将可能在 130~185 点波动，预计均值在 145 点左右，同比下跌约 19%。但是，如果新冠肺炎疫情短期内无法得到有效控制，则 2020 年国际大宗商品价格将继续下跌，特别是原油、铜等工业品价格将面临更大下行压力。

在代表性大宗商品方面，2020 年原油、铜、大豆、玉米和小麦价格走势如下。

（1）预计 2020 年国际原油价格将可能保持低位运行，均价较 2019 年大幅下跌。美国 WTI 原油期货价格可能将主要在 20~50 美元/桶波动，均价预计在 31.5 美元/桶左右，同比下跌约 45%；布伦特原油期货均价预计在 35 美元/桶左右，同比下跌约 45%。全球经济增长将较为疲弱，使得全球原油需求增速放缓，而突发的疫情引发原油需求担忧加剧，加之美国等原油产量预计将继续增长，全球原油供给将保持充裕。OPEC+深化原油减产协议的施行，中东紧张局势威胁全球原油生产和供给，将一定程度上支撑油价。特别地，疫情将威胁全球经济和原油需求，全球经济下行压力加大，原油需求将直接受到抑制，2020 年国际油价将面临大幅下行压力。

（2）2020 年国际铜价格将基本保持低位运行态势，同比下跌。预计 LME 3 个月铜期货价格可能将在 4500~6000 美元/吨波动，均价约为 5400 美元/吨，同比下跌约 10%。全球经济增长疲弱、全球贸易流减少将使得全球铜消费需求不足，加之新矿山投产，铜价会受到抑制。全球铜矿生产依然可能面临罢工的威胁，最大主产国——智利的政治局势依然存在不确定性，将可能威胁铜供应并刺激铜价短期内反弹。疫情短期内可能拖累中国乃至全球经济，抑制铜消费和进口，2020 年铜价将面临明显下跌压力。

（3）2020 年国际农产品价格可能将基本保持稳定。在农产品方面，CBOT 大豆、CBOT 玉米和 CBOT 小麦均价预计约为 880 美分/蒲式耳、360 美分/蒲式耳和 530 美分/蒲式耳，同比变动分别为−1%、−6%和 7%，维持在多年历史低位附近波动。全球农产品整体保持供应充裕，谷物库存保持历史高位附近。全球经济增长疲弱降低农产品消费增长，预计将抑制农产品价格上涨。全球农产品价格整体位于历史较低水平，使得农产品难以明显走低。在全球无严重威胁农产品生产的极端天气的情况下，全球农产品供应有

望保持基本充裕，预计全球农产品价格将基本保持稳定。而随着中美贸易摩擦的缓和，预计中国将加大美国大豆的进口，有助于 CBOT 大豆价格的反弹。不过，近些年全球极端天气和自然灾害频发，不排除 2020 年出现威胁全球农产品生产的大范围极端天气导致的农产品减产和价格反弹。

2020 年中国农村居民收入分析与预测

陈全润　杨翠红

报告摘要：在政府重点关注收入分配改革与民生改革、提高居民收入的背景下，我国居民收入在“十三五”期间保持了增长模式的积极转变。主要表现为农村居民收入增速快于城镇居民收入增速，城乡收入倍差不断缩小；居民收入增速总体快于人均 GDP 增速，居民收入在国民收入中的比重不断提升，收入分配状况好转。2020 年中国经济将进入“十三五”收官阶段。2020 年是中国民生领域众多规划的目标年。受世界经济与国际贸易的放缓及新冠肺炎疫情的影响，我国经济增速下滑的预期进一步增加。在经济增长压力不断上升的情况下，2020 年我国能否顺利实现 GDP 和城乡居民人均收入比 2010 年翻一番的目标，以及我国能否顺利实现全面建成小康社会的目标已成为社会各界关注的重要话题。

2019 年我国农村居民收入保持了平稳增长。前三季度农村居民人均可支配收入为 11 622 元，同比实际增长 6.4%，增长速度快于同期 GDP 增速 0.2 个百分点，快于城镇居民人均可支配收入增速 1.0 个百分点，城乡居民收入倍差进一步下降，但绝对收入差距仍在扩大。从收入来源看，2019 年前三季度农村居民人均可支配收入的增长主要来自工资性收入、经营净收入和转移净收入的增长，三者对农村居民人均可支配收入增长的贡献率分别为 46.0%、24.8%和 26.6%。农村居民人均工资性收入的增长主要得益于外出务工农村劳动力人数上升及月均收入的较快上涨。受猪肉价格大幅上涨影响，2019 年前三季度我国农村居民人均经营净收入实际增速比 2018 年同期增速加快 0.5 个百分点。财产净收入的增长主要得益于农村居民转让承包土地经营权租金净收入和出租房屋净收入的较快增长。转移净收入的增长主要得益于养老金、社会救济和补助、政策性惠农补贴、政策性生活补贴、报销医疗费的收入增长。

预计 2020 年我国农村居民收入仍将实现增长，但增速相比 2019 年将进一步放缓。主要原因为：第一，新冠肺炎疫情下，经济增速下滑将对农村居民收入增速产生负面冲击；第二，就业结构变化将对农村居民工资性收入增速产生负面影响；第三，肉类产量恢复性增长将带动农村居民经营净收入增长；第四，精准扶贫工作将助力贫困地区农村居民收入增长；第五，农村劳动力转移将推动农村居民人均家庭净收入增长；第六，政府民生改革及人口老龄化将带来农村居民转移净收入的长期增长。

预测结果显示：2020 年我国农村居民人均可支配收入将达到 17 557 元，实际增长速度为 5.8%左右。其中，人均工资性收入为 7202 元，实际增长 5.6%；人均经营净收入为 6231 元，实际增长 4.4%；人均财产净收入为 414 元，实际增长 6.0%；人均转移净收入为 3710 元，实际增长 8.6%。预计 2020 年我国农村居民人均可支配收入增速仍将快于城镇居民人均可支配收入增速。城乡居民收入倍差将进一步缩小，但由于农村居民人均可支配收入的基数明显低于城镇居民，城乡居民绝对收入差距仍将扩大。

针对当前的形势，提出以下促进农村居民增收的政策建议。

（1）将稳增长与稳就业作为经济工作的首要任务。一方面，通过信贷支持、税收优惠等措施帮助中小企业克服新冠肺炎疫情对生产的负面影响，稳定人员队伍；另一方面，后期可适当增加政府财政支出，进行基础设施建设，尤其是加强农村地区的基础设施建设。可与精准扶贫工作相结合，新增财政支出向基础设施薄弱的农村贫困地区倾斜。

（2）推进农业适度规模化经营，吸引优秀人才回流农村地区。在当前由大量农村劳动力参与的农业分散经营模式下，农村居民依靠农产品增产、农产品价格上涨来增加收入将变得越来越困难。建议完善户籍制度，鼓励引导农村劳动力向城镇转移，降低农业就业人员数量。同时加快土地流转，实现农业适度规模化经营，提高农业劳动生产率，以此提高农村居民的家庭经营收入。在鼓励农村人口向城镇转移的同时，应制定政策吸引优秀人才回流农村地区，支持农业农村发展，搞活农村经济。

一、引　言

2020 年中国经济将进入“十三五”收官阶段。2020 年是中国民生领域众多规划的目标年。《中华人民共和国国民经济和社会发展第十三个五年规划纲要》提出“到 2020 年国内生产总值和城乡居民人均收入比 2010 年翻一番”“农业现代化进展明显”“人民生活水平和质量普遍提高”，我国现行标准下农村贫困人口实现脱贫的目标要求。中共十八届五中全会公报[①]提出到 2020 年国内生产总值和城乡居民人均收入比 2010 年翻一番，并将其作为 2020 年全面建成小康社会的目标。在政府重点关注收入分配改革与民生改革、提高居民收入的背景下，我国居民收入在“十三五”期间保持了增长模式的积极转变。主要表现为农村居民收入增速快于城镇居民收入增速，城乡收入倍差不断缩小；居民收入增速总体快于人均 GDP 增速，居民收入在国民收入中的比重不断提升，收入分配状况好转。

近几年，我国经济由高速增长期进入中高速增长期，经济增速正逐渐放缓。2020 年受世界经济与国际贸易的发展放缓及新冠肺炎疫情的影响，我国经济增速下滑的预期进一步增加。在经济增长压力不断上升的情况下，2020 年我国能否顺利实现 GDP 和城乡居民人均收入比 2010 年翻一番的目标，以及我国能否顺利实现全面建成小康社会的目标已成为社会各界关注的重要话题。本报告对 2019 年我国农村居民收入情况进行了回顾，并对 2020 年我国农村居民人均可支配收入进行了分析预测，最后针对当前的形势给出了促进农村居民收入增长的相关政策建议。

① 中国共产党第十八届中央委员会第五次全体会议公报. http://www.xinhuanet.com//politics/2015-10/29/c_1116983078.htm[2018-11-30].

二、2019 年我国农村居民收入回顾与分析

2019 年我国农村居民收入保持了平稳增长，但与 2018 年相比增速有所回落。2019 年前三季度农村居民人均可支配收入为 11 622 元，同比实际增长 6.4%。如图 1 所示，2019 年前三季度农村居民人均可支配收入增长速度快于 GDP 增速 0.2 个百分点，快于城镇居民人均可支配收入增速 1 个百分点，城乡居民收入倍差进一步下降，但绝对收入差距仍在扩大。与 2018 年前三季度相比，农村居民人均可支配收入增速回落 0.4 个百分点。

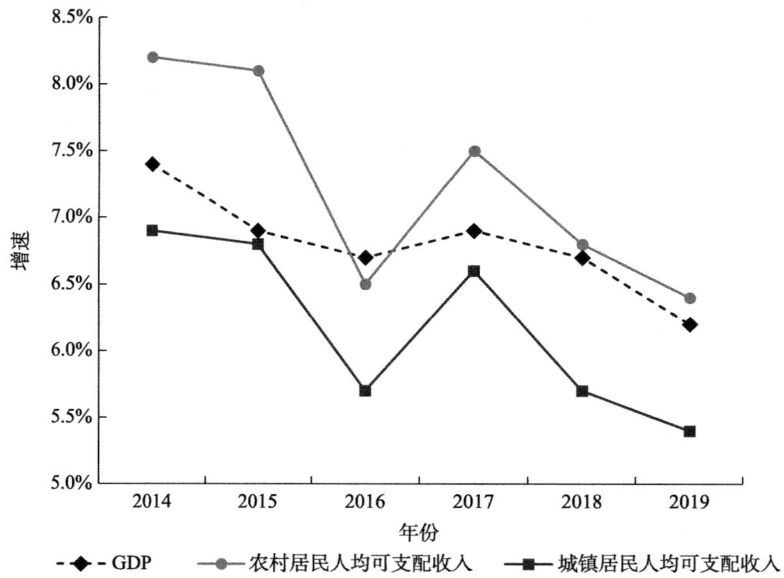

图 1　前三季度 GDP 与居民人均可支配收入增速（2014~2019 年）

资料来源：国家统计局国家数据库

从收入来源看（表 1），2019 年前三季度农村居民人均可支配收入的增长主要来自工资性收入、经营净收入和转移净收入的增长，三者对农村居民人均可支配收入增长的贡献率分别为 46.0%、24.8%和 26.6%。

表 1　前三季度全国农村居民人均可支配收入（单位：元/人）

收入来源	2018 年	2019 年	2019 年增加额（贡献率）
可支配收入	10 645（6.8%）	11 622（6.4%）	977
其中：			
工资性收入	4 791（7.2%）	5 240（6.6%）	449（46.0%）
经营净收入	3 384（3.9%）	3 626（4.4%）	242（24.8%）
财产净收入	267（11.9%）	293（7.0%）	26（2.7%）
转移净收入	2 203（9.7%）	2 463（9.0%）	260（26.6%）

资料来源：国家统计局国家数据库

注：第二、第三列括号内数字为实际增速；本表的数据未经修约，可能存在比例合计不等于 100%的情况

（1）2019 年前三季度农村居民人均工资性收入为 5240 元，实际增长 6.6%，对前三季度农村居民人均可支配收入增长的贡献率为 46.0%，为农村居民人均可支配收入的第一大来源。农村居民人均工资性收入的增长主要得益于农村劳动力务工人数上升及月均收入的较快上涨。在国家大规模减税降费政策的影响下，企业负担下降，新增就业岗位保持稳定增长，农民工重点人群就业保持稳定。国家统计局数据显示，2019 年第三季度末我国农村外出务工劳动力总量为 18 336 万人，比上年同期增加 201 万人，同比增长 1.1%。另外，国家不断加大对农民工的职业技能培训力度，农民工工资水平提升明显。2019 年前三季度，我国外出务工农村劳动力人均月均收入同比增长 6.5%。

（2）2019 年前三季度农村居民人均经营净收入为 3626 元，实际增长 4.4%，对前三季度农村居民人均可支配收入增长的贡献率为 24.8%。由于增长速度缓慢，农村居民人均经营净收入占总收入的份额正逐年下降，但仍是农村居民人均可支配收入增长的重要收入来源。第一产业经营净收入在农村居民经营净收入中占有重要比重，因此农村居民的经营净收入与农业生产情况密切相关。2019 年我国粮食生产形势较好，全国夏粮总产量为 14 175 万吨，比 2018 年增加 293 万吨，增产 2.1%；秋粮总产量为 49 595 万吨，增长 1.1%；粮食总产量为 66 385 万吨，增长 0.9%。在肉类产量方面，2019 年前三季度受非洲猪瘟疫情及周期性因素叠加影响，我国猪肉产量为 3181 万吨，同比下降 17.2%；禽肉、牛肉和羊肉产量实现增长，分别增长 10.2%、3.2%和 2.3%。在农产品价格方面，2019 年前三季度我国农产品生产价格同比上涨 6.3%，其中，生猪价格上涨 19.4%，谷物价格上涨 0.7%，蔬菜价格上涨 1.3%，水果价格上涨 9.3%。尽管猪肉产量出现大幅下降，但猪肉价格上涨幅度高于猪肉产量降幅，对农村居民人均经营净收入增长起到一定正面影响。2019 年前三季度我国农村居民人均经营净收入实际增速比 2018 年同期增速加快 0.5 个百分点。

（3）2019 年前三季度农村居民人均财产净收入为 293 元，实际增长 7.0%。由于绝对量较小，其对前三季度农村居民人均可支配收入增长的贡献率为 2.7%。财产净收入的增长主要得益于农村居民转让承包土地经营权租金净收入和出租房屋净收入的较快增长。

（4）2019 年前三季度农村居民人均转移净收入为 2463 元，实际增长 9.0%，对前三季度农村居民人均可支配收入增长的贡献率为 26.6%，是带动农村居民收入增长的第二大收入来源。由于增长速度相对较快，转移净收入在农村居民人均可支配收入中的比重不断上升，2019 年前三季度所占份额为 21.2%，已成为农村居民可支配收入的重要来源。农村居民转移净收入的增长主要得益于养老金、社会救济和补助、政策性惠农补贴、政策性生活补贴、报销医疗费的收入增长。

总体来看，2019 年前三季度我国农村居民人均可支配收入实现了稳定增长，但增速有所下滑，实际增速比上年同期下降 0.4 个百分点。除经营净收入以外，其他收入来源增速与 2018 年同期相比均出现了不同程度的下降。其中，作为农村居民人均可支配收入的重要收入来源，工资性收入和转移净收入与上年同期相比增速分别下降了 0.6 个百分点和 0.7 个百分点。在 GDP 增速下滑的大背景下，2019 年全年我国农村居民人均可支配收入同比增长 6.2%。

三、2020 年我国农村居民增收形势分析及预测

（一）2020 年农村居民增收形势分析

1. 在新冠肺炎疫情影响下，经济增速下滑将对农村居民收入增速产生负面冲击

近几年我国农村居民人均可支配收入的增长速度与 GDP 增速基本同步，二者之间具有很强的关联性。GDP 是居民收入增长的源泉，就业与居民收入增长形势在很大程度上取决于 GDP 的增长前景。当前，世界经济与国际贸易发展速度都在放缓，国内外风险与挑战明显增多，我国经济增长压力不断加大。2018 年第一季度至 2019 年第三季度，我国 GDP 增速逐季递减，受此影响我国农村居民人均可支配收入增速不断下滑（2019 年前三季度增速比 2018 年同期下降了 0.4 个百分点）。2019 年底暴发的新冠肺炎疫情进一步加大了我国经济增长下行的压力，农村居民收入增长速度将受到较大影响。首先，新冠肺炎疫情严重影响人口流动，这在很大程度上限制了农民工外出就业。其次，我国有 53%左右的农民工从业人员集中在制造业、交通运输业、住宿餐饮业和居民服务业。目前新冠肺炎疫情已对交通运输业、住宿餐饮业、旅游业、文化娱乐业等服务行业产生了很大冲击，制造业复工难度加大。农民工的工资性收入通常为弹性收入，与工作量和工作时长挂钩，因此受疫情影响的复工时间推迟将直接影响农民工的工资性收入。预计新冠肺炎疫情短期内将对农村居民工资性收入增速产生较大影响。新冠肺炎疫情下，居民外出消费意愿严重不足，居民家庭经营活动停止，预计农村居民经营净收入也将受到较大冲击。

2. 农民工就业结构变化将对农村居民工资性收入增速产生负面影响

随着服务业的快速发展，我国农民工就业正由制造业向服务业转移。国家统计局发布的《2018 年农民工监测调查报告》显示（表 2），2018 年从事第二产业的农民工比重为 49.1%，比 2017 年下降 2.4 个百分点。其中，从事制造业的农民工比重为 27.9%，比 2017 年下降 2.0 个百分点。相反，从事第三产业的农民工比重上升为 50.5%，比 2017 年提高 2.5 个百分点。其中，从事住宿和餐饮业，居民服务、修理和其他服务业，公共管理、社会保障和社会组织的农民工比重分别为 6.7%、12.2%和 3.5%，分别比 2017 年提高 0.5 个百分点、0.9 个百分点和 0.8 个百分点。此外，农民工在金融业，教育，文化、体育和娱乐业等服务业的从业比重虽然较低，但占比在逐年提高。农民工就业向服务业的积极转移在一定程度上缓解了外部需求下降对制造业就业的冲击及固定资产投资增速下滑对建筑业就业的冲击，但就业结构的变化将对农民工平均工资性收入的增速产生一定负面影响。表 2 显示，农民工就业转移去向的主要服务业部门（住宿和餐饮业，居民服务、修理和其他服务业）的平均月收入明显低于制造业部门和建筑业部门。农民工在较低工资水平产业部门就业比重的上升将拉低农民工群体收入的平均水平。

表 2　农民工从业行业分布与月均收入水平

产业部门	从业占比			2018 年 月均收入/元
	2017 年	2018 年	增减	
第一产业	0.5%	0.4%	−0.1 个百分点	
第二产业	51.5%	49.1%	−2.4 个百分点	
制造业	29.9%	27.9%	−2.0 个百分点	3732（8.4%）
建筑业	18.9%	18.6%	−0.3 个百分点	4209（7.4%）
第三产业	48.0%	50.5%	2.5 个百分点	
批发和零售业	12.3%	12.1%	−0.2 个百分点	3263（7.0%）
交通运输、仓储和邮政业	6.6%	6.6%	0.0 个百分点	4345（7.3%）
住宿和餐饮业	6.2%	6.7%	0.5 个百分点	3148（4.3%）
居民服务、修理和其他服务业	11.3%	12.2%	0.9 个百分点	3202（6.0%）
公共管理、社会保障和社会组织	2.7%	3.5%	0.8 个百分点	
其他	8.9%	9.4%	0.5 个百分点	

资料来源：国家统计局《2018 年农民工监测调查报告》

注：括号内数字为增长速度

3. 肉类产量恢复性增长将带动农村居民经营净收入增长

2019 年前三季度，我国第一产业增加值增长 2.9%，增速比 2018 年同期下降 0.5 个百分点。在第一产业增加值中，种植业增加值增速为 4.3%，保持了相对较好的增长态势。第一产业增加值增速的下降主要由畜牧业增加值增速下滑引起。受非洲猪瘟疫情及周期性因素叠加影响，2019 年前三季度，我国猪肉产量大幅下降 17.2%，引起肉类总产量下降。2019 年 9 月底，我国生猪存栏量同比下降 28.5%，猪肉产能大幅下降。猪肉产量下降已引起政府高度重视，政府及时出台了恢复生猪生产和保供稳价的政策措施，目前一些地区和养殖企业出现积极补栏的信号。农业农村部数据显示，2019 年 10 月规模化养猪场生猪存栏量环比增长 0.5%，能繁母猪存栏环比增长 4.7%，预计 2020 年底生猪存栏量将恢复到常年水平的 80%左右。随着生猪产能的逐渐恢复，预计 2020 年我国肉类产量将出现恢复性增产，带动农村居民经营净收入增长。

4. 精准扶贫工作将助力贫困地区农村居民收入增长

精准扶贫是实现《中华人民共和国国民经济和社会发展第十三个五年规划纲要》中提出的“我国现行标准下农村贫困人口脱贫，贫困县全部摘帽”的目标要求的重要方略。精准扶贫政策因村、因户、因人施策，改变了贫困人口“等靠要”的传统思想，充分调动了群众致富的内生动力。“十三五”期间，精准扶贫工作取得了显著成效。按照 2010 年的标准（每人每年 2300 元），我国的农村贫困人口已由 2015 年的 5575 万人下降到 2018 年的 1660 万人，贫困发生率由 2015 年的 5.7%下降到 2018 年的 1.7%。精准扶贫工作在促进贫困地区农村居民收入增长方面发挥了重要作用。国家统计局对连片特困地区（共

680 个县）和片区外的国家扶贫开发工作重点县（共 592 个县）的调查数据显示，2019 年前三季度，我国贫困地区农村居民人均可支配收入为 8163 元，比上年同期增长 10.8%，扣除价格因素影响，实际增长 8.0%，实际增速比全国农村居民人均可支配收入增速快 1.6 个百分点。在精准扶贫政策取得良好效果的同时，国家不断加大扶贫力度，2019 年中央财政专项扶贫年度资金达 1260 亿元，比 2018 年增长 18.8%。与全国农村居民平均水平相比，我国贫困地区农村居民收入水平较低，具有较大的增长潜力。在政府精准扶贫政策的推动下，贫困地区农村居民收入未来将保持较快增长。

5. 农村劳动力转移将推动农村居民人均家庭净收入增长

近几年我国城镇化率保持了较快增长。城镇化率已由 2010 年的 49.9%上升到 2018 年的 59.6%，平均每年提高 1.2 个百分点左右。通过城镇化，农村人口实现了由农业部门向非农业部门的快速转移，农村人口数量平均每年下降 2.2%左右。农村人口向城镇转移有利于提高农业劳动生产率，从而促进农村居民第一产业经营净收入增长。在城镇化进程中，我国第一产业劳动生产率（第一产业增加值与第一产业就业人员数之比）已由 2010 年的 13 759 元/人提高到 2018 年的 31 955 元/人（按当年价格计算）。但需要注意的是，城镇化可能造成农村高素质劳动力的流失。加入人口迁移的农村劳动力一般是农村居民中技能水平与收入水平相对较高的劳动力。因此，从长期来看城镇化有利于我国劳动力总体收入水平的提高，但可能会因高素质人才的流失对农村居民群体的人均收入带来负面影响。

6. 政府民生改革及人口老龄化将带来农村居民转移净收入的长期增长

近几年，农村居民人均转移净收入实现了快速增长，其在农村居民人均可支配收入中的份额由 2013 年的 17.5%上升到 2018 年的 20.0%。农村居民转移性收入的增长主要得益于政府对民生改革的重视和惠民政策力度的加大。新型农村合作医疗补助标准、基础养老金、政策性惠农补贴、生活补贴及社会救济和补助近几年一直处于增长中。2019 年召开的党的十九届四中全会明确指出要坚持和完善统筹城乡的民生保障制度，满足人民日益增长的美好生活需要。在政府高度重视民生改革的背景下，预计 2020 年政府的转移支付力度仍将加大，农村居民人均转移净收入将稳步增长。

另外，我国人口年龄结构的变化也将提升转移净收入在农村居民收入来源中的比重。随着 20 世纪 60 年代婴儿潮一代逐步进入退休年龄，从 2020 年开始中国将迎来快速老龄化时期。老龄人口比重的上升将使政府财政在养老金与医疗费用方面的支出快速增长。在老龄化的背景下，可以预期我国农村居民的人均转移净收入在未来十年将保持较快增长。

（二）2020 年农村居民人均可支配收入预测

在对 2020 年我国农村居民增收形势分析的基础上，我们利用系统综合因素预测法对 2020 年我国农村居民人均可支配收入进行了初步预测，预测结果如表 3 所示。

表 3　2020 年我国农村居民人均可支配收入预测结果

收入来源	人均收入/元	实际增速
可支配收入	17 557	5.8%
其中：		
工资性收入	7 202	5.6%
经营净收入	6 231	4.4%
财产净收入	414	6.0%
转移净收入	3 710	8.6%

预测结果显示：2020 年我国农村居民人均可支配收入将达到 17 557 元，实际增速可达 5.8%左右。其中，人均工资性收入为 7202 元，实际增长 5.6%；人均经营净收入为 6231 元，实际增长 4.4%；人均财产净收入为 414 元，实际增长 6.0%；人均转移净收入为 3710 元，实际增长 8.6%。预计 2020 年我国农村居民人均可支配收入增速仍将快于城镇居民人均可支配收入增速和 GDP 增速。城乡居民收入倍差将进一步缩小，但由于农村居民人均可支配收入的基数明显低于城镇居民，城乡居民绝对收入差距仍将扩大。

四、促进农村居民增收的政策建议

1. 将稳增长、稳就业作为经济工作的首要任务

GDP 是收入分配的起点，保持较快的经济增长速度是增加就业、提高居民收入的前提。历史经验表明，在经济增长速度下滑较快的年份，居民收入增速通常会有较大幅度回落。例如，2008 年受国际金融危机影响，我国经济增长速度出现较大幅度下滑，同年农村居民人均纯收入增速与城镇居民人均可支配收入增速分别下滑了 1.5 个百分点和 3.8 个百分点。我国经济进入新常态后，GDP 增长速度不断回落，受此影响我国农村居民人均可支配收入增速从 2013 年的 9.3%逐年下滑到 2019 年的 6%左右。2020 年我国仍将面临较大的经济增速下行压力，受新冠肺炎疫情影响，农民工在制造业与服务业的就业压力较大。从提高居民收入的角度出发，建议政府仍要将稳定经济增长速度与就业作为当前宏观经济工作的首要任务。一方面，通过信贷支持、税收优惠等措施帮助中小企业克服新冠肺炎疫情对生产的影响，稳定人员队伍；另一方面，后期可适当增加政府财政支出，进行基础设施建设，尤其是加强农村地区的基础设施建设，可与精准扶贫工作相结合，新增财政支出向基础设施薄弱的农村贫困地区倾斜。

2. 推进农业适度规模化经营，吸引优秀人才回流农村地区

在当前由大量农村劳动力参与的农业分散经营模式下，农村居民依靠农产品增产、农产品价格上涨来增加收入将变得越来越困难。一方面，受耕地、水资源限制，当前我国农产品增产的难度越来越大；另一方面，我国国内主要农产品价格与国际市场价格相

比缺乏竞争力，价格上涨空间不大。在此背景下，近几年农村居民人均经营净收入增长乏力，该收入来源占农村居民人均可支配总收入的比重已由 2013 年的 41.7%下降到 2018 年的 36.7%。挖掘农村居民经营净收入的增长潜力还需从提高农业劳动生产率入手。建议完善户籍制度，鼓励引导农村劳动力向城镇转移，降低农业从业人员数量。同时完善土地承包制度，加快土地流转，实现农业适度规模化经营，提高农业劳动生产率，以此提高农村居民经营净收入。在鼓励农村人口向城镇转移的同时，应制定政策吸引优秀人才回流农村地区，支持农业农村发展，搞活农村经济。

2020年中国粮食消费形势分析与预测[①]

王会娟　杨翠红　陈锡康　郭婧一

报告摘要：随着我国城镇化、工业化的发展，以及人口的增长和人民生活的不断改善，粮食消费将会呈刚性增长模式，但是新时期我国人口结构、营养需求、产业供需等都将发生较大的变化，这也将使得粮食消费量和消费结构发生根本性转变。

本报告将从两个维度对粮食消费量进行分析预测：第一，建立了粮食消费宏观核算模型，将粮食消费量分为五个组成部分，分别基于国家统计局的统计调查数据进行了分析预测；第二，根据中国营养学会制定的《中国居民膳食指南（2019）》，对我国居民口粮的合理需求进行了估算。

本报告主要结果如下。基于粮食消费宏观核算模型，初步估计2019年我国粮食消费量为13 121亿斤。其中，居民口粮3654亿斤，工业用粮2141亿斤，饲料用粮5639亿斤，种子用粮201亿斤，其他用粮为1486亿斤；分粮食品种来看，小麦消费量为1942亿斤，稻谷2895亿斤，玉米4852亿斤，大豆2228亿斤，其他1204亿斤。预计2020年粮食消费为13 214亿斤，较2019年增长93亿斤。其中，居民口粮呈现下降趋势，工业用粮、饲料用粮呈现稳定略增态势。

基于《中国居民膳食指南（2019）》估计的结果为：从均值来看，2018年居民口粮为3451亿斤，如果从最大值、最小值来看，居民口粮分别为4161亿斤和2594亿斤。

对比分析了两种不同来源数据的居民口粮测度结果，衡量当前我国人均居民口粮，并针对粮食消费提出了政策建议。

一、引　言

我国是世界上最大的农业国，也是世界上粮食消费量最多的国家。我国谷物消费需求约占世界谷物消费需求总量的1/5，粮食消费量占发展中国家粮食消费量的50%以上。耕地少、人口多是我国的基本国情，合理地核算及预测我国粮食消费量对国民经济发展具有重要的指导意义。

随着我国城镇化、工业化的发展，以及人口的增长和人民生活的不断改善，粮食消费将会呈刚性增长模式，但是新时期我国人口结构、营养需求、产业供需等都将发生较

① 本报告受教育部人文社会科学基金项目（18YJC790162）资助。

大的变化，这也将使得粮食消费量和消费结构发生根本性转变。本报告将从两个维度对我国粮食消费量进行分析和预测：首先，基于宏观统计数据对由居民口粮、工业用粮、饲料用粮、种子用粮和其他用粮五个构成部分的粮食消费量进行预测；其次，基于《中国居民膳食指南（2019）》给出的平衡膳食宝塔数据，测度我国居民口粮的合理需求量，为我国的粮食生产工作及相关产业发展提供必要的数据支撑。

二、基于宏观统计数据的粮食消费形势分析及预测

2013 年以来我国粮食消费量呈现缓慢上涨态势，年度增幅有所下降，近些年粮食消费量稳定在 13 000 亿斤以上。据估算，2019 年粮食消费量约为 13 121 亿斤，较 2018 年增长了 120 亿斤。在结构方面，居民口粮消费为 3654 亿斤，占 28%；工业用粮为 2141 亿斤，占 16%；饲料用粮为 5639 亿斤，占 43%；种子用粮为 201 亿斤，占比为 2%；损耗等其他项占比为 11%，约为 1486 亿斤。

首先本报告将对 2019 年我国粮食消费形势进行分析，其次将对 2020 年的粮食消费量进行预测与分析，具体如下。

1. 居民口粮

口粮消费总量取决于两个方面：一是人均口粮的消费水平；二是人口数量及结构。

家庭人均粮食消费量受到收入水平和食品消费结构的影响。我国城乡经济的二元结构，决定了我国居民人均口粮消费的二元结构。据国家统计局的 2013 年开始的城乡一体化住户收支与生活状况调查，城镇居民的人均粮食（原粮）消费量仅是农村居民人均消费量的 70% 左右。如图 1 所示，2013~2017 年城镇、农村居民的人均粮食消费量均呈现了下降趋势，人均每年下降 4 千克左右，城镇居民人均粮食消费量下降幅度较小，年均下降 2.3 千克，不过 2018 年人均粮食消费增长了 0.3 千克。从人均粮食消费量的构成来看，城乡居民粮食消费量中谷物占比均呈现下降趋势，城镇居民由 91.2%降至 89.8%，农村居民则由 95.1%降至 92.9%，薯类、豆类则呈现上升趋势，尤其是豆类，在城镇居民粮食消费中占比已经达到 8.0%。项目组推算 2019 年我国城镇、农村居民的人均粮食消费仍将呈现小幅下降趋势，分别约为 108 千克、140 千克，降幅约为 1.7% 和 5.9%。

人口基数、城镇化率及流动人口规模是影响我国口粮消费的重要人口因素。我国人口基数大，城乡居民口粮又呈现加大差异，人均粮食消费、城镇化率的些许变动均可以使得居民口粮消费发生较大变化。虽然国家相继出台了 2011 年 11 月的“双独二孩”、2013 年 12 月的“单独二孩”，到 2015 年 10 月的“全面二孩”政策，但是对人口增长的刺激作用有限，2018 年我国人口出生率为 10.94‰，是 1978 年以来的最低水平，较 2017 年降低了 1.49 个千分点，自然增长率仅为 3.81‰。从城乡二元结构来看，城镇化率逐年提高，2018 年为 59.58%，较上年提高 1.06 个百分点，城镇人口新增 1790 万人，农村人

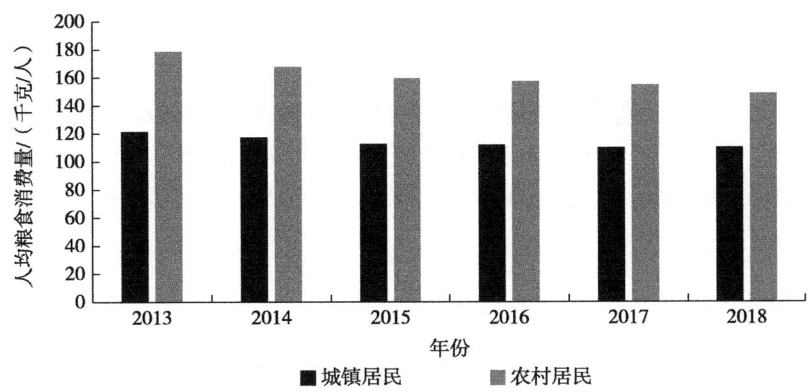

图 1　城镇、农村居民人均粮食消费量变化情况

资料来源：《中国统计年鉴 2019》

口减少 1260 万人，如图 2 所示。《中华人民共和国国民经济和社会发展第十三个五年规划纲要》提出，到 2020 年我国内地常住人口城镇化率要达到 60%。国家卫生和计划生育委员会、联合国开发计划署和中国社会科学院均预测，到 2030 年，中国的城镇化率将达到 70%。鉴于城镇人均粮食消费量小于农村，城镇化率的进一步提升使得居民口粮小幅下降。

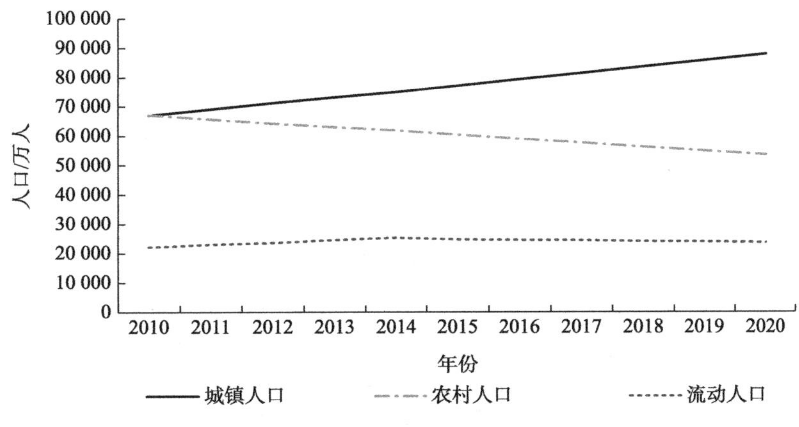

图 2　城镇、农村人口及流动人口的变化情况

资料来源：《中国统计年鉴 2019》及项目组预测

影响居民口粮的人口因素中流动人口也起到了非常大的影响作用。我国流动人口规模巨大，2018 年我国流动人口规模为 2.41 亿人，比上年末减少了 0.03 亿人，如图 2 所示。受户籍制度改革的影响我国流动人口总量已经连续两年（2017 年和 2018 年）下降，但是我国流动人口仍然保持 2 亿以上的规模，且在今后较长一段时期，大规模的人口流动仍将是我国人口发展及经济社会发展中的重要现象[①]。从农村到城镇的流动带来了人均粮食消费的变化，本报告项目组通过流动人口调整了对应于人口粮食消费量的城镇、农村居民，且基于流动人口并不是全年均在城镇中生活、其饮食习惯与城镇家庭有差异等

① 《中国流动人口发展报告 2017》。

因素的考虑，给流动人口赋予权重。考虑流动人口这一影响因素前后，我国居民口粮将减少 76 亿斤左右。

综上，在人均口粮消费水平下降及人口自然增长率和城镇化率不断提高的共同作用下，预计 2019 年我国居民口粮消费为 3654 亿斤左右，同比下降 1.7%，具体分粮食品种来看，稻谷占比约为 58%，小麦为 31%，玉米占比为 3%，大豆为 2%，杂粮薯类等其他则占到 6%左右。

2. 工业用粮

工业用粮是指工业生产中用作原料或辅助材料所消费的粮食，主要包含在食品制造业、酒、饮料和精制茶制造业，以及农副食品加工业中，它是促使粮食消费总量增加的第二大需求。

在本报告的核算中工业用粮主要从白酒、啤酒、发酵酒精、酱油、豆油、燃料乙醇和淀粉 7 个方面进行测度，根据工业品的产量和单位产量耗粮计算得到每种工业品当年的粮食消费量。从图 3 可以看出，在工业用粮中，淀粉耗粮占比较大，是近些年来工业用粮增长的主要动力。预计 2019 年淀粉产量为 4000 万吨以上，较上年增加近 300 万吨，增幅高于上年涨幅。

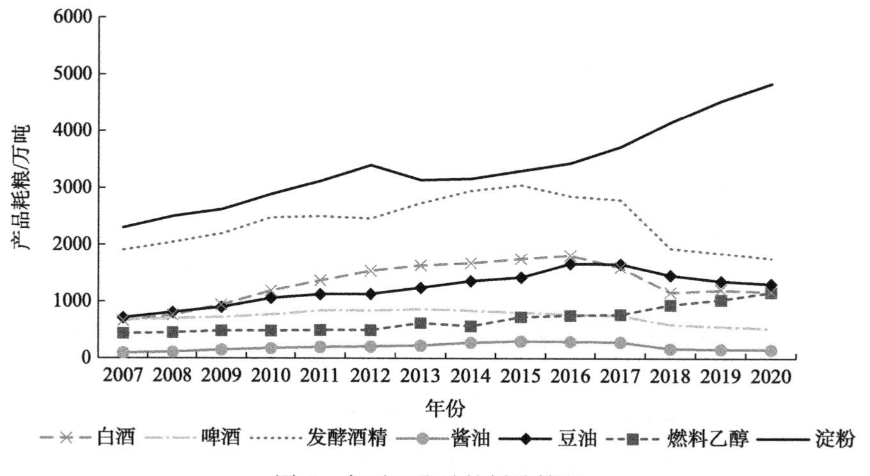

图 3　主要工业品的耗粮情况

2018 年白酒、啤酒、发酵酒精、酱油、豆油产量都出现了较大幅度下滑，由此使得相应产品耗粮量有所下降。2018 年白酒产量仅为 871 万千升，较 2017 年下降 327 万千升，啤酒产量下降了 589 万千升，发酵酒精产量降低了 283 万吨，酱油产量降低了 384 万吨，预计 2019 年将呈现下降趋势，但下降趋势会趋缓。截止到 2019 年 11 月，白酒的累计产量为 2018 年同期的 87.0%，啤酒累计产量与上年同期近乎持平，为上年同期的 96.5%。

目前在我国粮食统计口径中仍包括主要用于榨油的大豆，将豆油加工业对大豆的消耗也放入工业用粮中，测算时我们考虑了大豆在榨油同时提供饲料的情况。据 Wind 数据库提供的中国汇易数据，我国豆油的产量在 2017 年、2018 年出现了下降，2018 年豆油产量为 1460 万吨，较 2017 年减少了近 200 万吨。2019 年豆油产量为 1580 万吨，较

2017年增长120万吨。根据食用植物油产量的月度累计数据，2018年较2017年减少了1000万吨左右，但是，2019年前11个月的产量较上年同期略有增长（增长了5.7%），预计2019年豆油产量也将与2018年基本持平略增。

综上分析，预测2019年工业用粮为2141亿斤，较2018年减少60亿斤左右，其中分粮食品种来看，玉米占比为48%，大豆占比为19%，小麦占比为15%，杂粮薯类等占比为9%，稻谷占比仅为9%。

3. 饲料用粮

党的十九大明确指出，我国社会的主要矛盾已经转化为人民日益增长的美好生活需要和不平衡不充分的发展之间的矛盾。随着收入水平的提高及温饱阶段的结束，我国城乡居民对粮食需求的边际效应递减，对肉、蛋、奶及水产品的需求量日益增长，尤其是水产品和蛋类，2013年以来在城乡居民人均消费量中均呈现较大上涨幅度。城镇居民的肉、蛋、奶及水产品消费明显高于农村居民（图4），尤其是水产品和奶类。2018年城镇居民对牛肉、羊肉、水产品、蛋类和奶类的消费水平呈现出与上年基本持平的态势。从农村居民人均食品消费来看，水产品、蛋类、奶类的人均消费量分别仅为城镇居民的54%、78%和42%，农村居民的消费潜力巨大，将会逐步带来我国饲料用粮的上涨。

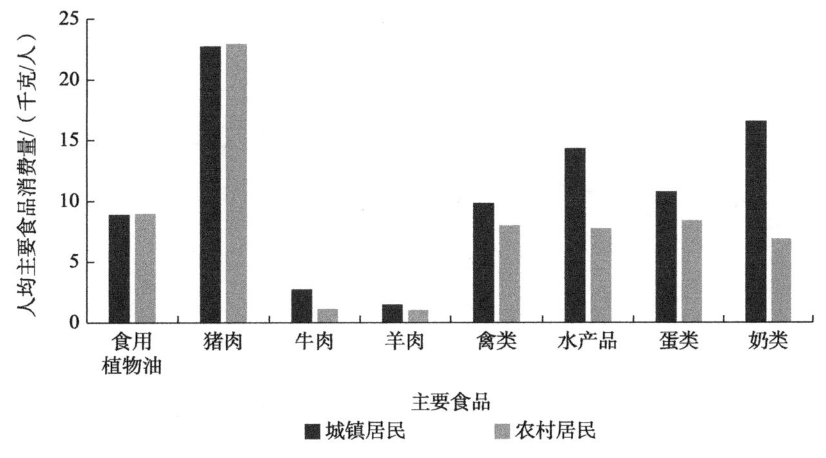

图4　2018年城镇、农村居民人均主要食品消费量

资料来源：《中国统计年鉴2019》

受非洲猪瘟的影响，2019年我国猪肉产量出现了较大幅度下降，前三季度猪肉产量为3181万吨，较上年同期下降了17.2%，已经连续两年呈现下降趋势（图5）。2019年前三季度牛肉、羊肉、禽肉总产量为2327万吨，增长7.6%，受肉类替代和居民消费升级的影响，2019年全年牛肉、羊肉、禽肉的产量保持上升趋势。项目组预计2019年全年猪肉、牛肉、羊肉、禽肉总产量为8056万吨，比上年减少600万吨，下降7%。

2017年以来，猪肉、牛肉、羊肉等单位肉类耗粮系数呈现小幅上升趋势，生猪、肉牛、肉羊的主产品产量、耗粮数量均有小幅上升，由此带来同等规模肉类产出时的饲料用粮微升。同时注意到生猪的规模化养殖带来了耗粮系数的提升，2017年规模生猪的耗

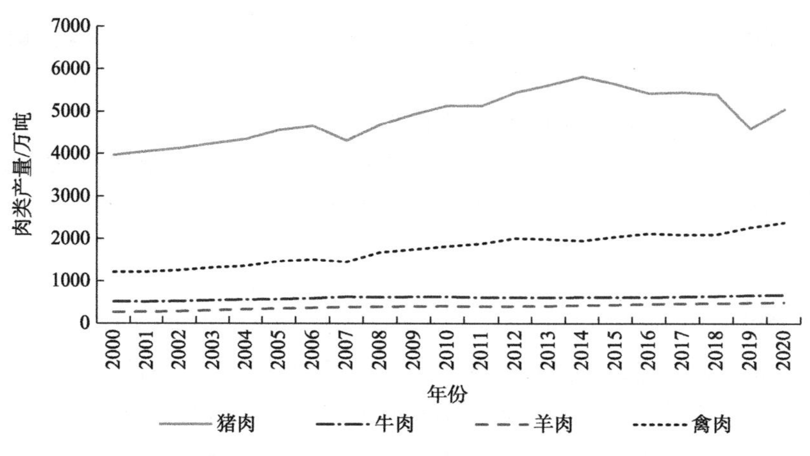

图 5　我国 2000 年以来猪牛羊禽肉产量的变化情况

资料来源：Wind 数据库及项目组预测

粮数量大于散养生猪，如图 6 所示，规模生猪单位主产品产量耗粮系数为 1.927 公斤/千克，但是散养生猪耗粮系数仅为 1.905 公斤/千克，1 万吨猪肉的产量将相差 44 万斤粮食。随着我国水资源和生态环境保护力度加大，规模化养殖必将大范围推广，虽然规模化养殖保证了食品安全，增加了抗风险能力，但将使得肉粮比有一定程度的增加，从而促进饲料用粮的增加。

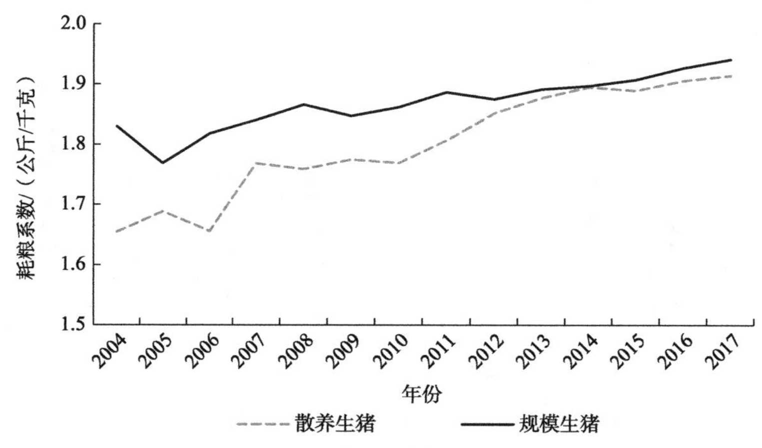

图 6　我国 2004 年以来生猪养殖主产品耗粮系数的变化情况

资料来源：《全国农产品成本收益资料汇编》（2005~2018 年）

预计 2019 年饲料用粮将为 5639 亿斤，同比增加 1.8%，从粮食品种结构上来看，53%是玉米，25%是大豆，11%是杂粮薯类等其他粮食品种，小麦、稻谷等占比较小，分别为 5%、6%。

4. 种子用粮

种子消费量主要取决于粮食播种面积和单位面积用种量。受粮食种植结构调整的影响，2018 年粮食作物播种面积下降 1426 万亩，稻谷、小麦、玉米等主要粮食作物都出

现了不同程度的下降，豆类提高了 203 万亩。预计 2019 年粮食作物播种面积继续下降，将减少 600 万亩。但是根据《全国农产品成本收益资料汇编》，近年来稻谷、小麦、大豆的每亩用种呈现小幅上升趋势。预计 2019 年种子用粮为 201 亿斤，较 2018 年持平略减。

5. 其他用粮

由于在测度上述四类粮食消费中并没有考虑餐桌浪费粮食（仅为主食，不考虑肉类等其他转化粮）、畜禽病死耗粮、宠物用粮及库存运输损耗，因此我们增加其他项，作为对其他 4 项的补充，2019 年其他用粮合计为 1486 亿斤（图 7）。具体如下。

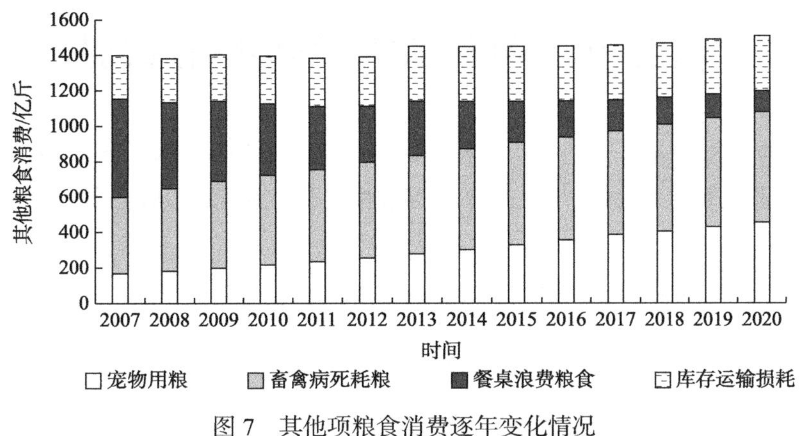

图 7　其他项粮食消费逐年变化情况

餐桌浪费粮食：粮食的餐桌浪费呈现逐年减小趋势，据文献资料，2019 年餐桌浪费 134 亿斤。

畜禽病死耗粮：根据文献给出的猪牛羊禽及水产品的病死率等，计算得到 2019 年畜禽病死导致的粮食消耗约为 615 亿斤，占当年饲料用粮的 10%左右。

宠物用粮：据《2019 年中国宠物行业白皮书》，宠物犬和宠物猫合计 9915 万只，预测 2019 年宠物用粮为 429 亿斤。

库存运输损耗：据文献数据，库存损耗率约为 2%，运输损耗率为 0.1%，2019 年损耗为 308 亿斤。

6. 供需综合分析

如表 1 所示，据宏观经济统计数据测度来看，我国年度粮食消费量在 13 000 亿斤以上，近几年均低于粮食产量，考虑上进出口后，我国粮食供给大于需求，供需差额（产量+进口量−消费量−出口量）呈现逐年为正。主要体现在不同粮食品种的供需差异上，我国小麦、稻谷属于高度自给，玉米需求略大于生产，大豆需求远大于生产。

表 1　我国粮食供需情况对比（单位：亿斤）

年份	消费量	产量	进口量	出口量	供需差额
2013	13 107	12 610	1 559	23	1 039
2014	13 111	12 793	1 818	18	1 482

续表

年份	消费量	产量	进口量	出口量	供需差额
2015	13 095	13 212	2 288	12	2 393
2016	13 113	13 209	2 118	16	2 198
2017	13 096	13 232	2 422	33	2 525
2018	13 008	13 158	2 170	52	2 268
2019	13 121	13 277			

三、2020 年我国粮食消费形势分析及初步预测

综合各方面因素，预计 2020 年粮食消费将呈现稳定略增态势，居民口粮将继续下降，饲料用粮、工业用粮将有小幅上涨，种子用粮相对稳定略降，其他用粮小幅上升。

（一）居民口粮稳中有降

党的十九大报告中把提高人民收入水平作为逐步实现全体人民共同富裕时代目标的重要内容，收入的提高将使得居民膳食更加营养健康，无论是在家饮食还是在外就餐，食物多样化、均衡化将成为发展趋势，粮食的消费占比将进一步下降。

同时考虑人口结构的变动。2016 年 12 月国务院印发了《国家人口发展规划（2016—2030 年）》，提出 2020 年常住人口的城镇化率为 60%，2018 年城镇化率已经达到 59.58%，预计我国城镇化率将稳步提高，必将提前达到 60%。在流动人口方面，大城市不断攀升的生活成本促使外出务工者回到三线、四线城市生活，且随着城乡收入差距的缩小及互联网的普及，人口回流趋势将会明显。

受新冠肺炎疫情影响，2 月我国主要省（自治区、直辖市）的物流和人员流动均受到限制，特大城市和中心城市纷纷延长春节假期和复工时间，部分高校明确要求学生延期返校，以及由于疫情防范举措导致户外聚餐活动减少，这些因素必然会导致餐饮需求下降。同时由于人员流动的限制对旅游城市的粮食消费构成较大影响，旅游的人员减少导致肉食品如猪肉、家禽的消费相应减少。所以，防范疫情传播的必然举措有可能降低我国 2020 年第一季度居民口粮的实际消费数量。从时段上看，疫情对第一季度居民口粮消费影响最大，预计第二季度将处于恢复期，下半年进一步好转，受疫情影响的部分补偿性消费进一步释放。

（二）工业用粮持平略涨

2020 年燃料乙醇、淀粉深加工需求将进一步带动玉米工业消费量的增长。2017 年国家发展和改革委员会、国家能源局、财政部等 15 个部委联合印发了《关于扩大生物燃料

乙醇生产和推广使用车用乙醇汽油的实施方案》，提出到 2020 年实现全国内推广使用车用乙醇汽油，基本实现全覆盖。2018 年 8 月 22 日，国务院常务会议确定了生物燃料乙醇产业总体布局，将有序扩大车用乙醇汽油推广使用，除黑龙江、吉林、辽宁等 11 个试点省区市外，2018 年进一步在北京、天津、河北等 15 个省市推广，到 2020 年，全国范围内将基本实现车用乙醇汽油全覆盖。目前我国的燃料乙醇产能约为 300 万吨，其中 150 万吨以玉米为原料生产。如果燃料乙醇向全国推广，则其需求量预计将增长至 1200 万吨，玉米深加工的需求量将增加。乙醇行业大发展将带来工业用粮的快速增长。

玉米淀粉经过了前几年的快速发展后，行业进入换挡转型期，产能有增但是增幅放缓。2020 年生猪存栏量恢复性增长，玉米价格或将缓慢攀升，将加剧深加工企业成本与饲料用玉米的竞争，另外，玉米淀粉行业的开工率将在 2020 年出现缓慢下降，由于新冠肺炎疫情阻断玉米基层收购和延后企业复工时间，综合市场消息统计，2020 年 2 月中旬我国淀粉企业平均开工率约为 32%，较前一期下降 8%，是近年来的历史最低水平，不过随着政府鼓励企业复工加速，预计我国淀粉行业开工率将从低谷回升。预计 2020 年淀粉产量仍有上升，但是增幅有所下降，由此带来了工业用粮的小幅增长。

（三）饲料用粮恢复性增长

2019 年我国生猪行业受到重创，2019 年全年生猪存栏量、能繁母猪存栏量均呈现同比下降趋势（图 8），但是 2019 年 10 月，400 个监测县能繁母猪存栏量环比 19 个月以来首次出现正增长，意味着生猪基础产能已经开始恢复，受 2020 年初新冠肺炎疫情影响，各养殖场扩产计划延迟，1 月能繁母猪存栏量回升速度已经出现明显的放缓，预计 2 月还有可能继续放缓，第二季度才能重新加速回升。初步分析判断认为疫情对生猪行业短期影响较大，预计 2020 年全年将会有恢复性增长，提高我国饲料用粮的增长量。

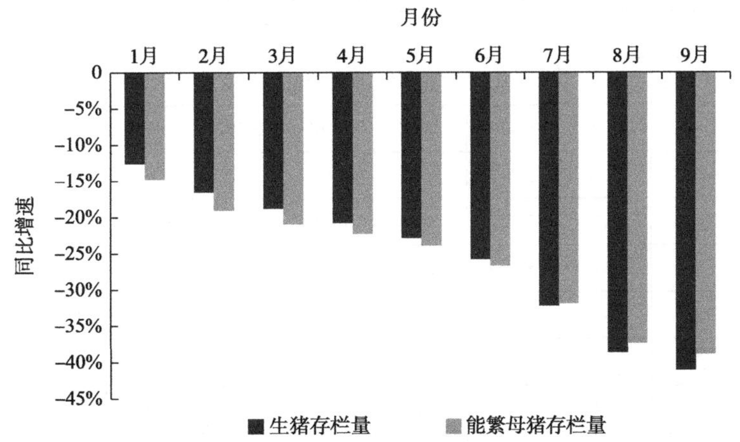

图 8　2019 年生猪存栏量与能繁母猪存栏量同比增速

根据农业部 2016 年底制定的《全国奶业发展规划（2016—2020 年）》，2020 年我国奶类产量将达到 4100 万吨，较 2017 年提高 267 万吨。2018 年 6 月 11 日，国务院办公厅出台了《国务院办公厅关于推进奶业振兴保障乳品质量安全的意见》，以加快奶业全面振兴，提升乳制品消费水平。从需求维度分析，首先，城乡差异较大，2018 年我国城镇居民人均奶类的消费量是农村的 2.39 倍，农村居民对奶类的需求发展潜力巨大；其次，我国对奶类的人均消费量远低于发达国家，图 9 为 2003 年、2016 年中国与其他经济体的人均液态奶消费量对比，中国 2016 年液态奶的人均消费量已经是 2003 年的 4 倍，但是 2016 年美国、日本、韩国、欧盟、英国的人均液体奶消费量分别是我国的 2.93 倍、1.52 倍、1.62 倍、3.41 倍及 4.56 倍。我国奶类市场的需求量远未达到天花板，未来仍将具有非常大的成长空间。

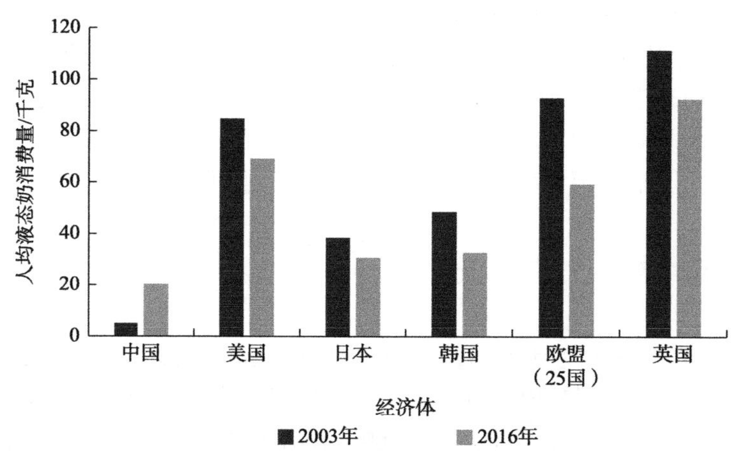

图 9　2003 年、2016 年中国与其他经济体的人均液态奶消费量对比

资料来源：Wind 数据库

综上分析，近年来的我国粮食消费量的初步测度和预测结果如表 2 所示。

表 2　我国粮食消费量的初步测度和预测结果（单位：亿斤）

年份	粮食消费量	不同需求					不同品种				
		居民口粮	工业用粮	饲料用粮	种子用粮	其他用粮	小麦	稻谷	玉米	大豆	其他
2013	13 107	4 276	2 094	5 090	197	1 449	2 482	3 338	4 635	1 667	985
2014	13 111	4 053	2 170	5 242	200	1 447	2 387	3 192	4 578	1 787	1 168
2015	13 095	3 876	2 274	5 297	200	1 448	2 225	3 082	4 476	1 962	1 351
2016	13 113	3 841	2 319	5 300	203	1 449	2 150	3 043	4 663	2 043	1 214
2017	13 096	3 781	2 317	5 342	201	1 455	2 106	2 987	4 707	2 109	1 186
2018	13 008	3 715	2 086	5 539	201	1 467	2 011	2 923	4 716	2 157	1 201
2019	13 121	3 654	2 141	5 639	201	1 486	1 942	2 895	4 852	2 228	1 205
2020	13 214	3 589	2 186	5 733	199	1 507	1 901	2 868	4 978	2 293	1 174

四、基于合理膳食指南数据的粮食消费预测

2019 年，中国营养学会发布了《中国居民膳食指南（2019）》，该指南结合中华民族饮食习惯及不同地区食物可及性等多方面因素，参考其他国家膳食指南制定的科学依据和研究成果，对部分食物日摄入量进行调整，提出符合我国居民营养健康状况和基本需求的膳食指导建议。

《中国居民膳食指南（2019）》中给定了中国居民膳食平衡宝塔（2019 年），相较于 2016 年版本中的膳食平衡宝塔，主要体现在水果类、鱼虾类（水产品）、大豆类都有了小幅度提升，具体如表 3 所示。本报告通过中国居民膳食平衡宝塔给出的营养摄入数据计算了居民口粮的消费量，认为中国居民膳食平衡宝塔数据为标准人的营养摄入数据，区分年龄、城乡差异后可计算 2018 年我国标准人总数量。

表 3　中国居民膳食平衡宝塔 2019 年与 2016 年对比（单位：克/日）

中国居民膳食平衡宝塔（2019 年）		中国居民膳食平衡宝塔（2016 年）	
谷类薯类及杂豆	250~400	谷类	150
蔬菜类	300~500	全谷物和杂豆	50~150
水果类	200~400	薯类	50~100
蛋类	25~50	深色蔬菜	150~250
鱼虾类	50~100	其他蔬菜	150~250
畜禽肉类	50~75	水果类	200~350
大豆类	20~35	蛋类	40~50
坚果	10~15	水产品	40~75
奶类及奶制品	300	禽畜肉	40~75
油	25~30	大豆类	15~25
盐	6	坚果	10
水	1200	奶及奶制品	300
		糖	50
		油	25~30
		盐	6

由于中国居民膳食平衡宝塔中给出的是区间数据，所以本报告按照每一食物的摄入区间的均值、最小值、最大值分别计算基于合理膳食指南的粮食需求，得到的结果如表 4 所示，2019 年居民口粮的需求量均值为 3451 亿斤/年，由此可计算得到人均口粮为 247 斤/年，根据国家统计局的住户调查数据计算的人均口粮较中国营养学会的《中国居民膳食指南（2019）》数据计算的结果高 19 斤/年，当前的居民口粮仍然有下降的空间。

表 4　基于合理膳食指南的粮食需求情况（单位：亿斤/年）

不同版本	均值	最小值	最大值
居民口粮（2016 年）	3377	2594	4161
居民口粮（2019 年）	3451	2643	4258

五、政 策 建 议

本报告从两个层面对我国粮食消费情况进行了估算和预测，对比所得结果，提出政策建议如下。

第一，居民口粮消费规模及结构应进一步优化。和从国家统计局等获得的宏观数据与膳食指南数据相比，居民口粮消费仍然偏高，在未来一段时间内仍将呈现稳定略降的趋势。同时居民口粮中大豆消费占比仅为 1.6%，而膳食指南数据为 5.8%，因此建议政府及相关部门应该积极引导居民不断降低口粮的消费量，同时提高大豆在口粮中的消费比例。

第二，饲料用粮单位耗粮量应进一步降低。随着居民生活水平的不断提高，饲料用粮将成为粮食消费的主导力量，占比高达 40%以上。因此建议相关部门加大对肉、蛋、奶等生产部门的技术开发，研发如何通过营养搭配提高粮食到肉类的转化比率，通过生产环节降低饲料用粮。

第三，工业用粮所在行业的政策应该具有连续性或者前瞻性。通过近些年分析，工业用粮属于政策导向型粮食消费，工业用粮多是粮食的深加工部门，宏观经济形势的冷热、政策导向都会对工业用粮产生较大影响，建议相关部门在制定相关政策时应保持连续性或者具有一定的前瞻性，使得工业用粮部门可以做出及时的战略部署。

2020 年中国行业用水分析与需水量预测①

刘秀丽　秦明慧　相　鑫

报告摘要：行业用水分析及需水量预测将为实现我国水资源消耗总量和强度双控目标提供决策参考，对我国宏观调控水资源供需矛盾，实现经济社会发展要素与水资源协调发展具有重要意义。

2018 年中国人均综合用水量为 432 立方米，其中天津、北京、山西和山东等 10 个省（直辖市）人均用水量低于 300 立方米。2018 年，中国废污水排放总量达到 750 亿吨，比 2017 年减少 0.8%。全国地表水环境质量总体保持稳定，26.2 万千米的河流中，Ⅰ~Ⅲ类水河长占 81.6%，与 2017 年同比上升 1.0 个百分点，劣Ⅴ类水河长占 5.5%，同比下降 1.3 个百分点。

2000~2018 年，中国农业用水量整体先增后减，2013 年达到峰值 3921.5 亿立方米，此后逐年减少，2018 年相较 2017 年进一步下降至 3693.1 亿立方米，同时其占总用水量的比例也从 2000 年的 68.8%下降至 61.4%。农田灌溉亩均用水量总体持续减少，由 2000 年的 479 立方米降至 2018 年的 365 立方米，但农田灌溉水有效利用系数仅为 0.554，仍比发达国家平均水平低约 0.23。

2011~2018 年，工业用水量及其占全国总用水量的比例均呈逐年小幅下降的趋势。2018 年工业用水量占比为 21.0%，比 2017 年降低了 0.1 个百分点。其中火电（含直流冷却发电）、钢铁、纺织、造纸、石化和化工、食品和发酵等高用水行业用水量占工业用水量的 50%左右。2018 年中国万元工业增加值用水量为 41.3 立方米，比 2011 年降低了 36.7 立方米。

2011~2017 年，中国钢铁行业用水量由 26.2 亿立方米下降到 25.6 亿立方米；吨钢耗新水量由 4.1 立方米下降到 3.2 立方米，降低了 20.6%左右；重复利用率由 97.4%提高到 98.1%，提高了 0.7 个百分点。从 2011 年到 2015 年，中国造纸行业新鲜水取水量由 45.6 亿立方米降低到 29.0 亿立方米，万元产值新鲜水取水量由 67.4 立方米下降到 40.6 立方米，降低了 39.8%。截至 2017 年底，城市再生水日生产能力 2762 万立方米，再生水利用量仅 45.3 亿立方米。

人口的增加和城镇化率的提高是中国生活用水量增加的主要原因，2000~2018 年，我国总人口由 123 626 万人增加至 139 538 万人，其中城镇人口由 39 449 万人增加至 83 137 万人，城镇化率由 31.9%升至 59.6%。2018 年城镇居民人均生活用水量为 225 升/天，农村居民人均生活用水量为 89 升/天。

① 本报告受国家自然科学基金（71874184）资助。

作为生态文明建设的重要部分，“十三五”期间生态补水将更受重视，2020 年补水量也将稳定增长。

本报告在综合考虑我国经济增长、产业结构的调整、城镇化进程及不同行业用水效率的变动等因素的情况下，应用分行业用水效率多因素分解分析模型、回归分析、时间序列分析和专家经验法等预测决策方法，对 2020 年我国需水总量和四类需水量进行预测，主要结果如下：2020 年我国需水总量约为 5896.6 亿立方米，比 2019 年减少 111.1 亿立方米。从四类需水量来看，随着我国农业用水效率的不断提高，预计 2020 年我国农业需水量约为 3622.4 亿立方米，占需水总量的 61.4%。综合考虑第二产业增加值增长、主要工业用水部门用水效率提高和第二产业的结构优化升级，预计 2020 年我国工业需水量约为 1141.1 亿立方米，占需水总量的 19.4%左右。随着我国城镇化进程的加快和人口的增长，预计 2020 年我国生活需水量约为 925.5 亿立方米，占需水总量的 15.7%。随着生态环境建设的加强，预计 2020 年我国生态需水量约为 207.6 亿立方米，占需水总量的 3.5%。

一、引　言

水作为生命的根基，是国民经济发展不可或缺的基础资源，对于更包容的和可持续的发展至关重要。2016 年 1 月 1 日启动的联合国大会《2030 年可持续发展议程》更是将水资源发展目标放在核心位置。根据联合国《2019 年世界水资源开发报告》，自 20 世纪 80 年代开始，由于人口增长、社会经济发展和消费模式变化等因素，全球用水量每年增长 1%。随着工业和生活用水的增加，到 2050 年全球需水量预计还将保持同样的增速，相比目前用水量将增加 20%~30%。同时联合国《2018 年世界水资源开发报告》中提到约有 36 亿人口，相当于将近一半的全球人口居住在缺水地区，1 年中至少有 1 个月的缺水时间，而这一人口数量到 2050 年可能增长到 48 亿~57 亿之多。许多国家早已把水资源管理纳入政府部门的职能，同时，规划管理部门也开始把需水预测作为计划工作的手段，以期达到宏观调控水资源供需矛盾的目的。美国的一些州，如加利福尼亚州在 1956 年就开始需水预测工作。日本从 20 世纪 60 年代开始，每 10 年进行 1 次国土规划，把需水预测作为规划的一个依据。英国、法国、荷兰、加拿大等国也逐步开展需水预测工作，作为宏观管理或制定政策的手段。

我国水文和水资源规划部门 1979 年开始着手组织全国水资源评价工作，于 1986 年完成并提出《中国水资源利用》研究报告。此后，随着我国经济社会的快速发展、城镇化进程和工业化的推进，水资源短缺、水资源利用效率低下、水资源污染严重及不合理开发等问题导致水资源问题更加严峻，对我国经济的可持续发展、人与自然、人与社会的和谐及社会安全都构成了极大的威胁。“十二五”和“十三五”期间，我国多次以重要文件发布关于水资源管理的决定和办法，包括《中共中央关于制定国民经济和社会发展第十三个五年规划的建议》《水资源税改革试点暂行办法》《全民节水行动计划》《“十三五”水资源消耗总量和强度双控行动方案》《节水型社会建设“十三五”规划》《扩大水资源税改革试点实施办法》等（表 1）。同时，水利部会同国家发展和改革委员会等 8 个部门组成实行最严格水资源管理制度的考核工作组，以 5 年为 1 个考核期，采用年度考核和期末考核相结合的方式对各省、自治区、直辖市落实最严格水资源管理制度情况进行考核。2012 年 1 月，国务院发布了《国务院关于实行最严格水资源管理制度的意见》，提出确立水资源开发利用控制红线、用水效率控制红线和水功能区限制纳污红线的主要目标。2018 年 2 月 24 日水利部印发《深化农田水利改革的指导意见》，提出“创新农业用水方式”“加快农业水价综合改革”等意见。2018 年 2 月 28 日水利部、国家发展和改革委员会、财政部联合印发《水利部 国家发展改革委 财政部关于水资源有偿使用制度改革的意见》，明确了水资源有偿使用制度改革的总体要求、主要任务等。

表 1　1986~2019 年我国出台的主要水资源管理政策

出台日期	政策名称	内容简介
1986 年	《中国水资源利用》	全国各省（市、自治区）和各流域（片）水资源供需平衡分析研究
2012 年	《国务院关于实行最严格水资源管理制度的意见》	加强水资源开发利用控制红线管理，严格实行用水总量控制；加强用水效率控制红线管理，全面推进节水型社会建设；加强水功能区限制纳污红线管理，严格控制入河湖排污总量
2013 年	《实行最严格水资源管理制度考核办法》	根据此办法，每五年为一个考核期，采用年度考核和期末考核相结合的方式进行。考核内容为最严格水资源管理制度目标完成、制度建设和措施落实情况
2015 年 10 月 29 日	《中共中央关于制定国民经济和社会发展第十三个五年规划的建议》	实行最严格的水资源管理制度，以水定产，以水定城，建设节水型社会
2016 年 5 月 9 日	《水资源税改革试点暂行办法》	河北省从 2016 年 7 月 1 日起，全面推进水资源税改革试点，促进水资源节约、保护和合理利用
2016 年 7 月 2 日	《中华人民共和国水法》修订	建设水工程，必须符合流域综合规划
2016 年 10 月 18 日	《“十三五”水资源消耗总量和强度双控行动方案》	到 2020 年，水资源消耗总量和强度双控管理制度基本完善，双控措施有效落实，双控目标全面完成，初步实现城镇发展规模、人口规模、产业结构和布局等经济社会发展要素与水资源协调发展；各流域、各区域用水总量得到有效控制，地下水开发利用得到有效管控，严重超采区超采量得到有效退减，全国年用水总量控制在 6700 亿立方米以内；万元国内生产总值用水量、万元工业增加值用水量分别比 2015 年降低 23%和 20%；农业亩均灌溉用水量显著下降，农田灌溉水有效利用系数提高到 0.55 以上
2016 年 10 月 28 日	《全民节水行动计划》	到 2020 年，规模以上企业工业用水重复利用率达到 91%以上，缺水城市再生水利用率达到 20%以上，京津冀区域达到 30%以上。《全民节水行动计划》还指出，沿海缺水城市和海岛，要将海水淡化作为水资源的重要补充和战略储备
2016 年 12 月	《水利改革发展“十三五”规划》	“十三五”水利改革发展的总体思路、发展目标、主要任务、总体布局和政策措施，是指导今后五年水利改革发展的重要依据
2017 年 1 月 17 日	《节水型社会建设“十三五”规划》	基于“坚持总量控制、效率优先”、“坚持政府引导、市场调节”、“坚持制度创新、科技引领”、“坚持因地制宜、适水发展”和“坚持全民参与、自觉节水”等基本原则，提出通过控总量、提效率、健体制、强能力、增意识达到全国北方 40%以上，南方 20%以上的县级行政区达到节水型社会标准的总体目标

续表

出台日期	政策名称	内容简介
2017年4月19日	《第三次全国水资源调查评价工作启动》	将全面摸清近年来我国水资源数量、质量、开发利用、水生态环境的变化情况，系统分析60年来我国水资源的演变规律和特点，建立水资源调查评价基础信息平台，并形成规范化的滚动调查评价机制
2017年11月24日	《扩大水资源税改革试点实施办法》	自2017年12月1日起在北京、天津、山西、内蒙古、山东、河南、四川、陕西、宁夏等9个省（自治区、直辖市）扩大水资源税改革试点
2018年2月24日	《深化农田水利改革的指导意见》	创新农业用水方式、加快农业水价综合改革
2018年2月28日	《水利部 国家发展改革委 财政部关于水资源有偿使用制度改革的意见》	明确了水资源有偿使用制度改革的总体要求、主要任务等
2019年1月25日	《华北地区地下水超采综合治理行动方案》	强化重点领域节水、严控开发规模和强度、多渠道增加水源供给、实施河湖地下水回补和严格地下水利用管控
2019年4月15日	《国家节水行动方案》	提出近远期有机衔接的总体控制目标，即到2020年，节水政策法规、市场机制、标准体系趋于完善，节水效果初步显现。万元国内生产总值用水量、万元工业增加值用水量较2015年分别降低23%和20%。到2022年，用水总量控制在6700亿立方米以内。节水型生产和生活方式初步建立。到2035年，全国用水总量严格控制在7000亿立方米以内，水资源节约和循环利用达到世界先进水平
2019年8月16日	《公共机构节水管理规范》	从规划和设计，取水和定额，维护和保养，计量、统计和分析，水质和水处理，用水系统（采暖、空调、净化水、食堂、卫浴、景观绿化、特殊），绩效评价等对公共机构节水管理提出了具体要求

2019年中央一号文件中提出，要“完成高标准农田建设任务”“实施区域化整体建设，推进田水林路电综合配套，同步发展高效节水灌溉”“进一步加强农田水利建设。推进大中型灌区续建配套节水改造与现代化建设”“加强华北地区地下水超采综合治理”“加快推进农业水价综合改革，健全节水激励机制”。2019年1月25日，水利部、财政部、国家发展和改革委员会、农业农村部联合印发《华北地区地下水超采综合治理行动方案》，提出强化重点领域节水、严控开发规模和强度、多渠道增加水源供给、实施河湖地下水回补和严格地下水利用管控等重点治理行动。2019年4月15日，国家发展和改革委员会与水利部联合印发《国家节水行动方案》，提出近远期有机衔接的总体控制目标，即到2020年，节水政策法规、市场机制、标准体系趋于完善，节水效果初步显现。万元国内生产总值用水量、万元工业增加值用水量较2015年分别降低23%和20%。到2022年，节水型生产和生活方式初步建立，全国用水总量控制在6700亿立方米以内。到2035年，全国用水总量控制在 7000 亿立方米以内，水资源节约和循环利用达到世界先进水平。2019年8月16日，国家机关事务管理局办公室、国家和发展改革委员会办公厅与水利部办公厅联合印发《公共机构节水管理规范》，从规划和设计，取水和定额，维护和保养，计量、统计和分析，水质和水处理，用水系统（采暖、空调、净化水、食堂、卫浴、景观绿化、特殊），绩效评价等方面对公共机构节水管理提出了具体要求。这些决定、办法和规划目标等表明了我国政府对水资源管理的高度重视，显示了我国政府解决水资源短缺问题的决心。

行业用水分析及需水总量预测将为实现我国水资源消耗总量和强度双控目标提供决策参考，对缓解我国宏观调控水资源供需矛盾，实现经济社会发展要素与水资源协调发展具有重要意义。

二、我国供用水整体情况分析

（一）我国水资源现状

2018 年，全国水资源总量为 27 462.5 亿立方米，比常年值偏多 1.2%，比 2017 年减少 4.5%。其中，地表水源占 70.0%，地下水源占 4.1%，地表水与地下水重复量占 25.9%。全国平均降水量 6.2 毫米，比多年平均值偏多 6.2%。年末全国 669 座大型水库和 3602 座中型水库蓄水总量为 4104.3 亿立方米，比年初蓄水总量增加 38.0 亿立方米。

尽管我国水资源总量丰富，但由于人口基数大，人均水资源占有量却仅为世界平均水平的 1/4，2018 年我国人均水资源量仅为 1971.8 米^3/人。按照国际公认的标准，人均水资源低于 3000 立方米为轻度缺水，低于 2000 立方米为中度缺水，低于 1000 立方米为重度缺水，低于 500 立方米为极度缺水。我国 2018 年有 11 个省（区、市）人均水资源量不足 1000 立方米，北京、宁夏、河北、山西等 9 个省（区、市）人均水资源量更低于极度缺水标准线。除了人口因素的影响，水资源空间分布不均匀、与社会经济发展需求不一致等更加剧了我国水资源缺乏问题的严峻性。

（二）我国水资源的开发利用

2018 年，全国总供水量为 6015.5 亿立方米。其中，地表水源占 82.3%，地下水源占 16.2%，其他水源占 1.5%。全国总用水量为 6015.5 亿立方米，比 2017 年减少 27.9 亿立方米。其中，农业用水量为 3693.1 亿立方米，占总用水量的 61.4%；工业用水量为 1261.6 亿立方米，占总用水量的 21.0%；生活用水量为 859.9 亿立方米，占总用水量的 14.3%；人工生态环境补水量为 200.9 亿立方米，占总用水量的 3.3%。与 2017 年比较，农业用水量减少 73.3 亿立方米，工业用水量减少 15.4 亿立方米，生活用水量增加 21.8 亿立方米，生态环境补水量增加 39.0 亿立方米。

如图 1 所示，2000~2013 年，全国总用水量除 2002 年和 2003 年有波动外，整体呈持续上升的趋势，直至 2013 年开始呈现小幅平稳下降趋势。而万元 GDP 用水量持续显著下降，由 2000 年的 610 立方米下降到 2018 年的 66.8 立方米，说明我国用水效率在不断提升。与此同时，各产业用水量占比也不断变化，工业用水量整体较为平稳，2010 年起开始缓慢下降。2012 年生活用水中的牲畜用水调至农业用水中，导致农业用水量与生活用水量分别出现上升与下降的小幅波动，但从整体上看，农业用水量占比持续下降，生活用水量比重则不断增加（图 2）。

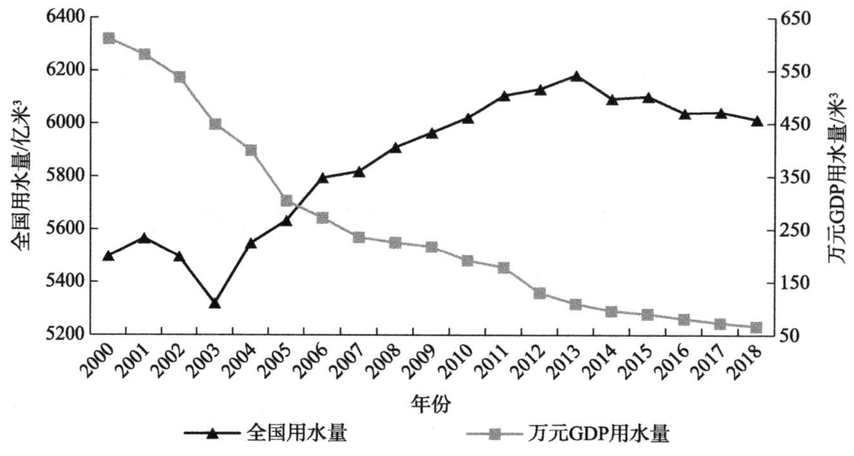

图 1　2000~2018 年全国用水量及万元 GDP 用水量趋势图

资料来源：《中国水资源公报》（2000~2018 年）、《中国统计年鉴》（2011~2019 年）

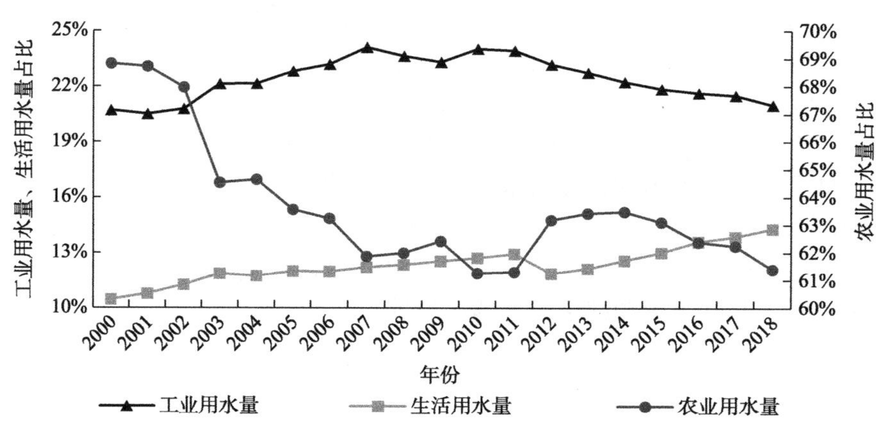

图 2　2000~2018 年农业用水量、工业用水量、生活用水量占比图

资料来源：《中国水资源公报》（2000~2018 年）、《中国统计年鉴》（2001~2019 年）

（三）我国人均用水量

自 2000 年以来，我国人均用水量整体有所提高，2003 年因粮食减产降低了农业用水，导致人均用水量减少至 412 立方米，此后基本呈稳定上升的趋势。2013 年我国人均用水量达到最高值 456 立方米，相较 2000 年增加了 6.0%，2013 年后则出现小幅下降趋势，2018 年降至 432 立方米（图 3）。同时，受人口密度、经济结构、作物组成、节水水平、气候因素和水资源条件等多种因素的影响，各省级行政区的人均用水量也呈现较大差异。新疆、宁夏、西藏、黑龙江、内蒙古、江苏 6 个省（自治区）的人均用水量超过 600 立方米，而天津、北京、山西和山东等 10 个省（直辖市）人均用水量低于 300 立方米，其中北京最低，2018 年人均用水量仅 181.7 立方米，不足全国平均量的一半。

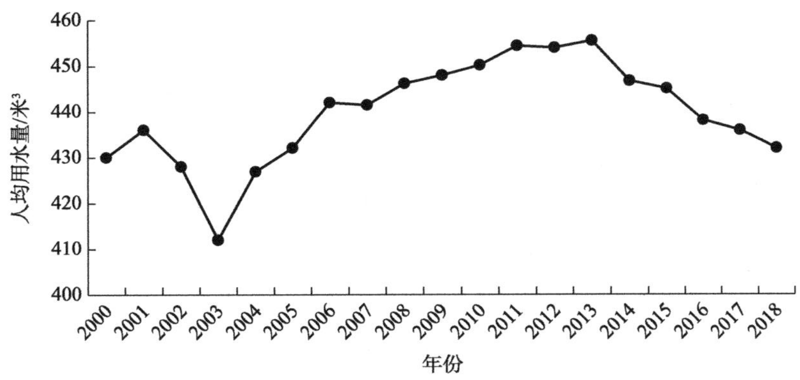

图 3　2000~2018 年全国人均用水量

资料来源：《中国统计年鉴》（2001~2019 年）

（四）我国废水排放情况

2018 年，我国废水排放总量达到 750 亿吨，比 2017 年减少 0.8%。2017 年，工业废水排放量为 181.6 亿吨①，占废水排放总量的 24.0%；城镇生活废水排放量为 574.4 亿吨，占 76%；在城市废水处理率方面，2016 年底，城市废水处理率已达到 93.4%，据测算，2017 年，我国城市废水处理率将达 95.0%②。

自 2000 年以来，全国废水排放总量整体平稳上升（图 4），同时废水排放组成发生较大变化。工业废水排放量整体呈现先增后减趋势，2007 年达到峰值 246.6 亿吨，与之相较，2017 年工业废水排放量下降了 26.4%，占比也从 2000 年的 46.8%下降至 2017 年的 24.0%，说明我国工业废水处理效果显著。另外，生活污水排放量持续增加，由 2000 年的 220.9 亿吨升至 2017 年的 600 亿吨（图 5），其占比也由 53.2%上升至 79.4%。同时，城市污水处理能力的提高尤为明显，由 1978 年的 63.53 万米^3/日提高至 2018 年的 1.67 亿米^3/日。

（五）我国淡水水质

2018 年，全国地表水环境质量总体保持稳定，26.2 万千米的河流中，Ⅰ~Ⅲ类水河长占 81.6%，与 2017 年同比上升 1.0 个百分点，劣Ⅴ类水河长占 5.5%，同比下降 1.3 个百分点。同时，124 个湖泊共 3.3 万平方千米水面中，全年总体水质为Ⅰ~Ⅲ类的湖泊有 31 个，Ⅳ~Ⅴ类湖泊有 73 个，劣Ⅴ类湖泊有 20 个，与 2017 年相比，Ⅰ~Ⅲ类湖泊比例下降 1.6 个百分点，富营养湖泊比例下降 1.7 个百分点。2018 年，全国地表水监测的 1935

① 2018 年中国工业废水行业发展现状及市场前景分析. https://www.sohu.com/a/287462395_383358.html[2019-01-08].

② 2018 年污水处理行业发展现状与前景分析 城市污水处理市场空间将达千亿. https://www.qianzhan.com/analyst/detail/220/180131-4c20a718.html[2018-01-31].

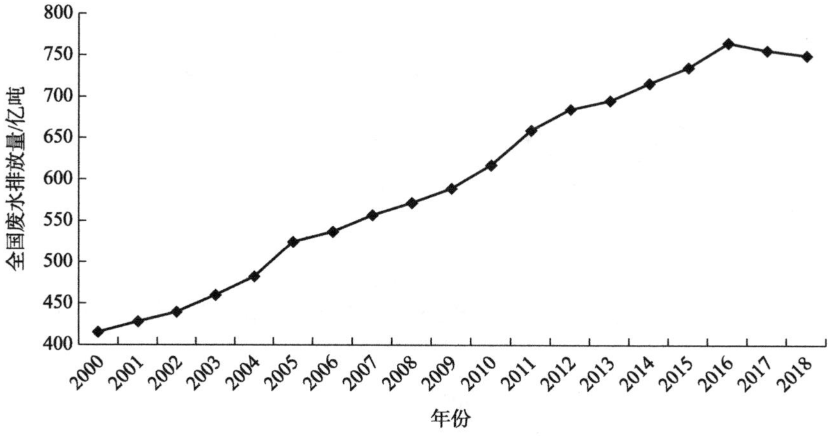

图 4　2000~2018 年全国废水排放量

资料来源：《中国水资源公报》（2000~2018 年）

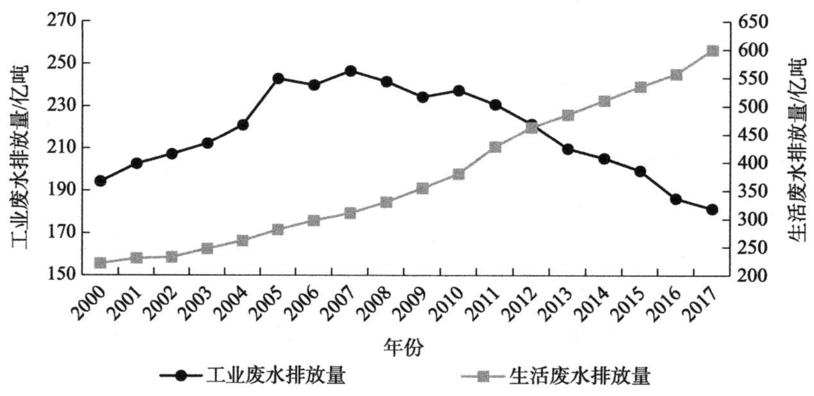

图 5　2000~2017 年工业废水与生活污水排放量对比图

资料来源：《全国环境统计公报》（2000~2017 年）、Wind 数据库

个水质断面（点位）中，Ⅰ~Ⅲ类比例为 71.0%，比 2017 年上升 3.1 个百分点；劣Ⅴ类比例为 6.7%，比 2017 年下降 1.6 个百分点。十大流域中，西北诸河和西南诸河水质为优，长江、珠江流域和浙闽片河流水质良好，黄河、松花江和淮河流域为轻度污染，海河和辽河流域为重度污染。此外，有关部门地下水水质监测评价结果显示：2018 年，全国 10 168 个国家级地下水水质监测点中，Ⅰ类水质监测点占 1.9%，Ⅱ类占 9.0%，Ⅲ类占 2.9%，Ⅳ类占 70.7%，Ⅴ类占 15.5%。水质评价总体较差，需引起注意。

三、我国分行业用水分析

（一）农业用水

2000~2018 年，我国农业用水量整体先增后减，2013 年达到峰值 3921.5 亿立方米，

此后逐年减少，2018 年相较 2017 年进一步下降至 3693.1 亿立方米，同时其占总用水量的比例也从 2000 年的 68.8%下降至 61.4%。农业用水包括农田灌溉用水、林果地灌溉用水、草地灌溉用水和鱼塘补水，其中以农田灌溉用水为主要用水部分。我国农业用水量下降与近年来农业用水效率的提高密不可分。

我国农业用水效率不断提升，主要来源于农业灌溉用水效率的提高。近年来，农田实际灌溉亩均用水量虽略有波动，但总体呈持续下降的趋势，由 2000 年的 479 立方米降至 2018 年的 365 立方米（图 6），其中辽河区、海河区、黄河区和淮河区农田实际灌溉亩均用水量在全国平均值以下。

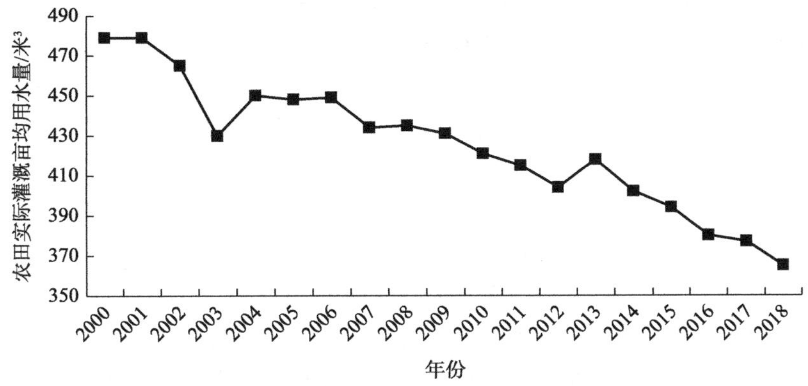

图 6　2000~2018 年我国农田实际灌溉亩均用水量

资料来源：《中国水资源公报》（2000~2018 年）

按水资源分区统计，2018 年水资源一级区耕地灌溉用水量低于和等于 200 亿立方米的有辽河区、东南诸河区、西南诸河区 3 个区，在 200 亿~≤400 亿立方米的水资源一级区有松花江区、海河区、黄河区 3 个区，在 400 亿~≤600 亿立方米的有珠江区、西北诸河区、淮河区 3 个区，高于 600 亿立方米的有长江区 1 个区。而按东部、中部、西部地区统计，受作物组成、节水水平、水资源条件等多种因素的影响，农业用水比重东部及中部低、西部高，但农田灌溉水有效利用系数却呈现东部较大，中部、西部较小的分布态势。

另外，我国节水灌溉的耕地面积呈逐年稳步增长的趋势。自 1998 年启动实施全国大中型灌区续建配套与节水改造以来，我国先后完成 260 处 30 万亩以上大型灌区的改造，干支渠骨干渠道防渗衬砌整治 8 万多公里（1 公里=1 千米），渠系建筑物加固配套改造 25 万座，大型灌区有效灌溉面积 2.7 亿亩，新增粮食生产能力 200 亿公斤；灌区灌溉用水量保持在 1200 亿立方米左右，亩均实灌水量降至 500 立方米左右。《中华人民共和国 2018 年国民经济和社会发展统计公报》数据显示，2018 年全年新增耕地灌溉面积 72 万公顷，新增高效节水灌溉面积 144 万公顷。截至 2018 年底，全国灌溉面积达到 11.1 亿亩，其中耕地灌溉面积 10.2 亿亩，占全国耕地总面积的 50.3%；全国节水灌溉工程面积 5.14 亿亩，其中微灌面积 9425 万亩。

近年来，随着国家政策的支持、国内节水灌溉技术水平的提高，喷微灌使用面积增长迅速。2018 年我国农田灌溉水有效利用系数为 0.554，比 2017 年提高 0.006，但与以色列、美国、欧洲国家 0.7~0.8 的利用系数差距很大。在全球范围内节水灌溉技术发展最好的是以色列，目前其 80%以上的灌溉面积使用滴灌技术；美国有效灌溉面积不足中国的一半，但应用喷灌和滴灌的耕种面积高达 87%左右。而我国目前节水灌溉技术仍以渠道防渗（占比约为 40%）和低压管灌（占比约为 30%）为主，技术含量高、节水效果好的微灌和喷灌占比仍有待提高。

根据《“十三五”新增 1 亿亩高效节水灌溉面积实施方案》提出的目标：“十三五”期间新增高效节水灌溉面积 1 亿亩，到 2020 年，全国高效节水灌溉面积达到 3.69 亿亩左右，占灌溉面积的比例提高到 32%以上，农田灌溉水有效利用系数达到 0.55 以上，新增粮食生产能力 114 亿千克，新增年节水能力 85 亿立方米，同步推进体制机制改革创新，充分发挥工程效益。2015 年 4 月国务院印发的《水污染防治行动计划》中也提出：①推广渠道防渗、管道输水、喷灌、微灌等节水灌溉技术，完善灌溉用水计量设施。在东北、西北、黄淮海等区域，推进规模化高效节水灌溉，推广农作物节水抗旱技术。②到 2020 年，大型灌区、重点中型灌区续建配套和节水改造任务基本完成，全国节水灌溉工程面积达到 7 亿亩左右，农田灌溉水有效利用系数达到 0.55 以上。此外，依据 2018 年 3 月 16 日住房和城乡建设部与质量监督检验检疫总局联合发布、2018 年 11 月 1 日起实施的《节水灌溉工程技术标准》，对于渠道防渗输水灌溉工程，大型灌区灌溉水利用系数不应低于 0.50，中型灌区、小型灌区及地下水灌区分别不应低于 0.60、0.70 及 0.80。

我国水资源匮乏且分布不均、农业灌溉用水利用效率低下，基于国家多项促进提高节水灌溉效率的相关政策与指导意见，从水利、农业、农业综合开发、土地整理及城市园林等行业和领域入手加大对节水灌溉工程的投入，必能有效发展节水灌溉，缓解我国水资源紧张局面，从而构建节约型社会、建立起水生态文明体系。

（二）工业用水

我国工业用水量占全社会总用水量的 1/5 左右，其中火电（含直流冷却发电）、钢铁、纺织、造纸、石化和化工、食品和发酵等高用水行业用水量占工业用水量的 50% 左右。“十二五”期间，《国务院关于实行最严格水资源管理制度的意见》中的“三条红线”控制指标已在省市县三级行政区基本实现全覆盖，万元工业增加值用水量和万元 GDP 用水量大幅下降，其中单位工业增加值用水量年均降低 35%，超额完成 30%的规划目标。并且工业节水政策体系和标准体系日趋完善，工业节水技术改造和创新力度不断增强，工业节水宣传和试点示范工作稳步推进，工业节水工作取得了明显成效。

1. 我国工业用水特点

1）工业用水总量逐渐下降

2018 年我国工业用水量为 1261.6 亿立方米，较 2011 年下降 13.7%。2011~2018 年工业用水量占全国总用水量的比例整体呈逐年小幅下降的趋势（表 2）。

表 2　2011~2018 年全国工业用水情况

年份	总用水量/亿米^3	工业用水量/亿米^3	占比
2011	6107.2	1461.8	23.9%
2012	6131.2	1380.7	22.5%
2013	6183.4	1406.4	22.7%
2014	6094.9	1356.1	22.2%
2015	6103.2	1334.8	21.9%
2016	6040.2	1308.0	21.7%
2017	6043.4	1277.0	21.1%
2018	6015.5	1261.6	21.0%

资料来源：《中国水资源公报》（2011~2018 年）

2）工业用水效率显著提高

2018 年我国万元工业增加值用水量为 41.3 立方米，比 2011 年降低了 36.7 立方米（表 3）。

表 3　2011~2018 年全国工业用水效率指标

年份	万元工业增加值用水量/米^3
2011	78.0
2012	69.0
2013	60.0
2014	67.0
2015	58.3
2016	52.8
2017	45.6
2018	41.3

资料来源：《中国水资源公报》（2011~2018 年）

3）大力推动非常规水源，再生水利用率仍然偏低

2017 年 1 月，国家发展和改革委员会与国家海洋局联合印发的《全国海水利用“十三五”规划》指出，到“十三五”末，我国海水淡化总规模将达到 220 万吨/日以上，沿海城市新增海水淡化规模 105 万吨/日以上，海岛地区新增海水淡化规模 14 万吨/日以上。海水直接利用规模达到 1400 亿吨/年以上，海水循环冷却规模达到 200 万吨/小时以上，海水淡化装备自主创新率达到 80%及以上。2017 年 8 月 14 日，水利部发布《水利部关于非常规水源纳入水资源统一配置的指导意见》，提出到 2020 年，全国非常规水源配置量力争超过 100 亿立方米（不含海水直接利用量，下同），京津冀地区非常规水源配置量超过 20 亿立方米。缺水地区和地下水超采区非常规水源的配置量明显提高。

2018 年，全国海水直接利用量 1125.8 亿立方米，主要作为火（核）电的冷却用水。

海水直接利用量较多的省份为广东、浙江、福建、辽宁、山东、江苏和海南，其余沿海省区市大都也有一定数量的海水直接利用量。截至 2017 年底，全国已建成海水淡化工程 136 个，其中万吨级以上海水淡化工程 36 个，工程规模为 1 059 600 吨/日；千吨级以上、万吨级以下海水淡化工程 38 个，工程规模为 117 500 吨/日；千吨级以下海水淡化工程 62 个，工程规模为 12 005 吨/日，全国已建成的最大海水淡化工程规模为 200 000 吨/日。其中，海水淡化水用于工业用水的工程规模为 791 385 吨/日，占总工程规模的 66.56%。其中，火电企业为 31.58%，核电企业为 4.61%，化工企业为 5.05%，石化企业为 12.29%，钢铁企业为 13.03%。我国海水淡化规模日益扩大，为工业用水提供了大量水资源。虽然我国各项水处理技术在不断进步，但我国城镇再生水利用率仅为 10% 左右，截至 2018 年底，全国设市城市污水处理能力为 1.67 亿米^3/日，累计处理污水量为 519 亿立方米。同时各地相继实施一批非常规水资源利用工程，2018 年非常规水源利用量达 86.3 亿立方米，年再生利用量提高到 75.8 亿立方米，年集雨工程集水量提高到 9 亿立方米，年海水淡化水量提高到 1.5 亿立方米。

4）工业废水排放量略有下降

2017 年我国工业废水排放量为 181.6 亿立方米，占废水排放总量的 26.0%，与 2011 年的 230.9 亿立方米、占比 35%比较，下降较为明显（表 4）。

表 4　2011~2017 年全国工业废水排放情况

年份	废水排放总量/亿米^3	工业废水排放量/亿米^3	占比
2011	659.2	230.9	35.0%
2012	684.8	221.6	32.4%
2013	695.4	209.8	30.2%
2014	716.2	205.3	28.7%
2015	735.3	199.5	27.1%
2016	711.1	186.4	26.2%
2017	699.7	181.6	26.0%

资料来源：《全国环境统计公报》（2011~2017 年）；预见 2019：《2019 年中国污水处理产业全景图谱》（附市场规模、竞争格局、发展前景）. https://www.qianzhan.com/analyst/detail/220/190509-5add3439.html[2020-03-19]

2. 重点工业行业用水趋势

1）火电行业

2000~2016 年，我国火电发电量增长了 2.9 倍，火电耗水量（不含直流冷却）增长 24.0%（图 7）。同时，火电行业总用水量（直流+消耗）先增后减，在 2013 年达到顶峰，约为 580 亿立方米，2015 年下降至 480.5 立方米。另外，单位发电量耗水量逐年下降，由 2000 年的 4.1 千克/千瓦时降低至 2016 年的 1.3 千克/千瓦时，降低了 68.3%（图 8）。火电行业废水年排放量逐年减少，2016 年约为 3 亿吨，比 2005 年峰值 20 亿吨下降 85.0%。

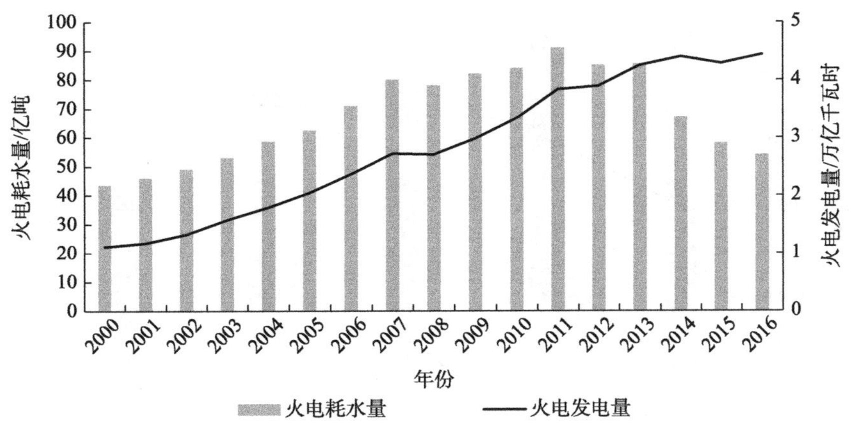

图 7　2000~2016 年我国火电行业用水量

资料来源：中国电力企业联合会《火电行业节水现状、政策标准及潜力分析》

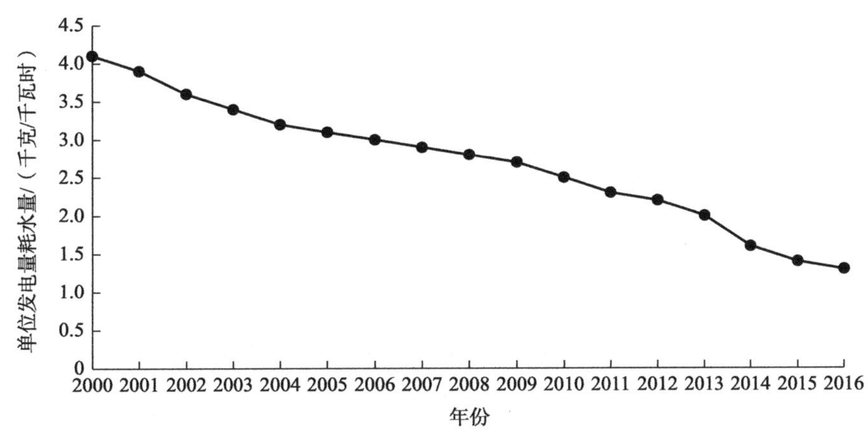

图 8　2000~2016 年我国火电行业耗水强度变化

资料来源：中国电力企业联合会《火电行业节水现状、政策标准及潜力分析》

在各类能源中，电能生产耗费水资源量远超过石油开采业和煤炭开采业，电力行业成为主要用水部门，用水量占能源行业的 80% 以上。火电行业为我国工业用水中比重最大的行业，火电用水量由 2001~2006 年约占工业用水量的 25%剧增至 2015 年的 40% 左右（图 9）。此外，我国工业用水效率总体上较低，目前国内超过 50%的火电厂的工业用水不能实现闭路循环，排放大量工业污水，使水质恶化，加剧了水资源短缺形势。因此，火电行业做好节水增效，对进一步提高工业用水效率具有重要的现实意义。

2018 年，全国发电新增生产能力（正式投产）为 12 785 万千瓦，比 2017 年减少 234 万千瓦。其中，水电为 859 万千瓦；火电为 4380 万千瓦，比 2017 年减少 73 万千瓦，且已连续 4 年减少；核电为 884 万千瓦，创核电年投产新高；并网风电和太阳能发电分别为 2127 万千瓦和 4525 万千瓦，分别比 2017 年多投产 407 万千瓦和少投产 815 万千瓦，其合计新增占全国新增装机容量的 52.0%。火电投资的同比下降，预示着未来火电行业对工业用水量需求不会大幅度提高。

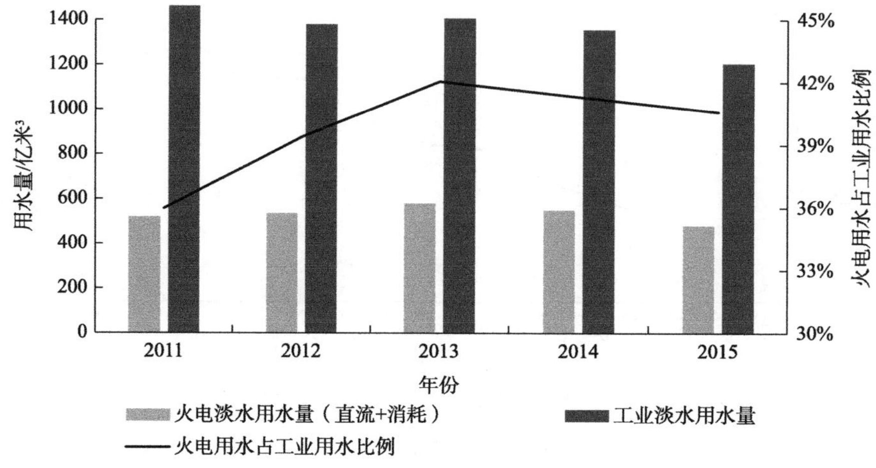

图 9　2011~2015 年工业及火电用水情况

资料来源：中国电力企业联合会《火电行业节水现状、政策标准及潜力分析》

2）钢铁行业

2011~2017 年，我国钢铁行业用水量由 26.2 亿立方米下降到 25.6 亿立方米；吨钢耗新水量由 4.07 立方米下降到 3.23 立方米，降低了 20.6%左右；重复利用率由 97.4%提高到 98.1%，提高了 0.7 个百分点（表 5）。2018 年 1~11 月，企业累计用水总量同比上升 0.9%。其中，累计取新水量同比下降 0.16%，累计重复用水量同比增长 0.92%。水重复利用率比 2017 年提高 0.02 个百分点；累计吨钢耗新水量同比下降 4.65%。

表 5　2011~2017 年我国钢铁行业用水情况

年份	用水量/亿米³	吨钢耗新水量/米³	重复利用率
2011	26.2	4.07	97.4%
2012	27.1	4.03	97.5%
2013	27.2	3.83	97.5%
2014	26.4	3.66	97.6%
2015	25.3	3.55	97.8%
2016	24.2	3.41	98.0%
2017	25.6	3.23	98.1%

资料来源：用水量来自中国钢铁工业协会发布的《中国钢铁工业节能减排统计月度简析》（2011~2017 年）

进入 21 世纪以来，中国钢铁行业依靠技术进步和科学管理，通过采用节水新工艺、新技术，完善循环水系统、串接利用水资源、回收利用外排水、扩大非常规水源利用等措施，不断降低产品新水消耗，减少污水排放，节水工作取得显著效果。吨钢耗新水量从 2000 年的 28.96 立方米降到 2018 年的 2.75 立方米，下降了 90.5%；吨钢废水排放量从 2000 年的 16.83 立方米降到 2018 年的 0.69 立方米，下降了 95.9%。

3）造纸行业

我国制浆造纸工业的企业结构不合理，水资源消耗量大，技术装备水平与国际水平有一定差距，而且废水回用技术不成熟，废水回用率不高，众多的因素导致我国制浆造

纸工业成为主要的用水大户。由于国家环保意识的加强和节水力度的加大，造纸工业的资源消耗有所降低，至 2005 年，制浆造纸行业平均综合取水定额降至每吨浆纸 103 立方米。自 2005 年 1 月 1 日起，我国正式颁布和实施造纸工业取水量定额指标，由此在国家政策导向的有力约束下，造纸企业通过提高制浆造纸设备水平，改进生产工艺技术，积极推广应用先进的节水技术，行业用水效率和回用率得到了较大提高，2011~2015 年，我国造纸行业新鲜水量由 45.59 亿立方米降低到 28.98 亿立方米；用水量由 128.77 亿立方米下降到 118.35 亿立方米，下降了 8.09%；重复利用率由 64.60%提高到 75.50%；万元产值新鲜水用量由 67.4 立方米下降到 40.6 立方米，降低了 39.76%（表 6）。

表 6　2011~2015 年我国造纸行业用水情况

年份	新鲜水量/亿米^3	用水量/亿米^3	重复利用率	万元产值新鲜水用量/米^3
2011	45.59	128.77	64.60%	67.4
2012	40.78	121.30	66.37%	57.2
2013	34.46	121.13	71.55%	48.9
2014	33.55	119.65	71.96%	46.2
2015	28.98	118.35	75.50%	40.6

资料来源：《中国造纸工业年度报告》（2012~2016 年）

（三）生活用水

生活用水包括城镇生活用水和农村生活用水，其中城镇生活用水由居民用水和公共用水（含第三产业及建筑业等用水）组成。自 2012 年，原包括在农业用水中的牲畜用水被调至生活用水。2000~2018 年我国生活用水量由 575 亿立方米逐步增加至 859.9 亿立方米，占总用水量的比重由 10.5%增加至 14.3%。

人口的增加和城镇化率的提高是我国生活用水量增加的主要原因，2000~2018 年，我国总人口由 123 626 万人增加至 139 538 万人，其中城镇人口由 39 449 万人增加至 83 137 万人，城镇化率由 31.9% 升至 59.6%。表 7 显示，城镇居民人均生活用水量要明显高于农村居民人均生活用水量。

表 7　2012~2018 年城乡人均生活用水量对比（单位：升/天）

年份	城镇居民人均生活用水量（含公共用水）	农村居民人均生活用水量
2012	216	79
2013	212	80
2014	213	81
2015	217	82
2016	220	86
2017	221	87
2018	225	89

资料来源：《中国水资源公报》（2012~2018 年）

此外，我国居民收入水平不断提高，人均 GDP 由 2000 年的 7942 元增加至 2018 年的 64 644 元，生活水平提高，居民对水资源的需求随之增大，成为我国生活用水量增加的另一个重要原因。

（四）生态补水

生态补水是指通过采取工程或非工程措施，向不满足最小生态需水量的系统调水以维护生态平衡。从 2004~2008 年，我国生态补水总量从 82 亿立方米逐步增至 120 亿立方米，此后 2009~2014 年在 100 亿~120 亿立方米波动，2015 年后生态补水量逐年上升，2018 年增加至 200.9 亿立方米，占总用水量的 3.3%（图 10）。

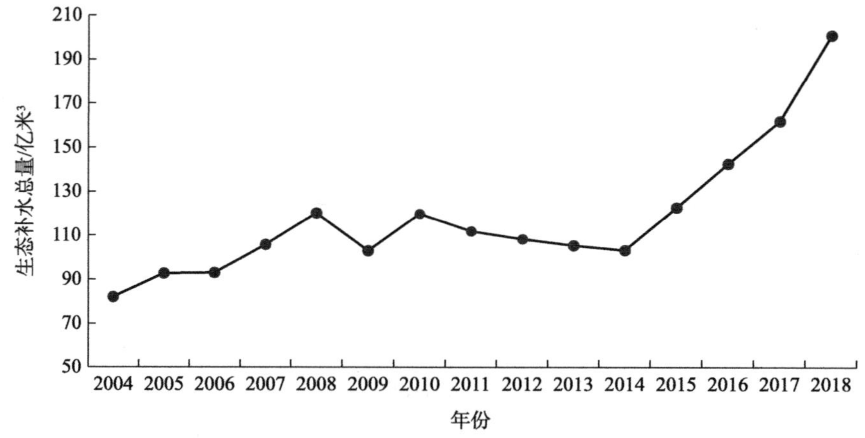

图 10　2004~2018 年我国生态补水量

资料来源：国家统计局

在党的十七大报告中，第一次提出“建设生态文明”目标，并将其列入全面进入小康社会的目标之一。2015 年 10 月，随着中共十八届五中全会的召开，增强生态文明建设更是首度被写入国家五年规划。党的十八大以来，党中央着眼于生态文明建设全局，明确了“节水优先、空间均衡、系统治理、两手发力”的治水思路。据《人民日报》报道，2018 年 7 月至 2019 年 6 月，黄河流域主要来水区合计来水 618.44 亿立方米，较多年同期均值偏多 34%，2018 年以来利用黄河来水较丰，在凌汛期和灌溉间歇期实施生态补水，截至 2019 年 11 月累计补水 11 亿立方米，乌梁素海水域面积扩大，水质明显好转，局部达到Ⅳ类水，为历年最好①。而截至 2019 年 10 月 10 日，南水北调中线干线工程建设管理局河北分局持续安全输水 1763 天，通过调度 19 座节制闸、37 座分（退）水闸，向河北省沿线受水区供水 47 亿立方米、生态补水 12 亿立方米，水质稳定达到Ⅰ类水标准。自通水以来，南水北调中线工程邢台管理处通过刘家庄、南大郭两座分水闸共向邢台市区、内丘县供水 0.97 亿立方米，通过七里河、白马河、李阳

① 王浩，王沛. 重视治理保护，统一水量调度，实现连续 20 年不断流 九曲黄河千重浪（大江大河 · 黄河①）. 人民日报，2019-10-24，14 版，http://paper.people.com.cn/rmrb/html/2019-10/24/nw.D110000renmrb_20191024_1-14.htm[2019-10-24].

河三座退水闸进行生态补水 9 次，累计补水超过 1.23 亿立方米。中线水已成为京津冀沿线地区的主力水源，是生活用水、生态补水的生命线①。对于长江流域，截止到 2019 年 9 月底，陶岔渠首累计向北方供水 246.76 亿立方米，水质持续稳定在地表水环境质量标准Ⅱ类以上，极大地缓解了受水区用水紧张的局面。据统计，2017 年 11 月至 2019 年，南水北调中线工程向受水区生态补水 21.69 亿立方米，显著缓解了华北地区地下水水位下降的不利局面，成功发挥了长距离大规模调水工程作用②。作为生态文明建设的重要部分，“十三五”期间生态补水将更受重视，补水量也应稳定增长。

（五）2019 新冠肺炎疫情对需水量的影响分析

2019 年底新冠肺炎疫情伴随着春节假期的到来迅速在全国蔓延，九省通衢的武汉被封城后，湖北除襄阳外的城市都依次颁布封城令，此后春节假期延长，重点工业企业延迟复工，大中小学延迟开学，很多居民小区被封闭管理。考虑到不同行业的需求情况，2020 年不同企业的复工时间存在一定差距，首先是 40%左右的中小企业在 2 月 14 日前复工，其次是 2 月 10 日和 2 月 29 日前复工企业分别占比 28%和 20.8%③。按照国务院国有资产监督管理委员会部署，截至 2 月 13 日，除地方政府要求延迟开工的企业外，96 家中央企业所属 2.3 万余户生产型子公司复工率超 80%，其中北京达到 99.7%，上海为 80%，甘肃达到 85%等，且基础保障、国计民生领域的复工率相对较高④。国家发展和改革委员会数据显示，到 2 月 13 日全国口罩企业的复工率已经超过 76%，防护服企业的复工率为 77%，全国重点监测的粮食生产、加工企业复工率为 94.6%，电力、天然气和成品油供应充足，石油石化复工率达 96.8%，电网、发电行业为 83%，民航、铁路、水运运输网络正常运营。软件和信息服务企业总体以居家办公为主。截至 2 月 16 日，江苏省规模以上工业企业复工数达 29 230 家，复工面达 65%；安徽省规模以上工业企业复工人数达 88.7 万人⑤。截至 2 月 18 日，青岛市重点行业企业平均复工率超 90%，其中，工业复工率达 92.7%，信息软件企业复工率达 100%，持牌金融机构和地方金融组织复工率达 94.2%，高新技术企业复工率达 91.6%⑥。截至 2020 年 2 月 17 日，大中小学仍然没有正常开学，大多数学校采取了网络教学、学生在家学习的模式。据教育部人士称，可能在 3 月中旬开学，但各省时间不一，错峰开学。

受疫情防控措施的影响，至少 2020 年的第一季度和第二季度上半段工业用水量将减少。同时，居民家庭、医疗机构和环保部门因防疫需要，会增加用水量。中环水务投资

---

① 马晓媛. 讲解水利知识 倡导节水护水 南水北调中线邢台段举办开放日活动. http://www.chinawater.com.cn/js/nsbd/201910/t20191011_739666.html[2019-10-11].

② 张濛. 【数读治江 70 年】长江委科学管好每一滴长江水. http://www.cjw.gov.cn/xwzx/zjyw/42666.html[2019-10-31].

③ 孙丽，刘晨菲. 抗疫！中小企业最紧迫的六大挑战与自救. http://www.gmw.cn/xueshu/2020-02/17/content_33562347.htm[2020-02-17].

④ 大数据告诉你，哪些地方复工率高. http://www.sohu.com/a/373764899_100176886[2020-02-17].

⑤ 复工第一周：应对大考，企业不慌. https://tech.sina.com.cn/roll/2020-02-18/doc-iimxxstf2264163.shtml[2020-02-18].

⑥ 青岛市崂山区：重点行业企业复工率超 90%. https://baijiahao.baidu.com/s?id=1658847289362435317&wfr=spider&for=pc[2020-02-18].

有限公司董事长王堤在接受中国水网采访时，大概估算了企业面临的水量损失，他说："由于疫情导致节后企业复工复产延迟，目前中环水务日水处理量与 2019 年同期相比约下降 12%。"[①]为积极应对疫情影响，减轻企业负担，切实保障居民生活用水，全国多个省份和地区陆续采取了降低水价或增加第一阶梯水量的方法，如湖北省对工业用水价格下调 10%[②]。蚌埠中环水务有限公司将居民生活用水第一阶梯水量由每户每月 15 立方米增加到 20 立方米[③]。成都市对批发、零售、餐饮和住宿行业的用水价格下调 10%[④]。浙江省将企业到户的用水价格下调 10%，且政策执行期限为 2020 年 2 月 1 日至 4 月 30 日[⑤]。为了保障疫情防控用水用电需求，三峡水库已累计向下游补水 61.76 亿立方米，较 2019 年同期多 25.09 亿立方米，有力保障了武汉等长江中下游地区用水用电[⑥]。这些措施不仅有利于疫情防控，也会促使企业用水量的恢复和生活用水量的增加。

四、2019 年、2020 年需水量预测

综合考虑我国经济的增长、产业结构的调整、城镇化进程及不同行业用水效率的变动和新冠肺炎疫情等因素的影响，应用分行业用水效率多因素分解分析模型、回归分析、时间序列分析和专家经验法等预测决策方法，对 2019 年、2020 年我国需水总量和四类需水量进行预测，结果如表 8 和表 9 所示。

表 8　2019 年、2020 年我国需水总量和四类需水量预测结果（单位：亿立方米）

年份	需水总量	农业需水量	工业需水量	生活需水量	生态需水量
2016	6040.2	3768.0	1308.0	821.6	142.6
2017	6043.4	3766.4	1277.0	838.1	161.9
2018	6015.5	3693.1	1261.6	859.9	200.9
2019（预计）	6007.7	3686.7	1245.8	886.7	188.5
2020（预计）	5896.6	3622.4	1141.1	925.5	207.6

① 疫情中的污水处理厂成本及收入变化. http://www.rmjtxw.com/news/hb/102598.html[2020-02-17].

② 湖北：对部分企业 3 个月房租免收，工业用水、用气价格下调. http://finance.ifeng.com/c/7tvZtzcW8SO[2020-02-09].

③ 怀远县人民政府，关于疫情期间增加居民生活用水、用气 第一阶梯用量的通知. https://news.tianyancha.com/ll_ksidjmofyp.html[2020-02-15].

④ 成都市发展和改革委员会关于应对疫情降低企业用水负担有关事项的通知. http://cddrc.chengdu.gov.cn/cdfgw/ztlm031004/2020-02/13/content_738104f6d91a472ab1c2d3c507b0d066.shtml[2020-02-11].

⑤ 浙江临时下调疫情期间浙企用气用水用电价格. https://baijiahao.baidu.com/s?id=1658352256492605511&wfr=spider&for=pc[2020-02-13].

⑥ 三峡水库持续加大补水保障疫情防控用水用电需求. https://baijiahao.baidu.com/s?id=1657777306767840337&wfr=spider&for=pc[2020-02-06].

表 9　2019 年、2020 年我国需水结构

年份	农业需水量	工业需水量	生活需水量	生态需水量
2016	62.4%	21.6%	13.6%	2.4%
2017	62.3%	21.1%	13.9%	2.7%
2018	61.4%	21.0%	14.3%	3.3%
2019（预计）	61.4%	20.7%	14.8%	3.1%
2020（预计）	61.4%	19.4%	15.7%	3.5%

预测结果显示，2019 年我国需水总量约为 6007.7 亿立方米，比 2018 年略减少 7.8 亿立方米。从四类需水量来看，随着我国农业用水效率的不断提高，预计 2019 年我国农业需水量约为 3686.7 亿立方米，占需水总量的 61.4%；工业需水量约为 1245.8 亿立方米，占需水总量的 20.7%左右；生活需水量约为 886.7 亿立方米，占需水总量的 14.8%；生态需水量约为 188.5 亿立方米，占需水总量的 3.1%。

2020 年我国需水总量约为 5896.6 亿立方米，比 2019 年减少 111.1 亿立方米。从四类需水量来看，随着我国农业用水效率的不断提高，预计 2020 年我国农业需水量约为 3622.4 亿立方米，占需水总量的 61.4%。综合考虑第二产业增加值增长、主要工业用水部门用水效率提高和第二产业的结构升级优化，预计 2020 年我国工业需水量约为 1141.1 亿立方米，占需水总量的 19.4%左右。随着我国城镇化进程的加快和人口的增长，预计 2020 年我国生活需水量约为 925.5 亿立方米，占需水总量的 15.7%。随着生态环境建设的加强，预计 2020 年我国生态需水量约为 207.6 亿立方米，占需水总量的 3.5%。